桂天寅◎著

中国史前

权力场的起源与发展

以新石器时代考古遗存分析为视角

知识产权出版社
全国百佳图书出版单位
—北京—

图书在版编目（CIP）数据

中国史前权力场的起源与发展：以新石器时代考古遗存分析为视角/桂天寅著．—北京：知识产权出版社，2020.11

ISBN 978-7-5130-7254-0

Ⅰ.①中… Ⅱ.①桂… Ⅲ.①新石器时代考古—研究—中国 Ⅳ.①K871.134

中国版本图书馆CIP数据核字（2020）第201940号

内容提要

本书立足于中国新石器时代考古学研究的最新成果，从社会分化与社会整合两个方面讨论中国新石器时代社会复杂化的历史进程，并以承载着史前社会发展、演变的客观物质资料——考古遗存为依据，剖析中国史前权力起源与发展的微观进程，动态地呈现了中国史前权力赖以运行的物理空间，并以此为基础分析史前权力场的社会特征及发展脉络。本书对认识中国史前社会复杂化进程、史前权力及权力场的起源与发展问题，以及中国古代文明与国家起源问题，均有较高的参考价值。

本书资料丰富，观点明确，论证严谨，适合考古学、文化史学领域的研究者及在校大学生作为参考用书，也能满足社会一般读者了解中国史前社会与文化相关问题的阅读需求。

责任编辑：国晓健　　**责任校对**：潘凤越
封面设计：臧　磊　　**责任印制**：孙婷婷

中国史前权力场的起源与发展
——以新石器时代考古遗存分析为视角
桂天寅　著

出版发行：	知识产权出版社有限责任公司	**网　　址**：	http://www.ipph.cn
社　　址：	北京市海淀区气象路50号院	**邮　　编**：	100081
责编电话：	010-82000860转8385	**责编邮箱**：	guoxiaojian@cnipr.com
发行电话：	010-82000860转8101/8102	**发行传真**：	010-82000893/82005070/82000270
印　　刷：	北京建宏印刷有限公司	**经　　销**：	各大网上书店、新华书店及相关专业书店
开　　本：	787mm×1092mm　1/16	**印　　张**：	18.5
版　　次：	2020年11月第1版	**印　　次**：	2020年11月第1次印刷
字　　数：	305千字	**定　　价**：	98.00元

ISBN 978-7-5130-7254-0

目　录

第一章　权力与权力场 ······ 1
第一节　权力的概念与内涵 ······ 1
第二节　权力的意识形态属性 ······ 4
第三节　权力的价值 ······ 8
第四节　权力场 ······ 10

第二章　权力的起源 ······ 15
第一节　权力起源于权威 ······ 15
第二节　权力与资源的占有 ······ 18
第三节　权力与原始社会内部事务管理权的渊源 ······ 20
第四节　权力与原始社会宗教神权的渊源 ······ 22
第五节　权力与原始社会军事指挥权的渊源 ······ 23

第三章　中国古代文明与国家起源理论 ······ 25
第一节　研究方法 ······ 25
第二节　中国古代文明与国家起源的判断标准 ······ 36
第三节　中国古代文明与国家起源的主要理论 ······ 44

第四章　原始宗教起源与神权发展的物质遗存 ······ 59
第一节　原始宗教的概念及内涵 ······ 59
第二节　旧石器时代的原始宗教遗存 ······ 62
第三节　新石器时代早期的原始宗教遗存 ······ 64
第四节　农耕聚落形成与初步发展期的原始宗教遗存 ······ 65
第五节　农耕聚落发展期的原始宗教遗存 ······ 70

第六节　中心聚落期的原始宗教遗存 …… 73
第七节　都邑邦国时期的原始宗教遗存 …… 84

第五章　史前社会的核心权力空间 …… 94
第一节　权力空间的内涵 …… 94
第二节　仰韶文化权力空间 …… 98
第三节　红山文化权力空间 …… 109
第四节　良渚文化权力空间 …… 132
第五节　龙山文化权力空间 …… 142
第六节　二里头都邑的权力空间 …… 175

第六章　社会复杂化进程与史前权力的发展 …… 186
第一节　史前社会复杂化的内涵 …… 186
第二节　史前社会分化与权力的起源 …… 187
第三节　史前社会整合与权力的发展 …… 214
第四节　地缘整合中的族群与政权 …… 252

参考文献 …… 269

后　记 …… 289

第一章　权力与权力场

第一节　权力的概念与内涵

权力场是基于权力而形成的特定的社会关系体系。社会学为便于描述权力作为社会中特定关系体系的基本属性及其运作机制，借用了物理学用以描述“力”发生作用的“场”的概念来定义和研究权力发生作用的领域。所以，要了解权力场的属性及运作机制，就必须先了解什么是权力。

古今中外阐述权力的理论文献很多，各种理论基于不同的研究视角和研究方法对“权力”一词作出了不同的解读。关于权力的研究，西方重要文献有很多，包括但不限于下列作品：《权力论》（丹尼斯·朗，2001）、《组织中的传播和权力：话语、意识形态和统治》（丹尼斯·K. 姆贝，2000）、《经济、诸社会领域及权力》（马克斯·韦伯，1998）、《权力：一种激进的观点》（史蒂文·卢克斯，2008）、《权力的三张面孔》（肯尼思·E. 博尔丁，2012）、Lost Geographies of Power（《失落的权力地理学》）（John Allen，2003）、Topologies of Power：Beyond Territory and Networks（《权力拓扑学：超越领土与网络》）（John Allen，2016）等。

杨占营、黄健荣认为，权力是“在社会行动中一方为了实现某种预期效果，利用各种资源或各种手段，影响、强制、控制、操纵、指导与支配他人的一种社会关系现象”[1]。包心鉴认为，“权力是一种社会存在，是使社会关系稳定化的必要机制。只要存在着人类社会，就一定会存在着一定内容和形式的权力，不过是在不同社会，权力的本质不相同罢了”。[2]

一般而言，权力可以分为社会权力和国家权力。社会权力是社会组织或个人作为主体而拥有的权力。国家权力则是国家诞生之后才出现的一种由国家强制力支撑的统治权。很明显，社会权力并不具备强制力，它主要依靠权威形成对社会的一种影响力。社会权力既存在于国家诞生之前，也存在于国家诞生之后，是历史最为久远的一种权力类型。但在国家诞生之前，社会权力曾是人类社会的主要权力形式。当国家诞生之后，社会权力的独尊地位就被国家权力所取代。在古代社会，由于国家与社会高度一体化，因此权力也主要体现为国家权力。[3]

权力是政治理论中的重要概念，是传统政治理论研究所关注的核心问题之一。无论是法权理论还是政治经济学理论，其对权力的研究主要限于宏观统治权，也就是把权力看作是一方对另一方的统治、控制和支配。比如传统法权理论就认为，政治权力的构成遵循合法交易的模式，因此有关权力的理论与有关财产的理论紧密相关。马克思主义政治经济学则认为，经济基础决定上层建筑，经济是社会中占主导地位的因素，权力的根本目的是为经济服务，因此是维持有利于统治阶级的生产关系的统治工具。

法国哲学家米歇尔·福柯反对权力分析的经济主义和国家中心论。在他看来，权力首先是一个社会学问题，必须高度关注权力发挥作用的各种经验性的局部，关注权力的微观形式和运行机制，否则就无法从微观上真正深入了解权力的形式、内容及运作机制。权力无处不在。他认为，权力是一个庞大的网络，是各种力量关系的集合，而且它不是某个集团、某个主体的所有物，权力永远是关系中的权力，只有在和另外的力发生关系时才存在。因此，它没有一个中心，也没有一个始发的源头。但是它无处不在，存在于一切差异性关系中。[4]也就是说，社会关系中存在的各种差异都是权力的来源，也是权力的存在形式。

英国哲学家伯特兰·罗素也将权力看作社会科学中的一个基础概念。他认为，权力必须被看作和能量一样不断从一种形态向另一种形态转变的现象，因此寻找出这种转变的规律就是社会科学所要完成的任务。[5]正是基于这种认识，罗素将权力纳入社会动力学研究的范畴。如果说福柯的权力概念反映的是一种社会关系，是一种网状的无中心状态的力量的集合，那么罗素的权力概念则是有中心的一种社会力量的线性传递和演变。两者虽然都站在社会学视角观察权力，但得出的结论却差异巨大。

埃尔曼·塞维斯（2019：7）在分析原始社会向国家迈进的过程时，

讨论了政治权力的相关问题。他认为，国家权力的起源并不是经济阶级要素的结果，而是社会集中领导权的制度化结果。他说："这种领导权在维持社会而发展其社会管理功能过程中逐渐成为世袭贵族（权力）。形成中的官僚机构的经济和宗教功能是随着其服务范围、自治程度和规模的增长而发展起来的。因此最早的政府是为了保护自己而非社会的其他阶级或阶层运作的。它是在维护整个社会的作用中使自己合法化的。"因此，是"政治权力操纵经济，而不是相反"。[6]

根据乔纳森·哈斯（1988）在《史前国家的演进》[7]中的论述，权力有九个变量，包括：基础、手段、程度、分量、广延、权力代价、服从代价、违抗代价和获利。国家形成的过程，或者说原始社会的复杂化进程，就是权力不断向社会上层集聚并最终演化为国家权力的过程。这是一个从量变到质变的过程。

权力起源于差异。最早的社会差异是个体能力的差异，而非经济地位的差异，也不是阶级差异。因此，社会权力并不起源于经济的、阶级的因素，这无疑是正确的。但当个体能力的差异逐渐演化为身份的差异之后，社会性的权力关系就出现了。这种权力同时也意味着相对方对权力的认可或服从。尤其是随着生产力的发展，经济因素在塑造社会关系的过程中越来越起到主导作用，促使人类社会出现贫富分化并最终形成阶级对立，并在原始社会向国家迈进的过程中称为决定性力量，这也是历史发展的事实。因此，否定经济的因素及阶级的因素在社会权力向政治权力的演化中所起的决定性作用，显然是犯了历史唯心主义的错误。

权力可以被理解为一种体现在社会关系之中可以被看到和感知到的支配力，并因此而在社会关系中形成围绕着社会经济活动和其他活动而产生的各种支配和服从关系。单纯的个人力量在人际关系中未必能形成权力，因为权力是一种对他人的支配力，只有当一种力量被社会化之后才能形成权力。这个社会化并非是将拥有此种力量的主体（尤其是个体）置于某种人际关系之中就自然形成的，而是通过某种差异化的过程，最终形成一种稳定的关系格局。换句话说，就是一个人之所以拥有权力，是因为他与他人存在一种差异化的社会关系。权力无法脱离社会关系而存在，也无法消除差异性而存在。因此，权力是对社会关系的描述，而不是对个人自然属性的描述。在国家统治权的层面上，权力体现为对生产资料的占有和对生产关系的维护，而在微观场域中，权力则体现为规训或惩罚。权力仅在此种格局中才会出现并存续，所以它是一种动态的社会斗争，并在斗争的过程和结果中才能显现出来。

因此，在理解“权力”这一概念时，必须注意到它的内涵有两个最基本的层次。第一层是指人的能力和天赋的差异，它是导致人与人之间出现社会差异的自然因素；第二层是指在特定社会关系中因社会的差异而获得的对他人的支配力，它是导致人和人之间出现社会差异的社会因素。也就是说，社会差异形成权力，权力又反过来通过进一步制造和扩大社会差异来巩固和扩大权力。所以自然因素不能直接产生权力，而必须转化为社会因素并促使主体获得一种被认可或被迫接受的对他人的支配力之后，才能出现权力。

第二节　权力的意识形态属性

在特定社会关系中存在的社会差异，导致一部分人对另一部分人形成某种支配力，从而形成权力。此种实现权力的支配，包括强制性支配和规范性支配。其中，强制性支配是通过暴力压制形成权威并支配他人；而规范性支配则是把被支配的人置于一种不得不屈从的社会规范之下，这就是意识形态的支配。所以在讨论权力的问题上，不得不讨论意识形态的问题。

意识形态是什么？希腊学者尼科斯·波朗查斯（Nicos Poulantza）认为，“意识形态涉及人生活在其中的世界、人和自然的关系和社会与别人以及和包括他们自己的经济政治活动在内的各种活动的关系”[8]。在马克思辩证唯物主义中，意识是人的头脑对物质世界的主观反映，物质是第一性的客观存在，意识无法脱离物质而存在。但意识并不总是被动地反映物质，而是具有主观能动性，它可以反作用于物质。因此，意识被赋予了认识世界和改造世界的双重功能。在马克思政治经济学中，经济基础作为物质性的存在，它决定了作为意识及意识的产物的上层建筑。所谓经济基础，是生产力与生产关系的联结；所谓上层建筑，则是政治、法律及意识形态。经济基础决定上层建筑，而上层建筑反过来维护和巩固经济基础，从而确保国家成为阶级统治的工具。两者之间的这种关系被一种空间结构所隐喻。显然，意识形态作为人类社会的上层建筑，是社会经济基础、政治制度以及人与人之间经济关系、政治关系的反映。意识形态的各种形式均起源于以生产劳动为基础的社会物质生活，并随着经济基础的改变而改变。意识形态包括宗教、政治、法律、道德、哲学、艺术等上层建筑的方方面面，它们彼此之间相互联系、相互制约，共同构成意识形态的有机整体。因此，意识形态就是一整套主导人或社会集团的复杂的思想体系。简言之，意识形态就是各种观念的集合。

马克思曾在讨论意识形态问题时断言，统治阶级的思想在任何时代都是占据统治地位的思想，因此意识形态有维护现存社会秩序并巩固权力拥有者所占据的社会地位及社会资源的作用。无论是法律、政治、宗教、文学、艺术、哲学，作为意识形态无不受到统治阶级思想的主导。这就是权力的体现。葛兰西将其称为“文化霸权”。所谓文化霸权，实际上就是占统治地位的意识形态对意识形态领域的全面领导权。简言之就是：文化霸权即意识形态领导权。它不是一种仅靠暴力推行的支配权，而是将被统治阶级所关心的利益一并纳入统治阶级的利益中予以考虑，并通过意识形态在社会各领域、各层面的全面渗透，促使被统治者自愿认同并接受统治阶级意识形态的结果。也就是说，在此种模式之下，国家暴力是以非暴力的文化霸权的形式，将整个社会纳入统治结构之中，使被统治阶级认为其所维护的统治阶级的利益即是自身利益，从而形成一种平衡的稳定状态。所以，权力并不一定体现为暴力的强迫，也可以体现为意识形态的文化霸权。在此种霸权的统治之下，被统治者往往会心甘情愿、理所当然地接受被统治、被支配的地位，甚至成为维护此种霸权的力量。

关键是，马克思在《德意志意识形态》第一卷《对费尔巴哈、布·鲍威尔和施蒂纳所代表的现代德国哲学的批判》中指出，意识形态具有历史无意识性，也就是它的发生并非基于某种明确的动机，而是阶级的无意识。这是历史的必然。[9]曼海姆《意识形态与乌托邦》一书则进一步指出意识形态是社会心理层的集体无意识所造成的。他认为，虽然意识形体是对世界的虚假反映，但“它不像蓄意欺骗，不是有意的，而是从某种因果决定因素产生的必然的和无意识的结果”[10]。在他看来，关于世界的意识只是一个被决定的、持续发展的结构。因此，意识形态发生的历史成因是客观的，因为意识、语言、观念等，都与产生它们的客观环境处在同一结构之中，它们既是环境的产物，也是这种结构的产物。

阿尔都塞发展了马克思的意识形态理论，又借鉴了曼海姆的观点。他认为，“意识形态是个体与其真实存在条件的想象性关系的一种表征”[11]。要正确理解这个表述，应先了解“表征”的含义。所谓“表征”（representation），就是信息在人类意识中的呈现方式。同一事物，其表征的方式不同，对它的加工也不相同。当人的意识接受客观物质世界的信息时，这些信息是以表征的形式在头脑中出现的，并非客观物质世界本身。所以，表征是客观事物在意识中的反映，同时又是被意识以特定方式予以加工的客体。我们在解释了“表征”这个概念之后，再来看阿尔都塞关于意识形态的定义，就可以将其理解为：意识形态是存在于个体与客观世界之间的真实关系在该个体的意识之中被以某种特定方式反映并加工出来的一种想象性图景。也就是说，意识形态并不是意识的一种存在形式，而是人类世界的客体，甚至就是人类世界本身，因为意识形态所反映的不是人类同自己生存条件之间的关系，而是人类体验这种关系的方式。正如阿尔都塞在《列宁与哲学》一书中所说：“除非通过意识形态和在意识形态里面，否则就没有实践”，“除非通过主体和因为主体，否则就没有意识形态”。[12]

在阿尔都塞看来，个体意识在被权力的意识形态所构建和塑造之前甚至并不真实存在。也就是说，个体意识只是在权力的意识形态产生之后，才作为此种意识形态中的矛盾一方而产生。因为意识形态是一种思想结构，是个人与社会环境之间所形成的想象性关系的表征。人们通过意识形态来感知、阐释所置身于其中的这个真实的、客观的社会环境，并以此种方式生活于这个环境之中。因此他认为，人并不能真正直面社会环境本身。也就是说，意识形态是人类认知外部环境这个异己存在的途径和方法。没有意识形态，就没有对环境的认知。但意识形态也因此掩盖了人与环境之间的真实关系。而人的本质与环境的本质恰恰只存在于这个关系之中。意识形态是历史地形成的，因此人的本质与世界的本质也是历史地形成的，人作为意识形态所征召和塑造的主体，既不能真正认识自己，也不能真正认识世界。[13]

当然，说意识形态具有想象性，并非是说它是一种虚幻的存在，恰恰相反，意识形态必须拥有物质性。此种物质性并不表现在它对世界的表征具有客观性，而是表现在意识形态永远存在于一种意识形态机器及该机器的实际运作之中。意识形态机器及其运作所具有的这种物质性，正是意识形态得以存在的必要条件。比如宗教，作为一种意识形态，它一方面是对人与世界之间关系的虚幻认识，另一方面又因宗教组织、宗教场所、宗教物品、宗教仪轨、宗教活动而具有客观的物质属性。意识形态起作用的方式，并不是在个体之中自我实现，而是将“个体”转换为“主体”，并通过“主体”来实现。这个转换过程可以简单地描述为：一种主导性意识，将社会个体作为激活某种意识的对象，将其激活为一个拥有该种意识的主体。也就是从个体中征召出意识到该种意识的主体，这和对科幻作品中人工智能设备（智能机器人）的激活同一道理。首先需要在人工智能设备的大脑内存（信息处理中枢）中输入某种程序，再通过激活该程序，唤醒人工智能设备拥有自我意识，当人工智能设备意识到事先被植入的程序就是它的自我意识时，它就完成了从作为对象的个体向作为自主意识的主体的转化。意识形态就是通过这种方式发生作用。

意识形态并非国家出现后的产物。虽然原始社会没有国家暴力机构，人与人之间基本保持平等，但这种平等并不是一成不变的，而是从平等逐渐发展到不平等，当这种历史发展趋势最终突破临界点时，国家的暴力统治就出现了。因此，原始社会并非不存在超越于社会之上的权力，只不过此种权力并不以公共暴力为特征罢了，实现并维持这种权力的社会力量主要是意识形态。因此，“在无阶级的社会中，意识形态同样也是所有人根据自己的利益体验人类对其生存条件的依赖关系的必要条件”。[12]

总之，人类社会是人的唯一生存场域。无论是否在阶级社会，都必然会有社会关系的存在并形成特定的社会组织。此种关系及组织导致的差异性必然产生权力。意识形态的根本作用在于促成社会生产关系的再生产。在原始社会，意识形态生产了原始社会的社会结构，生产了这个社会的权力体系，也生产了这一权力体系能够延续的条件。在国家出现后，意识形态便以意识形态国家机器的形式与暴力国家机器一起被用作阶级统治的工具。意识形态国家机器这个概念是阿尔都塞提出的。在阿尔都塞看来，意识形态国家机器包括宗教的、教育的、法律的、政治的、文化的各种意识形态国家机器。如果说在国家统治中，强制性国家机器通过暴力起作用，那么意识形态国家机器就通过意识形态起作用。[11]

原始社会向国家的演进，恰恰反映了“原始社会的意识形态”向“意识形态国家机器”的演进。深刻认识这一演进过程，能够帮助我们更好地认识宗教、艺术在中国国家起源进程中的重要功能及发展路径，从而深刻理解中国上古社会诗教、乐教的起源及演变。

第三节 权力的价值

权力是在一种社会关系中实现的，而且它本身就是这种社会关系的体现。作为一种以差异性为基础的支配力，权力能够给拥有权力的人带来显而易见的利益。

马克思主义在认识权力的问题上兼容了对权力的宏观分析与微观分析，认为资本作为一种“总体性权力”支配着社会的宏观整体运动，同时又渗透到社会的微观层面。因此，权力是资本关系的“转化物”或“衍生物”。[14]也就是说，资本的占有是转化或衍生出权力的原因。而资本占有，在原始社会就体现为资源的占有。

资源包括自然资源和社会资源。两种资源对人的生存而言都存在使用价值。人对自然资源或社会资源占有的不平衡，就会造成权力的出现。反过来，权力也会进一步加剧人对自然资源或社会资源占有的不平衡性。对权力的崇拜与对权力拥有者的崇拜又会造成权力的人格化，并进一步加强权力。刘清江认为：“权力的价值和使用价值是由权力所控制或拥有的一定资源决定的。权力的存在是建立在资源存在的基础上，没有资源的存在，就根本不会存在权力。”[15]这就意味着，权力表面上体现为一种社会关系的差异性，但实质上这种差异性是由资源占有的差异性造成的。人类社会不断追求、巩固和扩大此种支配力，不断追求、巩固和扩大占有资源的差异性，并在这一过程中努力占据优势地位。

权力的价值恰恰是在行使权力的过程中以获得占有资源的优先地位而实现的。一方面，权力可以控制或拥有特定的自然资源或社会资源；另一方面，权力又可以用来交换并获取权力拥有者未能占有的其他资源。权力的使用价值，其载体就是权力背后控制或拥有的资源，这些资源是权力赖以存在的物质条件和基础。拥有更大的权力，就会拥有更多的财富或控制财富的能力，以及拥有更高的社会地位、社会声望，甚至行使暴力的更高能力，而且这一切又都可以转化为获得更高权力的资源。[15]正是因为权力拥有价值和使用价值，所以获取权力或以权力交换其他需求就成为人类社会的一种必然现象。维护权力也成为拥有权力者所最为关心的重大事项。

那么权力是通过何种形式实现自身价值的呢？丹尼斯·朗（2001）认为，权力是通过武力、操纵、权威、说服这四种形式实现的，而且这四种形式在实现权力的控制强度上有所不同。武力的控制力最强，说服的控制力最弱，四者的控制强度逐渐递减。[16]在阶级社会，国家权力以武力为后盾，以制度为载体，以意识形态为手段，通过国家机器实现。按照阿尔都塞的观点，国家机器包括“强制性国家机器”和“意识形态国家机器”。其中“强制性国家机器”是对社会实施暴力统治的机构，如政府、军队、法院、监狱等；“意识形态国家机器”则渗透到社会生活的方方面面，是从意识形态方面对社会实现统治的机构，如教会、学校、工会、媒体等，它们都是生产并传播意识形态的机构。而且，所有意识形态国家机器的功能本质上都是为了实现生产关系的再生产，以此维护权力所依存的特定的社会关系。

在权力体系中居于不同位置的主体，其获取权力的目标、途径、方法均有所不同。从宏观社会层面及总体发展趋势判断，处于权力场中心的最高权力拥有者，维护其既有权力是根本目标。处于权力等级下层的社会成员相对远离权力中心，为实现向更高等级的进阶，则以巩固已有权力并努力在权力场中向中心靠近为根本目标。因此，一般来说，处于不同权力等级的社会成员，其追求权力的目标会有所不同。当然，在追求权力的过程中，动机的强弱、手段的多寡等也存在个体差异。本书对此不予展开。

另外，权力作为一个社会关系系统，存在层级控制的特征。它可以在社会关系体系中被授予、解除或转移。权力的支配力不仅来源于个体拥有的特殊禀赋所造成的人际差异，也来自在权力系统中被赋予的身份或地位差异。比如基于某种特定身份的继承，以及对此种继承权的剥夺，均属于这一范畴。史前墓葬中发现的那些随葬玉钺及其他凸显宗教地位的玉器的未成年人，显然是某种特定身份的继承人，他们拥有的权力，无论是宗教权力还是军事领导权，都不是因其自身禀赋及个人能力而获得的。在相关章节中，我们会进一步介绍这些墓葬的具体情况。

讨论一个差异化并不明显的社会中的权力是没有意义的。

李后强及李贤彬认为："当一个群体从较小规模发展起来时，为了维持下去常常会分化出某种等级，否则就要花费太多时间用于决策。因此，当群体规模扩大时，会倾向于转变为一个以等级形式实施权力的组织。"[17]这一观点正适用于我们对原始社会中社会组织结构的演进规律的认识。因为权力的配置方式是由资源的差异性及社会成员之间的差异性所决定的。社会财富的增加及社会财富多样性的增加，促使这种差异性的出现及加大，从而伴随着社会的分化而完成了权力配置方式的演化。原始社会从平等走向不平等，逐渐形成阶级并出现国家，是权力从无到有，从小到大，从个体到群体，从人际到人群的一个发展演进的过程。人类社会的文化现象，尤其是宗教、艺术等集中承载并反映意识形态的文化现象，其所具有的原始文化基因，均应放在这一过程中去考察，才能看得清楚。

第四节　权力场

权力场的概念是社会学借用物理学概念创造出来的。物理学关于场的概念包括引力场、磁场等。其中，引力场是描述物体延伸到空间中对另一物体产生吸引效应的理论模型，是引力在物理空间的延伸，在这个场域中，物体通过引力与场域中其他物体产生相互的吸引效应。而磁场则是存在于磁体、电流和运动电荷周围空间的一种特殊形态的物质，磁极或电流在自己的周围空间产生磁场，而磁场的基本性质就是对放入其中的磁极或电流有力的作用。社会学家认为，权力类似于物理学上的"力"，它是一种因控制资源的差异导致的社会关系的不平衡状态。这种因差异而产生的影响力，作为一种社会现象，必须放在社会关系体系中才能予以观察，故可以用"场"的概念加以描述和分析。

布迪厄就将社会权力放在场域理论中加以讨论。他说："一个场域可以被定义为在各种位置之间存在的客观关系的一个网络，或一个构型。"[18]在这个场域中，权力是贯穿始终并具有决定性作用的力量。任何人只有进入相应的场域，并在该场域中展开自然资源和社会资源的争夺，才能实现自己的物质利益即社会利益。资源争夺的本质是位置之争，场域中的位置决定了在该场域中获取资源的能力和机会。正如张广济所说，布迪厄的这个场域，“不仅是关系场，更是权力场”[3]。

权力场作为一个争夺资源的场域，是围绕资源而形成的相互作用的力场，也是一个以力的运动为形式的关系场。在这个场域中，权力的大小与权力拥有者所控制的资源有关。控制资源（包括自然资源和社会资源）越多，权力就越大，权力在空间和社会关系中的影响力就越大，辐射范围也就越广。由于权力只有在特定场域中才能存在并发挥作用，因此“权力场是表述权力架构、运作机制与演化发展的基础载体”。[17]

在理解权力场时，有两种不同的看法。一种认为，权力场是由一个中心权力辐射出的场域，强调的是中心权力对周边的影响。其核心权力的大小决定着这个权力场的强弱。权力大，则权力场强；权力小，则权力场弱。另一种则认为，权力场是各种权力在博弈中形成的场域，此种场域中的权力是分散的，并无控制全场的中心力量，但可以形成一种权力均衡状态。

刘清江认为：“当权力形成以后，权力就会在一定的范围内产生场效应，这就是我们常说的权势。处于权力场里的权力相对人按照场内在的运作规律运行。权力场是个封闭的场，在原初状态下，呈圆形，圆心是权力所处的位置，称为权力中心。圆的周长所处的位置是权力场的边界，可以权且叫作权力的界限。权力中心到权力场边界的距离，称为权力半径。在权力场内活动的主体是权力相对人。权力相对人到权力中心的距离称为权力距，权力相对人的运动具有三种形式：向心运动、离心运动、割线运动。”[15]在刘清江看来，权力场是在权力不交换的静态下呈现的一种社会场域。当权力处于不交换状态时，权力主体的欲望形成实现权力的巨大张力。而这个张力的对外辐射就形成了一个个的权力场。所以张力的大小构成了权力的势差，权力势差的大小则决定着权力场的大小及影响力。此时，权力主体及权力相对人围绕权力确定了在权力场中的支配与被支配地位，其中权力相对人的行为受场力的控制而发生三种运动，一是向心运动，二是离心运动，三是割线运动。当权力场的凝聚力足够强大时，权力相对人的行为主要表现为执行指令或主动配合的向心运动，实现权力中心所希望和需要的行为。因此，权力相对人在权力场里的行为都是权力场作用的结果。

权力场并不是稳态的，如果权力所控制或拥有的资源（包括社会资源和自然资源）发生了变化，权力就会相应发生变化，并最终导致权力场的改变。而且权力场也并不是单一的。不同的参与人在权力场中均以权力为中心，但却构成不同的场域。这是因为权力并不是绝对集中和均衡分布的。在特定空间（社会空间及物理空间）中，可能存在若干个等级的权力，或者存在若干地位分层的权力相对人，导致权力的作用及影响各不相同，并因其相互之间的复杂关系而使若干个权力场共存（表现为主从叠加形态或平行形态）。而且，这些参与人在其他权力空间中还可能重新构建新的权力关系，并形成新的权力场。这就是刘清江所说的："权力相对人也会控制或拥有一定的资源，可以形成自己的权力场，在其权力场内，也有相应的权力相对人，而其相对人的身份也就转化为权力中心，这样环环相扣，就形成了权力链条。权力链条之间又交织在一起，形成权力的网状结构。"[15]此种网状结构，既表现为在同一权力空间中的网状结构，也表现为在不同权力空间彼此之间存在的网状结构。

另外需要指出的是，越来越多的学者认为，权力场是可以量化分析的一个客观场域。这是基于一种普遍的共识，即权力是可以度量的。在社会关系的场域，度量权力拥有者控制权力相对人的强弱程度在场域里的变化就是对权力的度量。关于权力的大小以及权力场中发生的相互作用力，学术界越来越倾向于使用数学方法予以度量，从而在某种程度上实现权力行为的预测，并在此基础上实现社会的精确化管理。

茹弗内尔（Bertrand de Jouvenel）认为，权力拥有者可以控制社会资源的比例在理论上是可以度量的，而权力限度可以用数学公式予以表达，即：权力限度=有权处置的资源/社会内在资源。[19]约翰·艾伦的《权力拓扑学：超越领土与网络》（Topologies of Power：Beyond Territory and Networks）更是将数学分析引入"权力"分析的重要作品，它将这种量化分析引向深入。[20]

权力是否可以量化分析，取决于权力是否具有可量化分析的客观属性。这里不得不提到福柯的权力哲学。在福柯看来，权力确实是一种不夹杂主观性的客观存在，它无处不在，具有无主体性、非中心化、多元化、流动性等特点。而且，权力由谁掌控并不重要，重要的是它的运作模式，因为它超越在人之上自行运转，是一种客观的存在。也就是说，只有通过说明权力的策略、技术和机制才能真正清楚权力的发生、运作和实施。所以，权力制造出只能按照一定的规范去行动的驯服的肉体。这就是权力的规训性，即权力对人的肉体和行为产生系统的操纵。规训既不同于一种体制，也不同于一种机构，它是一种权力类型，一种行使权力的轨道，它包括一系列手段技术程序应用层次目标。它是一种权力物理学或权力解剖学，一种技术学。[4] 因此，权力及权力场都是可以通过计量分析加以认识的。

起源于社会计量分析和图论的社会网络分析（social network analysis, SNA）方法，已经被引入社会组织分析的研究领域。社会网络分析的研究主题主要是行动者在组织系统中的位置取向和组织系统中存在的关系取向。所谓的位置取向，是研究行动者位置的影响力，包括中心性、凝聚力、角色、结构空洞等；所谓的关系取向，包括关系的强弱、密度、内容等。国内学者引入这些方法研究中国当代问题已经取得了一些成绩。

比如李永奎等人就使用社会网络分析的理论及方法，用个体中心度（unit centrality）、整体中心度（organization centralization）、个体中间中心度（unit betweenness centrality）、整体中间中心势（organization between-ness centralization）、个体接近中心度（unit closeness centrality）、整体接近中心势（organization closeness centralization）等六个权力量化指数及相关关系，在权力场视角下，以2010年世博会工程建设组织为例，成功分析了正式组织结构和组织社会网络结构下的权力界定区别，并进行两种视角下的权力比较。[21]

李后强、李贤彬也使用这种方法对权力场中权力的量化进行研究。两人认为，权力场是一种复杂系统，而复杂系统的复杂性主要来自构成元素之间的相互作用。同时，权力场也是一个能量场，在场的每一点能量都存在差异，且每一个体都处于权力场的某个位置。所以它是权力按照一定交叉结构排列的资本图示，是由“以经济资本为表征的主要等级化原则构成的底空间，与以文化资本为表征的次级等级化原则构成的纤维，通过连续映射而形成的纤维丛”[17]。而权力场的场效应，就是指人们对权力行使的诸多不同反应，场效应影响并支配着进入权力场的所有参与者。而权力场的场定律，即是作为场效应基础上形成的被广泛认同的权力行使规则。这些规则对权力场中各参与者的行为发生限制作用。[22]

对权力及权力场的量化研究能否运用到考古学中，并在中国原始社会的复杂化进程及古代国家起源过程中的权力运行模式及其演进规律的分析中是否能够起到积极的推动作用，还是一个新兴事物，需要深入研究和讨论。

第二章　权力的起源

权力起源于不平等的社会关系，它的起源就是不平等的社会关系的起源。

在基本平等的原始社会阶段，社会秩序主要通过意识形态的手段予以维持，这种意识形态的手段就是社会习俗。社会习俗本质上是通过人际间的各种礼节、规矩，形成被普遍接受和遵行的规范，以道德奖惩的方式加以强化，最终成为社会习俗，并通过教化的方式完成代际传承。当原始社会进入阶级社会和国家阶段之后，社会习俗蜕化为强制性规范。在社会复杂化进程中因拥有权威而逐渐垄断优势地位并最终在经济领域、政治领域、宗教领域等各个领域实现对其他社会成员的全面控制的个人、家庭或家族，最终成为权力的拥有者。换句话说，那些因自身优势而获得权威地位的社会成员，从平等社会中逐渐蜕化为权贵人物和权贵阶层，并随着阶级社会的形成而最终汇聚成国家的统治阶级。

第一节　权力起源于权威

人类社会最早出现的不平等是权威与普通社会成员之间的不平等。

在原始社会，人与人之间在经济地位和社会地位上都是平等的，大家共同劳动、共同生活，人人为我、我为人人，是一个不可分割的集体，并无私有观念，也不存在超越于他人之上的利益或对他人采取强制力的特权。但社会成员个体间的差异却是不可否认的事实。社会成员个体间的年龄差异、经验差异及个人技能、力量、智慧、美貌、精力、运气等各种自然差异都会导致社会成员在声望、荣誉、社会影响力方面存在差异，那些智商更高、经验更多、能力更强、人际关系更好的社会成员，往往更受群体的欢迎和信赖，并在处理社群重大内外事务时被赋予更多的责任，久而久之则成为一种习惯。所以，权威是社会差异化的产物。没有对权威发自内心的信赖、尊重与服从，就没有权威。所以权威不是依靠外部压制手段实现的社会控制，而是基于社会习俗的力量获得的普遍认可。它作为平等的原始社会中存在的一种管理要素，符合社会历史发展的经济原则。

但我们必须认识到，当原始社会发展到必须依靠权威甚至权力来维持社会秩序的时候，说明社会性质发生了变化。因为在原始社会发展到一定阶段之后，面对变化的客观物质环境、生产生活方式，劳动任务及资源的分配以及应对外部环境的压力（包括聚落之间的冲突与外交）等社会活动都变得日益复杂化，分歧的存在更加剧烈和频繁，之前由习俗实现聚落内部的管控并维持社会秩序的方式已经不能适应日益复杂的社会需求。这就是权威受到重视的原因。

权威是在平等的原始社会内部诞生的一种对民主的约束机制，它是在复杂形势下避免集体决策失效的新的决策管理机制，其最大的优点在于能够降低决策成本、提高决策效率，并使决策在最大限度上获得遵从及实施。通过权威调配社会资源，形成一种内部控制秩序，是经济成本和决策成本最小化的一种方式。因此它是一定社会历史条件的产物，是社会进步的表现。也就是说，权威作为一种社会管理机制，是在原始社会复杂化进程中诞生的，最初它是在旧有的社会习俗框架内，作为原始民主决策与管理机制中的一种补充因素发挥作用。但是，随着社会复杂化的进一步加深，权威逐渐超越并摆脱了基于习俗而运行的原始民主机制而最终凌驾于整个社会之上。

由此，以社会习俗为主导的开放式决策管理机制，逐渐让位于以个人决断为主导的封闭式精英决策管理机制。而这种封闭式精英决策管理机制就是权力。权力是权威的进一步发展，它是一种社会化的力量。产生权力的根源并非单纯的人际差异，更不是个体禀赋的差异，而是社会差异。权力不是靠习俗得以维持的，而是靠社会控制得以实现的，是权力拥有者有目的地利用各种资源或手段去影响、控制、操纵、指导、支配他人的一种社会关系现象。[1]

这个过程也可以从权威如何蜕变为权力的角度加以描述。在阶级尚未诞生之前，权威的存在并不直接促成人与人之间出现经济上的不平等关系。但是随着生产力的发展，当剩余财产出现之后，拥有权威地位的社会成员就有机会凭借自己的社会影响力以及由此带来的对公共事务的管理权，取得对集体剩余财产的占有优势，进而形成经济地位上的不平等现象。社会影响力既然能够带来额外经济利益，它的经济价值就产生了，因此它以身份的形式被固定下来并逐渐获得继承。身份因此走向固化和垄断，权威也就不再直接反映个人能力和威望，而是反映身份和地位。当身份的差异逐渐被经济地位的差异所取代（也就是被阶级差异所取代）之后，这些拥有身份优势和经济优势的社会权贵，为了巩固、扩大自己的既得利益，凭借自身优势建立起武装力量，并以此实现对其他社会成员的控制。权威也就通过此种方式转化为凌驾于社会之上的一种强制性暴力。所谓强制性暴力，既不是通过说服实现，也不是通过道德的、习俗的、心理的因素实现。它以暴力为后盾，以强迫为手段，虽然暴力最终会产生与之相适应的社会意识形态，并通过此种意识形态在某种程度上把对暴力的被迫屈从转化为对暴力拥有者的主动服从，把对暴力的恐惧转化为对暴力拥有者所处权威地位的遵从，在心理层面及意识层面模糊了暴力的强制性本质，让它变成一种被认为合理的存在。

所以，依靠权威予以维系的社会与依靠强制力予以统治的社会有着本质区别。

美国文化人类学、新进化论学者埃尔曼·塞维斯将依靠权威维系的前国家社会定义为酋邦，并将其视为原始社会向国家迈进中的一个过渡阶段。在塞维斯看来，“酋邦具有一种贵族统治性质的集权趋势和世袭的等级地位排序，但没有武力压迫的正式法定机构。它似乎普遍是神权型的结构，而且对权威的服从形式与宗教信众服从祭司—酋长如出一辙”。[6]

另外，我们必须认识到，权力的起源是多种因素共同促成的结果。在原始社会，它起源于个人拥有的自然优势，以权威的形式存在。随着社会的发展，权力越来越与占有资源（自然资源与社会资源）所形成的对社会的潜在影响力有关。这种影响力也被称为“占有势能”，即通过对资源的占有而产生的一种类似于物理学上的能量。这种能量具有一种转化为实际影响力的趋势，由此形成一种势能。这种势能的单向运动被有些学者认为是导致权力产生的一种权力起源模式。[23]正是因为这种势能所产生的权力的存在，才导致原始社会特定成员因拥有对社会资源的占有优势而逐渐转移到对整个社会的物质资源拥有占有优势，并逐渐成为阶级社会中对整个社会拥有绝对权力的统治者。

第二节　权力与资源的占有

根据马克思主义唯物史观，人的本性是其社会性，它并非自然生成，而是由其所生存的社会环境决定的。占有的贪欲表面上是为实现个人利益最大化，但从根本上说，此种欲望是由资源的稀缺性所造成的。如果资源极大丰富，能够满足所有需要，就不存在占有资源的贪欲。资源的稀缺性并不是客观物质世界的自然现象，而是一种社会现象。无论是自然资源、劳动成果还是社会资源，其稀缺性均促使个人或组织产生对此种资源的排他性占有。个体之间的差异，包括性别的、年龄的、体力的、技能的、分工的差异，都造成了个体资源占有的差异性。这种差异性在历史进程中逐渐被社会接受为理所当然，成为意识形态的组成部分。而此种差异性所带来的占有优势又会进一步加剧继续占有的差距，并从对自我劳动成果的占有扩大到对他人劳动成果的占有，或者从对某种社会资源的个人占有发展到对此种社会资源的垄断性占有。在占有中获得优势，在优势中进一步实现占有，最终将贫富分化升级为等级分化直至阶级分化，并在阶级斗争中将所有权力融汇到国家统治权体系之内。

但问题是，对资源的占有并不直接产生权力。因为占有资源的行为只有在促成一种社会优势并令他人屈从于此种优势（对社会关系发生持续稳定的实际影响力）时，才产生权力。因此，马克思主义从生产力及生产关系的角度解释人类社会和社会权力。在马克思主义看来，人与人的关系有很多种层面，但最根本的具有决定性的关系是生产关系。生产关系从诞生之日起就具有了社会对抗的性质，它以社会对抗的形式保存社会财富、发展社会生产力，这种对抗关系就是“社会权力”的来源及体现。无论在史前时期还是历史时期，社会权力都是社会活动的焦点。

所以社会权力是在它的产生过程中被逐渐认识到的，也是在这一过程中被逐渐认同的。对权力的认识与认同都是历史的产物。权力产生差异，此种差异本质上是不平等的生产关系的起源与体现，是社会矛盾发展的产物，对它的认同与反抗始终相伴而生，从而产生一种不平衡的力，推动人类社会的进步。

在原始社会的氏族组织中，权力主要体现为氏族首领对氏族事务所享有的管理权，本质上这种管理权是对特定社会资源（首领地位）的占有而形成的。

人类社会从母系氏族社会演化为父系氏族社会的过程中，氏族首领由女性演化为男性。女性之所以在母系氏族社会中能够成为氏族首领，原因在于对性交权力的占有。这是维持种群延续的基本因素。母亲对子女的权力，以及为确保基因健康而自然形成的交配禁忌，必须经由女性加以识别。因此女性在维持种群的延续中起到关键作用。当维持人类社会基本生存的农业、养殖业已经相当成熟，剩余财产大量出现，人类群团之间的外部竞争日益激烈，城防建设、手工业生产、战争的重要性日益突出时，男性的体力优势以及能够脱离怀孕，生育及哺育幼儿的自然优势就逐渐显现出来，并促使男性逐渐占据更加重要的社会地位。“随着私有制的产生以及对偶婚家庭的出现，母系氏族社会就逐渐被父系氏族社会所取代。这一过程大致发生在中国史前社会的仰韶时代，尤其是仰韶中期以后。这一时期，在各地聚落中，小房间内普遍出现做饭的灶坑以及居室周边及居室之内出现显然归属于单一居室的储藏坑或储藏粮食的容器。这类现象说明带有私有制性质的小家庭已经产生。这时，对偶婚制就取代了原始群婚制并向一夫一妻制过渡。随着私有化的进一步发展，当私有制家庭过渡到一夫一妻制家庭之后，母系氏族社会就逐渐被父系氏族社会所取代。这是一个比较漫长的历史的发展过程。”

简言之，个体差异最终会促使社会不平等关系的出现，将社会推向等级分化和贫富分化的阶段。权力就是在这一历史进程中出现的，它主导人类社会形成有组织的社会体系，提高了社会运作效率，也促进了劳动生产力的不断提高。权力的出现是历史的必然，也是人类社会从原始社会发展到阶级社会的必然要求 。张光直认为，从仰韶文化时代到龙山文化时代再到夏、商、周三代的历史演进过程，体现在考古学上就是阶级的分化、战争、防御工事、宫殿建筑、殉人与人牲等政治权力集中的现象，而文明的动力，则是政治与财富的结合。[24]也就是说，权力不仅是实现政治与财富的手段，还是政治与财富的具体表现形式，它起源于原始社会的资源占有，并以原始社会宗教权、军事指挥权、社会领导权及财产分配权等形式，在历史的演进中最终融汇到国家统治权体系中。

第三节　权力与原始社会内部事务管理权的渊源

在原始社会，无论是部落、部落联盟或酋邦，其内部事务管理的核心均与内部冲突有关。这就必然要求一种凌驾于全体社会成员之上的公共权力的存在，以便实现人际间的分工协作，并调整内部矛盾、维护内部关系的均衡。如果不存在这些内部矛盾和冲突，也就不需要公共权力。所以社会内部冲突是内部事务管理权得以存在的前提。而战争作为外部冲突促使社会内部军事指挥权的出现。战争的普遍存在是维持此种权力的现实基础，因此它必然经历过一个从偶发战争阶段向长期持续战争阶段的演化，随着战争的影响越来越大，军事指挥权的权力也越来越大，并占据更多的社会资源，最终演化为王权。宗教则拥有确认各种权力正当化、合法化的意识形态功能，它在意识形态上加强了社会组织的内部凝聚力，确立了礼仪和规矩，将人际关系纳入一个超验的规范体系之内，在精神上为原始社会提供了一种强大的内在控制力。因此宗教在原始社会发挥了不可或缺的重大作用。在社会规模逐渐扩大，社会主体由氏族扩大到部落再进一步扩大到部落联盟或发展到酋邦的过程中，权力也在不断进化，并表现出向上集中的特点。原本拥有自身内部事务管理权、武装指挥权、宗教权的氏族、部落，逐渐将其中的某些权能让渡给联盟的盟主或酋邦的酋长。比如在几个部落共同构成的酋邦内部，各部落以及各部落中的氏族，都无需再拥有自己独立的武装力量，因为拱卫安全的责任和需要均已由酋邦统一承担。酋邦内部各氏族、各部落之间已经实现高度融合，彼此之间的冲突可以在酋邦内部以和平方式解决，而不再需要战争，这就大大降低了解决内部冲突的社会成本。作为一个统一的政治实体，酋邦的武装指挥权仅在对外战争时才需要，因此这种权力就从基层社会组织上升到酋邦层面。以上就是原始社会存在内部管理权、宗教祭祀权、军事指挥权的原因。

内部事务管理权的起源最为古老。人类社会的形成与内部管理机制的形成相伴而生。这是社会得以存在和延续的必要条件。在社会管理中体现出来的权力是权力的最典型方式。如前所述，此种权力的最早起因是人与人之间存在自然差异。在涂尔干所谓的由氏族这种能够独立存在的、彼此相似的、分散的社会基本组成单位所构成的"分节社会"中，社会成员的地位基本平等。但这种平等之中其实蕴含着不平等的因素。代际差异、年龄差异、经验差异，以及个人技能、力量、智慧甚至美貌、运气等各种因素都可以造成社会差异，也都会导致社会成员个体间在声望、荣誉、社会影响力方面存在差异。能力更强的社会成员，对族群的生存与发展也往往会作出更大贡献，从而受到一般社会成员的信赖甚至崇拜，并成为族群中的权威人物或英雄人物，在族群公共事务中发挥更大作用。但他们所拥有的权力并不体现为超越一般社会成员之上的个人特权，因为这种权力的目的在于维持族群的生存、发展族群的实力，是一种为了实现族群整体利益并加强整个族群内部凝聚力的领导权，拥有此种权力可能反而要付出更多代价、承担更大责任。但是在社会分工、剩余财产、私有制出现后，社会变得日益复杂，社会管理的难度日益增加，如何在不同经济部门、不同经济地位、不同利益诉求的社会个体之间进行公平有效的利益调配，在技术上更加难以实现，不公平的现象也更加隐蔽，不像在简单社会那样一目了然。因此，内部管理权就逐渐脱离一般社会成员而成为凌驾于社会之上的一种特权。比如，首领的住房因兼具族群公共会议的功能而增加面积，最终衍生出首领居住在更大房屋中的一项特权，这在仰韶文化晚期秦安大地湾聚落遗址中能够非常清晰地看到。那座 290 余平方米的前堂后室式殿堂建筑，作为聚落中的最高权力中心，与周边数百座小型房屋形成鲜明对比。另外，部落首领在对公共物资的管理及分配中也因处在有利位置而获得一种优先实现自己经济利益的特权。不仅如此，部落首领为凸显自身身份而拥有佩戴特殊标志的饰物或拥有特制的权力象征物的特权。伴随着私有制的发展，财产的私人占有与支配带来的贫富分化，一夫一妻制家庭的出现使社会集体意识进一步瓦解，因财产继承而带来的财富代际转移造成阶级分化，这一系列的重大变化，都促使那些通过政治权力获得经济特权的社会成员及其近亲属，变成了掌控社会内部管理权的权贵阶层，实现了经济地位与政治地位的统一。

第四节　权力与原始社会宗教神权的渊源

宗教神权是在原始宗教产生后就产生的一种社会权力。

原始社会里权贵阶层的出现，并不是简单通过政治权力而实现的。实际情况极为复杂。在母系氏族社会，社会秩序主要体现为习俗，因此所谓的社会管理，是在习俗的范围内和原则下实现的，而并不体现为个人意志的主导。原始宗教是原始社会的重大习俗，对社会成员具有极强的规范性和约束力。所谓的社会管理，其实与宗教紧密相关。早期母系氏族社会阶段的原始宗教主要以图腾崇拜、女神崇拜为核心表现形式。所谓的女神崇拜，其实也就是女性祖先崇拜，这是母系氏族社会女性地位在宗教上的反映。在“分节社会”中，能力更强的社会成员因获得普遍信赖甚至崇拜而成为族群中的权威人物或英雄人物时，他们所拥有的超出其他社会成员的自然禀赋及能力也往往被认为是受到图腾或神灵的特殊眷顾，并与神灵之间存在特殊关联，能够通过巫术掌控物质世界及族群的命运。这些人因此而演变为族群中的宗教领袖。晚期母系氏族社会的原始宗教有所变化。这时的崇拜对象主要是女性祖先、鬼魂、巫师以及自然界的各种精灵、灵物。人的因素显著增加，尤其是对巫师的个人尊崇，导致巫师社会影响力的进一步扩大。[25]当原始宗教发展到父系氏族社会之后，祖先崇拜更是发生重大变化，崇拜对象逐渐由女祖转变为男祖，反映出男性地位的上升和女性地位的下降。当父系氏族社会发展到原始社会末期时，不仅在自然崇拜领域出现了神系的等级化，祖先崇拜也进一步从单纯的男祖崇拜演变为部落贵族的祖先崇拜、宗族祖先崇拜，以及祖先化的社神崇拜。等级化是这一时期宗教体系的显著特征，尤其是自然神灵的等级化反映出地域政治的等级化意识向宗教渗透，权贵的祖神地位凸显反映出社会政治结构对祖神体系的改造，宗教地域保护色彩的加强也反映出地域领土意识的加强。当社会进一步发展到阶级社会阶段时，原始宗教就伴随着国家的诞生开启了向人为宗教的过渡进程。在自然崇拜领域出现了由至上神统领的神灵体系，在各政治层面实行不同层级的祖先崇拜更是社会的等级分化在宗教上的进一步体现，尤其是王族祖先崇拜更是在王国层面通过祖神来确认王权的正统地位及王国政治体系，并成为巩固统治权的有效手段，此时，社会神如地方守护神、战神、财神、命运神等一一涌现，导致宗教在社会功利层面进一步分化。所以，宗教权力的发展也存在从个体化自然差异向政治化、制度化的等级制差异演进的趋势。

由此可知，神权正是建立在权威的基础之上，它是权威的直接体现。而且神权的起源远远早于酋邦的出现。在原始社会的世袭贵族尚未诞生之前，原始社会就已经出现了宗教与巫觋。巫觋拥有一种无法取代的通神能力，而这种能力对原始人的社会生存有极为重大的意义。因此巫师在原始社会的特定阶段曾被作为神圣的崇拜对象。巫觋是原始社会发生的第一次明确的身份分化。在社会复杂化进程中，巫觋曾因垄断神权而高居社会的顶端，但随着王权的形成，神权逐渐从巫觋手中转移到王的手中，成为王权的重要组成部分。这个过程并不是巫觋与王的地位此消彼长的结果，而是在社会复杂化进程中，伴随着社会的分化和整合，聚落与聚落之间的整合，族群与族群之间的整合，都显示出血缘纽带在逐渐淡化，并被政治纽带所取代的趋势。但在整合过程中，政治纽带却是以拟制的血缘纽带为形式的。这是社会整合进程中必然出现的过渡阶段。从宗邑邦国到王国，无不如此。也就是说，政治的整合以宗教的整合为形式，地缘政治的整合与宗教神权的整合同步完成。只有这样，才能在意识形态领域完成对地缘政治实体的确认。也正是在这一整合进程中，形成了不同层级的神权，并与政治结构同步汇聚成金字塔形等级制结构。根据甲骨文研究，已经确认商王作为商代复合制王权国家的最高政治领袖，同时也是这个复合制国家的最高军事统领和拥有最高神权的大巫，这充分显示出王权与神权紧密不分的事实。那些认为王权崛起后神权被迫屈居于王权之下的看法显然是错误的，其原因在于未能正确理解社会复杂化进程中形成等级制格局的路径及过程。

第五节　权力与原始社会军事指挥权的渊源

外部战争的压力也是导致社会内部出现权力集中的重要因素。并且这种权力的集中将通过征服的方式，扩大到征服者与被征服者共同形成的新的社会结构之中，产生新的权力。

在早期分节社会（segmented society）[1]，生产力水平很低，人们只能通过劳动（采集、狩猎甚至耕种等）获得满足自身基本生存需要的物质产品，没有什么剩余财产，任何个体都不能脱离群体而存在，因此整个社会并无私有的观念和私有的财产，而是以共同劳动、共享成果的方式群居而生。这种历史条件下，战争这一成本高昂的手段并不能扩大财富，掠夺人口更无经济价值。因为当劳动者仅能生产供自身需要的产品时，对其实施奴役并不能实现财富的有效增长。所以当时战争并不常见，个人作战能力、战斗经验也不能给人带来更高的社会声望和实际影响力。反倒是社会经验和生存经验丰富的中老年妇女成为族群的领袖。随着生产力的提高，尤其是农耕社会发展到出现剩余财产以及畜牧业、手工业发展到一定规模之后，一切具有交换价值的资源和产品，其作为商品的价值属性都被凸显出来，出现了结构性稀缺。于是土地、粮食、牲畜、手工业品及其原材料（玉矿、铜矿等）、劳动人口，通通都成为战争掠夺的对象。战争就变得越来越频繁，其烈度与频繁程度也大幅提升，并促成了大规模、大范围的社会整合。在这一历史阶段，战争促使社会内部军事指挥权的地位大幅上升。因战争牵涉到人力、物力等诸多方面的资源调配，军事指挥权也逐渐扩大到对整个社会的控制方面，社会的军事化管控程度不断提高，军事指挥权最终演变为社会的最高权力。这就是军权走向王权的过程。

[1] 分节社会是对新石器时代处于大致平等阶段的定居农耕聚落社会的概括性描述，又称为部落型社会。此种社会的典型特征是定居农耕聚落之间彼此分离、相互独立、不存在支配与被支配的等级关系。详情可参见科林·伦福儒、保罗·巴恩著，陈淳译，《考古学——理论、方法与实践》，上海古籍出版社，2015 年版，第 153 页。

第三章　中国古代文明与国家起源理论

第一节　研究方法

一、研究对象的特殊性

史学界采用不同方法划分人类社会历史发展阶段的做法，反映出人们对历史复杂性的不同认识。由于中国古代文明与国家起源是在原始社会向文明社会的转变中发生的，所以对中国古代文明与国家起源的研究，不仅涉及中国原始社会和国家社会两个完全不同的人类社会类型，还涉及这两个性质完全不同的社会类型所对应的前后相续的两个不同性质的人类历史发展阶段。所以，我们在研究中国古代文明与国家起源问题时，往往存在语境频繁转换的实际需要，也因此而出现使用不同史学概念去描述这段特殊历史时期的现象。

如果以是否有文字记载来划分人类历史，则存在有文字记载的历史及无文字记载的历史两个阶段。“历史”一词也因此而存在广义和狭义两种内涵。广义的历史即是指完整的人类发展史，而狭义的历史则仅指有文字记载的人类发展史。与之相适应，历史的概念就细化为史前史和狭义的历史两大部分，而两者之间又细分出一个被称为原史的历史阶段。也就是说，在以是否有文字记载为标准划分人类历史阶段的概念体系中，人类历史可以划分为史前史—原史—历史三个阶段。

所谓“史前史”，就是那些只在考古学中以客观物质遗存的方式存在但却未以文字形式留存在人类历史记忆之中的那些远古时代的人类历史。

所谓“原史”，则是一个拥有特殊含义的史学概念。它用于那些为历史文献所不能确定的人类文化群体，具体是指那些虽然自身尚未拥有文字也因此未记载自身历史，但却被与之同时代的其他人群以文字方式记述和提及的人群的历史，或者那些通过后世的口头传说、记忆或者记载而保存了其历史信息（哪怕是历史信息的片段）的人群的历史。由此可见，原史与史前史的差别在于，史前史是完全淹没在历史深处、没有留下任何文字信息的人类的历史，原史则与之不同，虽然生存在原史之中的人类没有通过文字的方式留下他们自身历史的信息，但却并非完全淹没在历史的深处，也不是完全没有被记载的人类的历史。为了更好地理解史前史与原史的联系及区别，需要对原史这个概念做一些基本的解释。

对原史的研究主要是通过考古学资料及间接文字史料实现的。欧洲史学界最先使用了“原史”的概念，它用来概括存在于史前史和历史之间的模糊地带。吴晓筠根据西方学者对“原史”的定义，总结出五条关于“原史”的基本内涵及研究“原史”的基本原则，[26]详细如下：

（1）原史时代是介于史前时代与历史时代的；

（2）原史时代研究的对象应是一些为历史文献所不能确定或认识不够充分的文化群体；

（3）属于某一人群（族）的原史时代的文字材料来自于他人群（族）的文字记载或是该人群（族）自身遗留下来的片断的文字记录（如纪念性的刻铭、零碎的日常书记、宗教性文书等），而确认这些无法依据文字材料复原的群体的主要手段是考古学；

（4）由于原史时代当代的文献稀少，考古材料的重要性超过或等于文献材料；

（5）原史时代的研究工作需要将考古学、人类学、历史学、文字学、器物学以及古代动植物、气候、地质等多种人文及自然、环境学科综合起来。

吴晓筠所说的原史时代，其实就是本书所说的原史时期。史前时期—原史时期—历史时期这一组概念是用以指称史前史—原史—历史三个历史发展阶段的具体历史时期的概念。由于原史时期居于史前时期和历史时期之间，所以这三个历史时期的具体划分是否清晰，取决于原史时期在具体的历史发展进程中是否有较为准确的起始时间。

中国“原史时期”的划定在学术界存在争议。一种观点是将中国原史时期的上限确定于考古学上的龙山时代，并进而将中国的“原史时期”划分为早中晚三期，其中早期约相当于考古学上的龙山时期，其复杂的社会结构已经具有了国家性质；中期约相当于夏及商前期（盘庚迁殷以前）；晚期约相当于商代后期及西周时期。[27]另一种观点认为，中国商代以前属于史前时期，商代及西周属于“原史时期”，东周则已脱离“原史时期”而跨入了真正意义上的“历史时期”。[28]甚至还有学者将中国“原史时期”的下限延长到东周的春秋时期。[26]本书采取较为谨慎的态度，赞成将中国的原史时期界定为商代至西周期间的观点，并以此为基础，认为中国史前时期的下限应定在以二里头遗址为都邑的二里头史前国家的终末期——二里头文化四期结束之时，原史时代则自二里岗文化所代表的商代王权国家形成初期至西周结束之际。这段历史时期的商代部分，虽已存在文字（目前所知甲骨文乃是商代后期王室占卜活动的实录），但却并未通过文字有意识地记录自己的历史，我们对商代历史的了解主要是通过后世历史文献的追忆、转录以及通过甲骨文的研究间接实现，并不能清晰再现历史面貌（哪怕是由特定角度叙述的历史侧面）。西周的历史同样如此。此种情况在东周春秋时代已经不复存在。后世基本可以通过春秋时代形成并流传的文字记录了解那个时代的历史，因此，春秋时代的中国已经进入信史时代，也就是已经进入了狭义的历史时代。

在以史前史—原史—历史这组概念划分中国历史发展阶段之前，传统史学界曾使用了史前时代、古史传说时代、信史时代来划分历史发展阶段。这种划分方法目前依然广为使用。但在这组概念中，“古史传说时代”并不等同于“原史时期”。两者之间虽然存在部分重叠，但不是所有的古史传说都一律可以作为原史的佐证材料。所以，“史前时代—古史传说时代—信史时代”并不一一对应于“史前时期—原史时期—历史时期”。

苏秉琦先生在其研究工作中并未使用“原史”这一概念，因此将中国的古史传说时代（包括夏代）纳入史前史研究范畴。[29]虽然这种做法造成了他在使用“远古时代”“上古时代”“史前史时期”等概念时存在难以避免的混乱和冲突，[30]但他还是坚持把中国史前史确定为商代以前的历史。这是因为，虽然没有任何直接文字资料证明夏代的确凿存在，夏代的历史始终处于古史传说状态，但考古学上却真的发现了早于商代而存在的中国第一个王权国家的客观物质遗存——二里头都邑与二里头文化。《诗经》《尚书》以及《竹书纪年》《国语》《左传》《楚辞》《战国策》等先秦文献中关于夏代的历史信息又并非空穴来风、向壁虚构。因此，在苏秉琦的概念体系中，夏代只能放在史前史的研究范围之内。至于夏代之前的历史，除考古学所见龙山时代大量出现的史前城邦外，均因缺乏文字材料而不能与文献记载的古史传说相对应，故全部放在史前史中予以研究。

本书赞成把商代之前的历史划归中国史前史，把商代及西周的历史划归为中国原史的做法。但这也引发了一个问题——把考古学上的仰韶文化、龙山文化、二里头文化都纳入中国史前史研究范畴的做法，会造成对史前史的研究需要区分不同的史前阶段。其原因在于，龙山文化可能与古史传说中的五帝时期有关，陶寺遗址和二里头遗址又可能与夏王朝有关。这就导致研究龙山文化与二里头文化的方法与研究仰韶文化、红山文化和良渚文化的方法有所不同。后者的研究方法主要是考古学、民族学和人类学，前者的研究方法则不仅是考古学、民族学、人类学，还要结合文献学。

所以，本书在使用史前史、原史、远古、上古史、史前时期、原史时期、远古时期、上古时期等相关概念时，必然要根据不同的语境选择不同的使用策略，其目的就是为了避免在原本就有太多空白和争议的中国古代文明与国家起源研究领域犯过于绝对化的错误。

二、研究方法的复合性

中国传统史学研究方法主要是史料研究，手段以考据为主。但是史学研究所追求的历史真实，并不仅仅从史料和考据中来。因为历史的真实包含两个方面，一方面是历史事件的真实，另一方面是洞悉历史发展的真实。前者通过最大限度地复原历史事实来证明，后者则需要通过发现历史发展规律从而实现对历史真实的宏观动态把握。传统史学方法把历史研究的根本任务聚焦在复原历史真实上，所以不能实现历史研究的两个真实。

中国史前史研究，长期以来仅能依据东周已降的各类文献。但这些文献述及的史前史信息，又大多属于古史传说的范畴。过去，学者往往把这些文献作为认识中国史前史的主要依据，试图以传统史料分析的方法构建中国史前史。这种做法使中国史前史研究长期以来处于乏善可陈之境地。

尤其是历代学者在故纸堆里寻出的线索和证据，原本就不牢靠，在此基础上又经历代研究而叠床架屋、代代相承，甚至建立起一个根基并不牢固的庞大的古史体系。

顾颉刚1923年提出“层累的造成中国古史”的观点，把儒家观念与古史研究彻底剥离，试图褪去古史和古书的神圣光环，并借鉴近代实证主义的理论与方法，将古史和古书推上历史研究的手术台，用实证的科学方法层层剥开“靠不住的古史、古书”的历史真面目。在此种思想和方法的指导下，顾颉刚先生猛烈抨击了以三皇五帝为代表的中国古史系统。他以古文献记载为依据，详细考察了上古帝系的生成过程，发现中国的古史是一代代后儒根据需要，一层一层逐渐垒造而成的，其中的人物和人物间的关系所产生和确定的先后顺序，与他们最终所排列成的稳定的系统关系的先后顺序之间正好相反。也就是说，最近世的禹反而在最早的历史文献中出现，最远古的神农氏，反而在最晚的历史文献中出现。顾颉刚由此认为，一切没有证据的古史都是不可信的。在他看来，要想证明尧、舜、禹的存在，就必须拿出尧、舜、禹生活的证据；要想证明夏、商、周的存在，就必须拿出夏、商、周存在的证据。但是，通过使用客观证据和严密的逻辑关系论证还原上古史的做法，根本是不可能实现的。刘掞藜、胡堇人、柳诒徵等人因认为此种“疑古”的方法会对中国历史研究带来颠覆性的后果，于是相继撰文反驳，提出“信古”的观点。但“信古”的观点反对实证、回避事实，与其说是对历史的研究，不如说是对传统文化价值的信仰。

疑古派与信古派都没有跳出从古书到古书、以古书证古书的方法。须知两千多年以来，古书在传播过程中，并不是连贯的，也不是原汁原味保持不变的，而是不断地经历选择、篡改甚至淘汰的运动，它是一个客观的历史过程。经周公旦有计划地销毁、孔子有目的地删改、秦始皇焚书坑儒、项羽骊山一炬，众多古籍其实已经烟消云散，留下来的也不尽然保留其本来面目，更何况还有各种目的的伪书。所以古书虽然是研究历史的重要材料，但却不能作为历史研究的唯一依据。传世文献是意识形态的产物，是基于特定社会目的而创作并传播的思想及信息。其所记载的内容有可能是依据作者所经历和观察的事实，也有可能是依据文献的传承，甚至还有可能是依据道听途说的传言，或者是为了实现特定目的而有意或无意编造的谎言。如此复杂的传世文献，在传播中披沥岁月的锻造和汰选，往往被作为认知上古社会真相的可靠依据。而真相，则透过这些真真假假虚虚实实的文字，隐含在历史和文化的迷雾之中。因此对文献应有一个客观的态度，文献是能说明问题的，但文献并不能说明全部问题。如何使用文献才是真正的问题。对古史的研究，既要依靠文献，又不能仅靠文献。

王国维1925年提出“二重史证”的方法就是试图解决这一问题。所谓“二重史证”，也就是古史研究的“二重证据法”，就是把出土文献（对王国维而言主要是指甲骨文和金文等“地下之材料”，当时还没有出土简帛和古书）和传世文献（对王国维而言主要是指《诗经》《尚书》等“纸上之史料”）结合起来研究古史和古书，强调用出土文献来佐证传世文献的真伪。此种方法在一定程度上增加了研究的客观性和准确性。所以王国维认为：“此二重证据法，惟在今日始得为之。虽古书之未得证明者，不能加以否定；而其已得证明者，不能不加以肯定，可以断言也。”但是，出土文献和传世文献都有一个致命的缺点，那就是文献本身所具有的缺点。出土文献虽然是珍贵的文献资料，是史学研究中基本的史料形式之一，凝固在特定的历史时间节点上，在那个时间节点上，不再在流动的历史长河中继续发生流变，但它同样是文献的一种，它的产生，以及它的内容，依然具有无法排除的主观性，依然有可能存在着谎言、传言和各种于撰写或抄录过程中发生的失误、笔误及恶意的篡改、添加等因素。也就是说，出土文献同样不能作为最终的标尺来衡量传世文献的真伪。在对传世文献的辩伪工作中，出土文献虽然能够发挥一定的作用，但这种作用不是绝对的。

为弥补二重证据法的缺点，后世学者又将考古实物、民俗材料等各种可能的证据融入进来，发明了多重证据法，试图从不同的角度和不同的材料审视同一个问题。苏秉琦就说：“史前史，既是人类社会发展史、文化史，又是人类征服自然、改造自然的历史，这种性质决定它必须是多学科的综合研究成果，不仅需要吸收人类学、民族学的研究成果，还要借助地质学、古生物学以及许多自然科学或新技术手段。”[29]

多重证据法增加了研究难度，但显然具有更强的合理性，也大大拓展了可证古史的范围。尤其是中国自20世纪20年代兴起的现代考古学，经历不到百年的历史发展到今天，不仅在中国历史研究中发挥了重要的“证经补史”作用，还独立探讨了中华民族、中华文明在历史长河中的发生、发展以及围绕这一过程而存在的一系列重大问题。

考古学是根据古代人类通过各种活动遗留下来的实物以研究人类古代社会历史的一门科学，是历史学的重要组成部分。苏秉琦认为考古学的最终任务是复原古代历史的本来面目。“除了传说材料，史前时代没有确切的文献记载可供依据，建立史前时代信史的任务自然就落在了考古学家的肩上。”[29]李伯谦对“古史辨”以来重建中国上古史的问题总结说：“没有‘古史辨’运动对旧古史体系的破坏，就不会有建设新的信史、重建中国上古史任务的提出；没有以田野考古为标志的现代考古学由域外传入，也就不会有真正意义上中国古代文明起源和形成问题的研究。”[31]考古学在研究史前史领域被寄予厚望。

考古学是一门通过古代遗存来研究古代文化及文化史的学科。考古学的价值并不在于了解器物或遗址本身物理的属性，而在于研究和了解曾经制作并使用这些器物或生活在这些遗址上的人类——社会的、文化的、历史的各个要素，并进而了解其发生、演化及终结的原因与进程，当然也包含它与周边环境或人群的相互关系。通过这一过程，我们也许能够看清我们的文化源流，以及民族精神的渊源，从而更好地认识我们自己。

但在辅助历史研究领域，考古学能够实现的功能其实也并不是无限的。考古工作并不能让我们直接认识历史本身，甚至我们也无法通过考古学径直论证或确认上古传说中存在的历史人物或历史事件。所谓史前时代的信史，其实更应该是通过考古学描述出来的一种宏观的历史轮廓，考古学对史前史的描述更像是一种社会史或文化史的描述，而非历史的叙述。

那么，如何实现从考古发现的遗迹或遗物中洞悉曾经制作或使用这些遗物并生活在这一遗迹中的人群的社会结构呢？理论上存在实现的可能吗？这必须从考古学的基本单元及理论框架入手加以分析。

关于考古学的基本单元，有两种看法，一种是以器物为基本单元，一种是以聚落为基本单元。采用聚落这一概念为考古学的基本单元，好处在于，聚落是一个静态的、占据着特定时间和空间范围的物理单位，它同时包含三个方面的信息：遗物、遗迹及埋藏情况。“对聚落的描述包含有很多的主观的认识的成分在内，特别是当考古学家发掘的只是一个遗址的某一部分、聚落只是反映文化史上时间—空间的一个片段时，这一问题就显得尤为突出。”[32]因此完整地呈现一个聚落，对客观地认识这个聚落及其中所包含的各种遗物及遗迹是非常重要的。张光直援引列维·斯特劳斯的观点说：“社会结构与经验性实体无关，而是由此抽象出来的模式。”[32]他引用这段话旨在说明，社会结构是一种认识，是一种可以从经验性实体中抽象出来的认识。也就是说，考古学可以从遗物与遗迹的研究中抽象出对制作、使用这些遗物并生活在这些遗迹中的人类群体所拥有的社会结构。当然，并不是任一考古资料都能做这样的抽象。只有聚落才能作为研究人类社会结构的基本单位。

聚落是我们认识生活在这一聚落中的人类及其自然和社会属性的基本物质材料。但如何通过聚落去认识曾经生活于该聚落的人群呢？聚落作为一种静态的物质材料，怎么能反映出曾经生活于其中的人的社会属性？这就必须引入第二个概念，也就是社群的概念。

社群是“一个最重要的社会机构或社会系统，是理解社会的钥匙，是一个文化模式，而且可能是一个最重要的文化模式，因为它是一个细胞性的结构，是文化的普遍的、稳定的形式，它不仅规范着人们的行为和关系，而且规范着时间和空间”。[32]而“聚落当然可以与一个实际的人类群体相对应，正是这一群人的存在和行为，产生、使用和废弃了与聚落相对应的这段时间内的古代的物质遗存”。[32]从静态的角度，我们可以赋予一个聚落特定的社会结构，并通过这个结构解释聚落中的各种遗存。从动态的角度，我们可以在时间、空间上对存在各种关联的聚落展开对比，并从中抽象出社会结构的变迁。

这就是通过考古学可以了解上古社会结构及其文化特征的原因。

因此，考古学，尤其是聚落考古学，被认为是通过考古资料研究社会关系的一种必要方法。加拿大考古学家布鲁斯·炊格尔就将聚落考古学定义为，“聚落考古学是用考古学的材料对社会关系的研究”（Settlement Archuaeology is defined as the study of social relationships using archaeological data.）[33]。张光直、严文明等均对此有过类似论述。但张忠培的认识最为深刻和全面，他指出，聚落考古是考古学引进社会学及人文地理学的原理，并以聚落为单位进行的考古学研究，此种研究是以探讨居住于一个聚落之中的社会结构，以及聚落社会间的相互关系、聚落社会的时空变异、聚落社会同自然环境的关系等内容为目标的。[34]

考古学不仅对研究史前史有极大的帮助，还对有文献记载的历史有修正作用。对一名考古学家而言，有文献的考古学和无文献的考古学似乎有不同的意义，因为文献具有非常直接的引导作用。无文献的考古学其实就是指史前考古学，研究者必须在特定的时间和空间里通过对特定遗物或遗迹的研究，做出关于他所研究的对象的历史分析。本质上来说，这种分析基于理论框架，具有较强的主观性。而有文献的考古学则因受到更多的引导反而会受到更多的限制。对其所研究对象的解释，不能再主要依赖研究者自己的观点，而必须把文献的记载作为主要参照点。因为凡是在有文献可资利用的地方，考古学家都无法回避其面对着一个历史固有的文化秩序。但是，张光直对此有非常深刻的怀疑和反思。他指出："我们是否过于相信古代文明中的人对他们自己的认识，以至于我们的思考和行为束手束脚？我们是否可以从社会人类学家追寻自己的证人的能力中受到一些启发？或者说无论是古代遗物还是文献记载本身都不能被看作是某种东西的表达或文化的信息？用文献来佐证古人的真实判断未必总是站得住的理由，因为话不是被说出来而是被用文字记下来，难免会有一些偏颇，是不全面的。"[32]虽然古典文献的记载与真实的考古发现之间，如何使用、如何选择往往难以取舍，但是文献对考古学的价值以及文献对中国早期国家起源及文明起源问题的研究价值，依然是不可否认的。

现代考古学虽日益发展为利用多学科方法与手段进行综合研究的学科，而且在研究范围上甚至渗入了自然科学领域，从而显得外延过于宽泛，但其终极目的和主要任务依然根植于研究人类古代社会，所以本质上它依然也必然是广义历史学中的一个重要分支。[35]在夏史及夏文化研究中，我们就可以非常清晰地看到这种态度，那就是把原史考古学、历史考古学以及利用文献开展的狭义历史学研究紧紧地结合起来，形成相互支撑的研究格局。李民先生在《古代文献在中国古代文明形成与发展研究中的意义及其使用方法》一文中更是强调了古代文献对考古学进一步研究的重要性，他指出："作为重要手段，中国古代文献在中国古代文明形成与发展这一重大课题的研究中是不可或缺的，它与考古发掘相辅相成，互相支持、印证，成为两个重要的支撑点，有其不可替代的作用。"[36]在李民看来，中国古代文献以时代早、延续性强以及丰富浩瀚而著称于世，在探索中国古代早期文明的过程中，当然会起到极为有利的作用，也应该起到这种作用。为此，李民还在该文中专门总结了古代文献在中国古代文明形成与发展研究中的三条使用原则及方法：

（1）注意广泛占有文献资料，要尽最大可能去查找和使用最原始、最早期的古代文献。

（2）使用文献要审慎，要有鉴别，择善而从。

（3）要注重古代文献为考古发掘提供的重要线索，重视古代文献与考古发现的相互印证。

这个方法虽然简单，但却对我们有效研究史前史或者远古史有极为重要的指导价值。

当然，也有人担忧，过多强调考古学与文献学相结合的研究方法，不仅会使考古学丧失自身特点，还会造成史前史研究因过于注重物质性而偏离了对其社会性的正确把握。但更多学者认为，考古学与文献学相结合的方法是中国考古学的特点和优点，必须发扬。[37]为了克服考古学方法带来的问题，在史前史研究中，还应重视民族学、人类学的方法的应用。

将文献、考古、民族学、人类学等各学科的研究整合在一起，从多角度认识中国社会的史前时代，对我们深刻理解和把握史前社会有非常重要的意义。用王震中的话来说就是：“因为我们研究的对象是远古社会，需要以远古社会遗留下的聚落遗址材料为建构理论框架的基础。这正像我们所说的三重证据法中，地下的考古资料是基础，地上的文献是血脉，民族学和人类学的调查材料是辅助和旁证一样。现存的人类学资料虽然有‘活化石’的作用，但它在时间上距离远古已经很久了，在环境上也与远古社会各地区的聚落环境大不相同，因此可以借助于它解释远古社会的一些现象，而它本身并非远古的史实。这是我们在使用人类学资料和三重证据法时必须注意的问题。由于我们是以中国新石器时代的聚落形态为主来对酋邦理论和社会分层理论进行整合，因此可以说，这样的整合实际上也是对重建中国上古社会历史的一种尝试。”[38]

中国国家起源研究在方法上的一个突出特点就是对反映了传说时代相关信息的各类资料做史料学分析，并将其与考古学资料、人类学理论等相结合，共同作为研究的依据。对中国上古历史的研究，首先要充分利用文献资料、考古发现、田野考察等材料，绝对不能直接把西方舶来的理论和结论套用在中国文明发展的实际情况之上。中国的文献资料中包括诸多上古历史的传说，如何认识这些资料，是史学界需要认真研究的问题。正如谢维扬所理解的，“中国古代传说记述系统多样存在的最明确意义就在于说明古代传说之总体是有高度真实事实背景可能的”[39]，对中国国家起源问题的研究而言，利用并解释这些传说时期的史料是不可避免且极有必要的。传世文献、出土文献、甲金文字等资料中都包含了诸多有关古史的记述或透露出有关古史的某种信息，这些资料往往是研究早期国家形成过程中所能利用的为数不多的证据。我们必须高度重视这些证据的价值。

随着研究视角和审视维度的不断增加，以及研究材料的不断丰富，我们是否就能最终看到真正的历史呢？答案依然是否定的。因为无论怎样努力，研究者终究不能掌握全面的研究材料，更不能获得全方位的视角和维度，因此不能做到对历史的全知全能，从而也不能彻底认清历史的真相。所以并不存在一种终极的办法还原历史。历史在本质上是不可还原的。应“将历史事实视为指向确定性的对历史世界的文本重建，而不是直接作为论证和叙事的材料”。[40]就像再高明的检察官和法官也无法还原一起凶杀案的真实历史，而只能通过一系列被证明具有证明力的证据去推演历史，也就是用法律事实构建起法律意义上的历史，而不是试图构建客观的历史自身。李零对此有一个非常形象的比喻，他说：“历史如大浪淘沙，有些东西冲走了，有些东西留下来（我们研究的都是历史碎片）。我们用剩下的东西研究丢掉的东西，很难，有如凭蛛丝马迹破无头公案，故事层出不穷。”[41]

所以对历史的重构，本质上是依据现有的证据对历史的解释，而不是对历史的还原。历史研究的意义在于，确定我们用以解释历史的证据的真实性和有效性，确定这些用作证据的历史碎片的历史价值，并以合理的方式将其形成证据链，解释那不可完全确知的历史本身。于是，我们的研究就从寻找本质走到了解释现象，就从信古或疑古走到了释古。释古是古史研究的新境界，但释古要有科学的推理，应当建立在坚实的证据的基础之上。

最后需要强调的是，在原始社会末期及古代文明社会早期，中国社会、文化有其极为独特的发展路径及发展历程，而中国式的王权政治的形成，也与世界上其他文明有所不同，故在研究中国古代文明及国家起源问题以及与此相关的政治、宗教、文学、文化、艺术的起源与发展问题时，更应将大胆假设和小心求证结合起来。既要尊重传统，也要努力创新；既不能信口开河，也不能裹足不前；既要采取多学科的研究方法，也要有所侧重、有所依托；既要努力掌握世界通行的学术规范，也要在世界史学界坚持中国自己独立的话语权。

第二节　中国古代文明与国家起源的判断标准

“中国古代文明的起源”或“中国古代国家的起源”所探讨的问题，是中国大地上与现在的中国有历史渊源关系的“文明社会的起源”或“国家的起源”问题。[42]中国古代文明与国家的起源既与世界上其他文明与国家的起源有共同之处，也有其鲜明的个性特征。

原始社会何以会从氏族家庭演进为国家？又是怎么演进为国家的？恩格斯在《家庭、私有制和国家的起源》中有过精彩分析。在他看来，原始社会后期，氏族制度逐渐解体，伴随着阶级的出现以及阶级矛盾的日益激化，那些在经济上、宗教上占据优势地位的社会成员最终蜕变为统治阶级，并在这一过程中逐渐掌握并垄断了一种凌驾于整个社会之上的强制性力量。而这种从社会中产生又超越在整个社会之上的异化力量就是国家。所以他深刻地指出：“国家的本质特征，是和人民大众分离的公共权力。”[43]

原始社会从氏族演进到国家是生产力发展的结果。生产力的发展导致私有制的产生，使社会分裂为在经济上彼此对立的阶级，当阶级矛盾逐步激化到无法调解的程度时，原始社会的意识形态及社会秩序均面临瓦解，社会陷入混乱。在经济上和身份上占据优势地位的权贵阶层为维护自身已经拥有的权力及财产，以暴力为后盾，形成凌驾于社会之上的公共权力，以此种方式将阶级矛盾和社会冲突压制在可以控制的范围之内，并因此形成新的社会秩序。原始社会的权贵阶层就这样通过自身优势蜕变为拥有强制力的统治阶级，并通过此种优势攫取了全面管控整个社会的权力。而这种从社会中产生但又超越在社会之上的力量就是国家。

对国家起源的研究，需要从国家起源的原因及历史进程两个方面入手。因此，不仅要从历史唯物主义的角度考虑生产力发展所带来的社会分工、私有制的出现、家庭的起源以及阶级的分化和阶级对立等理论问题，而且要从宏观上给出有关国家起源的理论回答，还要从国家起源的进程上对国家起源的具体问题做出分析，包括国家结构的形成过程及方式、国家权力的形成过程及方式、国家权力在国家结构中的配置过程及方式等。

依照马克思主义历史唯物主义理论，国家是生产力发展到一定历史阶段后，因私有制导致阶级矛盾发展到不可调和阶段的产物，是实现阶级统治的工具，因此国家是拥有强制力的暴力机关。国家的起源，就是暴力机关的起源。

根据恩格斯《家庭、私有制及国家的起源》一书，生产力的发展在原始社会促成了三次社会分工，即农业与畜牧业的分工、手工业与农业的分工、商品交换与物质生产的分工。

最初的社会分工首先是两性的分工。以仰韶时期的社会分工为例，当时的社会已经比较复杂，农业包括种植业、养殖业、渔猎，手工业则有石器加工、玉器加工、骨器加工、制陶、冶铜等（玉器加工应当已从石器加工中分离出来）。虽然当时的冶铜情况并不十分清楚，但根据姜寨发现的黄铜片可以推测当时已经出现了冶铜活动。当时男性与女性的随葬品的差异，显示了两性之间的社会分工情况，这在墓葬中随葬品的分化可以清晰看到。除纺织业外，仰韶时期的手工业，绝大部分由男性承担，手工业的发展促使男性的社会地位逐渐上升。手工业的专业化导致个人能力日益凸显，大规模公共生产逐渐演变为个体生产。正如李新伟所说："对早期手工业生产专业化的研究是理解复杂社会高级阶段的专业化生产的前提。"[44]在这一过程中，集群性兼职手工劳动逐渐被专业化个体手工劳动所取代。最早作为聚落内公共服务的手工业生产，其性质就转变为由能工巧匠控制生产并以私人方式向社会提供商品的生产方式。随着手工业门类增多和愈益专业化，手工业内部也在进行分化。随着生产力的提高和专业化的进一步发展，沟通各类专业之间的管理人员和实现各类产品之间的流通协调人员也逐渐从生产中脱离出来，成为专职管理人员和专职商人。这就意味着商品交换从物质生产中分离出来。至此，三次社会大分工全部完成。社会分工导致社会成员身份差异逐渐增大。

私有制就是在三次社会大分工中出现并完善的。私有制导致的个体家庭占有生产资料的事实，使社会成员与氏族组织之间出现越来越强的分离倾向，导致氏族组织的管理方式逐渐走到了历史的尽头。因私有制而形成的社会内部矛盾发展到不可调和的阶段时，原始氏族社会所依赖维持内部秩序的旧有意识形态以及维护这种意识形态的个体权威（宗教的或世俗的权威人物所拥有的凝聚社会的威望）逐渐失效。同时因社会分工的存在而导致的身份差异及此种身份及经济地位和经济利益的代际传承，以及商品交换的存在而导致的人际交往的扩大和人员的流动所带来的人际关系的变化，越来越侵蚀着血缘组织的内部纯洁和统一协调。财富也在这一过程中迅速向少数人集中，社会等级迅速拉大，社会矛盾日益凸显，社会关系日益紧张。这就呼唤着在社会内部出现一个能够协调新的社会关系并调节新的利益冲突的统一的强制性力量，而这个力量就是国家。

国家的出现，使私有制所导致的分崩离析的人类原始社会获得了一种新的秩序，但这种秩序是建立在不平等的社会关系之上的，是以阶级压迫为特征的，所以国家不以血缘划分人群。世界主流观点认为，只要血缘关系依然存在且未被财产和地域关系所取代，那么真正意义上的阶级对立就不可能产生。但事实上，在一个以相同产业为主的国家里，因大多数被统治阶级拥有相同的血缘并生活在相同的地域，而导致血缘组织依然普遍存在，甚至在进入到已经非常成熟的国家阶段时，这种宗族组织依然未被完全打破。也就是说，血缘组织的存在与否并不绝对影响阶级的对立，两者之间并无绝对的排斥关系，关键要看血缘组织在社会关系体系中所处的位置及所发挥的结构性功能是否足以影响到阶级的对立及暴力统治系统的形成。

理论上说，对国家的定义并不能直接作为在考古学上判断中国早期国家起源的依据。据许宏总结，我国史学界对史前中国文明与国家起源的研究方法，“是由已知的文明实体往上推，从其成熟的国家社会所表现出的明显的特征中，探究早期国家的某些本质的萌芽及其发生发展过程”。[45]我们确实可以看到中国学术界在探索中国文明及国家起源问题上遵循着这样一个原则，一步步走向遥远的史前时代。比如夏鼐在《中国文明的起源》一书中考察了二里头、二里岗、殷墟的情况后就指出：“二里头文化同较晚的文化相比较，是直接与二里岗文化，间接与小屯殷墟文化，都有前后承继的关系。所以，我们认为至少它的晚期是够得上称为文明，而又有中国文明的一些特征。它如果不是中国文明的开始，也是接近于开始点了。比二里头更早的各文化，似乎都是属于中国的史前时期。”[46]这种方法的内在逻辑是：既然殷墟甲骨文及殷墟古城的发现在考古学上证明了商代国家的真实存在，那么也就证明了那些记载有商代内容的传世文献具有很强的可信性。如此一来，这些文献中记载的有关夏代及更早的五帝时代的内容也应具有相当的可信性。但是这种真实性能够得到证明吗？夏代真如文献所载和商代一样是一个广域王权国家吗？这就需要在考古学中把评判商代为广域王权国家的那些文明要素作为评判标准去衡量比商代更早的考古遗存。由于在二里头遗址中发现了目前所知中国最早的宫殿建筑基址群、最早的青铜礼器群以及大型青铜冶铸作坊的遗址，学术界基本认定二里头文化属青铜时代文化，认定其已进入了国家阶段。虽然二里头遗址及二里头文化的其他遗址均未发现文字资料证明夏王朝的存在，也无法证明二里头遗址是夏王朝的都邑，但二里头遗址显然已经具备了有如殷墟对商王朝而言的国家都城规模及性质。学术界也据此普遍认定二里头文化已经进入国家阶段。二里头文化诸要素的成熟性不可能突然实现，而应有一个酝酿和发展的过程。因此在理论上可以假定，中国古代文明和国家的起源还有早于二里头文化的可能。据此，二里头国家的文明要素以及这些文明要素所体现的当时社会发展的信息，又被作为更早的文明国家的判断标准，被用以继续向前衡量更加古老的考古学文化。

由此我们可以看出，这是一种通过典型要素来判断文明是否出现及国家是否成立的方法，但这种方法显然不是绝对的。比如，把文字作为判断的绝对依据，则中国二里头文化就不能认为是国家，因为二里头文化尚未被认为发现真正意义上的文字。甚至在发现殷墟甲骨文之前，也无法认定商代已经进入文明国家的阶段。其他所谓用以判断国家出现的文明诸要素同样面临如此境况。事实上，文明并不是一蹴而就的，而是先有了文明诸要素，然后才进入文明时代，而且文明诸要素的出现也都有其各自漫长的发展历史。[47]以特定的物质要素（“列清单”的方式）作为判断文明和国家出现的方法，只是简单地抓住社会发展到国家阶段的一些外在表象。真正的判断标准绝不能仅仅停留在物质表象，而应透过表象去把握社会发展的实质。也就是说，要结合定量和定性的方法，科学地认识文明与国家。对考古学而言，就是从客观物质遗存的角度来观察哪些要素能够体现出特定的社会发展状况及所处的社会发展阶段，并以此来综合判断文明与国家的出现。也就是说，立足于恩格斯在《家庭、私有制与国家的起源》中提出的原始社会因社会分工导致的阶级的出现及阶级矛盾的深化以及由此引发的社会的崩溃和强制性公共权力的出现这些基于历史唯物主义的社会学判断依据，通过考古学，落实在可以观察的客观物质证据层面上，并以此建立起定量及定性的统一判断标准。

如何从定性的角度确立判断标准呢？比如是否存在第三次分工（手工业和商业的分工），是否存在不可调和的阶级矛盾，是否存在统治阶级对被统治阶级的暴力统治。这些定性的标准，在考古学上如何落到具体的物质证据上？也就是说，通过哪些现象可以证明存在不可调和的阶级矛盾？解决这个问题之前首先要确定以身份划分等级和以经济地位划分阶级的物质证据，然后才是确定阶级矛盾发展到不可调和的阶段的物质证据。但是，在没有文字展示当时社会信息的前提下，仅用埋藏于地下残存的物质证据去证明存在一种微妙的社会属性，这是何其大胆的一个妄想。因此，能够有效用以判断一个考古学文化已经具有国家属性的标准，需要用尽可能充分的考古学指标去诠释社会学提出的定性的标准，即便如此，也必须谨记，对于史前社会的社会性质，我们的全部认识只是建立在假说之上，绝不能画地为牢、故步自封。但这也并不意味着面对史前遗迹所反映出来的史前社会我们只能毫无作为，那将完全落入唯心主义的妄想。

传统的看法认为，从考古学上可用以观察的判断国家出现的定性的社会学标准至少应当包含两个要素：一个是超越血缘的地域性政治实体的出现；一个是凌驾于社会之上的强制性公共权力的确立。然后在考古学中通过客观物质遗存的分析予以证明。

但是，依照这两个社会学标准，结合考古学物质证据去看中国夏商周三代社会，又很容易得出其未进入国家阶段的荒谬结论。因为无论是文献还是考古资料，都反映出中国夏商周时期血缘纽带还在社会政治生活中发挥着很大作用，家族和宗族依旧是国家社会中最为重要的政治经济实体。也就是说并未出现超越在血缘之上的纯地缘性实体。关于这一问题，可以参考的资料包括李学勤的《东周与秦代文明》[28]、张光直的《考古学专题六讲》[48]、田昌五的《古代社会断代新论》[49]、田昌五和臧知非的《周秦社会结构研究》[50]、赵伯雄的《周代国家形态研究》[51]、朱凤瀚的《商周家族形态研究》[52]、赵世超的《西周为早期国家说》[53]、王震中的《中国文明起源的比较研究》[54]、沈长云和张渭莲的《中国古代国家起源与形成研究》[55]等。相当多的西方学者也都持此种看法。可见此种认定国家的标准无法有效解释中国社会历史发展的实际现实。

针对此种情况，不少中国学者都努力尝试弥合理论与实践的裂隙。以江林昌为例，他认为判断文明起源的物化标志可以是文字、青铜器、城市和宗教礼仪，也可以是其他。就是说，应当根据不同的地理环境与不同的民族而定。对中国古代文明的认识，不仅要从时间上消除“上古无史论”的误解，充分认识中国文明起源的早期性，而且还应从空间上改变“中原文明一元论”的偏见，全面认识中国文明多源并起、广阔发展的历史事实。[56]这种看法已经成为中国学术界的主流。当然最主要的做法还是修订关于国家的定义，并提出具有中国特色的便于在考古实践中予以观察的关于国家起源的新概念，尤其是将中国“国家”起源与发展视为一个动态的、不断进化并完善的过程，拒绝以所谓典型国家的概念及标准简单地、僵硬地衡量中国国家的起源与发展。

苏秉琦认为，中国国家的起源与发展包含了“古国”“方国”“帝国”三个阶段，是一个动态发展的过程。这就为考古学上所见中国史前不平等社会向秦帝国演进的历史提供了一个可以观察的完整的形态演进模型。但“古国”是一个过于宽泛的概念。所谓“古国”，用苏秉琦自己的话来说就是“稳定的、超越在部落之上的、独立的早期原始国家”。这个表述缺乏对古国社会性质的判断，尤其是与“酋邦”概念相对照之下，更反映出“古国”似将初步分化的不具强制性权力的不平等原始社会与已经出现具有超越在社会之上的强制性权力的国家的早期阶段同时包含在内。但是酋邦只是原始社会在解体前的一个过渡阶段，其本质依然是原始社会，与原始部落的差异仅在于内部出现阶等的分化，并依靠权威维系内部秩序。而古国则是早期的国家，存在超越在社会之上的强制性权力。因此酋邦与古国是性质上完全不同的两种社会形态。为此，王震中提出了“都邑邦国”（简称“邦国”）的概念，认为中国在酋邦或阶等社会这种初步不平等的社会阶段之后，进入一个显示出“强制性权力”和“社会分层的政治结构”的高度不平等的社会阶段，在考古学上的反映就是出现了大批设防的封闭式城邑，这些城邑围有高大厚重的夯土城墙，内部结构呈现出清晰的规划性，尤其是明显具有国家都城特征的大型城邑，不仅规模庞大，而且还存在庞大的高等级宫殿式建筑或建筑群。王震中认为，这个阶段的社会已经进入早期国家阶段，也就是具有中国特色的“宗邑邦国”阶段，而且中国古代国家的发展及演进正是从小国寡民的“宗邑邦国”阶段起步，经“王国”这一复合制国家阶段，最终完成向秦汉帝国这种典型的国家模式的飞跃。所以，“都邑邦国”或“邦国”的概念是结合中国聚落考古学及社会形态学，针对中国龙山时代特定社会形态提出的具有中国本土特色的早期国家概念。

王震中的“邦国”与苏秉琦的“古国”有明显区别。“古国”被认为是早期原始国家，在认定古国的标准中，并不以是否存在阶级、是否存在凌驾于社会之上的强制性权力为依据。有学者甚至在此基础上进一步提出中国根本不必划分酋邦时代的观点。[57]而“邦国”则被确立为是在“酋邦”之后已经进入阶级社会的国家早期形态。显然王震中的理论体系更清晰、更科学，也更易于与世界流行的理论体系相衔接，并同时反映出中国特色。王震中结合考古资料及历史文献，重点解决了判定国家标准中的地缘与血缘矛盾问题。他认为，中国社会的宗族长期存在，地缘性与血缘性在国家社会格局中并不截然对立。西周时期地域组织“里”与血缘组织“族”就交相杂糅、长期并存。上溯至商代，从考古学角度考察，商代社会的家族和宗族血缘关系也依然是当时最基本、最主要的社会关系。但这并不能成为否定中国国家社会自商代以来早已进入国家阶段的事实。考察殷墟的空间格局，就能发现它呈现出一种“大杂居小族居”的分布，并未绝对按照严格意义上的血缘关系组织社会成员之间的空间关联。因此对判定国家是否出现的标准中，所谓超越在氏族血缘关系之上的地域性实体这一条件，不能狭义化、绝对化。为此，他修订了判断国家的标准。他认为，判断国家是否出现应当考察以下两个因素：其一，阶级的存在与否；其二，是否出现了凌驾于社会之上的强制性公共权力。[54,58]在王震中看来，如果这两个要素同时具备，则可认定已经成为国家。依据这一标准，夏商周三代当然都已进入国家阶段。但此种国家显然带有浓厚的中国特色，并不具有世界范围的普适性。因此王震中提出了一个新的概念来描述中国“王国”阶段的国家结构，即“复合制国家结构”。他解释道：“所谓夏商周三代复合制国家结构，是指在王朝内包含有王国和从属于王国的属国（或称为诸侯国）两大部分。”[58]也就是说，夏代的国家结构，是由夏后氏与其他从属的族邦所组成的复合式结构；商代的国家结构，是由“内服”之地的王国与“外服”之地的侯伯等属邦共同组成的复合式结构；周代的国家结构则是由位于被后世称为王畿之地的周邦与各地的诸侯国所组成的复合式结构。以夏王朝为例，据《史记·夏本纪》记载，“夏的同姓族邦有有扈氏、有男氏、斟寻氏、彤城氏、褒氏、费氏、杞氏、缯氏、辛氏、冥氏、斟戈氏。夏王朝内的异姓族邦有：己姓的昆吾、彭姓的韦国、任姓的奚仲、子姓的商族、姬姓的周族，等等。”[58]

易建平对王震中的观点提出了批评。他认为，阶级和超越在社会之上的权力并不是判断国家形成与发展的重要指标，国家政权对“武力合法使用权”的掌控程度才是辨别国家形成与发展的重要指标。[59,60]但易建平的观点只是建立在理论的层面，对中国的史前史研究及中国本土考古实践中如何观察和判断国家的起源与发展并无实际意义。因此在中国史学界并未产生广泛影响。

王震中对“复合制国家结构”的提出是比较满意的。他自己评价说：“夏商周三代的国家形态和结构为复合制，应该说揭示了上古中国历史的特点，符合中国上古的历史实际。以往学术界主张夏商周三代为方国联盟论者，忽视了夏王、商王和周王对于地方诸侯邦国的支配作用；而主张夏商周三代为统一的中央集权国家论者，则忽视了夏商周时期的地方诸侯邦国与秦汉以来郡县制之下的地方行政并不相同的问题。在复合制国家结构中，在统一王权的支配下，王邦与属邦是不平等的。王邦即王国，为‘国上之国’，处于天下共主的地位；属邦为主权不完整的（不是完全独立的）‘国中之国’。在夏代，这些属邦有许多是在夏代之前的颛顼尧舜时代即已存在的邦国，夏王朝建立后，它们并没有转换为王朝的地方一级层层隶属的行政机构，只是直接臣服或服属于王朝，从而使得该邦国的主权变得不完整，主权不能完全独立，但它们作为邦国的其他性能都是存在的，所以形成了王朝内的‘国中之国’。而作为王邦即位于中央的王国，则既直接统治着本邦（王邦）亦即后世所谓的‘王畿’之地（王直接控制的地区），也间接支配着臣服或服属于它的若干邦国。因而王邦对于其他众邦其他庶邦当然就是‘国上之国’。邦国的结构是单一型的，王朝在‘天下共主’的结构中，它是由王邦与众多属邦组成的，是复合型的。自夏代出现的这种复合型国家形态和结构，历经商代和周代获得进一步的发展，特别是在周代，由于大范围、大规模分封诸侯，使得这种复合型国家结构达到顶峰，形成‘溥天之下，莫非王土；率土之滨，莫非王臣’的牢固理念，而这一理念也从王权的视角对复合型国家结构的整体性作了形象说明。”[58]

王震中对中国国家起源的理解确实把握住了中国国家起源的本质，他针对中国实际情况提出的判断一个社会是否进入国家的两个标准及中国上古社会“复合制国家结构”的观点，在研究中国文明与国家起源的问题上，有非常重要的理论价值和指导意义。

第三节　中国古代文明与国家起源的主要理论

当前世界范围内较为流行的关于原始社会进化及文明国家起源的理论学说主要有三种。

第一种由恩格斯提出，他认为人类社会经历过原始群、氏族—部落、部落联盟、英雄时代、国家这样一个发展顺序。也就是说，国家是由部落联盟发展而来的。

第二种是酋邦理论。酋邦理论的提出与完善过程相当复杂，但以塞维斯最为典型。塞维斯认为，人类社会的演变经历了游群、部落、酋邦、国家四个阶段。国家是经由酋邦发展而成的。

第三种是弗里德的社会分层理论，认为人类社会经历了平等社会、阶等社会、分层社会、国家四个阶段。国家由分层社会发展而成。

这三种理论都认可人类社会是从平等社会发展到不平等社会的。

中国学术界吸收了上述三种理论，形成了关于中国早期国家演进的四种代表性观点：

其一，认为国家经由部落联盟形成。

其二，认为国家经由酋邦形成。

其三，认为中国的国家起源有自身特点，不认可在国家诞生之前存在酋邦阶段，并认为中国社会进入早期国家阶段后又经历了一个逐渐成熟的过程，也就是“古国—方国—帝国”的演进过程。该观点由苏秉琦提出，追随者众多。

其四，认为中国文明与国家起源确实有自身特点，中国国家形态确实存在一个逐渐成熟的过程，在国家起源的途径上存在“聚落三形态演进”

的特征，在国家发展阶段上存在“邦国—王国—帝国”的演进历程。如前所述，该观点由王震中提出，中国社会科学院历史研究所的王宇信、杨升南、罗琨、宋镇豪等专家均认同该观点。[61]该观点并不否认在国家诞生之前存在类似于酋邦的社会形态，但更倾向于从聚落考古学的视角描述这个由部落社会过渡到国家社会的发展历程。因为酋邦制只是对一些特定的民族或地区考察后归纳提出的一种人类文化学概念，是一种定性的描述，但实际上却很难在考古遗存中得到证实，也无法针对考古遗存对号入座。因此酋邦概念的提出，其意义更多地在于一种启示，也就是由部落到国家的发展历程中，存在一个相对独立的发展阶段，这个历史阶段的社会，有相应的社会结构和体制特征，而且是文明和国家起源研究的关键点之一。[61]

下面对以上几种观点及这些观点在具体分析和认定中国上古文明发展与国家起源问题中的一些看法做简要介绍与讨论。

一、部落联盟理论

该理论最早由摩尔根在 19 世纪提出，对后世影响很大。该理论认为，国家是经由氏族—部落—部落联盟发展而来的。

为了能够清晰说明该理论的内涵，在此，需要先对氏族和部落两个概念加以简单解释。

原始社会早期，人类处于血缘群婚阶段，人们的集合体只是建立在血缘群婚基础上的家族公社。在漫长的历史发展进程中，基于自然选择的原因，人类的婚姻制度从族内婚演化为族外婚，并因此形成氏族。所以原始社会早期人类血缘家族公社与氏族公社有着本质区别。

所谓氏族，是指原始社会以族外婚为基础形成的具有血缘关系的人类群团（共同体）。氏族大约出现于旧石器时代晚期。在氏族内部，各成员之间地位平等，并以财产共享为基础，实行集体劳动、平均分配的社会制度。这里所说的地位平等并非绝对意义上的平等，而是不存在社会等级关系。氏族内部的公共事务，则由富有生存经验的氏族首领管理，最早的首领就是母系氏族时期的成年女性。但氏族首领并不拥有超越全体氏族成员之上的社会特权。在面临重大事务时，全体氏族成员均有权参与讨论和决定。所以说，氏族是原始社会的基本社会单位，内部成员之间拥有共同的血缘关系，有共同的祖先，因此也拥有共同的图腾。而氏族社会则是对氏族所构成的社会的一种抽象概括，是指以氏族为社会基本组成单位的社会类型。人类社会先后经历过母系氏族社会、父系氏族社会。随着私有制的产生和发展，氏族社会最终解体。

所谓部落，其所处的历史阶段依然是氏族社会。部落只是氏族社会在社会组织结构上的一种扩大，它是以氏族为单位结成的氏族联合体，也可以称为氏族集团。因此，原始社会并不存在一个被称为“部落社会”的历史发展阶段。根据摩尔根的描述，我们可以将部落归结为：若干个地缘相近的氏族，因彼此接触频繁，在漫长的历史演进过程中，逐渐形成共同的方言，拥有共同的宗教信仰和祭祀礼仪，存在稳定的通婚关系，并在此基础上构建为一个紧密的“地缘－亲缘”联合体，共同占有并拱卫归属于本联合体的公共领土，对外拥有自己的统一名号，对内形成一个统一的内部最高决策机构，这样的氏族联合体（集团）就是部落。它不是一个单纯的婚姻集团，也不是一个简单的人类群团的集合体，而是一个具有人们共同体和政治管理机构的复合型社会组织。最早的部落是在漫长的历史演进中自然出现的，后期的部落则是基于现实的因素（如经济的、战争的、婚姻的因素）导致不同的氏族或部落在地缘上的一种扩展，是一种政治行为。

部落联盟则是在部落的基础上，形成的更高一级的地缘政治联合体。在这个联合体中，虽然也拥有共同的对外名号，拥有共同拱卫的领土范围，甚至拥有统一的最高决策机构和统一的宗教机构，但地缘联合和政治联合的意味更加明显，因此也是一种较为疏离的松散式联合，各部落对自身利益的关心应超越在对整个联盟利益之上，联盟的统一宗教，也只是在联盟层面上出现的一种新的宗教内容或新的宗教形式，在各部落内部，则依然尊奉自身的宗教传统，从而形成宗教的复合制结构。而且联盟中的各部落关系也会因情势的变化而出现变化。

恩格斯在摩尔根理论的基础上又提出了军事民主制的概念。在摩尔根及恩格斯那里，部落联盟是原始社会末期社会发展的一种具有普遍意义的社会组织。这一理论在我国产生的影响比较久远。比如江林昌就认为，商代分为前后两期。商代前期的社会性质仍然是以商民族为共主的中原部落联盟共同体，从商代前期的后半段开始，商民族才逐步由部落联盟共主过渡为方国联盟共主。到了商代后期，整个社会性质才完全属于方国联盟。[62]易中天也将人类社会组织的演进概括为“原始群、氏族、部落、部落联盟、部落国家”。[63]

部落联盟理论认为，氏族、部落、部落联盟作为前国家形态的社会组织，其内部实行的是平等制度。也就是说，国家诞生之前的原始社会，在内部是一个原始共产主义的平等社会。虽然这种平等性在部落联盟阶段逐渐走向不平等。如晁福林就认为：“氏族制之下的氏族、胞族及部落、部落联盟的权力体系中已经蕴含着的通过管理功能所达到的目标，在早期国家那里是得以传承并且发展的，这可以说是旧传统在新形式下的复活。国家当然是超出氏族之上的力量，然而在它出现不久时，它与氏族、部落、部落联盟脱离的距离还不是很大，这个距离依照恩格斯的说法是日益增大的，而不是一蹴而就所形成的高悬于社会之上的镇压之剑。按照古代中国的情况，最初的国家与氏族部落之间并没有一条截然的界限，不宁唯是，而且由氏族部落到国家的发展，还是一条长期渐进的漫长的道路。氏族那种维持原始的公正与和平的传统在早期国家中的长期保存，也就不是不可理解的事情。”[64]这是一种认为国家起源于部落联盟的典型观点。

但国家不可能突然产生，阶级的出现和私有制的出现也有一个漫长的历史发展过程，不可能突然催生出国家暴力机关。因部落联盟具有松散性，必然要求出现一种强制性力量来维持其内部结构的完整和稳定，并维护其复合型宗教文化秩序的存在与传承。所以，部落联盟应当出现在原始社会末期，是社会发展到原始社会秩序逐渐走向瓦解的历史阶段的产物，它建立在应对外部战争或内部交易的基础之上，这正是阶级社会形成与发展的结果。同时，部落联盟又必须依靠一种公共权力甚至是强制力去维护联盟秩序。这种依靠公共权力或强制力得以存在的社会结构，还能被视为是平等的部落之间通过民主机制形成的自愿联合吗？

因部落联盟理论存在缺陷，故逐渐被酋邦理论所替代。比如易建平就认为“从部落联盟过渡到国家”的传统模式是不正确的。他认为，社会规模的不同是影响人类社会权力结构不同形态形成与发展的根本因素，而地理环境则是影响早期社会规模不同的底层平台性原因，酋邦理论正是在这些因素的作用下诞生。[65,66]

二、酋邦理论

酋邦（chiefdom）概念最早是美国学者 K. 奥伯格于 1955 年提出的。

随后这个概念就迅速成为研究原始社会演变、社会复杂化机制、国家起源问题的重要概念。对酋邦这一概念及其社会形态的使用及探讨，主要集中在人类学、民族学、考古学领域。美国人类学家塞维斯、弗里德、卡内罗、厄尔等一大批学者都对酋邦理论的提出及完善做出过重要贡献。酋邦理论经历过一个由不同学者从不同角度予以完善和丰富的复杂过程，故其内容十分庞杂，甚至相互矛盾。但总的来说，酋邦理论描述的国家起源路径可以简单地描述为：游团、部落、酋邦、国家。一言以蔽之，所谓酋邦，就是在国家诞生之前存在过的一种依靠非强制性权威维持其内部秩序的等级制社会，酋邦社会内部的权力并非强制性威权，也不是武力支撑的强制性暴力，而是一种非强制性权威。

目前，酋邦理论在国内外学术界占据主流地位。国内引入酋邦理论的学者主要包括张光直、易建平、沈长云、陈淳等人。该理论已被中国学术界广为接受和使用。

关于酋邦的讨论，不同学者从不同侧面研究了它的特点和性质。比如美国人类学家弗里德认为，酋邦的主要特征是社会少数成员拥有其他成员所不拥有的种种特权，并通过这些特权获取关键资源。民族学家和考古学家卡内罗则认为，酋邦是由一个最高酋长长期控制下的多聚落或多元社群组成的自治政治单位。酋邦超聚落的社会结构是向国家演进的基础，虽然酋邦的运作机制是从血缘关系上发展而来，但它已经朝着一种由血缘关系和非血缘关系组成的社会发展，并整体上在一种非血缘关系的基础上运转。美国人类学家塞维斯进一步指出，酋邦是一种集中的社会政治体制，其等级地位的世袭具有一种贵族社会的性质，但是它没有正规和法定的强制机构，因此酋邦往往是神权型社会，以神权实现内部控制。在这种机制下，酋邦的酋长兼祭司用举行集体宗教仪式的方式来行使权力并加强权威。[6]也就是说，酋邦并不存在颁布和实施法律的政府机构和官僚体制。因此酋邦的运作机制仍以血缘关系为特点。据此我们知道，酋邦理论认为在国家诞生之前，人类社会存在过一种从原始社会向阶级社会过渡的历史阶段，这个阶段就是酋邦阶段。酋邦社会最显著的特点就是它的公共事务是由社会权威来处理的，但是这个权威并无垄断专行的权力。该理论强调在国家诞生之前存在一个不平等的氏族血缘社会。酋邦社会与原始氏族或原始氏族部落所构成的社会有明显差异。最大的差异就是在社会内部存在不平等。这一理论认为，在国家诞生之前，人类经历过一个虽未建立暴力机关，却存在社会分层及威权统治的不平等原始社会阶段。正如美国学者厄尔认为的那样，酋邦是一种复杂社会，是从平等社会向国家演进的过渡阶段，作为酋邦的主要特征之一，就是“酋邦内部以酋长为中心的领导表现为一种神权政治，主要依靠传统习惯与宗教制裁对共同体进行管理与控制，而不是依靠暴力”。[55]

由于对酋邦的讨论主要依据民族学观察，正如陈淳所指出的，“对现存土著社会的观察，缺乏时间跨度和演化进程因果关系的信息，所以这种观察被认为是一种知其然而不知其所以然的研究”，故“对酋邦这一概念及其社会形态的探讨主要是在人类学、民族学和考古学三个领域里进行的，并在这三者之间存在着密切的信息交流和反馈”。[67]虽然不同学科领域在使用酋邦这一概念时都有不同的侧重点，似乎造成了概念内涵的混乱，但这也为酋邦这一概念及酋邦理论本身提供了新的信息和内容。因此将人类学、民族学和考古学结合起来，综合研究酋邦问题乃至于文明与国家起源问题，才能够取长补短、相得益彰。因为考古学的优点是能够客观地观察一个区域中史前社会文化在较长时间跨度中的历时变化，而这一点正是人类学和民族学所欠缺的。

但在中国接受酋邦理论的学者，也还经常将酋邦和部落联盟视为同一历史阶段的不同社会表现形式。比如，陈淳就认为酋邦和部落联盟实际上是人类社会发展的同一个阶段。他说：“原始社会的演变一般经历了自原始群向部落、酋邦（部落联盟）和国家这样依次递进的历程，但是并非所有的社会都能够进化到酋邦和国家。”[67]也就是说，酋邦和部落联盟是同一历史阶段的两种社会组织模式，在某种意义上可以等同视之。为此，陈淳强调：“从氏族为基础的聚落形式向国家演变有一个过渡阶段，即部落联盟或酋邦。”[68]

谢维扬持与陈淳相似的看法。他一方面赞成部落联盟演化为国家的理论，另一方面又认为部落联盟并非唯一演化为国家的途径，另一个途径就是酋邦。谢维扬认为，在人类社会早期国家的产生道路上，有部落联盟和酋邦两种模式。部落联盟是由各部落自愿结盟，而酋邦是势力较大的部落吞并或征服势力相对弱小的部落。而且“酋邦社会越是向较高的程度发展，也就是越接近于国家的水平，征服就显得越有重要的作用”。[69]基于这种认识，谢维扬提出，雅典和罗马这类国家是通过部落联盟模式产生出来的，因此具有民主性特征。而中国、阿兹特克、印加和祖鲁等国家则是通过酋邦模式产生出来的，因此具有专制性特征。之所以通过两条途径会产生两类不同政治特征的国家，根本原因在于，部落联盟制度的本质是民主的、平等的、突出集体性质权力点的制度，而酋邦制度则是集权的、专制的或者倾向于专制的、突出个人性质权力点的制度。[69]由此可见，谢维扬试图将氏族部落向国家的规模整合划分为和平协商和武力征服的两种路径。

三、古国理论——发展阶段的三部曲及发展模式的三类型

苏秉琦立足于中国特色，依据考古学和文献学，提出中国国家起源问题可以概括为“发展阶段的三部曲”和“发展模式的三类型”学说。它是苏秉琦先生在区系类型学说的基础上对中国原始文化起源与发展多元论的“条块说”和“满天星斗说”的深化和提升。

苏秉琦认为，文明起源存在三种形式，分别是“裂变”“碰撞”“融合”；而发展模式则存在三种类型，分别是“原生型”“次生型”“续生型”，起源过程则经历了三步递进的阶段，分别是古文化—古城—古国。国家诞生后的演进过程又经历了三部曲，分别是古国—方国—帝国。经过这一系列复杂化的过程，最终完成了具有中国特色的国家体制。这些观点散见在他的一系列论文之中，并在他的总结性著作《中国文明起源新探》中给出了系统性阐述。苏秉琦所谓的古国，也就是作为稳定的、超越在部落之上的、独立的早期原始国家。在他看来，古国的诞生不是突然的，而是经历过古文化—古城的演变而最终形成。所谓“古国”，是与“古文化”“古城”的概念联系在一起的。“古文化”是指原始文化，“古城”是指最早起源的城乡分化意义上的城镇，“古国”则是高于部落之上的、稳定的、独立的政治实体。苏秉琦先生之所以提出“古文化、古城、古国”的概念，是因为中国自然地理范围内的各区域在文明与国家起源与发展的历史进程方面表现出不平衡的特征，因此他将全国划分为六大考古学区系类型，“古文化、古城、古国”的概念就是为了方便于考古学在各区系类型范围内观察古文化、古城、古国的起源、发展与演变，并将其与其他区系类型的古文化、古城、古国相比较，从而看到它们相互之间的历史动态关联。

苏秉琦认为，距今七八千年前的阜新查海和赤峰地区兴隆洼遗址反映

的社会发展已经到了氏族向国家进化的转折点。尤其是距今5000年以前的红山文化已经率先跨入了古国的发展阶段。红山古国以祭坛、女神庙、积石冢群和成批成套的玉质礼器为标志，反映出当时的社会已经出现了基于公社又凌驾于公社之上的高一级的组织形式。也就是说，在这一文化中已经产生了早期城邦式的原始国家。考古发现这一时期全国范围内的中心聚落，也就是苏先生所称的“大遗址”，数量很多。这些中心聚落也就是古城古国所在地，人口密集，社会分化，经济发达，分工明确。虽然这些中心聚落的古国在历史发展进程上存在差异，但都经历过从氏族发展到国家的进程，而且幅度不超过500～1000年。说明文献所载“夏有万邦”“禹会诸侯于涂山，执玉帛者万国”的说法是有事实依据的。关于当时这些在聚落形态上具备中心聚落特征的古国，是在何时普遍形成的，苏秉琦认为，距今5000年前后，在古文化得到系统发展的各地，古城、古国纷纷出现，中国各地社会发展普遍进入古国阶段。所谓的古国，其实是早期的原始国家，古国之后进入方国阶段，方国是比较成熟的国家形式。南方良渚文化和北方夏家店下层文化都已进入方国阶段。中国普遍进入方国的时代大约是距今4000年左右，当时夏商周都已形成方国，夏是最早形成的最具实力的方国，因此成为方国联盟的盟主，也就是方国群共奉的夏王。夏、商、周三代王朝更迭的本质其实就是盟主国的更迭，相继成为群雄中的盟主或霸主。在商方国灭夏方国、周方国灭商方国的过程中，都是通过对各方国的连横，破坏对方的盟邦关系，构建自已新的盟邦关系，然后借用同盟的力量实现王朝更迭，而并非只用一已之武力消灭对方。“古文化、古城、古国”的概念本是服务于考古实践而提出的，三者从逻辑的、历史的、发展的关系联系起来，与社会分工、社会关系分化相对应，区别于一般村落的中心遗址、墓地。

苏秉琦关于“古文化、古城、古国”的看法具有鲜明的中国特色，在中国考古学界影响很大，对中国文明与国家起源研究有广泛而深远的影响。

张学海深化了苏秉琦的理论。张学海相信，聚落群是探索中国国家起源、文明起源的突破口。在研究路径上，选择一批典型聚落群结合文化进行深入研究，就能有所突破。如果通过此种研究，能够确定在中国产生的一批最早的国家，就能对中华文明的诞生、文明史的开端做出回答。他认为，“由于黄河中下游和下江地区的大群体，最晚在距今5000年左右群内聚落都已形成‘都、邑、聚’金字塔形层级结构，龙山时代的中型聚落群包括大部分小型偏大的聚落群，也都已如此，所以除了那些最小的群体以外，龙山时代晚期的聚落群大都是国家，聚落群经历了从部落到国家的发展过程。这里的国家是古国，即早期国家，具有原始性”，并断言说：“龙山时代是古国时代。”[57]

张学海认为，国家社会的本质特征就是私有制、阶级、等级结构和公共权力。国家的基本职能就是对复杂化的社会实行有效管理，包括组织对外战争或防御外敌入侵，保障社会安宁和人民生命财产安全等职责的行使。政治统治是结合行政管理的实施而实现的。所以，管理社会公共事务、协调内部社会各阶级、各阶层、各集团间的利益冲突，以及组织指挥外部战争的需要等因素，是中国国家产生的主导原因。[70]关于古国的判断标准，张学海提出了三个基本判定条件：

（1）具有范围明确的一定规模的聚落群。

（2）聚落群内具有“都、邑、聚”的金字塔形等级结构。古国必须有统治中心，即国都，一般是城。判别都城主要看该城规模大小，有无殿堂与礼仪性建筑和大贵族墓，以及经济发展水平。“邑”相当于群内的二级聚落址，其中也有城，是古国二级行政管理机构所在。“聚”是村落，是群内三级以下的聚落址，是古国的基层社会组织。

（3）原始城市的存在，聚落群内具有比较明显的城乡分离格局。原始城市是区域的政治、经济、文化中心，必然是个古国都城，古国都城并非都是原始城市。

张学海认为等级社会结构和城乡分离是国家社会的基本特征，只要在聚落考古中发现“都、邑、聚”的金字塔形等级结构，或者存在城乡分离的城市考古遗存，都可以认为存在古国。[71]依据这一标准，张学海识别出了海岱地区的四个文化古国：大汶口文化古国、城子崖龙山文化古国、教场铺龙山文化古国、景阳冈❶龙山文化古国。[72]

---

❶ 部分著作或论文有时将“景阳冈”写作“景阳岗”。本书除原文引用文献内容或列明参考文献信息时尊重引文原文外，其他均一律写作“景阳冈”。类似情况还有“二里冈”，部分著作或论文将其写作“二里岗”，本书除引用文献内容或列明参考信息时尊重原作品外，其他均一律写作正式名称“二里冈”。

许宏也继承了苏秉琦先生的学说，认为不能把中国早期国家的起源与形成视为直线演进的过程。他以考古学为依据，强调中国国家起源过程中正是因为众多的古国文明彼此间展开持续的竞争与交流，才最终催生出具有强劲实力的王朝文明，形成广域王权国家。许宏认为，近代以来中国学术界对中国国家起源和早期文明史的探索，以中原王朝为中心，基本思路和结论大都以为中国地理各区域内的史前文化虽相对独立，但联系紧密，大体上呈现出连续进化的发展态势，对区域文化之间差异性和社会发展进程上的不平衡性认识不足。他提出一种看法，如果不用中国这个政治地理概念，而改用“东亚大陆”这个自然地理概念，将国家起源与发展的讨论空间限定在这个新概念所容纳的地理区间之内，并以公元前1800年前后这一区域内最早的核心文化（二里头文化）以及它所依存的最早的王权国家（二里头国家）的出现为界，可以把东亚大陆的早期文明史划分为两个大的阶段，即以中原为中心的“王朝时代”和此前由各政治实体所构成的未能形成中心的“前王朝时代”。由此再来观察东亚大陆的国家起源进程，则会发现这一进程呈现出非连续性和差异性，也就不再存在所谓的中国早期国家起源在数千年间所走过的由小到大、单线进化的发展路径。[73]许宏的观点显示出他受苏秉琦文化区系理论、国家起源发展阶段三部曲和发展模式三类型等学说的深刻影响。他同意考古学上的仰韶时代后期至龙山时代是一个满天星斗、邦国林立的时代，认为考古学观察到的许多古国或部族都经历了发生、发展至消亡的过程，从而只是给后起的中原王朝所建立的文明以不同程度的文化影响。因此，在这些曾经存在过的东亚大陆人类共同体和后来崛起的中原文明之间有一个“连续”中的“断裂”。[74]

四、邦国理论——国家发展的三部曲及聚落三形态演进说

王震中以聚落形态和社会形态为主要考察对象，整合酋邦理论和社会分层理论，建构了独特的理论体系和研究方法，在此基础上提出了中国文明起源的一般路径。他认为，以中国新石器时代的聚落形态为主对酋邦理论和社会分层理论进行整合是对重建中国上古社会历史的一种尝试。[38]他的理论建构确实为史学界研究中国早期文明及国家起源提供了新的理论视角。1994年，他的《中国文明起源的比较研究》一书奠定了其全部研究基

础。他在书中提出了将聚落考古学与社会形态学相结合的文明与国家起源途径的“聚落三形态演进”说。[54]随后他又在《邦国、王国与帝国：先秦国家形态的演进》《从邦国到王国再到帝国——先秦国家形态的演进》《夏代“复合型”国家形态简论》等一系列论文中对古代中国在进入国家社会之后国家形态的演进模式作了新的理论阐述，提出了“邦国—王国—帝国”三阶段说，构建了中国古代国家起源与发展演变的完整理论框架。[38,75-77]

王震中作为国内较早认识到酋邦理论缺陷的学者，努力将酋邦理论与中国考古所见聚落形态相结合，通过对中心聚落形态、原始宗邑以及酋邦社会的比较分析，以聚落形态和社会形态为主，整合酋邦理论和社会分层理论，以阶级的存在和凌驾于全社会之上的公共权力的设立是国家形成的两个不可或缺的标志为理论基点，提出了中国文明起源的三个阶段、三种形态，并指出了王权的三个来源，构建了中国文明起源和国家起源研究的新体系。其中，把中国古代文明和国家起源划分为三大阶段的理论创见，也就是把农业起源之后的中国上古社会的发展演进划分为“由大体平等的农耕聚落形态发展为含有初步不平等和社会分化的中心聚落形态，再发展为都邑国家形态”三个阶段和形态的学说，[54]被杨升南、马季凡命名为“中国文明起源途径的聚落‘三形态演进’说”[78]，并广为人知。

王震中的“中国文明起源途径的聚落‘三形态演进’说”包含如下三个演进形态阶段：

第一阶段：大体平等的农耕聚落形态阶段。这一阶段是中国上古农业的起源期及农耕聚落的发展期。这一时期的跨度从距今12000年前到6000年前之间。其社会类型大体相当于塞维斯酋邦模式中平等的“部落”社会，也相当于弗里德（Morton H. Fried）社会分层理论中的“平等社会”。

第二阶段：含有初步不平等的中心聚落形态阶段。这一阶段是中国社会由史前原始社会向国家转变的一个过渡阶段。这一时期的跨度从距今6000年前到5000年前之间。大致包含了我国仰韶文化中期和后期、红山文化后期、大汶口文化中期和后期、屈家岭文化前期、崧泽文化、良渚文化早期等早期文化形态。从社会类型上来说，大致相当于塞维斯酋邦理论所称“简单酋邦”和“复杂酋邦”两个阶段，也大致相当于弗里德社会分层理论中的“阶等社会”和“分层社会”两个阶段。从考古证据而言，聚落内部社会成员之间贫富差异逐渐加大，出现阶层等级的分化并逐渐出现贵族阶层，而聚落外部，表现在聚落与聚落之间的关系上则出现了聚落的等级分化，大规模的高等级聚落与周边低等级的聚落形成具有隶属结构的聚落群。

第三阶段：都邑邦国形态阶段。这一阶段主要指考古学上龙山时代所形成的早期国家阶段。在考古学上体现出来的最大特征就是大批城邑的出现，尤其是明显具有国家都城特征的大型城邑的出现。这一时期的跨度从距今5000年前到4000年前之间。这一阶段的阶级分化已经相当严重，城邑的规模和城内以宫殿宗庙为首的建筑格局显示出该社会中不仅存在一种强权压迫关系，还存在一种维护强权的制度体系。根据文献记载，这一时期大致就是传说中的三皇五帝及夏代王朝存在的时期。

以上就是王震中的“中国文明起源途径的‘聚落三形态演进’说”的基本内容。这一学说中的第三阶段（也就是都邑邦国阶段）就是社会进入国家形态的阶段。这种最早出现的国家，王震中称之为“宗邑邦国”。宗邑邦国时期的文明即“邦国文明”。

宗邑是王震中邦国理论中的重要概念。宗邑本是周代概念，王震中将其移植到国家起源的聚落形态演进研究领域，指出周代宗邑是由“原始宗邑”演化而来。王震中认为，周人的宗族组织以及宗权与君权的合一可以上溯到周族史前社会的中心聚落形态或酋邦阶段，因此周代宗邑的原始形态就是史前社会的中心聚落或人类学上的酋邦。故“原始宗邑”作为中心聚落形态在中国史前社会的具体表现形式，正是史前社会的中心聚落或人类学上的酋邦。[38]在他看来，中心聚落、原始宗邑和酋邦的外在特征和内在功能是一致的，三者的共同特征主要体现在神权政治或神权与军权并重方面，以及以血缘亲疏关系划分社会成员的身份及政治阶层等，因此在中国史前社会研究领域，可以使用“原始宗邑”概念替代“中心聚落”和“酋邦”。在中国进入宗邑邦国阶段后，原始宗邑也就演化为宗邑邦国的都邑。

龙山时代的城邦，用早期国家的两项显著特征“强制性的权力”与“阶级的存在”衡量，大都进入了宗邑邦国的发展阶段。但各地已经出现阶级分化的政治实体，其发展进度却不可能完全一致。传说中的尧、舜、禹时代属考古学上的龙山时代。《尧典》《左传》所谓尧、舜、禹时天下“万邦”“万国”的状态，仅为泛指，这些被称为“邦”和“国”的政治实体，有些已经成为国家（也就是处于都邑邦国阶段的早期国家），但有些则难以避免地依然处于“前国家”阶段（也就是处于“中心聚落形态”的“酋邦”以及一些规模较大的原始部落）。

到龙山文化晚期，以二里头都邑为核心的二里头文化显然已经进入了不同于宗邑邦国形态的更加成熟的国家发展阶段——具有复合制结构的广域国家——王国。王国是宗邑邦国的进一步发展，是更大地理范围内实现地缘政治整合的结果。如果说宗邑邦国是以宗邑为核心的地方性国家，王国则是整合了地方性宗邑邦国而形成的复合制国家。也就是说，王国阶段的国家结构是多元一体的复合制国家结构，王国与邦国共同作为复合制中的两个组成部分，其中王国是王朝国家内的“国上之国”，邦国是王朝国家内的“国中之国”，二者形成了两级结构，共同构成了多元一体的复合制国家。这是王震中在古史研究领域作出的重大理论贡献。

有学者认为，二里头遗址所体现出来的广域王权国家都城特征，对应着我国古史传说中的夏王朝，应是夏文化都城遗址。严文明更是在此基础上进一步提出：“由于龙山时代已逼近二里头文化，而二里头文化又已被公认为夏文化，所以龙山时代黄河流域的突出发展，就直接为夏商周文明的相继勃兴奠定了坚实的基础。”[37]

广域王权国家与部落联盟和酋邦有重大区别。将二里头文化解释为部落联盟或酋邦是过低估计了当时的社会发展阶段。当时存在的族邦与族邦的联盟，都邑与都邑的联盟，本质上是“邦国联盟”，是已经进入早期国家阶段的宗邑邦国之间的联盟，而不是原始社会的部落联盟。当时的宗邑邦国之间已经初步具备了商周时代商王或周天子与各方国之间的那种关系的萌芽。在这种邦国联盟中，盟主国的邦君自然也就是“邦国联盟”的“盟主”。在某种意义上已经具有了商王和周天子所拥有的那种“天下共主”的地位雏形。这一点我们在有关商汤灭夏和武王伐纣的相关文献中都能看到。王震中对此解释道：“对于尧舜禹时期的联盟，过去史学界一般以摩尔根《古代社会》中的‘部落联盟’来对待。‘部落联盟’属于原始社会的范畴。既然尧舜禹时期的所谓‘万邦’是多层次、多种类型的政治实体的共存，其中最高政治实体是邦国，而我们又知道矛盾的性质是由主要矛盾的主要方面来规定的，那么，对于尧舜禹联盟就应该称之为‘族邦联盟’或‘邦国联盟’，而不能称为‘部落联盟’。”

从社会形态推移与演进的角度而言，文明与国家的起源是一个社会复杂化的过程。

美国人类学者克拉克洪（C. Kluckhohn）和英国考古学者格林·丹尼尔（G. Daniel）在20世纪60年代提出一种从考古学角度观察文明产生的判断标准。他们认为，文字、城市、复杂的礼仪中心等文明要素是确认具体某一古代社会是否进入文明的标志，一个社会只要发现有了这些文明要素中的两项，就可以认定是进入文明社会，也就是产生了国家。但在王震中看来，这种被史学界接受的传统做法是“博物馆清单式的方法”，其以标准要素为核心（主要是铜器、文字、城市）观察和判断文明与国家的起源，有明显缺陷。人类学家的做法则是按照社会进化观点将民族学上可以观察到的同时性的各种社会类型，以逻辑的手段排列为历时性的社会演进序列。这种做法虽然逻辑性很强，但也因无法在历史环境中予以观察和证明而应受到质疑。对文明及国家起源的研究，王震中认为应当采用更加科学的方法。他说：“对于史前社会的研究，若想达到逻辑与历史的统一，除了人类学或民族学之外，还必须借助于考古学。因为考古学可以依据遗迹的地层叠压关系确定其时代的早晚和先后顺序，从而观察到社会的发展和变化，因而我们若在借鉴酋邦、社会分层等理论模式的基础上，以考古学为素材和骨架来建立一个能反映由史前到文明的社会结构特征方面的演进模式，是可以达到历史与逻辑的统一的。”考古学强调的就是证据，是可以观测的证据。科学考古能够在一定程度上反映出古代遗存在地层叠压上的时间关联和遗迹、遗物之间的空间关联，既能展示出社会结构的基本特征，也能展示出这种社会结构在历时发展过程中的变化。基于此种研究方法，运用到文明与国家起源的研究中，就可以客观地观察一定区域内社会的发展演进情况。这是因为，从具体的单一聚落来看，聚落考古学可以发现该聚落的社会组织结构、生产、分配、消费、对外交往，以及权力关系等方面的情况。从更大的空间范围来看，则可以就某一区域内不同聚落的分布、聚落群中聚落与聚落之间的关系而看到更大的社会组织结构。而且不同时期的聚落有不同的形态特征，其形态差异中展示的历史演进进程，可以让我们在一定程度上客观地认识到这一区域内社会生产、社会结构、社会形态的发展进程。因而，“将聚落考古学与社会形态学相结合，通过对聚落形态演进阶段的划分可以建立社会形态的演进模式或发展阶段”。[54]

第四章　原始宗教起源与神权发展的物质遗存

第一节　原始宗教的概念及内涵

1984 年，陈麟书提出自然宗教作为最初的宗教形态可以划分为史前宗教、原始宗教和古代宗教三个前后相继的发展阶段的看法。[79]在陈麟书看来，史前宗教是指旧石器时代后期、新石器时代初期的准宗教现象，也就是萌芽阶段的宗教现象，因无文字记载可查，只能靠考古发掘进行研究和推断；而继起的原始宗教则是原始时代后期的宗教，是人类社会最早的真正意义上的宗教，也是自然宗教的最主要的发展阶段，包含祖先崇拜、自然崇拜、图腾崇拜等各种具体形式；古代宗教则是文明历史早期阶段的宗教形式，也就是阶级和国家出现后的宗教形式，它超越自然崇拜和拜物教，但又保存着自然崇拜和拜物教的残余，是自然宗教开始走向衰落并逐渐让位于人为宗教的过渡阶段。

陈麟书将“史前宗教”“原始宗教”“古代宗教”作为“自然宗教”的三个连续发展阶段和三种相互关联又相互独立的宗教形态的做法，虽然有其创新之处，但却有两大严重缺陷。首先，将“原始宗教”纳入“自然宗教”并作为“自然宗教”的一个发展阶段的做法，与学术界惯常将“原始宗教”与“自然宗教”相互替换的传统相违背。其次，在“史前”和“原始”这两个概念本身就没有得到准确定义的前提下，将史前宗教和原始宗教作为前后相继的宗教发展阶段的做法也非常容易引起歧义，造成概念使用的混乱。

与陈麟书的观点不同，于锦绣认为，在人类的全部历史进程中，只存在“原始宗教”和“人为宗教”两种宗教的历史类型，其中“原始宗教”就是“自然宗教”或称“自发宗教”，而“人为宗教”就是“人文宗教”或称“文化宗教”。而且在“原始宗教”之前并无作为宗教历史发展阶段而存在的所谓的“史前宗教”。为此，他强调说：“原始宗教是宗教的早期形式，是原始社会的意识形态和上层建筑之一。考古学、人类学等资料表明，原始宗教是与氏族同时产生的，随着氏族公社的形成和发展，先后产生了与社会基础相适应的诸宗教形式，如图腾崇拜、自然崇拜、祖先崇拜等。诸形式所崇拜或控制的对象不同，目的和手段也各异，其社会功能也不一，分别成为氏族部落一定发展阶段的中心信仰，构成原始宗教的各种类型。所以，原始宗教在漫长的原始社会中是一个多层次的历史现象，并非一个单一的宗教形式，而是指所有产生于原始社会（氏族社会）的诸形形色色的宗教形式的总称。”[25]随后，他又通过一系列论文反复强调了这一点，并以此为基础，深入讨论了原始宗教的概念、本质、起源、分类、形式、内容、发展等问题。[80-84]在于锦绣看来，原始宗教是浑然一体的原始社会意识形态及其残余的一个居于主导和支配地位的因素，是氏族、村社、宗族、家庭、村寨等人类社会血缘和地缘小群体为自身现实生存和发展而自然引起的对超自然力的集体信念和相应的实践活动的统一体，是自发产生于原始社会并继续流传于阶级社会的各种原始宗教形式和宗教系统的总称。[80]也就是说，“原始宗教”既可存在于原始社会，也可延续到阶级社会，并不特指原始社会的宗教，也不必然对应于原始社会所处的特定历史发展阶段。

于锦绣的这个定义及其解说无疑是成功的。这个定义较之于陈麟书的定义显得更加直接、准确且易于理解和接受。于先生认为“原始宗教”是与“人为宗教”相对立的宗教分类概念。但在陈麟书的分类中，与“人为宗教”对立的宗教是“自然宗教”，“原始宗教”则被其纳入“自然宗教”的范畴之内，作为“自然宗教”发展的一个特定阶段。显然，陈麟书的“原始宗教”比于锦绣的“原始宗教”在内涵上更加狭窄，尤其是和不相统属的分类方式的产物“史前宗教”“古代宗教”这两个概念纠缠不清，导致概念的使用难度增高，更容易出错。

于锦绣认为，原始宗教起源于旧石器时代中期，它是为了适应氏族制社会建构的需要而产生的。作为氏族公社的上层建筑的主导因素，原始宗教与氏族社会同步形成。于锦绣并不认同人类宗教是单一起源并线性发展的。在他看来，在氏族社会产生的过程中，包括自然崇拜、图腾崇拜、祖先崇拜等各种崇拜形式在不同的氏族社会发生。由于它们所崇拜或控制的对象不同，目的和手段不同，承担的社会功能也不同，因而分别成为不同的氏族部落在各自相应发展阶段的中心信仰，导致原始宗教出现各种类型。当然这种多类型发展的态势，并不仅仅共时地存在于某一历史阶段，也可以是在处于不同历史阶段的氏族部落中不平衡地发生。甚至还可能出现过氏族部落之间的相互传播和影响。因此，“原始宗教在漫长的原始社会中是一个多层次的历史现象，并非一个单一的宗教形式，而是指所有产生于原始社会（氏族社会）的诸形形色色的宗教形式的总称”。[25] 对原始宗教做此种概括化的整体描述，非但不影响我们把握这一时期的宗教现象及发展规律，反而更能让我们在透过模糊而漫长的上古历史去审视资料并不健全的这个特定历史时期的宗教问题时，不至于陷入琐碎的细节之中迷失方向。

为了进一步深刻理解“原始宗教”的概念及内涵，本书认为有必要透彻理解“原始”的概念内涵，并将“原始宗教”与“史前宗教”做概念的比照分析。

学术界普遍认为人类社会的历史由史前史、原史、历史三个前后相续的发展阶段构成。史前史、原史与历史时代的划分，立足于各个时期在研究材料和方法上的差别，着重考察文字与文献的演进及其作用。[85]“史前”的字面理解就是历史之前。历史是有文字记录的历史，“史前”是无文字记录的历史，虽然无文字记录，但各种遗存显示出它的客观存在性。原史则是介于两者之间的过渡阶段，或者在其他人类社会的历史文献中出现，或者自身已经初步使用文字记录历史但不全面。根据前述“史前”的内涵，可知“史前宗教”是人类无文字记录的历史时期曾经存在过的宗教。它强调的是宗教存在的时间范围，而非宗教的形态及属性。

而“原始宗教”的概念内涵则要复杂得多。首先，虽然“原始宗教”是产生于原始社会并主要作为原始社会的宗教而存在，但它并不等同于原始社会的宗教。因为“原始宗教”可以延续到阶级社会（也就是早期的国家社会）。就中国的实际情况而言，夏商周三代的国家形态虽已从宗邑邦国阶段进入了王国阶段，但其依然盛行原始宗教的事实已被考古发现所证明。其次，“原始社会”与“史前社会”并不等同，实际上两者有很大差异。“原始”强调的是社会性质，强调其尚未进入国家形态。而“史前”强调的则是没有文字记录其历史。由此可知，史前社会并不必然意味着在性质上依然处于原始社会阶段。中国的考古学事实对此有非常明确的答案。以考古所见二里头广域王权国家为例，该遗址已经进入国家阶段，是学术界普遍认可的结论。但该国家因无直接的文字记载，也无任何确凿的证据证明其真实的历史信息，因此在历史发展阶段上尚处于史前阶段。当然，学术界还有一种普遍倾向，那就是乐于依据古史传说等文献将二里头遗址对应为夏代国家的物质遗存。即便如此，该遗址所代表的社会所处的历史发展阶段最多也就是原史阶段。但无论该遗址是否是夏代国家的物质遗存，它所代表的社会在性质上都不是原始社会，而是国家社会。至于襄汾陶寺、神木石峁等龙山文化城址以及良渚古城所代表的人类社会，在考古学上也都被普遍认为进入了文明社会，而不再处于原始社会。然而，由于并无文字记载和佐证，这些文明也只能归为史前文明。另外，19 世纪以来，民族学家在世界各地发现多个尚处于原始社会阶段的人类群体，比如中华人民共和国建立初期，中国的纳西族分支摩梭族，就仍处在原始社会母系氏族阶段，但显然它们并非处于史前。所以，“原始宗教”并不等同于原始社会的宗教。它一方面与原始社会的历史范畴相对应，另一方面又与原始社会的文化属性相对应，强调的是宗教的原始属性。而“史前宗教”这个概念则不同，它是特指处于史前这一特定历史阶段的宗教，与历史阶段的划分紧密相关。

所以于锦绣所述“原始宗教”的概念更加科学，内涵更加综合，外延更加清晰，使用也更加便捷。所以，本书采用于锦绣先生关于“原始宗教”的概念去审视和描述中国文明与国家起源进程中的早期宗教现象。

第二节　旧石器时代的原始宗教遗存

根据考古发掘，中国早期文明至少在距今 3 万年左右就已经诞生出了萌芽中的丧葬活动。目前已知最早的证据是北京周口店龙骨山北京人遗址。

在这个位于山顶的洞穴中，发现了旧石器时代晚期的智人化石及其生活遗存。其考古学年代应介于距今2.7万年至3.4万年之间。洞中遗址的上室用于居住，下室用于埋葬。此种特定布局显现出山顶洞人对死者的重视。苏秉琦认为："山顶洞人已有了埋葬仪式，那是有血缘关系氏族成员对死者的怀念，它反映了氏族意识的存在。"[29]一方面，死者与生者的世界显属两个不同世界，所以在空间上有所区别；但另一方面，生者与死者又相距不远，分布在同一个洞窟中的上下两层，可见两者之间依然保持着较为紧密的空间关联，这种关联也体现出生者与死者在情感和精神上的紧密关联。这可认为，当时围绕生死的问题已经产生了某种灵魂意识。值得注意的是，山顶洞人死者的遗体上还使用了赤铁矿粉。对赤铁矿粉的使用，并无物理上的价值，应是用来实现某种特定的精神用意，比如表示哀痛，或者表示怀念，甚至是为了在死者去往另一个世界时实现驱邪避害的神秘功效。无论基于何种用意，山顶洞人在葬尸时使用赤铁矿粉的行为都能表明，这一时期的原始人已经对死去的同伴亲人或同伴的尸体及尸体所蕴含的精神力量产生了敬畏之情。也就是说，基于敬畏之情衍生出此种丧葬方式。这应该就是早期的史前宗教意识。此种意识及行为的目的，应不在追思，而在实现对死者灵魂的超度或护佑。宗教学家吕大吉判断山顶洞人已经出现了宗教意识。他说："北京周口店山顶洞人的葬式，是我国迄今发现的最原始的宗教迹象。由于葬式意味着灵魂观念，所以它是我国宗教的最早萌芽，但尚未发育成型为完整的宗教。可即使在这株宗教'幼芽'中，也已包含了宗教四要素的'种子'。"[86]

类似的情况在中国史前考古中多有发现。比如，湖北天门石家河新石器时代晚期文化墓葬中发现用红色胶泥敛尸的现象；在陕西宝鸡北首岭、河南洛阳王湾等仰韶文化墓葬及山东胶县三里河大汶口文化墓葬中，也出现了尸骨局部或全部涂抹红色颜料的做法；在山西襄汾陶寺龙山文化墓葬，二里头、二里岗、殷墟文化和西周文化等墓葬中，均发现用朱砂铺垫墓底或撒覆尸体的现象。可见这种反映特定宗教信仰的丧葬礼俗自山顶洞人所在旧石器时代至先秦三代一直存在，文化上一脉相承，且影响范围广大。

第三节　新石器时代早期的原始宗教遗存

新石器时代早期已经发现并发掘的原始人遗址非常稀少。华北地区已经发现并发掘的仅有河北徐水南庄头、阳原于家沟，北京门头沟东胡林、怀柔转年，山西吉县柿子滩等处，其年代大致分布在距今13000—9000年之间。

在以上这些原始遗址中，柿子滩遗址、南庄头遗址、于家沟遗址、转年遗址均未发现用火及墓葬的遗存，旧石器晚期的特征比较明显。仅在东胡林遗址中发现有火塘、墓葬、灰坑、灰堆和房址，以及石器、陶器。在一位年约15岁女性墓葬的随葬品中，发现有螺壳项链与骨管手链（以上两类物品仅有螺壳和骨管，链绳已经消亡），另外还有顶端钻孔的蚌壳制品2件、有人工打击痕迹的石英石片6件。以上这些物品的用途尚不清楚，但有可能是装饰，也有可能是巫师佩戴的法器。另外，东胡林遗址中还发现有研磨赤铁矿粉的石质研磨器，以及尚未研磨的赤铁矿石。这些赤铁矿和研磨后的赤铁矿粉的使用方式与史前宗教是否有关，目前尚无法作出准确判断。但墓葬的存在，标志着丧葬祭祀文化的存在。同时，东胡林遗址中的灰坑，也可能有一部分和特殊的宗教祭祀活动有关。

这一时期，南方的遗址极为罕见。已经发现的湖南道县寿雁镇白石寨村玉蟾岩遗址、江西万年仙人洞及吊桶环遗址、浙江浦江县黄宅镇上山遗址等，多数属于洞穴遗址，虽都发现有石器和陶器，但均未发现墓葬。

总的来说，从这一时期已经发现的遗址情况可以看出，当时每个聚落的人口都比较少，整体社会生产力水平非常低下，主要以采集、狩猎为主，但是种植、畜养已经出现。由于当时物质条件较差，人类活动区域不大，社会组织结构也非常简单。应当说，当时的人类还处于一种非常原始、极为简单的平等社会。佐证这一时期可能存在宗教活动的证据，主要是灰坑和墓葬。东胡林遗址、上山遗址都有灰坑，且东胡林遗址还有土坑竖穴墓葬。墓葬毫无疑问是反映史前宗教意识对生、死等基本观念的载体，属史前宗教意识存在的明确证据。尤其是墓葬中存在仰身直肢和仰身屈肢两种葬式，更说明应当存在着某种特殊的宗教原因。灰坑情况较为复杂。部分灰坑与宗教活动有关，部分灰坑是储藏坑或垃圾坑。[87]

第四节　农耕聚落形成与初步发展期的原始宗教遗存

农耕聚落形成与发展时期的原始人类遗存发现数量较多，且反映宗教意识的遗存类型也较为丰富，数量也比较大，可以明显看到宗教活动及专职宗教人员的存在，也能反映出这一时期的社会分工已经较为明显。更重要的是，在先秦文化中常见的各种宗教文化传统（包括占卜传统、用玉传统、龙图腾崇拜传统、丧葬礼仪传统和祖先崇拜传统等），在这一时期都已经出现。由此也可以看出，一定的宗教文化现象必然有着悠久的历史传承，并在漫长的岁月中不断演变，镶嵌在其每一个细胞之中的文化基因，都显然来自那段遥远的、晦暗不明的历史最深处，来自遥远过去的祖先们的呢喃细语。下面以这一历史发展阶段的四个典型聚落遗址为例，介绍和分析这一时期原始宗教的发展情况，它们分别是舞阳贾湖遗址、阜新查海遗址、敖汉旗兴隆洼遗址、敖汉旗赵宝沟遗址。

一、舞阳贾湖遗址

河南舞阳贾湖遗址距今约有 9000—7500 年，是一处典型的新石器时代中期裴李岗时期遗址。该遗址因出土了我国迄今发现年代最早的骨笛和原始眼形文字资料而著称于世。在该遗址中清理发掘出的墓葬数量很大，共有 349 座之多，墓葬集中分布，说明存在氏族公共墓地。其中部分墓穴如 M55、M56、M58、M62、M65、M73、M75、M81、M90 等，尸骨上都发现覆有数量惊人的绿松石串饰，主要在颈部、腰部、腿部。另外，部分墓主还随葬了象牙雕板、龟甲和龟腹子等非同寻常的物品。

舞阳贾湖遗址所处年代的最迟阶段也属中国新石器时代中期，是新石器时代早期与中期之间平等农耕聚落社会的代表性遗址。这一时期的社会结构普遍是由若干个核心家庭组成一个家族，再由若干家族组成一个氏族，最后由一两个氏族构成的内外平等的农耕聚落社会。[87]聚落内部的社会形态是原始共产主义，并无阶级和贫富的分化。既然如此，随葬如此大量做工精致的绿松石串饰、玉版、龟甲等非实用物品，就不是为了彰显死者生前拥有的财富及地位，而是以法器的性质表明墓主拥有巫师的特殊身份。

另外，M55 墓穴中的死者是一位年仅6岁左右的幼童，其颈部、腰部、腿部均覆有绿松石串饰，头骨下枕着象牙雕板，脚上覆盖着4个龟甲，甲内还有双色石子若干。一个孩子拥有如此重要而特殊的身份及地位，只能说来自世袭。由此也可以大胆推断，当时在舞阳贾湖，已经出现了专职的、世袭的神职人员，已经有了宗教法器，并形成了一整套特定的宗教仪轨。

前述内附石子的龟甲在贾湖遗址中的23座墓葬中均有发现。而且在距今6000—5000年的河南淅川下王岗墓葬、四川巫山大溪墓葬、江苏武进圩墩墓葬、陕西南郑龙岗寺墓葬等诸多墓葬中，也都发现了与舞阳贾湖遗址类似的用龟现象，有些龟甲上还涂有具有宗教意味的朱砂。安徽含山凌家滩遗址和红山牛河梁遗址中更是发现了随葬玉龟的现象。龙山文化时期、二里头文化时期直至商代末年，各考古学文化中均发现大量使用龟壳占卜的宗教习俗。以上事实说明，龟与宗教有着悠久的历史渊源，其源头可能就在裴李岗时期的舞阳贾湖。

至于舞阳贾湖遗址中这些钻有对称穿孔、内附石子的龟甲在宗教活动中做何用处，学术界有较大争议。有人认为是占卜的工具；[88]有人认为是仪式性活动的响器；[89]也有人认为两种功能兼具。[90]本书认为应是两种功能兼具。因为在阶级社会诞生之前，并无专门供人观赏和娱乐的仪式性活动，这就意味着原始社会的仪式性表演，其实就是宗教表演或以宗教为形式的表演。以此观之，响器就是法器，法器就是响器，内附石子的功能也不会是单一的，既能实现龟甲的响器功能，又可以作为占卜的数字工具。而龟甲本身所具有的特殊宗教内涵，更是这些石子能够实现占卜功能的前提。

二、阜新查海遗址

查海遗址距今8000—7600年，位于辽宁省西部阜新市查海村。根据2012年《查海：新石器时代聚落遗址发掘报告》公布的资料，该遗址前后发掘7次，共出土玉器44件，均属岫岩透闪石真玉。在当时的历史条件下，这些真玉加工应该说是非常困难的，而且明显缺乏生产和生活的实用价值，应是作为特殊的宗教圣物供神灵使用。玉器在中国古代文化中是非常重要的。而用玉的现象在中国古代文化中历史悠久，且一脉相承。“王晋大圭，执镇圭，缫藉五采五就，以朝日。公执三圭，侯执信圭，伯执躬圭，缫皆三采三就。子执谷璧，男执蒲璧，缫皆二采再就，以朝觐、宗遇、会同于王。诸侯相见，亦如之。瑑、圭、璋、璧、琮，缫皆二采一就，以覜聘。四圭有邸，以祀天、旅上帝。两圭有邸，以祀地、旅四望。祼圭有瓒，以肆先王，以祼宾客。圭璧，以祀日月星辰。璋邸射，以祀山川，以造赠宾客。土圭，以致四时日月，封国，则以土地。珍圭，以征守，以恤凶荒。牙璋，以起军旅，以治兵守。璧羡，以起度，驵圭璋、璧琮、琥璜之渠眉。疏璧琮，以敛尸。谷圭，以和难，以聘女。琬圭，以治德，以结好。琰圭，以易行，以除慝。大祭祀、大族，凡宾客之事，共其玉器而奉之。大丧，共饭玉、含玉、赠玉。凡玉器出，则共奉之。”这说明，玉在周代宗教、政治活动中承担着极为重要的功能。《周礼》虽成书较晚（可能成于秦汉之际），但其中对用玉于礼的概括，反映的倒正是中国上古历史时期的一种特殊的宗教、礼仪文化传统。《周礼·大宗伯》对玉在宗教礼仪中的作用及意义有较为清晰的概括，其云：“以玉作六器，以礼天地四方。以苍璧礼天，以黄琮礼地，以青圭礼东方，以赤璋礼南方，以白琥礼西方，以玄璜礼北方。”也就是说，玉器是祭祀的工具。因此刘赫东、田广林认为，“服务于宗教礼仪是早期玉器的基本功能”[91]。

另外，查海遗址还出土了一批与宗教有关的器物及遗迹，包括浮雕龙纹陶片、蛇衔蟾蜍陶罐、龙形堆石。[92]两块龙纹陶片虽然残缺严重，但结合遗址中发现的龙形堆石遗存，大致可推断其上图案为龙。一块陶片上是直身卷尾之龙，另一块陶片上是蜷身蟠伏之龙，两龙皆有鳞状纹饰遍布周身。蛇衔蟾蜍纹筒形陶罐则是迄今为止发现最早的蛇的图像。这是一件夹砂黄褐陶罐，器形为敞口筒形，上有单只蟾蜍浮雕及蛇衔蟾蜍浮雕。其中的蛇形，似已具备中国古代“龙”形基本特征。龙形堆石则位于查海遗址中部，以红褐色石块摆放而成，头、颈、身、尾、腿、爪及身上鳞片基本清晰可见，总长 19.7 米。该龙昂首张口，屈身弓背，给人以腾飞之感，是迄今为止在中国境内发现的制作时间最早、形体最为庞大的“龙”形物。以上所述陶片上的龙形图案、陶罐上的蛇形图案以及玄武岩龙形堆塑，显然都与龙图腾的起源直接相关，也与中华龙图腾崇拜的起源直接相关。由于图腾崇拜是典型的原始宗教，所以距今8000年左右的查海人已经出现原始宗教应无疑义。

三、敖汉旗兴隆洼遗址

兴隆洼遗址距今大约8000—7000年，位于内蒙古东部敖汉旗。该遗址出土物中有一件石刻人像，雕刻在一块椭圆形石柱上，两目圆睁，双腿盘坐，两手合抱胸前。这件器物极有可能是被供奉的神灵。距此不远、时代大抵相同的林西县白音长汗原始居民住址内，在灶前放置供物的位置，也发现了一尊石人像。这尊人像颅顶尖耸、额部突起、眼窝深陷、口吻部向前突出，胸部隐约可见两个乳房，可能是一位女神，有史前原始宗教女神崇拜的明显特征。2003年，中国社会科学院考古研究所内蒙古第一工作队在挖掘兴隆洼文化中期大型聚落（距今8000—7500年）遗址时，还发现相对而放的两个猪头骨，在头骨下，还用陶片、残石器、石块等物摆放出龙之躯体，代表了当时人们心目中的猪龙形象，具有鲜明的宗教特征。这也是中国所能确认的最早猪首龙实物形象。

另外，经考古发现，兴隆洼居室墓葬还具有很强的宗教文化内涵。兴隆洼遗址和查海遗址均发现有居室墓葬，可见此种葬俗并非偶然现象。而兴隆洼出土玉器主要出自居室墓葬内，因此其用玉制度应与居室墓葬的内涵有紧密关联。另外，兴隆洼居室墓葬仅限于少部分房址内，墓穴在居室内的位置也比较固定，而且一座房址内通常仅埋葬一位死者。可见这种墓葬方式并不是全体社会成员均会采用的通行埋葬方式。比如在兴隆洼二期聚落中心房址内发现的居室墓，是所有已经发现的居室墓葬中规格最高的，死者为50岁左右男性，其右侧同葬有一雌一雄两头整猪，均呈仰卧状，具有明显的宗教意义。结合多数房屋在室内埋葬死者后继续被长期居住的情况，大致可以判断出，该遗址聚落内的特殊人物因其生前拥有特殊的地位或身份，死后被埋在居室内与家庭或家族成员保持紧密的空间及心理关联，甚至成为家庭或家族的守护神。死者与猪同葬，应是基于某种图腾崇拜的原因。极有可能是“猪”作为氏族图腾物，可通过与亡者共葬的方式，实现灵魂迁移并促成死者亡灵重返氏族的目的。通过与上文所述猪首龙形摆塑一并来看，可以发现，猪在龙图腾形成的过程中，发挥着重要作用。也可知道后世红山文化中发现的玉猪龙，以及牛河梁玉猪龙、妇好墓玉猪龙均有相同的宗教渊源。所以有学者认为，兴隆洼文化是后世红山文化（代表遗址是大凌河流域的东山嘴遗址、牛河梁遗址、城子山遗址）的前身。

另外，在兴隆洼遗址中还发现了一件由数百个逐一磨出的长形蚌片再钻孔分排钉缀而成的奇特的“蚌饰裙”，文明程度之高，令人赞叹，这也是迄今为止我国所发现的最早的服饰。考虑到当时的生产力水平，这一服饰的制作难度颇大，需要耗费大量的人力和时间，且不是人人均可拥有的、用以御寒的实用衣物，因此它的用途应非常特殊，极有可能与宗教相关，是巫师身份的象征，或者是巫师在特定宗教活动中穿戴的响器及法器。

四、敖汉旗赵宝沟遗址

赵宝沟遗址距今有 7000—6800 年左右，位于今天的内蒙古东部敖汉旗。它晚于兴隆洼文化 1000 年左右，与兴隆洼文化遗址相比，赵宝沟文化的聚落规模虽然明显增大，但二者在布局和文化方面有很强的共性，可见其直接的传承关系。在赵宝沟文化遗址中，也出土了一件小型陶塑人头像，头像仅高 5.1 厘米，双眼微闭，面部表情十分端庄，显然也有一定的史前宗教意义。

同属赵宝沟文化遗址中的小山遗址，距今 7000—6700 年，也位于赤峰市敖汉旗，在兴隆洼村东方直线距离 1.3 公里处，与赵宝沟遗址属于同一历史时期。该遗址出土了一件尊形器，除绘有高冠神鸟的形象之外，还绘有猪首蛇身神兽、带翼长尾鹿纹神兽，分别可以被视为猪首龙、鹿首龙。这些动物形象应当是后世凤鸟、龙、麒麟的始祖，在现实生活中均不存在，应是图腾的象征。而这件尊器，也应当是用于祭祀的宗教法器。它和辽宁查海遗址中发现的龙形堆石联系在一起看，可以视作我国目前发现最早的中华龙崇拜的实证。这说明，内蒙古和辽宁交界的广大区域，是中华龙起源的重要发祥地。也由此可知，当时的图腾已经开始融合。这是不同氏族形成更大地缘性社会组织的事实在图腾崇拜上的反映。

另一处同属赵宝沟文化遗址中的南台地遗址，也采集到了鹿首神兽图纹和神鸟图纹的尊形器。根据敖汉旗博物馆编写《敖汉旗南台地赵宝沟文化遗址调查》的记录可知，其中的神鹿纹图饰在南台地遗址中的使用较为普遍，在多件尊形器中均有发现，可以被视为鹿首龙。这些鹿首龙的首部都是以鹿头作为写实，而身躯则变体成卷曲状，后半段有如鱼身，尾部向上，有翼，身体有鳞状纹，多数鹿首龙的尾部都呈现出半环加长三角形射线式纹，犹如初生的太阳光芒四射，使整个画面显得异常神秘。这些纹饰究竟是何用意，尚不可知，但反映出当时存在某种图腾崇拜的史前宗教则毫无疑义。“这些饰以神灵题材，具有崇拜意义的纹饰陶器，集中发现于该遗址较高位置的房址之上，似乎说明了这座房址除了居住外，应还有其他的功能，如在此举行某些宗教活动。”[93]

第五节　农耕聚落发展期的原始宗教遗存

距今7000—6000年期间，也就是新石器时代晚期前段。这一时期的聚落遗址数量非常多，遍布于中国境内南北各方。辽河流域、黄河流域及长江流域均有广泛分布。这一时期的聚落获得高度发展，聚落内部大多呈现出向心内聚的聚落格局。宝鸡北首岭遗址、西安半坡遗址、临潼姜寨遗址都是这一时期的典型聚落。从这些聚落遗址中的墓葬文化来看，已经出现了明显的宗教特征，而且有迹象表明当时的社会已经存在某种形式的公共宗教祭祀活动。下面对这三个典型遗址中的原始宗教情况予以介绍和分析。

一、宝鸡北首岭遗址

北首岭仰韶文化聚落遗址，和西安半坡、临潼姜寨等聚落遗址一样，是一个以中心广场为核心的向心聚落。该聚落结构清晰，围绕中心广场划分为居住区、制陶区、墓葬区。有学者分析并总结了这种结构的形成与发展过程，认为进入聚落发展中期之后，北首岭仰韶文化聚落的基本轮廓初步形成，而到晚期阶段则以广场为中心形成完备的弧形向心结构。[94]该中心广场南北长约100米，东西宽约60米。50座房屋围绕该中心广场分布，门向均朝向中心广场。值得注意的是，这些房屋明显分成两组，每组各有一座80余平方米的大房子。大房子的面积与普通房屋仅有10～30平方米左右的面积相比，可谓规模惊人，显然它们承载着超出氏族成员居住的特殊功能。

从遗址中发现的451座墓葬来看，丧葬在该聚落社会中居于非常重要的地位。北首岭的墓葬区在中心广场东南方，多集中分布在靠近居住区的地方，但墓区与居住区之间有明确界线，显示出是专门的墓地。通过对其墓葬形式的研究可知，当时的北首岭人实行了男男合葬、女女合葬的特殊墓葬制度。墓葬中的死者基本都是头向西北、脚向东南。据推测，尸体的朝向不可能是随意的，极有可能意味着，在北首岭原始人的史前宗教意识中，对死者生命再次轮回有着非常清晰而强烈的渴望。较为合理的解释是，死者头向西北表示了人死犹如太阳西下的观念，也预示着死者的亡灵在经历暗夜后还会从东南方向再次升起，犹如旭日东升，重新回到世间。如果在北首岭原始人中真的存在此种观念，则无疑具有明显的宗教特征。王震中在研究大地湾、北首岭、姜寨遗址的聚落分区时曾经指出：“从这一时期墓地安排的考虑来看，中国人的祖先崇拜和鬼魂崇拜的观念，源远流长，于此可见一斑。”[87]另外，北首岭墓葬中的66座儿童瓮棺葬，也与姜寨、半坡等仰韶文化遗址中发现的儿童瓮棺葬有相同的宗教文化内涵。

二、西安半坡遗址

西安半坡遗址距今6700—5600年。这是一个集聚两个氏族的部落住地。该遗址中共发现房屋遗迹45座、圈栏2处、窖穴200多处、陶窑6座、各类墓葬250座以及大量文物。在全部墓葬中，有成人墓174座、儿童瓮棺73座。儿童瓮棺基本上都埋葬于居住区内，紧邻居室周边分布。死亡的成人则一概被埋在居住区外的公共墓地。成人的墓葬在形制上皆为浅竖穴墓坑，大多为单人仰身、直肢葬，主要采用男女分葬的形式，也有少数二次葬、屈肢葬和俯身葬等独特葬式。与北首岭墓葬相似的是，半坡遗址中的成人死者，也是头向西北，脚向东南。显然，这些葬式是半坡原始人原始宗教思维在墓葬上的反映。墓葬中的随葬品多为日常生活实用器具，以及少量装饰品。到了半坡晚期，才发现有专门为死者做的随葬器。可见其丧葬形式反映出的宗教礼仪与较之更早的新石器中期辽河流域就有很大不同，宗教的发展程度也有所不及。玉器在半坡遗址中极为罕见，出土文物以陶器为主。在已出土的陶器中，人面鱼纹盆最为著名。这是半坡彩陶画的典型作品，生动反映了半坡人的艺术想象力。盆上人面鱼纹的线条明快、流畅，人头像的头顶有三角形发髻，嘴角两边各衔一条小鱼。此图反映了半坡原始人和鱼之间有着某种神秘关联和特殊情感。虽然这些人面鱼纹的含义众说纷纭，但认为其反映出半坡氏族某种独特的原始宗教意识则是学术界的共识。

三、临潼姜寨遗址

姜寨遗址至今约6700—5000年。该遗址位于陕西临潼姜寨。它与半坡遗址几乎处于同一历史时期，规模却比半坡遗址大10倍。姜寨遗址内的考古特征也与半坡、北首岭有很大相似性。通过对该遗址的鉴定，发现居住在这里的原始先民历史传承相对稳定，上接新石器中晚期，下接中心聚落时期，传承时间至少3000年。

姜寨遗址中的墓葬形式与半坡遗址类似。儿童尸体主要是以瓮棺形式葬于居室周围，成人则葬于居址东边壕沟之外的公共墓地。公共墓地共有5处，墓葬600余座。随葬品基本全是生活用品，贫富分化和身份分化不明显。

如果考虑到部分墓地被破坏的情况，根据现有墓地发掘情况来看，应该是每个组群（对应一个氏族）都有自己的专用墓地，这是氏族意识的反映。由分布在居住区外，以壕沟为界与居住区相隔的墓葬所构成的墓地称为沟外墓地；由分布在聚落中心广场的墓葬构成的墓地称为广场墓地。“广场墓地和沟外墓地在年代的发展顺序和时间上是平行的，文化性质上是相同的，它们各自的早、中、晚三期是相互对应的。”[95]也就是说，姜寨聚落的同期墓葬，在聚落中央广场和聚落外围的沟外墓地均有出现。这暗示了埋葬在两个空间之中的死者有一种明显的身份差异。因为空间的差异显示了地位的差异，也显示了情感和价值的差异。中央广场属于遗址中心区域，为聚落中五个氏族的共有活动空间，其在全体姜寨居民心目中的重要性自不待言。埋葬在该特殊区域的死者，也必然拥有一种面向整个聚落的公共身份。

这个公共身份是什么？严文明认为是五个氏族中特殊的一个氏族。据他分析，这个居于中央广场中的墓地是聚落中最初的氏族也就是母亲氏族的专属墓地，只有聚落中的母亲氏族才可以作为整个聚落的代表，因此在墓地安排上也有权占据中央广场这一特殊位置。[96]但严文明的这一推测并不能得到有效证明。

依据姜寨聚落遗迹，我们只能认为，那些埋葬在聚落中央广场的死者，拥有某种极为特殊的身份。因为这一身份能被整个聚落中五个氏族的原始居民共同认可，且认可程度能够达到使其有权占据聚落中最为稀有的公共活动空间作为墓地，就显得极不寻常。唯一合理的解释就是，这些被埋葬在中央广场的死者，应当拥有一种明显超越在各个氏族之上的公共身份。当时拥有公共身份的人，最有可能的就是“巫觋”。与北首岭的中央广场及广场墓地一样，姜寨的中央广场及广场墓地也为整个姜寨聚落提供了公共宗教祭祀场活动的必要场所。

另一个值得注意的现象是，姜寨出土的人面鱼纹彩陶盆的器形、色彩使用和人面鱼纹，与半坡出土的人面鱼纹彩陶盆极为相似，可见两者之间存在文化同源性，宗教意识应当也大致相同。

第六节　中心聚落期的原始宗教遗存

人类社会从平等的原始社会向不平等的阶级社会逐渐迈进的过程，就是原始平等社会向国家演进的过程，在平等社会和国家之间，存在一个过渡阶段。这个阶段相当于弗里德社会分层理论中所谓的“阶等社会”和“分层社会”，也相当于塞维斯等人所谓的“酋邦社会”，也是澳大利亚学者刘莉在《中国新石器时代——迈向早期国家之路》一书中提出的“早期复杂社会”。[90]苏秉琦将其称为“古国”，也就是高于部落之上的、稳定的、独立的政治实体。包括辽西红山文化牛河梁遗址、仰韶文化河南灵宝西坡遗址、崧泽文化东山村遗址、大汶口文化遗址等。

这一时期距今6000—4500年。当时社会形态的典型特征是不平等，同时还伴随着明显的社会分化和社会冲突。这种不平等表现在两个方面，一是贫富分化导致的人与人之间在财产上和身份上的不平等，二是中心聚落与从属聚落在地位上的不平等。体现在聚落关系上，就是中心聚落与从属聚落的分化，以及中心聚落对从属聚落的控制和战争。体现在社会结构上，就是财富和权力向少部分人集中，向中心聚落集中。当然，在说不平等时，首先要注意到最早出现的不平等并非财富意义上的不平等，而是聚落内成员在身份上的不平等。在史前原始宗教逐渐发展的过程中，巫师因掌控了与自然神沟通的特权而拥有了超出在一般社会成员之上的特殊地位，并以拥有法器的形式，占有了一般社会成员不能占有的物质财富，因而显示出社会的分化特征。这在新石器时代中期贾湖遗址、查海遗址、兴隆洼遗址、赵宝沟遗址等地的墓葬中均有反映。

到早期复杂社会的形成期，身份的不平等又进一步扩大到社会分工导致的经济地位的不平等，也就是马克思历史唯物主义所说的阶级分化。聚落与聚落间的竞争与交流关系，并不是这个时期才突然出现的。随着各个聚落内部人口的增加，以及对物质需求的急剧扩大，各自领地内的自然资源相对短缺，于是表现在地缘关系上，就出现了更加激烈的竞争和交流。

竞争往往以战争形式表达。其作用不仅在于消灭竞争对手并占有对方的财富与资源，还在于能够迫使竞争对手臣服于自己，从而形成一种不平等的双边主从关系，实现一个聚落对另一个聚落的奴役和剥削，也就是纳贡。而关于交流，本书主要是指并非通过武力征服为手段而形成的一种平等的商贸往来，以物易物，互通有无。这种交流，对存在地缘关系的聚落而言，更多地体现为一种分工和合作，对不存在地缘关系的聚落而言，是一种远距离跨境贸易和交换。因不存在地缘竞争关系，这种远距离的贸易更能体现出平等的特征。但在这种贸易中用于交换的物品，一般应是无可替代的特殊物品，如玉器等，否则难以形成正常而稳定的贸易关系。

作为竞争的手段，战争随着竞争的日益激烈而日趋频繁和剧烈。因此在这一时期的墓葬中，出现了部分死者的墓葬中陪葬有玉钺的现象。玉钺是军事权力的象征，而后世的王权正是来源于军事权力。这是中国上古历史文化研究的定论。因此，在这一时期的墓葬中发现玉钺（或石钺），是具有标志性的事件。说明战争和军事在这一时期的社会生活中发挥着明显的作用。而这种作用，预示着社会的复杂化。在这一过程中，聚落之间也开始发生更加密切的碰撞与交流，依靠武力的相互兼并达到了一个较为激烈的程度。另外，在贵族墓葬的随葬品中大量出现玉器，尤其是雕刻为神人兽面的特定玉器，更是与用玉的宗教礼制传统紧密相关。这说明，武力和宗教在社会复杂化过程中发挥着重要作用。这也正是后世所谓“国家大事，在祀与戎”的历史文化渊源。

宗教在这一历史阶段的重要作用是任何其他力量所不能取代的。这一历史阶段各地明显出现了典型的中心聚落和神庙文化。典型的中心聚落神权极为发达，有祭祀礼仪中心或史前宗教圣地、原始宗邑的显著特征，因此这一时期是由原始社会向文明社会转变的重要阶段。[87]辽河流域、黄河流域、长江流域等地域的社会文化都得到了进一步发展，史前原始宗教活动也更加活跃。形成此种局面的原因在于，当时的农业发展、人口增殖与地域间相互交流的加速，需要一种向心力维持不断分化的社会不至于走向分崩离析。而宗教作为凝聚氏族社会内部关系、形成氏族内部认同的重要力量，适时地承担了这一功能。它以跨地域、跨族群的自然神崇拜为基础，以祖神崇拜为核心，为当时日益复杂化的社会提供了一种超自然力的监督和约束，由此形成一种受到精神控制的社会秩序，并促使不同聚落之间、不同部落之间的人类群团得以稳定地构建起更大规模的地缘社会组织，形成更加庞大而复杂的政治实体。

另外，红山文化的坛、庙、冢和仰韶时代晚期大地湾 F411 带有地画的大房子等宗教礼仪性建筑，表明这时的社会已经普遍出现了复杂的宗教体系和礼仪化的宗教活动，而这一切又有赖于专职宗教人员的存在。也就是说，当时的社会已经出现了专职巫师，并且在宗教中心或宗教圣地还出现了复杂的巫师群体。

下面就对这一历史发展阶段的五个典型遗址进行介绍和分析，它们是灵宝西坡遗址、苏州东山村遗址、含山凌家滩遗址、喀左东山嘴遗址、朝阳牛河梁遗址。

一、灵宝西坡遗址

西坡遗址位于河南灵宝市阳平镇西坡村，是一处仰韶文化庙底沟类型的大型文化遗址，距今约 6000—5300 年，面积达 40 万平方米，河南西部的灵宝地区是庙底沟类型的中心地带。目前所发现的仰韶文化庙底沟时期大型中心性聚落多聚集于灵宝境内。而西坡遗址是这一地区这一时期文化遗址中保存最为完好的。

2005—2006 年间，该遗址居住区南部发掘出墓葬 34 座。其中编号为 M8 的墓穴规模较大，墓中发现随葬品 10 件，主要是炊饮器和盛具，但有玉钺 1 件，显得格外醒目。编号为 M11 的墓穴也是一座大型墓葬，墓主是一个4岁的孩子，随葬品12件，其中有玉钺3件。这两座墓穴和其他墓穴相比，已经出现了规模和随葬品数量及品类的明显区别。如果墓葬的大小及随葬品的数量和品类的差别可以视作墓主社会等级的差别及贫富差距的话，这种不平等所反映的显然不是个人劳动能力和战斗能力的差异，而是身份的差异和血缘的差异。尤其是玉钺所透露出来的信息，更是证明了这一点。与石钺相比，玉钺从原材料到制作过程的人工成本都非常高，但硬度却比较差，在中国原始社会，它不是真实的战斗工具和生产工具。拥有玉钺，其实是拥有战斗力和生产力的象征，也就是拥有一种神秘力量的象征。这个4岁孩子的墓葬规格，以及拥有3只玉钺所显示出的特殊性，正是他拥有这种神秘力量的象征。而这种力量，对这个幼小的孩子来说，只能来源于继承和世袭。在王权并未产生的时代，这种拥有神秘力量的人，其可以继承和世袭的身份只能是巫师。至于部落首领的身份在这一历史阶段是否可以继承和世袭，无法判断。当然也不排除当时巫师和部落首领的身份存在合二为一的现象。

二、苏州东山村遗址

崧泽文化时期属于新石器时代母系社会向父系社会过渡阶段，以首次在上海市青浦区崧泽村发现而命名。崧泽文化上承马家浜文化，下接良渚文化，是长江下游太湖流域的重要文化阶段。而东山村遗址其实包括两个时期的文化遗址，分别是马家浜文化时期遗址、崧泽文化时期遗址。两者存在时间上的先后顺序，文化上有明显的延续性。

崧泽文化东山村遗址距今约5800—4900年，属于典型的早期复杂社会遗址。这一遗址中共发现墓葬37座，其中在墓葬区的东区有27座，均为小型墓葬，随葬品总体较少，一般10件左右，基本都是简单的生活用具，最多的有26件，最少的仅有两三件。而西区发现的10座墓葬中有8座属于大型墓，随葬品大多在30件以上，玉器数量较多，最多能达到10余件。比如西区M89墓葬中，出土陶鼎等随葬器物共34件，其中玉器3件；西区M90大墓中，出土陶鼎等各类随葬器物56件，其中玉器19件，另有大型石钺5件；西区M92墓葬中，发现有陶鼎等随葬器物43件，其中玉器10件；西区M93墓葬中，出土陶鼎等共35件，其中玉器12件。

崧泽文化东山村遗址的考古发现表明，当时长江下游地区已经存在非常明显的社会分化，这种分化主要表现在财富分化和身份分化两个方面。比如平民和贵族在墓地上已经分开安葬，而且高等级墓葬中的随葬品极其丰富，玉器数量大大增加，而低等级墓葬中则仅陪葬少量的简单的生活用具。其中在高等级墓葬中大量使用作为祭祀法器的玉器这一现象也说明，当时以玉祀神的宗教意识形态已经非常强烈，巫觋的社会地位进一步上升。

三、含山凌家滩遗址

该遗址位于安徽巢湖以东含山县铜闸镇凌家滩村，存在年代大约距今5600—5300年。遗址总面积约160万平方米，与这一时期一般聚落遗址仅有几万平方米的规模相比，凌家滩遗址明显属于超大型中心聚落遗址，比大汶口遗址还大一倍，比屈家岭遗址大两倍，是长江下游巢湖流域迄今发现面积最大、保存最完整的新石器时代聚落遗址。通过对这个遗址中发现的建筑用陶土块、石墙、高等级水井、玉器等的研究，基本可以判定，这是一个文明发展程度很高的中心聚落。

安徽巢湖凌家滩遗址中反映出来的史前原始宗教信息，与位于江苏苏州的崧泽文化东山村遗址相比要丰富得多，而且表现也非常明显。墓葬、祭坛、祭祀坑、随葬的玉器，用于占卜等原始宗教活动的玉龟、玉版等器物，都有大量出土。

首先看祭坛。凌家滩遗址祭坛出现在墓地之中，呈长方形，正南北向，坐落于凌家滩遗址的最高处。该祭坛现存面积约600平方米，原有面积估计应不低于1200平方米。在祭坛上发现有用于祭祀的“积石圈”和3个长方形的祭祀坑。祭坛东南角有红烧土和草木灰遗迹，而且草木灰的堆积很厚，可能是长期祭祀用火的遗留。种种迹象表明，这个规模宏大的祭坛是凌家滩社会举行公共宗教活动的场所。

其次看墓地。凌家滩墓地的已知面积大约有14000平方米左右。考古发现该墓地有极强的规划性，布局周密，排列有序。所有墓葬由南向北共分八排，互相之间并无叠压打破现象。等级最高、随葬品最多的墓葬主要在第一排和第二排，这两排墓葬的随葬品最少的几十件，最多的上百件，且主要以玉器为主。如此重视墓葬制度，可知祖神崇拜及与此相关的宗教文化在凌家滩社会拥有极为重要的地位。

最后看玉器。在凌家滩遗址中可以看到玉器具有明显的宗教内涵。玉器在高等级墓葬中占据显著地位，比如编号 87M1 的墓葬中，随葬品 15 件，玉器占 11 件；编号 98M29 的墓葬中，随葬品 86 件，玉器占 52 件；编号 87M15 墓葬中，随葬品 128 件，玉器占 94 件；编号 87M4 墓葬中，随葬品 145 件，玉器占 103 件；编号 07M23 墓葬中，随葬品 330 件，玉器占 200 件。凌家滩玉器与良渚文化玉器、红山文化玉器有明显差异。墓葬中出土的玉器不仅数量多，而且主要是玉龟、玉版、玉签等宗教法器。[97] 以玉版为例，其中央刻有一个八角星，以均等的距离对应八方。八角星外刻画有一个正圆形，将八角星包裹在内。正圆形外刻画有 32 条以小圆为核心的放射线，这些放射线外又被大圆包裹。在大圆形外，对应着正方形玉版的四角，又有四组放射线，每组三根。而且部分放射线还被刻画了向外指向的剪头纹。在玉版的四周，钻孔 23 个，上沿 9 个，下沿 4 个，左右各 5 个。对于这个玉版的构型以及上面刻画的纹饰及钻孔的含义，学者们提出了各种假说，但基本都认可这些玉版及所属玉龟和玉签是宗教法器，至于其上刻文及钻孔反映的应是当地特定的宗教信仰和神学宇宙观。凌家滩遗址的部分墓葬还出土有形制相同的玉人和象征权力的玉钺、石钺等器物。而玉钺这种缺乏实用价值的玉器，自是宗教神权和世俗权力（巫师与军事首领的权力）的双重象征，尤其是虎首璜和大量的玉钺、玉斧、玉戈等兵器同墓出土的现象，更是说明当时军事权力的高度集中，以及当时战争频繁的社会现实。玉人则直接和宗教活动相关。在编号为 98M29 的墓葬和编号为 87M1 的墓葬中均出土了一种小型玉人，其中 98M29 号墓葬出土 1 件，87M1 号墓葬出土 3 件。这些玉人在形制上几乎完全一样，扁平的背部都有穿孔，应是用于穿绳悬挂使用。有的玉人呈站立姿势，有的则呈半蹲姿势，脸部均为方形、阔嘴、大耳、细目，表情平和，且双手都是举在胸前，手掌向内，五指分开，手臂上套有环状物，腰间系有束带。这些玉人显然不是一般的装饰品，而是原始宗教中使用的法器。它的出现，表明凌家滩社会的原始宗教中存在祖神崇拜的内容。这是一个关键信息。祖神崇拜是族群间相互区别血缘关系的产物。说明当时的非血缘族群之间已经存在较为密切的交往与地缘上的融合，否则很难产生区别血缘关系的宗教意识形态。玉人及玉质兵器的并存，暗示了以祖神崇拜为核心的宗教神权与军事指挥权的合一。此种合一性在地缘冲突及地缘整合中应有其极为深刻的内在作用。另外，在98M29号墓葬中，还出土了一件奇特的玉鸟。这件玉鸟双翼是猪头的形状，腹部刻画着特殊的宗教符号，可能与太阳崇拜有关，应是穿绳悬挂的宗教法器，或者就是凌家滩人的图腾。最重要的出土文物是一件玉龙。它呈扁圆形，首尾相连，口吻部突出，头部有两角，有龙须，面部各器官雕刻得非常清晰，强烈而鲜明地表现出中国龙的传统特征，与后世龙的形象非常相似。有可能是红山玉猪龙的形象自北向南影响到凌家滩玉龙。这种玉龙在商代妇好墓中也有出土，三者的关系还是比较明显。

通过以上分析可知，凌家滩墓地中随葬玉器数量较多的墓主，生前大部分是族群中的宗教（精神）领袖——专职巫觋，其中最高级别的巫觋同时还拥有军事领袖的身份及职权。他们不仅以玉器彰显自己的身份及权力，还通过随葬大量炊饮器和生活用具的方式，显示出巫觋及军事首领在当时的社会组织结构里，已经不仅掌握着宗教神权和世俗武装的领导权，还拥有远远超出一般社会成员的社会财富和经济地位。

四、喀左东山嘴红山文化遗址

该遗址距今约6000—5000年，位于辽宁西部朝阳市喀左县大城子镇东山嘴村的大凌河西岸山梁上。该遗址在文化考古学中的重要地位在于，它并非生活居住遗址，而是原始社会末期成组的大型石砌祭坛遗址，是中国迄今发现的最早祭祀女神的祭坛遗址，对研究中华文明起源以及原始宗教有极为重要的价值。

该遗址呈南圆北方、两侧围绕中心对称的形制。这种结构绝不是随意布局的，而是有其深刻的宗教、文化、政治内涵。遗址内有象征天圆地方的圆形祭坛和方形祭坛，其中方形祭坛四边用石块砌墙，内为平整坚硬的黄土地面，方形祭坛南面大约15米处，是一个用石块铺砌的圆形台址。其他建筑以祭坛为核心，围绕祭坛形成对称结构，这说明当时宗教祭祀已经在这个社会占据了核心地位。

令人瞩目的是，在该祭坛圆形台址附近，发现了两件小型孕妇陶像，残高分别为7.9厘米和5.8厘米，均为裸体立像，腹部凸起，表现为孕妇的特征，且通体光滑，似曾涂有红色颜料，而且在遗址中还出土了相当于真人1/2大小的大型盘膝正坐陶塑人像的腿部残块，以及双龙首玉璜、绿松石鸮鸟等物品。这些陶塑人像，应是宗教活动中被人崇拜的偶像，或沟通神人关系的居间人。在这些活动中使用的特殊动物玉器，也应该是具有某种特定的图腾意义，是当时史前宗教文化的特殊表现形式。关于红山文化女神庙问题，还可参考《牛河梁红山文化女神头像的发现与研究》[98]等文献。

五、朝阳牛河梁红山文化遗址

牛河梁遗址与东山嘴遗址处于同一历史时期。距今大约5500年。它位于辽宁省朝阳市的凌源、建平两县交界处，在50平方公里范围内，有规律地曼延在10余公里的多道山梁上。该遗址由祭坛、女神庙、积石冢群共同组成一个规模宏大的宗教祭祀中心，与东山嘴遗址有密切的内在关联。该遗址内涵丰富，出土文物世所罕见。

遗址中的女神庙坐落在牛河梁山梁顶上，是遗址建筑群的核心部分，其建筑布局是以殿堂为中心，多单元围绕中轴左右对称，是迄今所见中国最早的殿堂建筑群。神庙主体部分呈七个殿室相连布局，主殿为圆形，左右各一圆形侧殿。北部为一长方形殿室，南部为两个圆形侧殿。主体建筑以南，隔2米又一横置单殿室。其外还有面积约为4万平方米的类似城堡或方形广场的石砌围墙遗址。

考古人员在女神庙主室两侧出土了多件彩绘泥塑造像、陶制祭器和建筑物构件。根据散落的彩绘遗迹碎片，可以推断出整个建筑的内外墙面应该是以泥土覆抹，并经表面压光后施以彩绘，至少是局部重要墙面施以彩绘。从“女神庙”内出土泥塑残片可知，此殿堂的主要功能是摆放祭祀的神像泥塑，并举行对这些泥塑所代表的神灵的祭祀。女神庙中供奉着围绕主神的女神群像。根据发现的人像残块可以推知，至少存在7个以上不同的人像个体，而且均为裸体女性形象（可能当时裸体女神身上是穿着衣物的，无法想象作为供奉和祭拜的女神会赤身裸体）。其中相当于真人3倍、身高约6米的女神像1尊；相当于真人2倍、身高约4米的女神像2尊；相当于真人大小的至少4尊。也就是说，神像从大小上看，至少存在三个等级。女神像的身体构造和面部表情均以真人为依据，比例适中，面部表情丰富，涂以红彩。惊人的是，一件女神胳膊的泥塑中被发现存在真人胳膊的骨骼，说明当时可能存在采用尸体涂泥的方法制作神像的情况。另外，从这些神像在神殿中的排列布局看，最高等级的一尊女神居于主殿室中央，中间等级（约4米高）的两尊女神分别居于左右两个侧殿，其他相当于真人大小的各尊女神则分布于主殿四周及其他各殿室。由此可见，在这组突出中央主殿的神殿建筑中，也采用了与建筑格局相吻合的神像布局方式。各个女神地位层次异常分明，共同形成一个完整的崇拜体系，而且主神的地位非常崇高，与其他女神的关系明显是众星捧月、一人独尊。这些女神的神性究竟是自然神还是祖神，仅从出土遗物很难判断。但以人类学的视角来看，这一时期的牛河梁人显然已经超越了图腾崇拜的阶段而进入了祖神崇拜的阶段。

其实，红山文化人形神像数量较多，诸遗址总共发现超过30余件，包括人形泥塑神像、陶神像、玉神像、石神像。其中人形泥塑神像最多，玉神像较少。除牛河梁女神庙外，在东山嘴也发现了相当真人1/3大小的陶塑神像残件[99]；在牛河梁第三地点发现陶塑神像残件[100]；在敖汉旗草帽山积石冢发现石雕神像头部[101]；在建平东山冈积石冢和牛河梁第十六地点也都发现有相当真人等身大小的泥塑神像残件[102]；在牛河梁第十六地点中心大墓M4中则出土1件玉人神像[103]。可见以人为神的宗教文化是红山文化的普遍现象。其中最具代表性的神像是出自敖汉旗兴隆沟遗址的陶人神像。该神像发现于内蒙古赤峰市敖汉旗宝国吐乡兴隆沟村东北200米处第二地点。该陶人由采集、挖掘的65片残片复原，净高55厘米，乃用泥胚整体高温烧制而成，质地坚硬。陶人盘腿而坐，双手交插于双脚之上，头顶有发髻挽系，绳头搭于前额，双目圆睁，张嘴作呼喝状。[104]有关该陶人的资料，中国社科院考古研究所网站有详细介绍。

牛河梁各地点积石冢数量很多。它们大小不一，冢冢相连，散布在女神庙周边的山梁上，均以石垒墙、以石筑墓、以石封顶。积石冢有方形和圆形两种规制，冢内排列大小不等的石棺墓，以大墓为中心，将墓葬分为若干等级。从积石冢的构造来看，圆形积石冢分三层迭起，冢上设坛，显然是出于祭祀的需要。冢内发现的随葬品只有玉器，包括玉猪龙、玉熊龙、玉凤鸟、玉龟，以及上下贯通的桶形玉箍和饰有花纹的勾云形玉佩。另外，还有成排的彩陶筒形器竖立冢上。这些应当都是墓主人用以通神的法器。从礼葬规格看，冢内中心大墓最为尊贵，台阶式墓葬则属第二等级，石棺墓为第三等级，附属墓地位最低。石棺墓又分为甲乙两个等级，其中甲等随葬玉器较少，只有单件玉环、玉璧，而乙等无玉器只有单件陶器。附属墓根本没有随葬品，甚至还有墓主身首异处却同葬一穴的情况，死者可能是祭祀中用以完成某种特殊仪式的人牲。

另外在牛河梁第十三地点还有一座类似金字塔形石墙堆土圆丘建筑。它与女神庙基本同处整个遗址群的中轴线上，并与女神庙遥相呼应，是一个人工夯筑的石墙土山，外围以白色硅质石灰岩包砌。该建筑的砌石范围直径达到 100 米左右，从台基以上由 4 层石基砌筑，总面积 10000 平方米，动用土石方数万立方米。而且在这个夯土建筑的顶端，发现摆放有数量庞大的陶坩埚。考虑到此处属大型宗教场所，地位显赫，且周边并无冶金原料且未发掘出任何金属器物，可以推测这些坩埚并非用于金属冶炼，而是有着特殊的宗教功能，甚至可能与某种特殊的祭天方式有关。

红山文化墓葬的独特之处在于其只随葬玉器。牛河梁的 1 号冢是出土玉器数量最多的墓葬之一，在其丰富的随葬品中，竟然没有新石器时代墓葬中普遍随葬的陶器。作为中华文明起源与发展的三大源头之一，红山文化玉器与良渚文化玉器有明显差异。红山文化发现玉器类型极为丰富，做工也极为精美细腻。据不完全统计，查海遗址已经发掘出玉玦、玉匕、管状器、如斧似锛形器等器形；阜新胡头沟墓葬出土了玉龟、玉鸮、玉鸟、玉璧、玉环、鱼形玉佩、联环玉璧等器形；凌源三官甸子墓葬区发现了马蹄形玉器、玉钺、玉环、勾云纹玉饰、玉蝉、竹节形玉饰、猪首玉饰等器形；建平县牛河梁积石冢群发现了玉环、双联玉璧、马蹄形玉箍、玉猪龙、玉璧、方形玉饰、棒形玉器、勾云形玉饰等器形；喀左东山嘴子遗址出土了双龙首玉璜、绿松石鸟形佩等器形；巴林右旗那斯台遗址发现了玉蚕、玉猪龙、玉凤、勾云纹玉佩、玉鸮、鱼形玉饰、三联玉璧、勾云形玉器、玉斧、玉管等器形；朝阳市和赤峰市的敖汉旗、翁牛特旗，也都发现有玉龙、玉琥、玉鸟、马蹄形玉箍、勾云纹玉饰、玉斧、玉棒等各种形制玉器。学者早已论断，这些玉器与宗教有关，均为玉神器。红山文化玉器虽不如良渚文化玉器数量多，但造型更加丰富，尤以玉龙最为独特。红山文化玉龙分两类，一类是 C 形玉龙，另一类为玉猪龙。C 形玉龙虽然数量较多，但目前可以确认出土地点的仅有 2 件，均为内蒙古赤峰市翁牛特旗境内农民耕地所获。玉猪龙数量更多，但学术界对玉猪龙有不同称谓，本书不予赘述。玉猪龙正式发掘的有 3 件，均出自牛河梁遗址的红山文化墓葬中。其中第二地点一号冢 M4 出土 2 件，并排倒置于墓主胸部；第十六地点 M14 出土 1 件，出自墓主头骨右侧。其余玉猪龙均为采集或征集。但所有玉猪龙的造型均基本相同，说明具有相同的文化因素。总体而言，C 形玉龙与玉猪龙的造型，与赵宝沟文化彩绘尊形器上的猪首纹极为相似，表明有文化的传承关系，应是氏族图腾崇拜发展为地缘政治整合阶段的混合图腾或地缘政治集团的最高标识性神器。

综上，在牛河梁遗址中，无论是积石冢、祭祀坛、女神庙和金字塔形石墙堆土建筑，都显示出非常明显的宗教特征。其宗教祭祀活动的对象也已经具体化、偶像化，由此可以推测当时的宗教祭祀活动处于女神崇拜或女祖崇拜阶段。但积石冢中心大墓的墓主却为男性，且其葬品丰富精美，包括双人首三孔玉饰、穿靴裸体女陶像等。这说明至少当时有部分男性的社会地位已经超过女性，其祖先崇拜也当处于女性祖先崇拜向男性祖先崇拜的过渡阶段。

另外，此处遗址中发现的玉猪龙，是现实生活中并不存在的动物，所以应当是具有特定神性的宗教神物，也反映出红山文化牛河梁先民所尊奉的史前宗教有着某些神秘信息。尤其是当我们考虑到这样一处组合型祭祖圣地的超大规模时，自然会形成一种印象，在当时人口总数不多、文明程度较低的历史阶段，此处存在一个如此大规模的祭祖建筑群，它绝不会是一个民族或一个部落所能拥有，只能是为整个区域内的文化共同体所共有。牛河梁恰好处于红山文化分布区四通八达的中心地带，因此说它是北方红山文化的中心聚落所在地应有一定的合理性。而该遗址所供奉的女神已经有了等级，并构成上下等级森严的神系，居于核心地位的大女神，自然当属周边相当数量之聚落所共奉的至上神。这也意味着，当时在牛河梁及周边较为广阔的地域范围内，已经形成了较大规模的、纳入同一宗教、文化、政治体系的复杂的社会结构。此种社会结构所对应的神系结构，我们将在专门的章节中详细讨论，此处不做赘述。遗憾的是，周边几百平方公里范围内，至今尚未找到这一时期的大型聚落遗址。

总的来看，各个地区的红山文化均已从图腾崇拜阶段向祖先崇拜阶段演进。

第七节　都邑邦国时期的原始宗教遗存

这一时期大约处于距今5000—4000年间。当时的中国北方黄河中下游地区、中国南方长江中下游地区，以及四川盆地，都出现了一种明显的、普遍的筑城现象。总体而言，这一时期就是王震中先生所说都邑邦国时期，是中国早期国家诞生和初步发展时期。

根据考古发掘所见，这一时期的城址遗址数量非常多，在北方多为龙山文化特征，在南方则多为良渚文化特征。这些遗址主要分布在山东、河南、山西、陕西、湖北、湖南、浙江等地。从规模来看，少则10余万平方米，多则数百万平方米。比如山东章丘城子崖城址约有20万平方米，山东阳谷景阳冈龙山文化城址38万平方米，河南登封王城岗城址则为34.8万平方米。山西襄汾陶寺城址更大，其中陶寺龙山文化早期城址面积就已经高达56万平方米，而陶寺龙山文化中期城址更是高达280万平方米以上。湖北天门石家河城遗址群面积约为120万平方米，山东日照两城镇和山东日照尧王城都已经发现龙山时期城墙遗址，虽尚未探明两地城址各自的范围和面积，但从两地现有遗址规模来看，城址面积应该都很大，毕竟两城镇已经发现的遗址范围高达250万平方米以上，而尧王城遗址更是高达300万平方米以上。

这一历史时期，城址的普遍出现，尤其是城址中宗庙、宫殿、高等级聚居区等显示出垄断的公共权力的特殊建筑物的普遍出现，以及在居住或墓葬中显现出来的明显的阶级分化，都强有力地说明了史前人类社会组织结构已经发生了质的飞跃，之前普遍存在于原始聚落内部及原始聚落之间的那种简单的社会形态，已经演化为阶级社会的早期国家形态——都邑邦国的社会形态。所谓的都邑邦国，就是以城为邦，以城为国，城为一定地域范围内的权力中心——政治、经济、宗教、文化中心。占据统治地位的社会成员，利用城的防御能力，保护自己的财产，并在其中行使统治权，所以，城也是这个社会中权力的象征。在邦国的周边，附属着大小不一、远近不同的次级城址或聚落，从而形成一种基于地缘政治关系的从属结构，也就是等级结构。这种等级结构可能是简单的“都邑—村落”二元结构，也可能是更加复杂的“都邑—次中心都邑—村落”的三级结构，甚至四级、五级结构。

何驽在《中国社会科学院古代文明研究中心通讯》第21期（2011年1月出版）发表的《2010年陶寺遗址群聚落形态考古实践与理论收获》一文中，就把陶寺及周边地域范围内的54处新石器晚期遗址划分为“五级聚落、四层等级化的社会组织”。这种划分是建立在中国社科院考古研究所山西工作队、山西省考古研究所、临汾市文物局、襄汾县文物局在2009—2010年共同组织的“陶寺遗址群宏观聚落形态区域调查联合工作队”的考古排查实践基础上的。此次考古排查的地域范围是洪洞县以南、浍河以北、汾河以东、塔儿山东麓滏河上游以西，东西宽25公里、南北长70公里共计1750平方公里左右的广大区域。考古发掘认定其中面积为280万平方米的陶寺城址是此处邦国的都城，为第一级社会组织；第二级社会组织体现为拱卫都城陶寺的县底遗址、南柴遗址、方城遗址三个城址，面积次一等级，但在当时也是规模巨大的城址，其中县底遗址、南柴遗址分别为110万平方米，方城遗址则高达200万平方米，它们都属次中心城市；第三级是围绕次中心遗址分布的面积在10万~100万平方米之间的聚落，数量多达22个，它们是次中心城市的附属；其余分布在第三级聚落周围的面积在1万~10万平方米的小型聚落，则相当于村落，为第四等级，目前发现的数量是9个；另外还有15个微型聚落遗址面积均不足1万平方米，为第五等级，但因其过于微小，尚不能构成村落，可能是用于生产或守卫的特殊据点。

考古所见聚落等级的分化，是判断社会组织结构分化及复杂化的重要指标。社会组织结构的进一步复杂化在宗教上也有非常明显的反映。

下面，本书选择四个这一时期的典型遗址予以介绍和分析，它们是山西襄汾陶寺遗址、良渚文化遗址（群）、神木石峁遗址、桓台史家遗址。

一、襄汾陶寺遗址

陶寺墓葬分为大、中、小三种类型。其中大型墓使用木棺，墓主都是男性，随葬品可达一二百件，多见彩绘陶器、彩绘木器、玉石礼器及装饰品、整猪骨架等。大型墓葬占已发掘墓葬总数的1%不到。中型墓也使用木棺，墓主主要是男性，随葬品几件至一二十件不等，规格上较大型墓降低档次，此类墓葬占已发掘墓葬总数的10%左右。小型墓数量极多，占已发掘墓葬总数的90%左右，大多没有木质葬具和随葬品。

陶寺墓地中发现的墓葬情况明显反映出当时已经严重分化的社会等级结构。

陶寺出土的乐器包括鼍鼓、土鼓、特磬、陶铃、铜铃、陶埙等共26件，几乎都是同类乐器中的最早实物，直至商代，这些乐器种类还在广泛使用。值得一提的是，陶寺出土的这些乐器中，木鼓成对而出，乃使用树干挖制而成，高1米，直径0.4～0.5米，外着红彩，或以红色为地，黄、白、黑、蓝诸色描纹涂饰以鳄鱼皮蒙为鼓面，即后世所谓的“鼍鼓”（出土时鼓面鳄鱼皮已经碎裂并散落在鼓腔内）。陶寺铜铃则是中国已发现最早的金属乐器，长6.3厘米，高2.7厘米，壁厚0.3厘米，含铜量97.8%。鼍鼓和特磬均为上古重要乐器及礼器。而陶寺遗址中出土的彩绘蟠龙陶盘，也属重要礼器，其上所绘龙纹应是陶寺城邦的标志。在最高等级的大型墓葬中出土精美的鼍鼓、特磬、龙盘，说明墓主应是掌握祭祀和军事大权的首领人物，也说明当时的宗教活动与音乐相关。

国内多数学者都倾向认为陶寺已经进入国家阶段，如李伯谦先生认为陶寺是以军权王权为主体的王国。他说：“陶寺遗址呈现出来的完全是一个王国都城的面貌，我们说陶寺遗址是目前中原地区最早出现的、最大的王国是可以成立的、有充分根据的。”又说：“陶寺遗址是黄河流域中游的中原地区最早出现的一个科学意义上的国家——王国的都城所在地，在中国古代文明演进中占有重要地位，则是完全可以肯定的。”[105]王震中也认为“陶寺城邑是阶级社会的都城，它体现了中国早期国家——都邑邦国的文明发展水平”，又说：“考古发现距今5000—4000年前的龙山时代邦国林立现象与史称尧舜禹时代为‘万国’，显然是可以对应起来的。而陶寺都城所达到早期文明和早期国家高度，也使得陶寺的邦君足以担当族邦联盟的盟主。”[106]何驽更是提出了陶寺城址为尧舜之都的系列考古证据。[107]并指出：“陶寺是最初的‘中国’。陶寺是‘尧都平阳’。‘尧舜禹传说时代’不是传说，是真实存在的信史。中国最早的国家社会不是夏朝，而是‘帝尧邦国’，甚至更早。”[108]

所以，陶寺出土的这些宗教器物，包括玉圭、玉琮等各类玉礼器及龙盘、鼍鼓、特磬等礼乐器，以及祭祀区编号ⅡFJT1面积达1740平方米的半圆形特殊形制史前建筑。[109]这些都说明陶寺是一个集王权与神权于一体的早期国家。

二、良渚文化遗址群

良渚遗址实际上是良渚、瓶窑、安溪三镇之间许多分散遗址的总称，年代距今5300—4500年。而与良渚遗址同类型的遗址，在长江下游的苏南直至钱塘江以北的平原地区，分布较广，遗址分布最密集的地区在太湖流域的东北部、东部和东南部。考古学界将它们统称为“良渚文化遗址群”。

良渚文化反映宗教活动及宗教观念的物质遗存主要是祭坛、祭祀坑和高台土冢。祭坛作为宗教活动的场所，祭祀坑作为宗教活动中掩埋祭品的专用空间，都显示出良渚文化中存在活跃的宗教活动。而高等级墓葬，尤其是那些环绕祭坛周边的高等级墓葬，因出土数量惊人的玉器（礼器及玉饰），以及在玉器上反复出现超现实的宗教神徽而反映出浓厚的宗教色彩。这些高等级大墓的存在，证明宗教神权在良渚古国的最高权力体系中居于主导地位。

在已经发现的良渚文化祭坛中，最为典型的是瑶山祭坛、汇观山祭坛、福泉山祭坛。由于在良渚权力空间中我们还要详细介绍，此处暂不赘述。

高台墓地则包括反山遗址、瑶山遗址、汇观山遗址、莫角山遗址、草鞋山遗址、张陵山遗址、福泉山遗址。所谓高台墓地，就是那些独立于遗址之外的、集中分布在人工营建成的土墩状的专用高台上的墓地，有学者将其称为“高台土冢”。[110]

已经发现的高台墓地有两种情况，一种情况是一次性营建而成并在一个历史时期用作墓地，此后便不再继续加高堆土，也不再新增墓葬；另一种情况是在不同历史时期均用作特殊等级权贵人物的墓葬，堆土不断加高，墓葬层层叠压。考古资料显示，瑶山和汇观山遗址属于前者；反山是两次营建；新地里墓地也经过了三四次营建；福泉山则是五次营建。这些高台墓地的营建年代可能是连续的，也可能相隔一段时间。[111]

高台墓地体现了良渚宗教贵族因地制宜的丧葬习俗。营建高台墓地的原因可能是为保护墓葬不被经常泛滥的洪水淹没。但高台墓地的营建需要耗费极大的人力物力，根本不可能是普通氏族成员依靠自身社会地位和经济实力构筑并作为墓地使用的，只能是拥有特殊身份或经济实力的权贵人物（宗教权贵或政治经济权贵）才能享有。这就是为什么在平地上发现的墓葬基本上均为低等级墓，而在高台上发现的墓葬基本上都是中高等级墓的原因。良渚文化遗址中的高台墓葬，显然是权力的象征，只有手握权力之人死后才有资格葬入此类高台。

良渚古城以莫角山为核心，周边区域发现的诸多墓地大多为高台墓地，如反山、文家山、仲家山、石前圩等。反山高台墓地是良渚古城内唯一一处高等级贵族墓地，而且是良渚早期规格最高的墓地。良渚古城之外的墓地数量更多，大、中、小型墓都有，如卞家山、羊尾巴山、瑶山、窑墩、钵衣山、官庄、梅园里、王家庄、吴家埠、汇观山等。其中瑶山和汇观山都有祭坛，而且墓葬等级较高。其余墓地则主要是中、小型墓混杂或全部为小型墓。按照目前掌握的资料，在良渚遗址范围内已经发掘的200座良渚文化墓葬中，可按规格将其划分为甲、乙、丙三类。其中甲类墓均为大型墓，埋于土墩高台之上，反山、瑶山、福泉山的墓葬群是良渚文化中甲类高等级墓葬的代表；乙类墓（中、小型墓）基本也埋于土墩高台之上，分布较为广泛；丙类墓则均属小型墓，分布在居址附近的平地上，基本未经营建，甚至多数都未挖墓坑，直接堆土而葬，而且绝大多数没有随葬品，显示出埋葬的草率，与高台墓地或高台土冢上的高等级墓葬同时存在并形成鲜明对照。

总体而言，良渚一期文化遗址中，虽然已经显示出社会阶层的分化，但乙类墓、丙类墓较多，甲类墓较少，随葬品也不丰富。到良渚二期文化阶段，甲类墓的数量以及随葬品的数量和规格都急剧上升，乙类墓也比较多，丙类墓比较少。这一时期的甲类大墓，多埋于祭坛之上，而乙类墓、丙类墓却没有此种情况。这说明在良渚文化二期阶段，甲类墓与其他墓葬在规格和等级上有了质的区别。反山、瑶山的墓葬群基本都属良渚文化二期遗存，有极为明显的等级分化现象，不仅如此，即便是显贵阶层的甲类大墓，内部也存在明显差异，反映出等级层次的复杂化。到良渚文化三期时，甲类大墓的随葬玉器虽然也很多，但数量和精美程度却大不如良渚文化二期阶段。此时的甲类墓，在良渚文化核心区已很少见，主要出现在苏沪地区的福泉山遗址一带。比如福泉山遗址良渚文化晚期大墓M207就属于典型的良渚三期甲类大墓。值得注意的是，福泉山顶的高台墓葬中，从良渚文化早期就已经出现人殉现象，到良渚文化晚期墓葬中依然使用人殉。此种现象应属良渚文化时期的苏沪地方特色，在良渚文化其他地区几乎并未发现，故不具普遍性。比如在余杭良渚核心区的各期墓葬中，就未发现过人殉现象。

高台墓地中埋葬的权贵人物都有明显的宗教属性。

反山遗址是良渚文化中一处著名的高台墓地。它位于杭州市区西北，杭宁公路25公里北侧，属余杭县长命乡锥山村。该墓地属良渚中期偏早，距今5000—4800年左右。经数千年历史沧桑，现今反山依然高约4米、东西长约90米、南北宽约30米，面积尚存2700平方米左右。该高台中并未发现居住遗迹，土层内也没发现任何人类使用过的工具、器物。封土下发现11座墓葬，墓穴均较宽大，长约3米、宽约2米，多数墓穴均深1米以上。墓底筑有“棺床”状的低土台，死者置于木质葬具之中。随葬品少则数十件，多则数百件，均置于葬具之上，随着葬具的腐朽，随葬品跌落时出现因撞击而破碎的现象。

在这11座墓葬中，随葬品数量总计1200余件（组），其中玉器占全部随葬品的90%以上。这些玉器如成组、成串计算的话，有1100余件（组），如按单件计算的话则多达3200余件。[112]值得注意的是反山墓地出土玉器中有一种规格相似的大型玉璧，仅M23一座墓葬就有54件此种玉璧。小件玉器则以玉管、玉珠等串饰零件构成。玉器的大量使用，包括玉钺、玉琮、玉璧及各类复杂的玉饰，不仅显示出浓郁的宗教氛围，又显示出唯我独尊的王权色彩。各墓中冠帽上的玉饰件位于头骨上方，玉琮放置在胸腹部位置，玉钺放置在身体一侧（主要是左侧），而玉璧和石钺则放置在腿部及脚部，陶器位于脚下，全身各部位均散布有较多的玉管、玉珠类串饰件。由此可以看出，反山祭坛墓地应是以神权为主导的良渚古国最高统治者的专属墓地，部分墓葬还随葬玉钺及大量石钺，更显示出神权与王权融为一体的特征。也就是说，这11座墓葬的主人，无论是手握至上神权的宗教领袖，还是握有至上神权与至上王权的双面巫君，都透露出宗教神权身份是反山墓地所代表的良渚最高统治者的共同特征。

瑶山遗址是一处祭坛，建于瑶山山顶。在山顶堆筑祭坛显然有通天之意。《山海经》中述昆仑之墟等群巫上下之地，也都在高山之巅。祭坛平面呈方形，由里外三层组成。最里层用红色土筑成，第二层为灰色土筑成，最外层用黄褐色斑土筑成，且在其上铺有砾石台面，映证中国文化中天圆地方的宇宙观在此时此地已经形成。另外，祭坛还筑有砾石迭砌的斜坡石阶，直通祭坛核心。整个祭坛外围边长约20米，面积约400平方米。祭坛里和祭坛四周均未发现文化层堆积或先民居住的遗迹、遗物，说明这些宗教遗址与当时人类居住的聚落分离布局。但一个有意思的现象是，在祭坛周边，发现了集中分布的墓葬。可见在瑶山地区良渚文化中，丧葬与宗教存在紧密的内在关联。

瑶山及反山的墓葬中发现大量玉器。其中在反山11座墓葬出土的1200件随葬品中，玉器就有1100件；可见各墓葬随葬品均以玉器为主，从几件到几十件至数百件不等。这种用玉随葬的现象表现得如此突出，且各个墓葬的随葬品中都没有用于生产的工具，说明瑶山与反山两处原始遗址不仅是人工构筑的祭坛建筑，还是用以专葬拥有神权的特殊权贵人物的专属墓地。

良渚古城发现的最重要且最为特殊的玉器，都装饰着一种神人兽面纹神徽，尤其是玉琮，更是毫无例外地刻有此类神徽。这一神人兽面纹神徽在良渚文化范围内都有发现，出现在各类不同器物上，且形态基本一致，可知它是良渚古国范围内共奉的至上神祇。它的形象应是从崧泽文化向良渚文化发展的社会转型中一直存在的。赵辉认为这个神人形象“起到了凝聚人民力量的重大政治作用。因此有理由相信，这个图像的神格化实乃和良渚城的建设一样，是人为精心设计、推动的”。[113]王明达认为，良渚玉器上的这个神徽与商周青铜器上的“饕餮纹”在文化渊源上一脉相承、息息相通，反映出特定的权力等级观及特定的宗教意识。[110]而反山出土的雕刻了神人兽面神徽的玉钺更是表明，在良渚国家的最高权力层面，宗教和王权是合而为一的。上海地区最高等级良渚墓地青浦福泉山207号墓中发现的一件长约1米的象牙板上也刻满神人兽面神徽，说明它是一件非常重要的宗教法器。[114]

通过以上分析可以确定，良渚国家的最高统治者是笃信宗教的神权贵族。而这个神权，显然与更加古老的图腾崇拜有极为明显的差异，它已经把崇拜的对象从自然界中的动物或植物转移到人类自身，也就是说，被神化的祖神，应是良渚国家的宗教崇拜对象。因此在良渚这个以玉礼神的神权型社会，无论是作为最高礼器的玉琮、玉璧、玉钺，还是作为饰物使用的玉冠饰、玉镯、玉佩、玉璜，连同镌刻在其上的神秘神徽，本质上都散发着军权及神权的耀眼光芒，都在一定程度上昭示着最高统治者集王权与神权于一体的特殊地位及身份。

三、神木石峁遗址

神木石峁遗址是一座面积约 400 万平方米的龙山晚期到夏代早期的石砌城址。该遗址位于陕西省神木县高家堡镇石峁村，存在年代应在公元前 2200—前 1780 年之间，也就是距今 4200—3800 年左右。二里头遗址虽然估计也能达到 400 万平方米面积，但是由于自然毁损，目前能够确认的面积只有 300 万平方米，小于神木石峁遗址。从这一角度来说，石峁是目前中国乃至东亚地区已知的最大史前城址。

石峁城址由皇城台（8 万多平方米）、内城（210 多万平方米）、外城（190 多万平方米）三座基本完整并相对独立的城址组成，以皇城台为整个建筑群的中心。而皇城台是大型宫殿及高等级建筑基址的核心分布区，台顶分布着成组的宫殿、池苑等建筑。其周边堑山砌筑着坚固雄厚的护坡石墙，自下而上斜收趋势明显，在垂直达 70 米的方向上具有层阶结构，并配有瓮城、广场、石砌大道等，其规格和规模显示，它不是一般意义上的原始聚落，也不是对周边具有控制力的所谓的原始中心聚落，而是龙山时代中国北方的重要邦国都城。

但是由于石峁遗址未能得到有效保护，大量文物（包括玉器）流失民间及海外，这对科学了解石峁城址并客观评价其历史地位损失可谓极其重大。20 世纪 70 年代，考古人员在石峁征集到 127 件玉器。目前不少被陕博收藏。其他流失在世界各地的石峁玉器据估算应有 4000 件左右。2012 年，考古工作者在石峁遗址中又发现玉铲、玉璜以及石雕人头像等。玉器就在石墙里，而非墓地中，显示出玉器在筑城中起到了某种象征性保护的宗教作用。该城址中还发现了大量土坑墓、石椁墓、瓮棺葬。2014 年考古工作者又首次在城址附近发现了祭祀用的祭台，也出土了大量玉器，尤其以现藏陕西历史博物馆的玉人头像价值最高，是中国新石器时代遗址中发现的唯一一个以人为雕刻对象的玉器。2015 年，考古工作者又在石峁遗址发现有菱形眼纹的石雕人面。

在石峁外城东门一段石墙墙根底部的地面上还发现了 100 余块成层、

成片分布的壁画残块，部分壁画还附着在晚期石墙的墙面上。这些壁画以白灰面为底，以红、黄、黑、橙等颜色绘出几何形图案，最大的一块约30厘米见方。这是龙山时期遗址中发现壁画数量最多的一次。并发现集中埋置人头骨的遗迹两处，一处位于外瓮城南北向长墙的外侧；另一处位于门道入口处，靠近北墩台。这两处人头骨共48个，属摆放而非掩埋，这些头骨以年轻女性居多，部分有砍斫痕迹，部分有灼烧痕迹，应与城墙修建时的奠基活动或祭祀活动有关。

四、桓台史家遗址

该遗址包含龙山文化—岳石文化—商文化。遗址中发现一处木构架祭祀器物坑，因有极为重要的宗教祭祀信息，故本书在此单独予以简要介绍。

根据发掘者报告，[115]该祭祀器物坑所在遗址已经遭到严重破坏，遗址中清理龙山文化灰坑6个，水井2口；岳石文化的木构架祭祀器物坑1个，墓葬2座；商代灰坑6个，祭祀坑9个，墓葬4座，以及部分周代及之后的历史遗存。其中岳石文化的祭祀器物坑基本保存完好。该器物坑是龙山文化晚期修筑、岳石文化时期和商代继续使用的“祭台”，其面积约4万平方米。器物坑周围有夯筑墙基的残留。坑口东西长9.05米，南北宽7米。坑口东北部和西南部稍向外弧，疑为进出口处。该坑为一口大底小、壁稍弧、深4米的袋状土坑。土坑中部为一“井”字形木构架坑，坑壁较直，木构架外是可以分层的填土。木构架坑开口于上部活动面下，深3.7米。坑口平面略呈方形，东西长1.62米，南北宽1.56米。整个坑用27层长条木板交叉叠架而成，木架四角交叉处有较简单的榫卯结构。木条经过加工，长约2.9~3.3米，宽约0.06~0.1米，厚约0.06~0.15米。器物分7层，在每两层器物之间都有清楚的木头痕迹。据此推测，当时在放置完下一层器物之后，在器物之上用木板和树皮之类搭建一简陋支撑架，以便继续放置上一层器物。

如上所述，遗址中商代地层直接叠压在岳石文化层之上，而且商代的祭祀遗迹和岳石文化器物坑所出器物分别与其地层中所出器物一致。该器物坑中的器物虽多为陶器，并未见到玉器等稀有器物，但从器物放置方式和部分器物中盛放的谷物来看，应是某种祭祀行为的结果。尤其是从坑底出土的两片甲骨残片上不仅有烧灼痕迹，还有刻划文字。该甲骨的整治、钻灼形式，以及文字刻划方式，均与该遗址他处出土的商代甲骨类似，其刻画文字与安阳殷墟甲骨卜辞也极为相似，只是相比而言更加古朴。由此可以判断，其上所刻文字也应为卜辞无疑。另外，由于该器物坑内出土的甲骨与其他器物之间的共存关系非常明确，可以较为准确地认定为岳石文化晚期阶段遗物，所以，其上刻写的卜辞就应该是目前我国发现的最早甲骨卜辞。报告者结合在山东境内发现的一系列疑似文字的符号，进一步认为："从大汶口文化陶器上的文字或符号，到邹平丁公龙山文化陶片上的刻划文字，再到史家岳石文化和商代的甲骨文，山东地区不断有重大发现。种种迹象表明，山东地区是我国文字产生的重要地区之一。"[115]此种祭祀方式极为罕见，目前尚难以判断其宗教活动的原因及具体形式。但由于其作为宗教祭祀活动的性质较为明显，故本书予以介绍，希望引起读者的重视，也期待今后学术界对该类宗教活动有更加深入的研究。

第五章　史前社会的核心权力空间

第一节　权力空间的内涵

只有从权力的角度看待国家的形成过程，才能把表现在经济、武装、意识形态方面的种种特权分解成可以在考古学上和人类学上被观察到的一系列变量，从而把空泛的、抽象的国家起源研究具体化。

权力是在特定社会结构中实现的。不了解史前社会的社会结构，就无法分析这个社会实际存在的权力，更无法了解该社会的权力运行模式及特征。所以我们在讨论史前社会的权力运作问题时，必须从社会结构分析方法入手。而史前社会结构又是通过史前聚落的空间结构展现出来的。所以，对权力的分析，又必须以分析权力的运作空间为基础。

权力场是体现权力关系的社会空间。而权力空间并不完全等同于权力场，它强调的是权力运作的物理空间，这是一个能够在考古实践中观察到的空间。考古学包含三个层面的工作，首先是发掘和整理特定物质遗存，它是考古学的基础工作；其次是以建立特定物质文化史为目标构建各类考古学文化，并梳理它们之间的时空关联；再次是以聚落考古为手段，科学系统地发掘整理聚落中的各类物质遗存，并在此基础上观察聚落内部社会状况及聚落间的社会关联。尤其在发现人类社会基于不同生业方式而形成的不同文化、不同社会组织结构的过程中，人类社会如何从居无定所的游团形态发展到分节社会的定居村落形态，再到酋邦这种存在祭祀中心的阶等社会形态，最终到都邑邦国的早期国家形态，以及正确认识社会物质生产及文化活动（包括权力的产生及运行）在这一过程中的演进历程及发展轨迹，都有非常重要的认识价值。

空间是一个非常复杂的概念，它并非一个静止的、仅供填充或承载客观物质的地理空间。只有将空间纳入到一个包含了时间、空间、社会关系、意识形态等多种要素的多层面的动态的综合体系中考察，才能正确理解它的内涵。空间组织及其意义则是社会经验和社会变化的产物，空间作为事物发生和存在的特定场域，是人类实践的结果。

人们一般往往会简单地把社会看成内生性的，认为其有自身的社会结构，而这些社会结构既不是时间结构，也不是空间结构。但事实上，空间不仅是一个客观的物质环境，它还具有社会性。为此，涂尔干指出，空间不仅是人类活动的物理场所，而且拥有明确的社会情感价值，因此所谓的空间划分，其实是社会差异性的结果，不同的社会往往会赋予空间以不同的意义。[116]

但空间的社会性并非仅仅体现为它具有特定的情感价值，而在于它与意识形态及社会的权力及权力运行紧密相关。列斐伏尔（Lefebre）认为，空间实践是社会空间的物质建构，是对体现了社会生产关系的物质要素的生产与再生产，而且既是这一生产和再生产的过程，也是这一生产与再生产的结果。所以，在空间实践和社会空间之间存在着相互作用的辩证关系。[117]这就意味着，任何社会实践都是一种空间性的在场，且都包含了空间性的经验内涵。也就是说，任何社会活动总是以特定场所为载体，不同类型的社会活动会在不同类型的场所中展开，而同一类型的社会活动又常常会因场所的变化而展示出不同的面貌。场所的空间结构正是因为各种社会活动的空间性在场才能得以建构，而这种空间结构恰恰就是其社会结构的反映。[118]

基于以上认识可知，如果没有空间和空间生产的概念，权力的框架就不可能实现。空间的生产在一定程度上也是一种主导权力的生产。而权力对空间的安排和创造，本就是权力在场的一种方式。权力必然以创造某种空间的方式而存在。空间不是权力得以实现的外部工具，而是具有社会历史意义及社会价值的真实的社会存在。

因此，在考古学上，离开社会结构，就不可能正确地认识和阐释空间结构。反之亦然，即离开空间结构，社会结构也不能得到实践。[119]

虽然并不是物的生产、流通、分配、消费、使用决定了社会组织关系，而是社会组织关系决定了物的生产、流通、分配、消费、使用，但考古学却可以通过对物质遗存的空间关系的认识，了解产生这些物质遗存及其空间关系的社会组织所拥有的社会结构和行为模式。社会内部的分化（以聚落内部成员的分化为核心）和社会外部的整合（以聚落与聚落之间的族群整合为核心），都能从作为考古实践中发现的物质遗存所构建的多层次空间关系中得以呈现。

在考古实践中观察和分析权力运作空间，是在考古所见物质遗存的空间关系中，通过认识物质遗存的社会功能及其所展现出来的与权力的关系及彼此之间的关系分布，认识权力在该空间中的运作模式及特征。所以，权力运作空间是在考古实践中可以观察到的、以物理属性为基础的一种综合性空间，它的重要性不仅在于能够真实地反映出考古遗存的物理属性，更重要的是它还能反映出这些物质遗存所对应的社会的社会属性。因此，在讨论中国古代文明与国家起源过程中的权力场问题时，必须讨论权力运作空间的历史演进问题。

特定空间展现出一种单一的功能属性，说明这一空间受到权力的强化控制，造成各种社会关系趋于组织化，社会活动被高度规范化和整合化，因此该空间中的各种社会活动在功能上就趋于单一，反之则呈现出多元化特征。

权力空间可以使用社会结构的分析方法加以认识。

社会结构即指实际存在的社会关系的网络，也就是特定时刻所有个体的社会关系的总和。社会网络分析是一种“结构分析”[120]，也是一种关于社会结构的认识方法[121]，它的精髓在于把复杂多样的社会关系形态表征为一定的网络构型，然后基于这些构型及其变动阐述社会结构。

用以描述社会网络构型的典型模式有很多，本书简要介绍“弱关系—强关系模式”“中心性模式”“小圈子模式”“闭合—开放网络结构模式”四种。

弱关系—强关系模式：其开创者格兰诺维特根据“互动时间”“情感强度”“密切程度”和“互惠行动”几个方面的指标来区别关系的强度。[122-123]强关系联接的是较为相似的人群，他们彼此之间来往密切，信息交流比较充分，信息重复度大，适于在彼此之间传递情感、信任和影响力。在需要承担风险、面临危机时，强关系显然是可以依赖的力量。在史前社会的复杂化进程中，我们观察到的社会整合，其实就是血缘家庭之间、聚落之间、聚落群之间基于各种原因而最终建立强关系的过程。而弱关系联接的是异质人群，他们彼此之间的信息沟通并不充分，情感关联、信任程度、相互影响力都比较弱。但彼此之间可以相互交换对彼此而言都较为新鲜的信息，从而建立某种超然的关系。我们在史前聚落考古中发现的高等级稀缺物品的远距离交换和传播，其实就是这种关系的体现。

中心性模式：它是根据网络环境的特性来描述行动者在网络中的地位[124]。由于社会结构中的位置分布会导致行动者之间在权力上存在不平等性[125]，所以行动者之间的权力分化与行动者所占据的不同网络位置有很大关系。某些有价值和稀缺性的资源是通过网络途径传递信息、借用资源甚至转移权力的。因此，占据有利位置的行动者可以通过控制甚至阻断资源的流程来获取对其他行动者的支配性权力[126]。在良渚古国及周边不同类型的考古学文化的比较研究中，学术界发现，太湖流域是生产并控制玉器流通的区域性中心，因此其获得了对周边地区玉器流通领域的支配性权力，龙山文化的蛋壳陶也具有此种功能。关于中心性的量度指标，即广泛度、密切度和中介度。其中，广泛度是关于活跃性的量度；密切度则关系到获取信息的快捷程度；中介度是用以判断权力分配的指标，即行动者能在多大程度上通过控制信息的内容及流程而实现对他人思想和行为的控制[127]。毫无疑问，一般情况下，社会网络中的主体所处空间位置的中心性能够为其带来权力和影响力。在社会组织中，权力中心即决策中心，它必然是由最有权威和影响力的成员或群体构成，这个权力中心通过自己的决策行为，客观上必然会增加其他社会成员的依赖性，从而为其带来更大而且更加持久的权力。

小圈子模式：这种模式用以研究网络中凝聚与分化的状况。内部高度团结的小圈子在社会整合上具有双重意义，它在个体的层次上是高度连接的，而在整体上却又高度断裂，相当多的个体之间既不存在直接关系也不存在间接关系。在史前聚落考古中可以看到的是，确实存在一个较为稳固的小圈子，但是这些小圈子并非个体之间的联合，而是由不同血缘关系的家族之间构成的相对独立的社会单元。这些社会单元又在整个聚落的层面上形成一个大的结构。这种现象的存在说明，不同血缘家庭之间存在空间上联合的必要性。

闭合—开放网络结构模式：该模式假定社会存在闭合和开放两种基本结构，其中闭合性社会结构有利于指示性规范的形成，使成员间相互建立信任、期望和义务感。这样的社会结构可以有效降低彼此之间的交易风险和交易成本。[128]闭合性结构在效应上与强关系对应，是影响、控制、信用、封闭性衍生的场所；开放性结构则与弱关系对应，有利于信息的畅通，促进不同族群之间的交流是社会整合的重要基础。

在聚落考古中分析社会结构，应通过可观察可量化的指标实现，以上四种社会计量学模式的功能即在于提供这样的一种方法。此种方法研究有一定自然边界的人群或虽然没有自然边界但却存在一定网络关联的集合体，用以分析所有成员及其关系的构型。此种研究假定被研究的社会网络具有较为稳定的内在结构，并力图揭示这些结构所具有的特征。但无论是社会计量学还是社会网络结构分析，其研究的对象是社会结构及结构中主体之间存在的特定社会关系，这种结构或者关系并不能直接被观察到，需要放在空间中予以考量。尤其是对建立在考古学基础之上的史前社会的认识和分析，必须以聚落空间分析为基础。这就是我们在分析史前社会结构及其属性的过程中，必须特别重视史前聚落空间分析的原因。

第二节　仰韶文化权力空间

一、仰韶文化及仰韶文化遗址

仰韶文化距今约7000—5000年。仰韶文化和此后在黄河流域兴起的二里头文化（夏文化）一脉相承。全国有统计的仰韶文化遗址共五千余处，分布范围东起豫东，西至甘肃、青海，北到河套内蒙古长城一线，南抵江汉，中心地区在豫西、晋南、陕东一带。西安半坡、临潼姜寨、宝鸡北首岭、濮阳西水坡等遗址均为仰韶文化。苏秉琦认为，仰韶文化是中国国家起源史和中华民族起源史这座大厦中的一根擎梁柱。可见其在中国国家起源及中华民族发展史上有多么重要的地位。

仰韶文化大致可分为早、中、晚三期。早期（公元前5000—前4000年）典型遗址有陕西省临潼零口遗存、河南省长葛石固遗址、河北省易县北福地遗址、河南省方城大张庄遗址、陕西省西安半坡遗址、陕西省渭南史家遗址、河南省安阳后岗遗址、河南省淅川下王岗遗址、内蒙古自治区凉城石虎山遗存等；中期（公元前4000—前3500年）典型遗址有河南省陕县庙底沟遗址（其类型分布范围在仰韶文化诸类型中最广泛）、河北省曲阳县钓鱼台遗址、河南省邓州八里岗遗址、内蒙古自治区凉城王墓山遗址；晚期（公元前3500—前2900年）典型遗址有山西省苗城西王村遗址、甘肃省武山石岭下遗址、河南省荥阳秦王寨遗址、河南安阳大司空村遗址、河南省镇平赵湾遗址、内蒙古自治区托克托海生不浪遗址。也有学者将仰韶文化存在的时期称为仰韶时代。仰韶时代以老官台文化转变成半坡文化及与其相当的时期为始点，终于鬶、鬲这类空三足器所从属的大汶口文化晚期庙底沟二期文化及良渚文化后期及与其相当的时期，年代约在公元前第五千纪前期后段至公元前第三千纪前期后段。[129]

仰韶文化时期的手工业生产已经非常发达，主要是制陶业和制石、制骨、制革、纺织、编织等。不少出土的彩陶器为艺术珍品，如水鸟啄鱼纹船形壶、人面纹彩陶盆、鱼蛙纹彩陶盆、鹳衔鱼纹彩陶缸等。在半坡等地的彩陶钵口沿黑宽带纹上，还发现有50多种刻划符号，可能具有原始文字的性质。在濮阳西水坡又发现用蚌壳摆塑的龙虎图案，是中国迄今所知最完整的原始时代龙虎形象。仰韶文化中，手工业生产在社会生活中已经独立，手工业从业人员在社会中已经与渔猎和农业人员存在身份地位上的差异。通过控制葬具及随葬品，手工业者的社会地位可能会进一步上升，并通过传播某种宗教文化尤其是墓葬文化，手工业为主的聚落可以通过控制手工业品的形式形成地区垄断。经济权力和宗教权力就在这一过程中得到体现。

由于仰韶文化内涵丰富，分布地域辽阔，在不同时期、不同地区文化差异很大，形成不同的文化类型。但总的来说，半坡文化时期，各种类型的聚落都普遍比较小，即便是规模较大的聚落也主要是2万~5万平方米的面积，到庙底沟文化时期，社会发展则明显有一个大的飞跃。聚落数量增加，规模也急剧变大，其中大型聚落的规模常常达到或超过百万平方米，如陕西高陵杨官寨遗址总面积超100万平方米，潼关南寨子遗址总面积150万平方米左右，咸阳尹家村遗址总面积130万平方米左右。相对来说，灵宝西坡遗址、陕县庙底沟遗址的面积倒并不突出，前者约40万平方米，后者约24万平方米。虽然仰韶文化早期就已经在聚落居住区外围出现环壕，比如半坡聚落遗址、姜寨聚落遗址等都是如此，但到庙底沟文化时期，聚落面积及周边环壕的规格、体量、宽度都大幅增加，反映出庙底沟时期这一地域内的社会经济水平有了极大提高，各聚落所代表的人类族群之间对土地、资源的争夺也日益激烈，促使聚落的防御性功能被迫增强。比如陕西高陵杨官寨遗址中的北区，就是目前所知庙底沟文化中唯一完整的环壕聚落遗址，它的环壕口宽8～13米、深3～4.6米、周长1945米，面积约24.5万平方米，环壕内出土了大量完整、精美的陶器，如镂空覆面陶盆、蜥蜴纹彩陶盆、尖底瓶、葫芦口瓶、陶钵、陶祖等。[130]另外，庙底沟文化时期的聚落内，也普遍出现了特大型房址，比如灵宝西坡遗址、陕西华县泉护遗址、陕西白水下河遗址、水北遗址等。这些房址动辄一二百平方米甚至数百平方米，与半坡、姜寨时期大型房址相比，显然有较大发展。而且需要特别指出的是，仰韶文化庙底沟时期的陕西高陵杨官寨遗址、下集遗址，均发现巨型陶祖，其他遗址中也发现有陶器上彩绘陶祖的现象。这说明这一时期男性崇拜意识已经产生。而且在对杨官寨遗址墓地中的骨骸所做基因比对中，发现该墓地中男性DNA较为单一，而女性DNA则具有极高的多样性，且男性与男性之间、男性与女性之间呈现出非常稳定的遗传关系，女性与女性之间的遗传关系则非常疏远。据此推测该墓地所对应聚落中的男性拥有非常稳定的社会地位，缺乏流动性，而女性则多从周边聚落迁移而入。这说明庙底沟时期的杨官寨已经在某种程度上进入了男权社会的发展阶段。[131]但这属于个别现象还是普遍现象，尚无法判断。

二、大房子与围绕中心广场的向心聚落结构

无论是半坡时期还是庙底沟时期，仰韶文化聚落遗址一般都由中心广场、环绕广场的房屋群、居住区外的环壕、窑场及围沟外围的公共墓地组成，具有较强的自洽性和封闭性。早期聚落表现得更加突出，比如半坡（Ⅰ期）、姜寨（Ⅰ期），北首岭（Ⅱ期）和大地湾（Ⅱ期）等。正式的公共墓地主要在环壕区之外（也有将聚落中的公共人物或其他特殊人物如巫师等埋葬在聚落中心广场的情况）。但到了庙底沟时期之后，此种聚落格局就已经逐渐出现瓦解的迹象，说明仰韶文化庙底沟时期的社会发生了很

大变化。下面我们选取几处典型聚落遗址，对聚落中的权力空间加以简要分析。

（一）西安半坡遗址

半坡遗址属仰韶文化类型，是黄河流域新石器时代中期的一种文化。陶器以红陶为主，上有彩绘的几何形图案或动物形花纹，又称为彩陶文化。1921 年首先在河南渑池县仰韶村发现，是黄河流域规模最大、保存最完整的原始社会母系氏族村落遗址。该遗址年代距今 6800—6300 年，是以氏族或部落为单位建立的没有贫富差别的原始社会定居村落。该聚落有人口 400～600，以当时的社会人口标准而言，已经颇具规模。墓葬区有墓坑 250 处，按血缘序列安葬，随葬品多为尖底瓶和陶罐，应是遗址制陶区自行生产的器物。墓葬所见情况是实行男女分葬，说明实行族外婚。

整个村落遗址的面积大约 5 万平方米，空间布局略呈椭圆形，分居住区、制陶作坊区和氏族公共墓葬区三个组成部分。北端为氏族墓地，南面为居住区，该区的东北边为制造陶器的窑场。居住区内的建筑有清晰的规划和布局。居住区的中心是一片很大的中心广场。所有房屋均在中心广场的周边，房屋布局是以一座面积约 160 平方米的大房子为中心。大房子与它前面的中心广场是整个居住区的核心。小型房屋分布在大房子四周，而且共同朝向中心广场。中心广场及大房子的核心地位，显示出它们是在当时条件下承担特殊功能的公共场所。中心广场可能是群体性活动中心，而大房间则被认为是氏族（或部落）首领的住室或公共议事场所。

在这个空间之中，中心广场是一个群体参与的空间，大房子则是观看这个空间的视角。参与活动的人群是被观看的对象。在群体中的表现，是氏族每一个成员所关心和看重的。因此这是一个超越在群体之上的权力并不突出的空间。权力来源于年龄的差异，是一种自然差异。权力的本质就是差异。大房子的位置在中心广场的边缘，但又在所有房间的中心位置。这种位置的差异已经表现出针对公共活动的监督（观看）的权力的存在。

（二）临潼姜寨遗址

距今约 6700—5500 年，与大地湾相当。[132] 据《姜寨——新石器时代遗址发掘报告》一书，姜寨遗址共包含五类不同时期的文化遗存，第一期和第二期相当于半坡早期，第三期相当于半坡中期，第四期相当于半坡晚期，第五期相当于龙山文化客省庄二期。[133]

姜寨一期的聚落轮廓已经呈现出椭圆形面貌并持续到遗址晚期。遗址东西最宽处近160米，南北最长处150米。居住区周围设有壕沟围护。墓葬区位于壕沟之外，与居住区相区隔。

姜寨遗址中明确判定的房屋遗址及通过零星灶坑判断的房屋数量（按1个灶坑代表1座房屋计算）总计应在300座以上。这些房屋并不是同时建筑、同时存在和使用的，而是历史形成的，彼此间存在复杂的迭压打破关系，要精确推定同时使用的房屋数目几乎是不可能的，所以只能根据房址和灶坑的相对位置和整体布局并参照地层关系等各种相关因素大致估算。[96]根据《姜寨——新石器时代遗址发掘报告》的判断，该遗址同时存在的房屋数量应当有100余座。房屋居址的平面形式以方形与圆形为主，面积在20平方米左右。

遗址中央是一片4000平方米的圆形空地，可称其为中心广场。该中心广场低于地表1.5米左右，直径约46米。在广场周边是居住区，房屋布局比较整齐，全部房屋都门向遗址中心。在这些房屋中，有5座大房屋，面积明显超过其他房屋。这5所大房屋几乎平均分布在广场边缘，使广场外的房屋依托这5个大房屋形成5个群组，每个群组之内又存在一两所中型大小的房址和一系列小型房址。这种空间布局应是以共产制经济为基础的集体生活所决定的，在建筑群的面貌上，明显体现出团结向心的氏族公社组织原则，是平等社会的产物。此种中心广场，在仰韶文化早期聚落中非常多见，比如北首岭遗址的中央广场。而且与北首岭中央广场一样，姜寨中央广场也被作为特殊人物的墓地使用，显示出中央广场（及位于广场中的墓地）是聚落居民的祭祀活动场所。

整个聚落的空间布局显然是经过规划形成的。这么大规模的一个聚落，容纳数百人居住，且服从一个统一的规划，表明当时存在着相当严密的社会组织。严文明认为，这应当是一个胞族公社。根据大、中、小三级房屋规格及相互关系，他推测说："若干小房子和一所中型房子可能住一个家族；几个家族聚集在一起并共同拥有一所大房子，组成为一个氏族公社；而整个村落则可能属于一个胞族公社。"[96]

姜寨遗址仰韶文化聚落中的空间布局及其性质说明，姜寨仰韶文化聚落的社会组织结构日趋扩大和复杂，出现了超越在氏族之上的公共社会结构和公共社会活动，有组织、有领导的社会活动得到了进一步加强。

（三）濮阳西水坡遗址

根据《河南濮阳西水坡遗址发掘简报》及《1988 年河南濮阳西水坡遗址发掘简报》的描述，西水坡遗址的面积较大，因遭到后期的严重破坏并未发掘到完整的聚落遗址，目前仅残存遗址的东半部。遗址包含仰韶、龙山、东周、汉代等几个时期的文化遗存。可见在西水坡，文化的发展有跨越数千年的连续性。根据地层学分析，西水坡遗址的仰韶文化遗存可以分为两个大的发展阶段，每段又可以分为早晚两期。第 4、第 5 层为仰韶文化第二发展阶段遗存，第 6、第 7 层为仰韶文化第一发展阶段遗存。

在仰韶文化第一发展阶段的晚期遗存中，发现编号 M45 墓葬及三处相关的祭祀遗迹，显示出一些重要信息。M45 墓主属正常死亡，成年男性，头向朝南。墓圹东、西、北三面各有一个小龛，分别有一具非正常死亡的未成年人，是殉葬的人牲。在仰韶文化墓葬中发现确切人殉，此为首次。关键是，墓主人的左右两侧用蚌壳精心摆塑的龙、虎图案更是前所未有。在墓主人脚下和北侧人牲之间有一个用蚌壳摆塑的勺头及用两根人胫骨摆放的勺柄，推测应是北斗星的象征。[134]该墓南侧 20 米左右发现一个浅地穴，存在一组龙、虎、鹿和蜘蛛（或鸟）构成的蚌图摆塑，放有一件精致的石斧。再向南 25 米，发现一组龙、虎蚌壳摆塑，其中龙的身上骑着一个蚌壳摆塑的人物图案。再向南 25 米，是一个去除了胫骨的未成年人遗骸，他的胫骨应是 M45 墓中用作北斗星斗柄的那两根胫骨。以上四处遗迹在一个平面上自南向北沿子午线一字排开。经碳 - 14 测定，它们的形成时间完全相同。[135]根据冯时的解释，四处遗迹应是一组以 M45 为核心的原始宗教遗存，其中 M45 号墓作为墓主葬身之所，再现了墓主人生前垄断天文的权力特点，而整组遗存则展现了墓主人是一位拥有观象授时能力的首领，其死后的灵魂将在四时、四象的护佑下去往天庭，这也就是为何在其墓中并未发现任何随葬品的原因。因此整组遗迹反映了大约距今 6500 年前观象授时行为的存在，以及权力与指挥农业生产之间的对应关系。[134,136]至于墓主人的具体身份，可能是酋邦的酋长，或者是部落首领、部落联盟首领，也有可能是巫觋。当然，在原始社会末期，由于政教不分，巫觋和酋长（或部落、部落联盟的首领）往往合二为一。

根据现有考古资料可以推断，濮阳西水坡仰韶文化遗址应为一个墓地遗址。该遗址的墓葬分为三个层次：墓地、墓区、墓群。其中墓地可分为南北两个墓区，每个墓区都有数量不等的墓群。北墓区至少存在三个墓群，南墓区至少存在四个墓群。崔宗亮判断，每一个墓群实际上都代表着一个社会组织单位——家族，而由墓群构成的墓区就应为比家族更高一级的社会组织——氏族。[137]按照这一理解，西水坡遗址仰韶文化聚落应是一个包含两个氏族的联合体。

但由于在该墓地遗址的附近并未发现聚落遗址，也未发现反映权力空间的其他遗迹，故无法进一步深入分析其权力空间的文化意义。但根据其墓地反映出来西水坡仰韶文化原始社会存在两个氏族的胞族联合体，可以推测存在一个类似于姜寨的聚落格局，也应存在一个类似于姜寨的权力空间。

（四）秦安大地湾遗址

该遗址大致可分为五期文化：前仰韶文化、仰韶文化早、中、晚期和常山下层文化。据碳－14年代测定，该遗址存在的时代约从7800年前一直延续到4800年前，前后共计跨越三千年左右。其中一期文化（即前仰韶文化）约存在于7800—7300年前，二期文化（即仰韶文化早期）约存在于6500—5900年前，三期文化（即仰韶文化中期）约存在于5900—5600年前，四期文化（即仰韶文化晚期）约存在于5500—4900年前，五期文化（即常山下层文化）约存在于4900—4800年前。[138]下面重点介绍一下该遗址的仰韶文化权力空间。

1. 仰韶文化早期

此期又分为三个历史发展阶段，情况分别如下：

（1）Ⅰ段保存较好。聚落面积当在20000平方米左右，但因出现断崖等历史性地质破坏及现代房屋和公路所压等情况，实际揭露面积9600平方米。根据已经揭露的情况来看，聚落呈圆形，其西北部是近1000平方米的广场（广场中有10座成人墓葬，当为公共墓地，为何有如此安排，可进一步探讨）。以广场为中心呈扇形分布半地穴式房址37座，其中有35座的门向朝着中心广场。这些房屋中，有大型房址2座、中型房址9座，其余均为小型房址。三类房址在面积大小和建筑结构上均有差异，而且出土遗物也有数量和精美程度的区别。挖掘者认为这反映了房屋在使用功能上的不同。与中小型房址不同建筑方式的大型房址F246、F229均有20余个墙柱，属于高大的有墙房屋，显示着至高无上的地位，其面积如不计门道，分别为69.6平方米和58.9平方米。两座大房址并不同时存在，而是存在上下叠压关系并基本重合，显系旧址重修关系。大房址位于聚落西北部，门向中心广场及墓地。其他中小型房址也均以广场为中心，由内向外扩展成多层圆圈。这和西安半坡聚落遗址情况类似。

（2）Ⅱ段的聚落向西南扩展2000平方米。此段中心广场略向南移，房址数量增加一倍，达到73座。有1座大型房址、17座中型房址和35座小型房址。大型房址F245面积为66.36平方米，仍是同时期规格最高的建筑。该大房址的四周墙柱是规整的长方形柱洞，使用的可能是精心加工的方木。挖掘者判定此现象仅此一例。但此段房址布局及门向有明显变化，部分中、小型房址门向不再朝聚落中心，东南部出现了以F385为中心的门向东北的一组房屋，西南部出现了门向西北的一组房屋。这说明，聚落早期的向心式格局发生改变，可能是社会组织结构发生变化的结果。

（3）Ⅲ段的聚落在台地西北部、东南部继续向外扩展出近千平方米。此段发现房址46座，有大型房址2座、中型房址8座、小型房址9座。大型房址F207、F709面积均为60余平方米，分别位于西北部和西南部。其周围的中、小型房址门向均朝着这两座大型房址。另外，部分房址的门向显示出，在聚落的北部、东北部、东南部应当还存在其他中心的迹象。这说明，整个聚落已经形成了多个中心。但中心广场整体上依然是各中心所共同围向的公共活动场所。

2. 仰韶文化中期

该期整体面积可达4万平方米，因发掘面积有限，再加上本期遗存保存欠佳，聚落布局不甚明了，只发现19座房址，保存较好的9座房址也可分大中小三类。大型房址F330面积达68平方米，中小型房址同样具有不同的社会功能。从现存房址的门向观察，聚落内存在多个处于相同地位的中心。这明显是第二期第三段多中心格局的延续。

3. 仰韶文化晚期

此期的大地湾聚落主体部分的面积扩大到50万平方米。也就是说，在几百年间，其规模暴增10多倍，达到了大地湾遗址史前聚落的鼎盛阶段。此期的大地湾出现了超大型房址，如F400、F405、F901房址，面积均超过200平方米。这三座大型建筑都在聚落中轴线上，而且并非同时并存，是分属第四期文化的不同时段，且每个时期只有一座，均位于南北中轴线上，并明显处于整个聚落的核心地位。其中尤以 F901 最为宏伟壮观，它占地 420 平方米，有主室、东西侧室、后室和门前附属建筑，是一座多间复合式建筑。另外，根据房屋规模及朝向可以判断出，在聚落中轴线两侧至少还有 6 个氏族居住。这些氏族较均匀分布于整个聚落，以大型会堂式建筑为中心，形成众星捧月的独特格局。在第四期发现的 56 座房址中，除前述 3 座大型房址外，还有面积为 40 平方米以上的中型房址 8 座，应是家族长或氏族首领住宅，小型房址数量最多，有 45 座。

现就 F901 大房子为例予以重点说明。该房址经鉴定应距今 5000 年左右。仅其主室就面阔 16 米，进深 8 米，规模令人震撼。据发掘者论断，F901 工程浩繁，需耗费大量劳力、长时间修建才能完成，这么大的工程量，在当时的生产力水平下，即使是由一个氏族来修建也是不可思议的。该房屋的复杂建筑结构显示出它不是生活用房。在它周围近千平方米范围内也未见同期房址，说明其周围是利于公共活动的空旷场地。房内出土的陶器主要是大型器，四足鼎、条形盘、带环形把手的异形器，这些器物器型特异，应有特殊功用，发掘者认为或许是某种场合下专用的一组陶礼器。因此，“它应是部落或部落联盟的公共活动场所，主要用于集会、祭祀或举行某种仪式，换言之，它是五营河沿岸仰韶晚期原始部落的公共活动中心——一座宏伟而庄严的部落会堂”[139]。类似的大型房址也见于甘肃其他地区发现的仰韶晚期文化聚落遗存。

总体而言，大地湾聚落遗址第二期Ⅰ段的社会结构应为若干个大家族共同组成一个氏族，也可称为“氏族—家族”两级社会。第二期Ⅱ、Ⅲ段聚落由一个中心变成几个中心，或许是每个家族成为新的中心，或许是氏族内部进一步分化为若干小的氏族。此时的中型、小型房址大量增多，如Ⅱ段小型房址比Ⅰ段要多一倍以上，中型房址几乎翻番。第四期的聚落内可分成至少 6 个相对独立的生活区，如果每个区生活着一个氏族的话，整个聚落则成为一个部落。第四期的基本生活单位可能已经由父系家庭取代了原来的母系家族，社会组织相应地转变为“部落—氏族—家族—家庭”四级。[138]

根据以上情况可知，秦安大地湾遗址所反映的当地仰韶文化社会，在近 3000 年左右的发展历程中，人口不断增加，规模不断扩大，社会复杂化程度不断提高。早期聚落以中心广场为核心，房址围绕中心广场向心分布。随后该聚落中出现了多中心的格局，而且新出现的各组房屋群的门向已不再朝向中心广场，说明中心广场在整个聚落中的核心社会功能在逐渐衰落，而各组房屋群中的大房屋在其所代表的社会群体中的社会功能在逐渐增强。至仰韶文化晚期，该聚落已经进入高度复杂化的发展阶段，不仅人口规模庞大，而且社会组织结构复杂，属于高度分化的社会。整个聚落不再以室外公共活动空间为核心，而是以一座高等级大型礼仪性建筑（F901大房子）为核心，在该殿堂式大型建筑周围是空旷的广场，该殿堂式大型建筑正位于广场中心。这种布局说明，这样的社会，其权力运作空间已经从可以被公共观看、公共参与的中心广场，转移到仅供部分人参与的象征权力的封闭空间——礼仪性建筑的室内，这说明普通群众已经被排除在权力的运作空间之外。权力被遮蔽在大型殿堂式建筑之内，不再向静候在周边广场上的公众开放。

（五）灵宝西坡遗址

西坡遗址坐落在河南省灵宝市阳平镇西坡村，是灵宝70余处聚落构成的大型聚落群中的一处核心聚落，属于仰韶庙底沟文化核心地带，聚落遗址面积仅次于同在阳平镇的北阳平遗址。

该聚落遗址的核心区中部，有一个约4000多平方米的中心广场，广场四角各有一座平面呈弧角长方形或略成正方形的半地下式大型房址。[140]下面简要介绍这些房址的基本情况。

F3、F102、F104三座房址是2001年春第二次发掘中清理出来的。后两座规模较大。其中F102房基占地面积约98平方米，坐西北朝东南，室内发现有四个柱洞，较大，对称分布，四周墙基发现柱洞52个，室内出土有灰陶甑、彩陶盆、灰陶盆等可复原器物。F104房基占地面积约106平方米，坐东北朝西南，室内发现6个柱洞，其中有四个较大柱洞，呈对称分布，墙壁四周发现柱洞48个，室内出土遗物甚少。[141]F105房址是2001年秋季至2002年1月的第三次发掘中清理出来的，确定是一座庙底沟早期特大型房址，也是整个仰韶时期最大的房址。该房址整体建筑方法复杂，总占地面积高达516平方米，中心是面积204平方米的核心居住址，周边建有回廊，东侧有一道斜坡式门道，门道朝向东南，指向中心广场。[142]F106房址是2004年4—7月第四次发掘中发现并清理的仰韶文化中期的又一座特大型房址。该房址略呈正方形，门道朝向东北，指向中心广场，地面及墙壁均涂朱。该房址虽然没有回廊，但室内居住面积竟然高达 240 平方米，考虑到当时的小型居址多在 10 平米左右，F106 确实可以称得上是仰韶文化时期一座宏伟的殿堂式建筑。[143] F107、F108 两座大型房址是在 2011 年 9—12 月清理出来的。其中，F107 是在 F108 的基址上改建而成，将 F108 完全叠压。其中，F107 的总面积约 169 平方米，门道向南，背离中心广场，但显然更加有利于采光和通风保暖。该房址的半地穴墙体保存状况不佳，根据现有遗迹判断，东西墙内应各有 13 根立柱，门道东西两侧的南墙内也各有 13 根立柱，北墙内应有 18 根立柱。根据室内中部残存的柱础石可以推测出，房址中心部位原来应有四个对称分布的立柱。F108 情况与 F107 大致相同，明显区别在于，其门道指向西北，也就是朝向中心广场。

以上这些房址，发掘者基本都认为不是普通生活居住用房，而是具有原始殿堂性质的公共活动场所。[144] 社会发展到需要通过殿堂式室内公共空间承载特殊的社会活动时，说明已经出现了某种特殊的公共权力。这种公共权力可能是基于宗教建立起来的，也可能是基于公共事务的处理而建立起来的。但无论如何，这些殿堂式建筑的室内空间所承载的公共权力，与那些被房屋环绕的露天活动场所（中心广场）所承载的公共权力，有着本质差异。

令人困惑的是，前述各大型房址的周边并未发现成组的小型房址，而且整个聚落中发现的居址数量也极为有限，由居址所判定的聚落承载人口量显然与其作为大型中心聚落的体量不相吻合。其原因难以判断，发掘者猜测可能普通居民是住在面积很小的半地穴式窝棚里，因此在考古钻探中难以与灰坑相区别。[140]

另外需要注意的是，这些大型房址也显示出一种社会的历史变迁。F106、F105、F108 属早期房址，它们的门道均朝向中心广场，突出了中心广场作为公共活动空间的重要性，并存在一种向心凝聚的公共秩序。而 F3、F102 以及 F104、F107 则属后期房址，它们的门道发生了重大变化，均不再指向中心广场，而是各自采取了背北朝南的防风保暖策略，显示出中心广场不再是当时社会的核心活动空间，它所代表的公共生活及原有的向心式公共秩序已经衰落或消失。另外，这些后期的大型房址，其面积明显缩小，以 F104 为例，其面积仅约 106 平方米，只有早期房址 F105 的五分之一。而且诸如 F105、F106 曾经达到的规模，在西坡遗址中再未出现过。可见西坡遗址所代表的仰韶文化社会曾经发生过极为显著的变化。

至于西坡聚落中的环壕及环壕外的公共墓地、陶窑等的分布情况，则与仰韶文化其他聚落中的情况一致。该遗址中存在高等级大型墓葬的情况虽有所不同，但由于本书在讨论王权的形成及相关证据时已经有所论及，故此处不再赘述。

通过对上述仰韶文化四个典型聚落的空间布局分析，我们可以知道，仰韶文化聚落总体上是由若干存在婚姻关系的血缘群体组成的原始村落，其布局以中心广场为核心，居址以血缘关系的不同而成组分布在广场周边，房屋的门道基本都朝向广场，显示出向心式整体结构。居址之外普遍存在防护性壕沟。陶窑和公共墓地一般位于环壕之外。在这样的聚落中，露天中央广场和大房子明显是作为公共活动场所使用的，在聚落中具有非常突出的核心地位，但两者在发挥公共活动空间的功能上又有所不同，并因此形成两个不同的权力空间。到仰韶文化中后期时，传统的聚落空间布局发生了微妙变化，有些大型聚落或中心聚落的房址及门道出现不再围绕中心广场向心分布的现象，中心广场的原有社会功能似乎已经由殿堂式建筑的室内空间所承载，这意味着中心广场及其所代表的公共权力文化的逐渐式微，说明社会正向等级分化的高级阶段迈进。

第三节　红山文化权力空间

一、红山文化的基本情况

红山文化发源于内蒙古中南部至东北西部一带，主要分布在北起内蒙古昭乌达盟的乌尔吉木伦河流域，南到辽宁朝阳、凌源、河北北部，东至哲里木盟、锦州地区的广大区域。[47]其存续时间大体处于公元前4714—前3000年范围之内，主要物质遗存距今约5500年左右。[145]也就是说，在绝对年代上，它大致处于仰韶文化中期，或大汶口文化早、中期。与龙山文化、良渚文化相比，即便是红山文化末期，也要早于龙山文化早期1000年左右，早于良渚文化早期500年左右。

《牛河梁——红山文化遗址发掘报告（1983—2003年度）》将牛河梁

遗址诸地点分为三期。第一期为下层遗存；第二期为下层积石冢阶段；第三期为上层积石冢阶段。[100]张星德根据文化层位关系分析及陶器类型学分析，认为红山文化早期阶段主要在老哈河流域发展，受到来自后冈一期文化的影响；中期阶段开始向大小凌河流域发展，并与庙底沟文化碰撞，受庙底沟文化的影响；晚期阶段则不仅在老哈河流域继续维持原有文化势力，在大小凌河流域的遗址也明显增多，并出现了包括东山嘴遗址、牛河梁遗址在内的新的红山文化中心区域。[146]红山文化1500年的发展历程，就是它与周边文化不断碰撞和交流的过程，也是它不断吸收周边文化并快速发展的过程。

红山文化最具代表性、最为世人所知的特征主要包括以下四点：存在远离居住址的大型“庙、坛、冢”宗教圣地；使用人造偶像（陶塑人像、泥塑人像、石雕人像）的祖神崇拜；使用玉猪龙、玉龙、玉凤、勾云形玉器等高等级精美玉器敛葬的宗教文化；宗教场所大量使用无底筒形陶器。这四个主要特征都与宗教有关。因此，红山文化拥有非常突出的宗教色彩，在某种程度上可以视为一个神权社会。

红山文化浓厚的宗教色彩及大规模宗教圣地的存在，被诸多学者视为文明起源的一个特殊案例。比如郭大顺就认为，中国的文明起源是由巫至礼再到出现文明，即原始巫术活动与礼的起源息息相关，而礼的出现又与中国文明起源息息相关，即“通神即为礼”。[147]苏秉琦在1986年的一篇论文中提出：“喀左东山嘴，相当红山文化后期的祭坛遗址、牛河梁的‘女神庙’遗址以及附近多处积石冢等，说明了我国早在五千年前，已经产生了植基于公社，又凌驾于公社之上的高一级的社会组织形式。”[148]在《中国文明起源新探》一书中更是明确论断红山文化已经进入古国阶段。[149]部分学者紧随其后，赞成红山文化已经进入文明阶段。[150]但部分学者认为不宜过高估计红山文化的历史发展阶段，比如陈星灿就明确指出：“尽管红山文化出土了大型的祭祀遗址，但它既不具备文明时代的主要特征，又不能提供给我们阶级分化的实物证据，因此还没有进入文明时代。”[47]安志敏也认为学术界对红山文化的考古发掘及细致研究都还非常不足，在脱离考古学实证检验的情况下，不宜将红山文化提高到“文明曙光”的高度。[151]他甚至认为，出自牛河梁遗址积石冢群的玉器是否属于红山文化遗物尚不能确定，并进一步提出“红山文化仍处在氏族制度的原始阶段”[152]。李民的观点类似，他将红山文化视作“东北先民的一种部落集团的文化遗存”，认为其社会性质属于“部落联盟”。[153]

本书认为，考虑到文明起源的多样性，既不能过分高估红山文化的历史发展阶段，也不能过分低估其所包含的文明要素。苏秉琦在20世纪80年代对红山文化后期社会性质做出的“已经产生了植基于公社、又凌驾于公社之上的高一级的社会组织形式”的论断是较为客观的，但是，红山文化是否已经进入了古国阶段则值得进一步讨论。因为判断文明是否出现必须考虑社会经济的发展水平、私有化进程以及社会分化程度和是否出现凌驾于社会之上的强制力（暴力）等因素，并结合一些通用的标志性因素如文字、金属、城市的有无等，以及考虑到不同自然环境下文明发生的相似性及特殊性等问题，做出综合判断。以现有考古资料而言，红山文化的客观物质遗存似乎并不支持其已进入文明社会的判断。即便是对红山文化聚落群关系的判断，也因资料的残缺不全而难以给出坚实的结论。在现阶段，似不应贸然断定红山文化已经进入文明阶段。但红山文化也绝非与文明无缘。正如严文明所说：“牛河梁是一处红山文化的宗教圣地和贵族坟山。这些贵族应该是已具有崇高社会地位，掌握相当政治权力和宗教权力的人物，离真正的国王大概也只有一步之遥了。”[154]考虑到远离普通聚落的区域性宗教中心的存在，以及宗教中心大型祖神崇拜的庙宇、祭坛及积石冢中以玉敛葬的高等级墓葬的存在，可知红山文化社会存在明显的神权特征。以宗教为核心的特权阶层及聚落间的等级差异，也反映出红山社会结构的进一步复杂化，即出现了统一的聚落群之上的权力，甚至出现了由把持着整个社会祭祀权进而把持了世俗权的那些特权人物所组成的统一权力。这种权力控制着较大区域内的数个聚落群，形成了能够调动整个区域内的大量人力、物力服务于公共宗教圣地建设的社会组织系统。至于此种社会组织系统是否是国家，并无十足证据予以支持。但以玉器生产为特征的高级手工业从石器生产中分化出来的社会分工和专业化生产的存在，以及区域内发现明显的聚落分化情况及超大规模的聚落遗址的出现，都暗示了晚期红山文化社会已经处于迈向文明门槛的最后阶段。

二、红山文化的历史土壤

红山文化不是突然凭空出现的。在考古学上，它的前身应是兴隆洼文化，并与同出于兴隆洼文化的赵宝沟文化存在复杂关系。学术界对赵宝沟文化是在全面承继兴隆洼文化的基础上发展起来的这一点，应该说已经取得共识，但红山文化与赵宝沟文化之间是否存在继承关系，则存在较大争议。一种看法认为，红山文化和赵宝沟文化均自兴隆洼文化发展而来，两者分布区域大致相同，红山文化区域位置偏北，赵宝沟文化区域位置偏南，但两者在广泛区域内呈现出相互交错的状态，关系较为密切。[155]与之相对的一种观点认为，赵宝沟文化的发展去向问题相当复杂，很多看法都缺乏足够的考古证据加以证实。现有材料并不能证明赵宝沟文化与红山文化之间存在并行发展阶段。[156]但赵宝沟文化的某些因素确实影响了后起的红山文化，这在两种文化遗存中可以看到。比如红山文化中夹砂筒形罐及“之字纹”的大量存在，以及聚落居住区与祭祀区的分离，尤其是远离居住区的大型祭祀中心的出现，显然都肇始于赵宝沟文化。因此可以说，红山文化在形成和发展的过程中，确实承继了赵宝沟文化的某些因素。

从地域范围而言，三种文化有大致相同的分布范围，即考古学所说以西辽河为中心的燕辽文化区，或苏秉琦所说的北方文化区。其中兴隆洼文化主要分布在西辽河、大凌河流域直至燕山南麓较广的地域范围之内。[157]赵宝沟文化范围东到教来河流域的奈曼旗附近，西跨滦河，北越西拉木伦河，南抵辽东湾，其中心区在燕山南北两侧的滦河流域、大凌河、教来河流域，[156]因内蒙古敖汉旗赵宝沟聚落遗址而得名。红山文化则发源于内蒙古中南部至东北西部一带，分布在北起内蒙古昭乌达盟的乌尔吉木伦河流域，南到辽宁朝阳、凌源、河北北部，东至哲里木盟、锦州地区的广大区域。[47]

从时间范围而言，兴隆洼文化大体处于公元前 6200—前 5000 年的范围之内[158]，赵宝沟文化大体处于公元前 5200—前 4470 年范围之内，[156]而红山文化大体处于公元前 4714—前 3000 年范围之内。[145]可见兴隆洼文化、赵宝沟文化、红山文化这三种所处地域基本相同的文化，存续时间也大致呈前后连贯的关系。

这就暗示了他们之间存在一种特殊的文化关联。但是由于赵宝沟文化遗址发掘不足、研究不足，造成学术界对其分布地域、年代、社会形态、文化来源及发展去向等重要问题都有不同看法，故本书对赵宝沟文化与红山文化的关系不作进一步判断。考虑到兴隆洼文化乃赵宝沟文化和红山文化的共同渊源，而赵宝沟文化又在时间上早于红山文化，红山文化也确实在某些方面明显受到赵宝沟文化的影响，所以本书在讨论红山文化聚落中的权力空间之前，先简要介绍一下兴隆洼文化、赵宝沟文化的相关情况。

（一）兴隆洼文化

兴隆洼文化聚落遗址的面积一般在数千平方米至数万平方米之间。即便同属兴隆洼文化的不同聚落之间，也还存在一定的文化差异。比如有的聚落有居室葬，有的则没有；有的有聚落外环壕，有的则没有。但总体而言，大多数兴隆洼文化聚落遗址都有环壕，最为典型的就是兴隆洼遗址、白音长汗遗址、查海遗址等。环壕是一种防御设施，在原始社会，人群之间武力攻击的方法及设备都极为有限，也较为粗陋，环壕已经能够起到很好的拱卫作用。在环壕护卫的聚落内部空间，通常分布着成排营建的半地穴式房址。而且在每排房址的中间部位常会出现一个面积较大的房址，而整个聚落的显要位置（比如聚落核心位置），也往往会有一个大型房址。此种情况在南台子遗址（兴隆洼文化中期），以及白音长汗遗址（兴隆洼文化晚期）、兴隆洼遗址、兴隆洼文化查海遗址、兴隆洼文化北城子遗址等均有体现，这些遗址中的每排房屋可能都代表着由同排核心家庭组成的一个大的亲属集团。尤其是兴隆洼遗址一期聚落的大型房址，更是具有代表性。该聚落的大型房屋并排有两座，位于聚落中心部位，面积各达 140 平方米左右。值得注意的是，兴隆洼遗址三期时，聚落布局的原有规划被打破，房址数量变多，空间布局更为密集，室内面积明显变小，排列也不再整齐。这说明人口的增加造成聚落内部居住空间紧张，或是聚落内居民关系结构发生改变。聚落遗址在空间结构上的变化，反映出社会结构的变化。但为何兴隆洼居民能够忍受人口密度的增加及生活居址面积的缩减还坚持固守在聚落之内，不向外发展或分化呢？这是一个值得研究的问题。北城子遗址发现的房址数量较多，共计 214 座，沿南北向自东向西共分 11 排，显示出聚落内存在统一的规划和管理。但是，每排房址数量不等的现象又在一定程度上违背了这种统一的规划和管理。其中最少的一排房址仅有 4 座，而最长的一排竟有 31 座，似乎显得非常随意。而实际上此种现象并非管理上的混乱，恰恰是一种划分族群的统一规划和管理的表现。此种情况在兴隆洼文化各遗址中表现得较为一致，体现了当时兴隆洼文化各个聚落均有以血缘关系划分人群及存在集中统一管理的社会属性。而兴隆洼文化查海聚落遗址的独特性在于，聚落中心部位有一个小广场，广场上有一条用碎石堆塑而成身长近 20 米的巨型“石龙”，石龙南侧发现有墓葬和祭祀区，还发现聚落中少数居室内存在居室墓葬的情况。

居室葬现象在兴隆洼文化中主要出现在兴隆洼遗址和查海遗址。居室葬就是将死者葬于屋内地面之下的埋葬方法。此种特殊埋葬方式在世界范围内较为多见，但在中国史前时期则主要见于辽西兴隆洼文化和青海齐家文化，其中尤以兴隆洼文化为多。兴隆洼文化遗址已清理出 180 余座房址，但其中仅有 30 余座居室葬。可见居室葬在兴隆洼文化中并非用于所有社会成员。李建民认为，兴隆洼文化的居室葬具有浓厚的宗教祭祀含义，那些被埋葬在居室内的死者应是聚落中被生者所崇拜和祭祀的对象。[159] 兴隆洼文化居室葬的墓主多为成年人（仅有两座儿童墓葬），葬式完全一致，随葬品未见兴隆洼文化常见的陶器及生产工具，反而随葬了大量玉器、蚌饰、石管、野猪牙饰等装饰品，反映出不同于一般死者墓葬方式的特点。居住面上则出土大量的鹿、猪等动物骨骼。这些现象说明居室葬的墓主人并非普通社会成员。编号 F180 的房址中 M118 墓室更是其中的高等级墓葬，墓主人为 50 岁左右的老年男性，仰身直肢，身边随葬有一公一母两头完整的野猪，头尾相接，仰身直肢，头向与墓主保持一致。这在某种程度上应是图腾崇拜的表现，大概是为了实现墓主死后与猪的灵魂合一并获重生。陈苇则进一步认为，兴隆洼文化时期的居室葬反映了当时存在祖神崇拜意识。[160] 由于仅有少量房址中发现有居室葬的现象，而且每座房址之内只有一个墓葬，说明存在居室葬现象的房屋及葬于其中的死者均具有一定的特殊性。这就暗示了用作居室葬的房屋可能兼具居住和祭祀的功能。

总之，在兴隆洼文化各遗址中，我们看到的权力空间主要包括：以血缘关系划分人群的排屋及代表身份与地位差异的大房址；位于聚落核心位置的大房址所展示的超越在整个聚落之上的权力空间；巨龙图腾摆塑所代表的礼仪性建筑及周边小广场和墓地、祭祀区所展示的室外公共活动空间；居室葬所形成的祖神崇拜及室内祭祀活动空间；聚落外围的环壕所展示的聚落空间内敛，以及与周边其他聚落居民之间存在的隔离（紧张）关系。

（二）赵宝沟文化

赵宝沟文化保留了较多的兴隆洼文化因素，比如聚落内的房屋成排排列，这是最为显著的特征。但赵宝沟文化未见有居室葬的情形，并有自身特征。以赵宝沟文化赵宝沟遗址为例，该遗址分两个区，第一区为居住区，第二区为祭祀区。居住区面积远大于祭祀区，两者相互独立、对应共存。

赵宝沟遗址居住区所有房址均为长方形半地穴式建筑。房屋在聚落中的布局经过统一规划、成排分布。房屋与房屋之间的结构层次极为分明。每排房址有一座较大的中心性房址，整个居住区内最大的房址位于该区中心，形成“普通房屋—单排中心房屋—聚落中心房屋”的空间结构。此种空间结构也意味着存在类似的社会结构，体现出一个分层的但同时又具有较强凝聚性的统一的社会组织的存在。据此，刘国祥认为，赵宝沟遗址应是一处中心性聚落，当时的赵宝沟社会应该已经进入了部落联盟阶段。[156] 本书赞成这一观点。中心房屋（无论是单排房址的中心房屋还是整个聚落的中心房屋）都应当对应特定人群，是特定人群的公共活动空间。单排中心房屋如 F6、F12，其面积分别为 68.5 平米和 50.8 平米，也许勉强容纳本排房屋的全体居民参加本社群的公共活动，聚落中心房屋 F9 面积虽然很大，高达 99.4 平方米左右，但也不可能容纳整个聚落的全体居民。这就意味着，在聚落中心房屋举办的公共活动，并非由全体居民共同参与。所谓整个聚落的公共活动，本质上是由各排房屋的社群代表所参加的活动。这就意味着出现了分层的公共活动。在各排房屋居民构成的基层社会之内有该基层社群自身的公共活动；在由各排房屋共同构成的整个聚落社会之内有属于该聚落整体的公共活动。如果公共活动在室内举行，考虑到两个层级的中心房屋的实际面积，推测基层社群的公共活动可能由基层社群全体成员共同参与，但整个聚落的公共活动则可能仅由各基层社群派出的代表参与。如果这一看法成立，可以推知在社会结构复杂化的情况下，公共空间向权力空间的转化过程中，分层的权力空间有对人群进行身份划分及身份识别的功能。越是靠近权力顶端，物理空间就越能体现出身份划分的功能。层级越多，社会结构越复杂，就越是显现出金字塔型格局。这样的格局是稳定的，也是掠夺性的。一层一层的掠夺被掩盖在复杂的空间层级的递增之中，空间的远离消减了直接的对立。

赵宝沟聚落遗址的祭祀区更是展现出与宗教有关的权力属性。该区的东南角是一个人工砌筑而成的石台，面积达 300 多平方米，这个石台就是聚落中专门用于祭祀的宗教场所。[161]该祭祀平台西侧100米远的地方紧密排列着6座房址。这6座房址的居住面上出土遗物的种类和数量非常丰富，与居住区的房屋形成显著差别。这6座房址与祭祀平台共同构成了一个有机整体，是第一区聚落成员共用的公共宗教活动空间。

赵宝沟文化分布范围内各遗址出土、采集的遗物反映出，虽然农业活动在赵宝沟文化中有所发展[162]，但狩猎经济似乎依然占据主导地位。狩猎文化的重要性反映在陶器制作上，就是赵宝沟文化中存在一种尊形器，其腹部刻绘的动物图样具有很强的宗教色彩。此种尊形器在赵宝沟遗址、小山遗址中均有出土，在南台地遗址也有采集。这些器物上的动物形象以鹿为主，有的集鹿、猪、鸟、蛇、鱼等于一体，纹饰极为繁缛和精致，并非对动物的简单写实。尊形器应是赵宝沟文化中的重器。[163]此种尊形器在赵宝沟文化南台地遗址中所见最多，数量达10余件，且均发现于F1房址中。说明F1房址在南台地遗址中具有极为重要的宗教地位。另外，该房址位居山梁顶最高处，其余40余座房址环绕山梁有规律地排列成七八排。在空间关系上，F1房址也具有明显的特殊性。这种特殊性与权力相关。在与权力相关的这种尊形器上，刻绘有复合性动物图案，对其内涵的解读，学术界有不同观点。有学者认为这些复合性图案是“飞鹿、猪龙和神鸟”，是“猪首龙”和“鹿首龙”。[164]也有学者认为是“神蟒吞食牺牲”，鹿、猪、鸟是人类奉献给蟒蛇的祭祀牺牲，反映出原始人对蟒蛇的畏惧和虔敬。[165]

本书认为，“蟒蛇吞食牺牲”的解读不符合原始宗教的发展历程，也与本地文化的历史延续不符。红山文化时期，内蒙、辽宁一带出土的玉猪龙，就是以蛇身为身、猪首为首的神化动物，是猪与蛇的图腾融合。赵宝沟文化遗址中出土的这种尊形器上的图案，其实也是拥有蛇身和鱼尾的神物，包括猪龙、鹿龙、鸟龙，而非猪、鹿、鸟被蛇所吞噬。赵宝沟陶尊上的刻绘，明显反映的是中国龙的起源。猪首、鹿首、鸟首、蛇身、鱼尾的神化融合。其中鹿首纹比较常见，躯干呈卷曲状如蛇形，后半段则如鱼尾或鸟尾，尤其是尾末呈三角形放射状纹。因此，这种被打磨的异常光滑并刻绘了神化图案的陶尊，是原始宗教活动的神器，是图腾文化发展到部落联盟阶段的产物，也是中国龙形象的最早起源。

三、典型聚落遗址的内部空间布局

红山文化聚落遗址数量很多，比较典型的包括赤峰市红山区魏家窝铺遗址（保存完整的大型环壕聚落遗址）、敖汉旗西台遗址（拥有两道环壕的封闭性聚落遗址）、西拉木伦河北部的巴林右旗那斯台遗址（规模宏大的高等级中心聚落遗址），它们是集中体现红山文化聚落内部结构及社会关系的典型聚落遗址。但在这些已发现的红山文化聚落遗址中，虽然存在有如那斯台超大型聚落遗址，甚至还出现了冶铜技术，但在聚落空间布局方面却并未显现出十分明确的权力体系。下面通过对几处典型的红山文化聚落遗址的内部空间布局予以简单分析来说明这个问题。

（一）赤峰市红山区魏家窝铺遗址

该遗址位于内蒙古自治区赤峰市红山区文钟镇魏家窝铺村东北约 2 公里处的丘陵台地上。它是目前发现的规模较大、保存最完整、发掘面积最大的红山文化聚落遗址。[166]根据内蒙古文物考古研究所 2008 年 9 月的全面勘探与测绘，该遗址的平面为略呈北偏东走向的长方形，有环壕 4 条，其中西段环壕略有曲折，其余三边环壕较平直，南北长约 315 米，东西宽约 295 米，壕沟周长约 1100 米。估算环壕内面积约为 9. 3 万平方米，壕内外区域面积合计为 10 万 ~ 15 万平方米，属大型或超大型的聚落遗址，很可能是附近遗址群的中心遗址。该遗址的环壕，可能并非用于对外防御。因为它们并未将整个聚落包围在一个相对封闭的空间之内，而且这些环壕的宽度过窄，深度过浅，不具备对人的防御功能。朱永刚认为，魏家窝铺遗址的环壕与兴隆洼时期的环壕非常相似，应属“界沟”，其功能在于围出一个完整的生活区域，并将某些特殊功能区排斥在这个区域之外，因此是环壕内居民在空间上控制、管理内部关系的手段，而非抵御外敌入侵的防御设施。[167]可见内部管理的重要性高于外部风险防控。该遗址共清理出房址 103 座，所有房址均为半地穴式，大部分房址呈方形或圆角方形，空间上成排分布。[168]成排分布的房址一般被认为是不同家族相互独立又共居一处的反映。

（二）敖汉旗西台遗址

该遗址地处大凌河上游牤牛河流域，位于敖汉旗王家营子乡阿福营子村西台居民点以西约 200 米的台地上。该遗址属红山文化中期，距今约

6500—6000年。该遗址的壕沟构成南北两个相互独立的环壕，均呈长方形。其中，北部环壕由三面壕沟组成，全长280米。南部环壕更大，平面近长方形，周长约600米。西台遗址的环壕代表了红山文化环壕的基本特征。该遗址环壕较为完整，基本封闭，将房址围于其内。这些环壕的功能“主要是防御，其次为界定古代人居住的范围”。[169]但根据环壕的宽度和深度，似乎它们并不具备实际的防御价值，因为宽度、深度都不够，大多数地段均可直接跳跃而过或撑杆跳跃而过。考虑到被环壕分隔为并排存在的两个相对封闭的区域之间还有一条环壕区隔的现象，可知环壕主要不是为了防御人类外敌，而是防御动物并在内部对社群进行区域区隔，否则，何必要在紧密相邻的两个区域之间也进行相互防御？朱永刚认为，南北两个环壕的关系反映的是不同血亲集团通过姻亲方式组成高一级社会组织的事实。[167]也就是说，环壕是对紧密依存的两个人类社群之间的区域区隔，可知聚落中存在至少两级的复杂管理体系，但在聚落布局及房址分布等方面却看不出明显的权力现象。

北部环壕区域内的红山文化F202房址，还出土了两幅铸造青铜饰件的完整模具陶合范，说明红山文化中期已经出现了青铜器的铸造技术。同样位于北部环壕区域内的F4房址内，则出土了一件完整的突出女性双乳部位的裸体陶塑，说明红山文化中有以生殖为特征的女神崇拜现象。

（三）巴林右旗那斯台遗址

该遗址位于内蒙古自治区巴林右旗巴彦汉乡那斯台村，坐落在查干木伦河西岸。遗址中间被宽约20米的乌兰沟隔断，分为东西两个部分，东部是台地，西部是斜坡地。遗址东西长1500米，南北宽1000米，总面积150万平方米左右，是西拉木伦河北岸的一处超大型史前聚落遗址。靠东北侧的斜坡上有七八处非常清晰的窑址；有的地段还发现有土垒和沟壕的痕迹。房址为圆形，或略呈方形和长方形。[170]根据张星德的红山文化器物比对研究，那斯台遗址经历了红山文化发展的早期、中期和晚期的全部过程。[146]那斯台遗址占地面积极大，采集、征集遗物中包含大量陶器、石器及一定数量的玉器，说明该遗址远远超过一般原始文化聚落遗址。尤其是数量较多的陶窑，显示整个聚落对陶器有较大需求，并可能存在专门化的陶器生产。但是该遗址中的整体空间布局及是否存在权力空间特征的情况均不详。

总体而言，在红山文化聚落遗址中，我们似乎并不能够清晰地看到存在明显的社会分化现象，也无法从聚落内部的空间布局看出存在明显的权力迹象。这与牛河梁、东山嘴存在令人震惊的红山文化大型区域性宗教祭祀中心的现象形成鲜明的反差。

四、区域性大型宗教祭祀中心的复杂布局

红山文化宗教遗址也有多处发现，比如牛河梁、东山嘴、半拉山、草帽山等宗教遗址。但喀左东山嘴遗址祭坛建筑群、凌源和建平两县交界处的牛河梁遗址庙、坛、冢建筑群则是集中展现红山文化宗教权力空间的典型遗址，以上两处遗址构成一个整体，是整个红山文化的宗教祭祀中心。

（一）彩绘无底筒形陶器的问题

在讨论红山文化典型宗教祭祀遗址之前，有必要先介绍一下红山文化中发现的一种特殊陶器——彩绘无底筒形陶器。

无底筒形陶器在红山文化遗址核心区内普遍存在，在包括辽宁阜新胡头沟遗址、辽宁喀左东山嘴遗址、辽宁凌源三官甸子城子山遗址、牛河梁第一地点及第二地点等十余处遗址中均有发现。此种无底筒形陶器做工精细，多数在筒壁绘有半面彩色图案。但因其无底，故非日常生活器物，所以在生活居址中并无发现，而仅见于祭坛、积石冢等宗教场所。而且普通墓葬中也未发现，所以并非一般意义上的随葬品。

学术界对此种无底筒形陶器的功能有诸多假说，如陶鼓说（陈星灿认为它是祭祀时举行仪式打击的陶鼓）[171]、祭器说（于锦绣认为个别彩陶筒形器腹下有小孔，可能是供死者灵魂出入的通道）[172]、陶琮说（郭大顺认为它与玉琮具有同样的形制与功能）[173]、器座说[174]等。

关于此种无底筒形陶器的生产和使用，很多问题无法回答。目前能够确定的是，此种无底筒形陶器仅与红山文化祭坛、积石冢、积石冢内的墓葬有关，与日常生活无关。尤其是牛河梁积石冢作为红山文化一种特殊形式的埋葬制度，冢内埋葬的死者应是不同等级的神职人员，因此早期排布在积石冢内墓葬周边及晚期排布在积石冢周边的此种无底筒形陶器，是与特定宗教活动有关的祭器，推测与玉琮有类似功能，也就是死者灵魂与天地相同的功能，而非陶鼓或器座。此种无底筒形陶器在早期用于墓葬周边而晚期用于积石冢周边的这种使用空间的位置变化，可能与特定的宗教观

念转变有关。张星德认为，这是特权人物垄断神权的结果，也就是史料所说从“家为巫史”转变为“绝地天通”的结果。[175]关于“家为巫史”“绝地天通”的历史内涵，本书将在后续章节专门予以讨论。张星德对这两个概念的历史内涵理解有误。无底筒形陶器原本就是巫觋阶层使用的专用祭器，从早期作为墓祭祭器到后期作为冢祭祭器的转变，并非从“家为巫史”到“绝地天通”的转变，而是玉器代替了无底筒形陶器的地位后，无底筒形陶器作为祭器的功能发生转移，从个体墓葬的私用祭器转变为积石冢冢墙及封土上的公共祭器，并从冢墙、封土延伸到祭坛等宗教建筑空间（如东山嘴方形祭坛的石墙、牛河梁第一地点女神庙各处、牛河梁第二地点四号冢三层圆台式祭坛的界墙及台阶、牛河梁第十三地点金字塔形巨型圆丘祭坛建筑等处）。

另外，红山文化无底筒形陶器多数绘有半面黑彩图纹，并在彩绘的半面与另半素面之间以竖线区隔。对此，有学者认为，该器彩绘的目的是凸显原始宗教的神秘色彩，但朝内摆放的一面因不会被人看到而无需施以绘彩。[176]这种观点被广为接受。但本书认为，宗教在史前文化中具有极为神圣的地位，在宗教器物的制作上绝不可能出现省略工序的思想。较为合理的解释是，这种半面彩绘半面光素的做法是基于特定的宗教目的而有意为之，可能是为了体现阴阳两界的区隔与关联，也就是说，红山文化可能已经出现了阴阳观念。

（二）东山嘴祭祀圣地的空间布局

辽宁省喀左县东山嘴红山文化晚期大型祭坛遗址是一处用大石块砌筑的成组建筑遗址，“是当时人们从事包括祭祀在内的社会活动的一个中心场所”[99]。该遗址位于喀喇沁左翼蒙古族自治县（简称喀左县）县城所在地大城子镇东南约 4 公里的大凌河西岸东山嘴村山梁台地上，已发掘部分长约 60 米、宽约 40 米。发掘报告显示，整个遗址由建筑基址构成，依布局可分为中心、两翼和前后两端，以中轴线呈中心两侧对称、南圆北方的形制。重要建筑基址及方位布局情况如下：

（1）遗址中轴线北端是一座大型方形基址，东西长 11.8 米，南北宽 9.5 米。四边均以石砌墙基。基址内空间明显可见堆放三处石堆，其中南侧中部石堆最大，由密排立置长条石组成，略呈东西直径约 2.5 米的椭圆形。该基址内发现遗物包括玉璜一件、石弹丸一件、骨料一件、双龙首玉璜一件以及红陶筒形器残片。基址中没有见到柱础、柱洞的痕迹，因此不是有顶的建筑，而是一个长方形祭坛，坛上可能还有三个不同形状的石砌祭台，承载不同的宗教功能。

（2）方形祭坛基址以南是一片空阔的广场。

（3）广场以南，距方形基址南墙约15米处，是一个正圆形石圈台址。该圆形台址直径2.5米，以石料铺砌而成，周围以近长方形石片镶边，台址外缘整齐。石圈内铺一层大小相近的卵石。台址东北侧地下埋有一具完整人骨，仰身直肢，胸、腹部置一黑色陶钵（已碎），无随葬品。台址周边还散落大量应为神像的人像残块（无头部），包括分属于多尊大型陶塑女神坐像残块和两件小型裸体女神立像残块。说明在祭台上曾经摆放着具有主从关系的一组神像。大神像约真人大小的二分之一，双手交叉于腹部中间，右手握左手腕部，盘膝正坐，右腿搭于左腿之上，腰部有衣带类装饰，足部裸露；小神像在头部缺损的情况下残高仅五六厘米，其典型特征是：腹部凸起，臀部肥大，有女阴标志。

（4）圆形石圈台址以南约4米，则有三个相连的圆形基址。其中两个尚有轮廓，近椭圆形，一个南北径长3.1米，东西径长3.8米；另一南北径长2.9米，东西径长4.1米。两个基址都为单层石块砌成，边缘以大块卵石砌出两圈，石圈内以较小石块铺成台面。石圈内并无墓葬，说明并非积石冢，而应属祭台类建筑基址，但具体形制及功能不详。

（5）整个遗址空间的东西两侧还有显属祭坛附属物的房屋基址以及石墙基址等遗迹。

需要强调的是，在整个遗址出土的主要遗物中，不仅有陶人像，还有陶器、玉器、兽骨。其中陶器器形非常丰富，但绝大多数是无底筒形陶器。此种陶器前面已经介绍过，属沟通天地的祭器。此器大多半面绘彩、半面光素，可能与特定的宗教内涵或空间摆放方式有关。伴随出土的陶器还有造型奇特的镂孔塔形器等，显然也不是日常生活用具。该遗址出土玉器数量不多，精美者包括玉璜、双龙首玉璜、鸮形绿松石饰等，应是图腾崇拜意识的反映。出土兽骨则主要是猪骨和鹿骨，以猪骨为主，可能是祭祀活动中祀神所用。

种种迹象表明，东山嘴红山文化建筑遗址所构成的空间，是专用于事神的祭祀圣地。张忠培等认为，东山嘴宗教建筑群的建筑形式、格局、规模显示当时宗教形态已相当复杂和完善，并且已经形成了初步体系。[177]田广林甚至认为，东山嘴祭坛是红山文化先民举行祀天、祭地和崇祖等公共祭祀活动的大型礼仪中心，是中国郊社之礼的起源。[178]这个公共性礼仪中心及在该礼仪中心举办的公共性宗教，究竟归属于一个什么样的社会，这个社会拥有一种什么样的社会组织结构，这是非常关键的。宗教的复杂化是社会复杂化在宗教上的反映。由于东山嘴及附近并无生活居住遗存，附近也缺乏同期生活遗址，故其作为宗教圣地应属一个更加复杂的社会所有，而其成体系的宗教，也显然不是一个氏族或部落所能承载。因此它至少应该是一个部落联盟的礼仪中心。

至于该礼仪中心所祀之神，依照圆形祭台周边散落的大小不等的神像残块所知，应是以区域内宗教—政治联合体各成员的祖神围绕整个集团中最强大的成员的祖神所形成的具有等级特征的群祖之神。最大的神像，则应是集团之长的祖神——祖神之长，也就是实质意义上的集团共祖。集团共祖往往是以拟制的血缘关系，成为整个集团的共同祖神，关于这一问题，本书后续章节将会专门讨论。

（三）牛河梁祭祀圣地的空间布局

牛河梁遗址的主要物质遗存是红山文化晚期一处规模宏大的祭祀遗址群。它距东山嘴红山文化祭坛遗址不足五十公里，位于凌源、建平两县交界处的牛河梁山梁之上。有学者认为，牛河梁积石冢的绝对年代应在大约距今5700—5100年之间，前后持续了五六百年。[179]

牛河梁地区的红山文化发现于1979年，1983年之后进入正式全面发掘阶段，至2008年第四次文物普查，该地区先后发现43处红山文化遗址，先后发掘8处，已揭露面积超过1万平方米。其中发掘积石冢20余座，清理红山文化墓葬91座，发掘了一批祭坛、祭祀坑、房屋、窖穴、灰沟、灰坑、石墙、石堆等遗迹，出土和采集各类遗物数百件，以玉器为主。标志性成果是距今大约5500年前的大型祭坛、女神庙、积石冢和“金字塔”式建筑。

多数学者把牛河梁遗址群视为一个时期的遗存，但也有不同意见。比如索秀芬和李少兵就认为牛河梁遗址红山文化遗存分为早晚两期[180]。赵宾福、白玉川通过对《牛河梁——红山文化遗址发掘报告（1983—2003年度）》的考古材料进行重新梳理和分析，以牛河梁遗址各地点的地层学为基础，对出土陶器的共存关系以及陶器形制的对比和分析，在索秀芬和李少兵意见的基础上，认为晚期又可细分为早晚两段。早期是红山文化先民的生产、生活场所，晚期则为红山文化先民的埋葬、祭祀场所。从居址到墓地的转变当发生在公元前4000—前3500年之间。[181]

总体而言，牛河梁地区的女神庙和积石冢群构成了一处远离聚落的大规模复合型宗教圣地。其中女神庙是大型宗教中心，而积石冢既是安葬死者的坟地，也是生者举行祭祀活动的宗教场所。[182]据发掘者推测，牛河梁诸遗址点的具体形成大约经历过如下过程：首先出现的是下层积石冢，然后修筑了女神庙等宗教建筑，然后再以女神庙为中心，在牛河梁广大区域内陆续形成上层积石冢，最终整个牛河梁地区成为繁荣的区域性宗教中心。[100]

除第一地点的“女神庙”及第十三地点的“金字塔形建筑”外，在牛河梁一带的红山文化遗址主要是积石冢。已经发掘的积石冢群共27处，相互之间联系十分紧密。在空间上呈“东北—西南”方向分布于大凌河西支河谷的两侧，总长度超过15公里，分布区面积约达100多平方公里。这些积石冢群主要分布在第二、第三、第五、第十六地点，规模大小有别，分布错落有致，布局清晰明确。其中第二地点明显属于最高等级，第五、第十六地点则是中间等级，第三地点则是最低等级。这说明，在牛河梁地区，红山文化晚期社会至少已经出现了三个等级的社会分化。而且在目前所知的红山文化分布区内，牛河梁处于红山文化晚期社会发展的最高峰，其遗址等级和社会复杂化程度应该都是最高的。

下面对牛河梁第一、第二、第三、第五、第十六地点所体现出来的权力空间属性做一简单介绍。

1. 牛河梁第一地点（女神庙建筑群）

该地点位于牛河梁主梁北山丘顶，处于这一带红山文化地点分布的中心。该地点发掘有“女神庙”及相关附属建筑遗址。[183]按照由北向南的顺序，对相关遗迹具体情况介绍如下：

（1）丘顶平台。该平台位于女神庙北侧18米，南北最长处175米，东西最宽处159米，边缘砌有石墙。该平台北外侧有一处东西长13米、南北宽5米的红烧土面，其上出土一大型泥塑人像的鼻部和耳部，相当于真人形同部位的三倍大小，意味着如果存在人像，应与真人三倍等身。这个大面积的平台显然是与女神庙等建筑为一体的整个祭祀活动场所的重要组成部分。该平台东墙外61米处，有一长方形坑，坑长7.2米，宽1.7米，坑内堆满具有宗教性质的无底筒形陶器残片。该平台南墙东段外34米处，有一长方形半地穴式建筑，东西残长1.74米，南北宽1.64米，穴内地面经六层细泥抹平，有火烧痕迹，比较坚硬，内无任何遗物。该建筑当属平台的附属宗教设施，具体功能不详。

（2）女神庙庙址。女神庙由一个多室和一个单室构成。多室基址南北方向总长18.4米，东西方向残存最宽处6.9米，是女神庙的主体建筑，包括一个主室和几个与之相连的前后室及侧室。主室为圆形，左右各一圆形侧室。北部为一长方形室，南部从平面看为二圆形室，并与一东西横置的长方形室相连。庙的主体部分为七室相连的布局。多室的南侧以南2.05米是一个单室。单室东西横长6米，南北最宽处宽2.65米。全庙规模宏大、结构复杂，但主次分明、结构对称。根据发掘者描述，庙中多室的主室西侧出土彩绘泥塑人像的头、肩、臂、手、乳房等残件和“猪龙”的头、蹄等动物塑像残件，彩绘墙壁内面残块、特大型彩陶器残片、镂孔豆形器盖、钵、锥刺纹塔形器残片等。其中女神像头部残块位于主室西侧壁下，头高22.5厘米、面宽16.5厘米，头顶和左耳残缺，鼻脱落，耳长圆，鼻梁低，眼窝浅，眼内嵌圆形玉片为睛，颧骨高耸，嘴大外咧，面涂红彩。经判断，是接近真人大小的彩塑女神像残存头部。猪龙发现于主室北侧，头顶及身体大部残碎缺失，仅遗头、耳、吻、前身、下肢等部分。其中口吻部为扁圆体，长11.5厘米，宽8厘米，高10厘米，口吻上有两个椭圆形鼻孔，孔径2.5~3厘米。有獠牙、门牙、蹄爪。庙中多室的北室位于主室的北隔壁，略呈长方形，与主室相通。北室中部出土泥塑大禽爪趾残块及红陶筒形残器。禽爪残块有二块，爪部弯曲并拢，爪尖锐利，分别长14.5厘米和13.5厘米，可知乃大型禽鸟塑像之残部。女神庙中人物及动物塑像均成碎块堆积的原因，是庙体建筑倒塌所致。庙中多室的东侧室位于主室东侧隔壁，紧接主室。两者之间有宽1.52米的过道，过道两侧壁上部残存有向上向内弧曲的痕迹。该室为规整的椭圆形，室中部堆积着塌陷的室顶残块。另外，该地点还出土豆形器盖（熏炉器盖）、彩陶镂孔大器残片、塔形器等精美陶器残片，当属专用祭器。

女神庙南12米处有一灰坑，坑中出土大量陶器、石器及兽骨。兽骨以羊骨为主，数量极大，都是大块四肢骨经敲砸而成的碎块，且有被火烧灼的痕迹，当是宗教活动的结果。灰坑遗物上覆盖0.7～1.3米不含任何遗物的黑淤土，显属有意填埋。

总之，女神庙中的崇拜对象是群神，而非单神。神像中，相当于真人三倍大小的人像残件在庙中室中部出土，相当真人二倍大小的人像残件在庙西侧室出土，相当真人等身大小的人像残件，在庙中室西部和南侧室均有出土。群神之间依照大小和位次形成主次分明的等级格局。因此，孙守道、郭大顺认为该庙是一个围绕主神、多室布局、众神并列的神殿址，除神像外，殿中还广列多种动物塑像为陪衬，并陈设各种造型考究的祭器。[98]

2. 牛河梁第二地点（祭坛、积石冢、冢内墓葬）

该地点位于牛河梁南段鞍脊部，北距牛河梁第一地点“女神庙”约1公里。发掘者认为该地点集中分布着“五冢一坛”，也就是积石冢和祭坛同时存在。其整体布局以圆形祭坛为中心，其他五座积石冢分别排列其东西两翼和北侧。这些积石冢的共同特点是以石垒墙、以石筑墓、以石封顶。该地点东西总长130.5米，南北宽45米，面积约5850平方米，揭露面积超过5000平方米，冢中合计发掘红山文化墓葬46座，是牛河梁地区全部27处积石冢地点中面积最大的一处。牛河梁地区的绝大多数玉器和陶器出自该地点。

（1）第二地点一号冢。该处发现的墓葬数量较多，墓主有男有女。冢中M25和M26为大墓，但无中心大墓。其余墓葬可视为围绕M25、M26两座大墓而自成系统的两个组群。全部墓葬分为上下两层，下层是挖于地表以下的墓葬，上层是地表以上用石板砌筑并封土的墓葬。下层是与长方形冢台同时并存的7座墓葬，在冢台北部外围较大范围和南部局部有原地埋放的陶筒形器。上层位于冢台东南侧，有18座墓葬，部分墓葬借用了冢台的南壁，有的还拆用了该冢原已筑好的南冢台和冢界的砌石作为墓室的石材。各墓葬中出土玉器共62件。这些玉器的种类较为丰富，包括镯、箍形器、勾云形器、环、玉璧（玉圆孔边刃器）、双联璧（双联圆孔边刃器）、面纹有齿佩、鸟兽形佩、兽面牌饰、双鸮佩、桃形饰、方形钺、珠、斜口管饰、亚腰形管、箍状管、棒形器、竹节状管、人首三孔器、玉猪龙（玉猪灵团云器）、龟以及绿松石坠等，均为表明巫觋身份的饰物及通神的法器。随葬玉器最少的墓葬为1件，最多的墓葬为20件。其中随葬1件的有3座，随葬3件的有5座，随葬4件的有3座，随葬5件、7件、20件的各1座。可知该冢中埋葬的死者在身份上存在等级差异。至于墓葬中死者的身份，考虑到整个一号冢冢内及墓葬内均不见随葬日用陶器及石器[184]，随葬遗物全部为事神的玉器，而冢外边墙则统一放置事神的无底筒形陶器，可知冢内所葬死者均为神职人员，即巫觋。也就是说，该冢显示出它是埋葬巫觋的专用墓地。该冢中M25墓葬的形制不同于以往牛河梁所发现的石棺墓。东、西、北三侧由底向上逐渐内收，墓穴南侧做成台阶，共挖凿有6级阶梯通向墓底，贴北壁的穴底砌筑宽大规整的石棺。石棺以大块石板铺底。墓圹南北长约3.5米，东西宽约3.15米，最深2.7米。石棺长1.96米，宽0.48米，高0.54~0.66米。墓主为一成年女性，随葬7件玉器。M26墓葬墓圹上口南北长3.95米，东西宽3.42米，北侧最深1.95米，南侧则挖凿5级台阶通向墓底。石棺位于圹穴北侧，棺长1.94米，宽0.45米，高0.45米，用规整的石板和石块平铺错缝垒砌而成，棺底铺石板。随葬双鸭玉佩、斜口管状玉饰、玉镯和玉饰共4件，位于墓主腹、胸及手腕部位，应属彰显身份的玉饰品。杨伯达认为，M25及M26两墓墓主生前地位较高，并在牛河梁红山文化巫教内拥有不同的分工及责权，冢中其他墓葬则分属这两座墓葬，从而形成两个地位相当的宗教集团，而整个积石冢就是这两个教团共建的结果。[185]

（2）第二地点二号冢。该冢主体呈方形，东西长17.5米，南北宽18.7米。冢中央是一座大型石椁墓（编号Z2M1）。墓平顶，似一石砌方台，单边长3.6米。四壁用较规则的石灰岩、花岗岩石块垒砌。墓中部为椁室，乃是2.21米长、0.55米宽、0.5米高的长方形。椁底距墓顶1.4米。椁室四壁用规整的石块、石板砌成，室顶以薄石板盖棺。从该墓的大小、规格及独占整座大冢的现象来看，其当属红山文化时期的最高等级大墓。但非常遗憾的是，由于此墓早已被盗，椁室内没有发现任何遗物。总体而言，二号冢中心大墓的墓主身份应该是牛河梁地区红山社会最高级权力的拥有者。

（3）第二地点三号冢。三号冢是一处坐落在垫土层上的三层坛体式土石混筑祭坛。冢中未发现墓葬。冯时将其称为“三环石坛”，并认为它是迄今所见史前时期最完整的盖天宇宙论图解，是红山文化史前人类祭天活动的祭祀遗迹。[186]

（4）第二地点四号冢。四号冢是该地点面积最大的积石冢，也是牛河梁地区乃至整个红山文化积石冢群中结构最为复杂的积石冢。从整体结构和层位关系上看，四号积石冢有一个较长的使用过程，最下层分4排，每排2~3座墓葬，每座墓葬的周围都埋放一圈密集的无底筒形陶器。中层有并列的两座较大圆形积石冢，周边界墙内也有数量较多的无底筒形陶器排列。最上层是叠压在圆形积石冢之上的方形积石冢，北界墙内发现了部分无底筒形陶器。该冢南半部有一片人工铺砌的碎石层，其间分布多座形制特殊的彩陶筒形器墓。这些墓葬叠压在四号冢方形和圆形主体积石建筑之下，应属该冢之中年代较早的墓葬。每座墓葬周围均密集排列一圈无底筒形陶器，与相邻墓葬的筒形器圈相交或相切，里外铺垫碎石形成一连续的整体。此种形制使各墓之间既具有独立性又彼此互相关联。该地点四号冢中各墓葬随葬品均以陶器为主，少见玉器和其他随葬品，这与其他地点各冢墓葬中只有玉器没有陶器的情况迥然相异。而且，该冢中作为祭器的无底筒形陶器，与其他地点的摆放位置也不同。其他地点主要摆放在积石冢或祭坛的整体砌石建筑边墙之上，作为冢的整体祭祀器物存在，但该冢内的无底筒形陶器则主要是摆放在单体墓穴周围，突出了对单体墓穴的作用。发掘者认为，“牛河梁红山文化的墓葬中，有着由筒形器墓向积石冢演变的过程，可能反映了红山文化的社会变革情况”。[187]该冢北部由先后建造的两组有相互叠压关系的石构建筑组成，其内未发现墓葬。田广林认为是两座东西并列分布、相互依存、共为一体、由外到内层层高起的三级圆坛式建筑，在外侧冢界墙与中间阶墙之间形成的阶面上，贴近外环界墙内侧立置一圈排列紧密的彩陶筒形器。在该三级圆坛建筑的南侧还延伸出一个向南拓展呈梯形、周边有石砌界墙、地表以碎石铺面的地面石构平台。[188]

（5）第二地点五号冢。该冢也未发现墓葬。田广林则认为五号冢也是祭坛，而且其垫土层下发现有两座祭祀坑，坑中有人骨架3具，应为祭祀中使用的人牲。[188]

结合四号冢范围之内的两座三级圆坛式建筑及其方形延展平台，以及三号冢、五号冢均为祭坛的情况，可判断出牛河梁第二地点是一处集墓葬及坛墠在内的拥有复杂祭祀功能的综合性宗教场所。这一场所，是本区域范围内不同地域及血缘关系的宗教神权实体共同举行集团性宗教活动的场所，也是这些不同地域及血缘关系的宗教神权实体的领袖的公共墓地。

3. 牛河梁第三地点（单体方形积石冢）

该地点位于牛河梁南侧东西走向的另一山梁上，与第二地点相距仅200米左右。该地点面积不大，南北长约29米，东西宽约26米，占地面积约为750平方米，揭露面积868平方米，为一座单体方形积石冢。冢内不分层，结构较为单纯，共发现有10座红山文化墓葬，但墓葬等级相对较低。

4. 牛河梁第五地点

该地点位于第二地点西南，与第三地点在同一条山梁上，东北直线距第一地点女神庙遗址约2公里，为一处略呈北陡南缓的圆丘，当地俗称“架子山”。该地点揭露面积2000多平方米。其文化堆积分为下、中、上三大层。下层为居住遗存，也是牛河梁地区目前发现的最早的红山文化遗存，以灰坑为主，出土了大量石器等遗物。中、上两层均为积石冢。中层发现2座相距30余米的积石冢，周边有一些祭祀坑。上层发现有3座积石冢，叠压在中层的2座积石冢之上。根据发掘者描述，[189]该地点上层三座积石冢因靠近地表，破坏严重，目前仅剩部分圆形基座，基座外缘地表散布着大量无底彩陶筒形陶器的碎片。一号冢坐落于圆丘顶部，该冢的中心部位表土之下有一座大型墓葬。其墓圹口呈长方形，长3.8米，宽3.1米，墓壁陡直，由墓口向下深0.95米处是二层台，台下0.55米处是一座被封石围绕的石棺，基口至墓底总深2.25米。石棺两侧以石板平砌而成，前后挡则由整块石板立砌。棺内壁长1.98米，宽0.55米。石棺顶盖用薄体大块石板叠搭而成。墓主为一成年男性，随葬高等级大型精美玉器7件，表明墓主身份极为显赫。随葬玉器中，两个玉璧左右并列位于脑后，一个鼓形箍位于胸部，一个大型勾云玉佩位于胸腹部，一个玉镯套于右手小臂，两个玉龟分别持于两手。除玉器外，并无其他随葬品。可见该地点一号冢中心大墓中的墓主拥有极高的宗教地位。但从积石冢上散布大量无底筒形陶器碎片可知，在积石冢上布列该器也是宗教礼仪的重要组成部分。

5. 牛河梁第十六地点

该地点为一座积石冢，位于牛河梁地区西部——辽宁省凌源市凌北镇三官甸子村下河汤沟村民组西北约1公里的山顶。该地点在1979年文物普查时曾进行了局部试掘，在冢中发现了红山文化墓葬3座，出土遗物有勾云形玉牌、双猪首三孔玉饰等玉器和彩陶筒形器。该地点发掘面积1700多平方米。遗址堆积分四个时期。第一期也就是最下层，发现灰坑和土坑墓等，出土遗物中有一定数量的筒形陶器；第二期、第三期均是积石冢，形成叠压关系，发现有筒形陶器残片；第四时期为夏家店下层文化遗存，无积石冢。

2002年，考古工作者在该积石冢中发现了编号为M4的中心大墓。据发掘者介绍，[103]该墓属特大型竖穴石圹石棺墓，保存较好。墓圹凿于厚达10厘米的人工烧土硬面的中心位置，向下打破烧土面和其下的山体基岩，呈长方形，长3.9米，宽3.1米。圹底平面为长方形，东西长2.68米，南北宽1.2~1.4米。圹口距地表0.54米，距圹底4.68米。墓圹南壁陡直，北壁凿成两级台阶。石棺的棺盖、四壁及棺底均用石板以极为规整考究的方法平铺叠砌而成。棺内内壁长1.9米，宽0.5~0.65米，高0.57~0.68米。整棺砌建于一层细沙之上。墓主为45~50岁的成年男性。随葬器物共8件，其中玉器6件，绿松石坠饰2件，数量多、形体大、质量精、规格高、种类齐全而独特。玉器包括玉鹄1件置于头顶，玉斜口筒形器1件置于前胸，玉人1件及玉环2件均置于腰腹部，玉镯1件佩戴于右手小臂。其中，玉斜口筒形器及玉人具有明确的宗教功能，是沟通天地神人的宗教工具和巫者身份的代表。该中心大墓直接开凿于山体最坚硬的花岗片麻岩的岩脉上，深近5米，规模庞大，营建难度极高，耗费大量人力物力。发掘者结合墓中随葬玉器情况分析，认为墓主人生前地位尊崇，显示出其在当地社会权力阶层中居于独占性至尊地位，应是目前已知红山文化晚期级别最高的宗教领袖，甚至可能具有王者身份或复杂酋邦的盟主地位。[103]

6. 牛河梁第十三地点

该地点位于牛河梁遗址西南部，是一个被当地人称为“转山子”的山岗。该地点是一座酷似金字塔的巨型人工建筑，直径100米左右，总面积达10000平方米，是牛河梁遗址群中规模最大的单体土石建筑遗址。中央部分为直径40米的土丘，目前残高7米左右。土丘顶部夯土台的周边是一圈3~4层石块砌筑而成的石阶，内圈直径40米，外圈直径60米。土丘外以积石覆盖并砌石墙。[100]该建筑究竟是陵墓、祭坛还是冶炼址，发掘报告尚未确定。出土遗物主要是陶器残片，包括筒形陶器残片、彩陶塔形器残片、彩陶双小口器残片等，陶器残片上的彩绘与女神庙出土陶器相同。丘顶没有发现墓葬，说明它不是一座大型积石冢。由于该地点在夯土台的上层夯土和石坡堆石块之间发现有与第五地点上层中间祭坛上埋葬形式相同的人骨，且无任何葬具和随葬品，故索秀芬认为，该地点是一座与第五地点上层中间祭坛性质相同的大型祭坛建筑。[180]

（四）红山文化宗教祭祀中心的功能及地位

通过考古资料推知，红山文化初期的社会形态应是母系氏族社会，主要是以女性血缘群体为纽带的部落集团，晚期逐渐向父系氏族过渡。其经济形态以农业为主兼渔猎及牧业。手工业已经从农业中分化出来，并达到很高阶段。尤其在陶器和玉器制作方面较为突出。其中大批陶器具有成批加工的特点，说明制陶业已经形成专门化产业。制玉工艺在当时更是无出其右。

牛河梁诸地点红山文化遗址构成了一个功能复杂的大型区域性宗教中心。其核心功能有两个，其一是以女神庙、祭坛为权力空间举办区域性公共宗教活动（包括祭祀祖神和沟通天地），其二是作为牛河梁宗教政治集团内部的神权政治实体的领袖的公共墓地（包含在墓地祭坛举办各类小型祭祀活动）。

特殊的丧葬礼仪和玉器的使用是红山文化的一大特点。从考古发掘来看，积石冢是规划墓地，越是靠近女神庙的积石冢，其规格越高。在同一冢内，越是处于积石冢中心的墓葬，其规格越高。也发现同一冢内存在不同群团的现象。此种情况下，不同的群团均以一座大型墓葬统领数座或十数座较低等级的墓葬。虽然大墓附近的墓葬有的也葬有玉器，但数量和规格明显低于中心大墓。个别墓葬没有随葬品。这说明，至少埋葬在牛河梁宗教圣地积石冢中的红山文化先民中，已经存在社会等级结构及贫富分化。由于积石冢的数量是有限的，冢内空间能够容纳的墓葬也是有限的，在前后相继数千年时间内，并非所有此地先民均被葬入了此地的积石冢。因为积石冢的数量及能够葬入积石冢的墓主的数量是有限的，不足以支撑如此庞大的宗教体系。也就是说，这里是一处埋葬特定身份人群的专门墓地。墓葬等级的差异一方面可能是共时性差异的结果，另一方面也有可能是历时性差异的结果。另外，牛河梁下层积石冢中存在的无底筒形陶器主要用以墓祭，上层积石冢中存在的无底筒形陶器则用以冢祭和坛祭，也就是摆放在冢墙及祭坛台阶之上。此种无底筒形陶器，其功能与后起的玉琮类似，应是沟通天地的神器，也就是陶琮。陶琮使用方式发生的此种历史性变化，反映出红山文化墓葬中出现了一种向集团祭祀的转变。墓祭的传统在这种转变中被以玉器的个体随葬所代替。

辽宁省文物考古研究所与中国人民大学历史学院2014年通过开展系统性区域考古调查，全面掌握了牛河梁遗址内考古学文化的发展序列，并揭示出牛河梁遗址在整个红山文化区域内都具有特殊地位，所得结论是：它并非东山嘴—牛梁河一地的区域性祭祀中心，而是整个红山文化的祭祀中心。[190]正因为如此，才会在周边没有对应的超级社区的情况下，出现如此庞大的宗教中心及如此庞大的专职神职人员集群。这说明，当时地域广大的红山文化社会已经形成，而且在这个范围广大的区域性宗教—政治集团内部，出现了庞大的神职特权阶层。目前尚未发掘到红山文化晚期普通社会成员的墓地，所以当时是否存在独立于神职特权阶层之外的其他特权阶层尚无法判断。但像东山嘴—牛河梁祭祀中心展现出来的这样强大、庞大的神职特权阶层，本身就有明显的政治统治权特征，只不过神权是它的显著特征罢了。这个以神权为特征的阶层所拥有的特权，必然是建立在占有其他普通社会成员剩余劳动基础之上的，说明当时的牛河梁社会出现了特权阶层与普通阶层的显著分化。而神职特权阶层内部也同样存在等级分化。独占整座积石冢的中心大墓显然不是偶然出现的。这种高等级积石冢与其他群葬积石冢之间本身就存在等级差异，而且冢内墓葬之间也存在等级差异。在有随葬品的墓葬中，除随葬玉器的高等级墓葬之外，还有一些只随葬陶器的墓葬，但更多的墓葬（接近总数一半）其实没有任何随葬品。因此，牛河梁遗址各地点积石冢中发掘的墓葬，至少可以划分出三个以上的等级。这表明神职特权阶层内部至少也可以划分出三个以上的等级。神职特权阶层与普通社会阶层的显著分化，以及神职特权阶层内部的严重分化，是整个红山文化社会分化的重要标志，说明红山文化晚期社会结构的复杂化程度应当已经超过了部落联盟阶段。

而且，根据积石冢中墓葬（尤其是高等级大墓）的墓主既有女性也有男性的现象，可以推知牛河梁宗教领袖（也是牛河梁社会的领袖）有男有女。其原因可能是当时的牛河梁社会已经进入由女权向男权转移的阶段，也有可能当时在牛河梁政治集团内部，各神权政治实体发展并不平衡，部分神权政治实体尚处于女权社会，部分神权政治实体则已进入男权社会。

但无论怎样，至少有一点可以肯定，就是以牛河梁为宗教中心所形成的这个大型的区域性神权政治集团，有较为统一的内部宗教文化，且已围绕宗教权力形成了稳定的权力秩序和礼制规则。

总体而言，我们看到在牛河梁各山梁上成建制地存在的这些“庙—坛—冢”建筑遗迹之间，形成了一种存在等级关系及区域功能的空间关联。冢冢之间、冢墓之间、墓墓之间、冢坛之间、冢群与神庙之间、冢群与圜丘祭坛之间、神庙与圜丘祭坛之间、整个牛河梁宗教建筑群与东山嘴祭坛建筑群之间，均存在特定的空间关系。这些空间关系，具有复合性。首先是存在一种动态的发展过程，也就是累积的丰富过程，而并非全部静止的并存关系，在空间上的叠压打破，以及出土遗物的文化类型变化，都可以看到这种历时的动态关系的存在；其次是在这种动态发展过程中也存在静态对应关系，即共时存在的关系，包含出现的共时和存续的共时。所谓出现的共时，即绝对的同时出现和相对的同时出现；存续的共时则反映出原有建筑存续一段较长时间后，后起建筑与之存在一段共时关系。我们可以在这些空间关联中观察和分析红山文化的社会关系及特定社会活动中蕴含的规律。

积石冢内的墓—墓关系反映出按血缘划分为组的同族神职人员存在等级差异的现实。而积石冢与积石冢之间的关系，则反映出神职人员以社群为归属区别彼此血缘关系的现实。在东山嘴—牛河梁红山宗教中心，以此种关系的一群神职人员所祀奉的群神，正是整个宗教—政治集团的共祖及各二级政治实体的祖神，这些神灵构建了一个等级制的祖神体系。在这个体系中，祖神与祖神之间的关系，是集团中各政治实体之间现实关系的反映。东山嘴—牛河梁红山文化社会以此种宗教为手段，实现了区域性社会在整合过程中的意识形态控制。

第四节　良渚文化权力空间

一、良渚文化与良渚文化遗址

良渚文化主要分布在钱塘江流域和太湖流域，距今约 5300—4500 年。

其核心分布区是环太湖地区，东北以长江为界，东南以钱塘江为界，西边以常州市区、太湖西岸和浙西北山脉东麓一线为界。[191]所以良渚文化其实是以良渚古城为核心的环太湖地区的良渚文化时期的文化。

良渚文化遗址则是泛指环太湖地区长江下游之内良渚文化时期具有良渚文化特征的一系列遗址。根据目前发掘情况来看，良渚文化遗址主要是良渚文化核心区的良渚古城遗址及散布在环太湖区域内的良渚文化墓地遗址。而聚落遗址在良渚文化遗址中并不多见也不典型。而且在已经发掘的良渚文化墓地中，高等级墓地及墓葬数量较多，墓中发现的随葬品数量大、品种多。总体而言，在良渚文化高等级墓葬中，用玉随葬的现象极为突出，玉器所占比例极高，石器所占比例较小，且随葬石器主要以石钺为主。

学术界对良渚文化的时间及分期有不同看法。代表人物有（牟永抗、魏正瑾，1978[192]；陈国庆，1989[193]；杨晶，1991[194]；黄宣佩，1992[195]；栾丰实，1992[196]；张忠培，1995[197]；李新伟，1999[198]；朔知，2000[199]）本书采用朔知的观点，认为良渚文化分三期，第一期约为公元前3300—前2800年，第二期约为公元前2800—前2600年，第三期约为公元前2600—前2100年。

在良渚文化与周边文化的关系上，学术界一般认为，其与大汶口文化存在较为紧密的关联。但在具体问题上，又存在一定的认识差异。比如朔知就倾向于认为良渚文化具有较强的原发性，在发展过程中，它形成了自己的特色，并对周边文化形成强烈影响，尤其是对浙东上海地区的影响更为显著，后期形成了诸如福泉山遗址所代表的浙东良渚文化。他指出："良渚文化一、二期时与周边文化交流不多，与山东大汶口文化的交流具有双向性。但从二期较晚时起，良渚文化向四周进行了大规模渗透，三期时达到高潮，波及整个长江下游和华南、苏北、山东、华北等地，其中浙东所受影响最大。"[199]而杜金鹏则认为，良渚文化自其前身崧泽文化时期就与大汶口文化彼此相互影响、相互渗透，存在紧密关联，但他更倾向于认为大汶口文化对良渚文化的影响更大。[200]仅从良渚文化与大汶口文化的关系来看，可知良渚文化大规模用玉随葬的现象和浓烈的宗教氛围，确实与宗教色彩较为淡薄、用玉随葬较为少见的大汶口文化甚至其后的龙山文化都有非常明显的差异，表现出强烈的个性色彩。至于大汶口文化陶器上刻画的“太阳神徽”与良渚文化玉璧、玉琮上刻画的“阳鸟山图”之间的文化关联，以及良渚文化玉“冠状饰”、玉钺及其他玉器上常见的“兽面神纹”与龙山文化玉器上的“兽面神纹”之间的文化关联，究竟是谁影响了谁，依据目前的资料还是难以做出判断。应该说，良渚文化在文化的历史传承方面，与崧泽文化乃至于与凌家滩文化应存在一定关联，与大汶口文化也存在较多的文化交流和相互渗透。

良渚文化区内的聚落发展，也存在稳定的历史传承性。在其各阶段历史发展过程中，似乎都没有大的事件造成聚落整体性变迁。郭建明将整个良渚文化区内的聚落分为五个等级，他发现数量最少、规模最大的那些一级聚落，较为均匀地分布在整个文化区域之内，而且在每个一级聚落之下，还形成一个包括各等级聚落在内的聚落群。据他估计，整个良渚文化主要分布区内，可能存在 35 个以聚落群为特征的较为独立的政治实体。[191]

关于这些政治实体的历史发展阶段，有的学者认为依然属于酋邦，比如戴尔俭[201]、谢维扬[69]但也有学者认为已经进入文明，如张忠培[199]、张之恒[202]。在张忠培看来，不仅良渚文化，甚至包括公元前 3300—前 3200 年左右的黄河、长江中下游，燕山南北及西辽河流域的考古学文化居民，都有跨过文明门槛进入早期国家阶段的例证。[203]也就是说，中原地区仰韶文化后期、山东地区大汶口文化后期及龙山文化时期、燕辽文化区内的小河沿文化时期、江浙文化区域内的松泽文化末期及整个良渚文化时期、长江中游的屈家岭文化后期、石家河文化等，都相继进入区域性国家阶段。国内主流意见大都认为确实不能将良渚社会简单归入酋邦，而且随着时间的推移，现在更多学者都同意良渚文化已经进入了文明阶段。当然，这并不是说良渚文化区内的整个环太湖流域和长江下游的各个聚落群都已进入国家阶段。事实上，他们所处的发展阶段可能会有很大差异，不排除有些依然处于酋邦阶段，甚至有些还处于更加落后的部落阶段，但显然像良渚古城所代表的区域性政治实体无疑已经进入了早期的国家阶段。

二、良渚古城与良渚古国

良渚遗址是良渚文化的代表性遗址。它实际上是余杭县的良渚、瓶窑、安溪三镇之间处于一个相对集中区域内的许多相关遗址的集合，总面积约34平方公里。而良渚古城遗址是良渚遗址的核心，位于杭州市区西北部瓶窑镇的反山、莫角山、汇观山区域。考古学界已经证实良渚古城由宫城、王城、外郭和外围水利系统构成。[204]良渚古城以莫角山为核心，包括约30万平方米的宫城、300万平方米的内城、630万平方米的外城，以及十数座高、低水坝等。

良渚古城宫殿区是良渚文化中最为典型的权力空间。该区域是良渚文化时期良渚古国极为重要的政治、经济、文化、军事、宗教中心。该区域以莫角山为核心，整体呈较规整的长方形，称为莫角山遗址。它以大莫角山、小莫角山、乌龟山及周围一带高地为主体，东西总长约670米，南北总宽约450米，总面积达30余万平方米，是一座人工营建的巨型高台建筑群基址。其中大莫角山东西180米，南北110米，相对高度约6米；小莫角山东西100米，南北60米，相对高度3米；乌龟山东西80米，南北60米，相对高度4.5米。三个长方形土台呈品字形分布。[205]学术界普遍认可莫角山遗址是一座人工堆筑的大型礼仪性建筑群基址，其庞大的规模令人叹为观止。作为良渚文化的礼仪中心，它的规模和等级在良渚文化诸遗址中无出其右。另外，莫角山遗址江家山、皇坟山、桑树头（双池头）等人工堆筑的高台也是城内重要建筑基址。由于岁月流逝及历史的变迁，这些堆土基址上的建筑情况已经无法考证，但从基址规模及数量来看，当时良渚古城中的高等级建筑群应极为恢弘壮丽。

在良渚古城的周边，同时分布着一批以反山、瑶山、汇观山为代表的祭坛墓地。它们是掌握宗教政治权力的神权贵族驱使大量劳动力在石山或土墩上堆土筑成。说明良渚古城在余杭一代的良渚遗址范围内拥有政治、经济、文化、宗教、军事中心的地位。[206]而且它作为一个政治实体，控制着周边较大范围内的玉器生产和流通，社会等级分化非常严重，尤其是在以莫角山良渚古城为核心的良渚文化核心区内的礼仪性建筑遗址及高等级墓葬，显示出当时社会的财富已经集中在少数人手中。从高台大型墓地、大型礼仪性建筑群（宫殿或宗庙等）、大型城墙等方面可以反映出当时已经出现了凌驾于社会之上的强制性权力。因为这些工程都需要有整体规划，并耗费巨大的人力物力和较长的时间才能营建成功。必须有组织的社会动员、明确的分工协作、充分的后勤保障、成熟的社会管理才能实现。另外，良渚古城的居民当时制作了大量珍贵器物，包括玉器、漆器、象牙器、陶器等，所需专业门类极多，意味着手工业总体上的强大和重要，也意味着当时从事这些手工业制作的专业人员队伍庞大。农业生产能够养活这些手工业人员，可知古城所控制的周边疆域之内的农业极为发达。凡此种种都显示了以良渚古城为核心的良渚社会有着非常强大的组织、动员、管理能力。这一切都绝非酋邦所能为之，而应是国家集权的产物。[207]

良渚古国作为一个分工较为明显的社会，出现了以手工业生产为基础的商业活动。良渚文化因素正是通过以玉钺为代表的玉器及象牙器等高等级器物向大汶口文化中后期及龙山文化时期的海岱地区的远距离输出中实现辐射性传播[208]。当时社会贫富分化及财富的集中可能是宗教的原因，也可能是手工业和商业的垄断结果。但无论怎样，考古资料显示，良渚社会是一个等级极为分明的阶级社会，存在凌驾于整个区域社会之上的同时具有宗教神权特征和武力强权特征的强制性权力。所以良渚遗址应是一个早期区域性国家，良渚古城则是这个以良渚遗址为疆域的早期区域性国家的都城遗址。

以著名英国考古学家科林·伦福儒为代表的一些学者也认为良渚遗址是良渚国家社会的产物。伦福儒说："良渚的大型公共工程和精美的随葬品，是东亚最早的国家社会的产物。"[209]虽然他承认此种早期国家与二里头广域王权国家或殷墟所代表的商代王国相比显得还不够成熟，但他坚持认为，两者之间的差异并非原始社会与文明社会的差异，而仅仅是进入国家发展阶段后，在成熟度上的差异。[210]他甚至把良渚遗址视为对世界上长久以来业已形成的关于早期文明、早期国家和早期复杂社会的传统观念提出质疑和反思的绝佳例证。他认为，良渚的特别之处在于，无论是它外围的水利系统、内外城墙、城中心的宫殿区、墓葬区、墓葬等级等各种要素，以及它城市发展布局的历史性变化，都显示出控制着这一地区的政治实体远远超出酋邦的发展阶段，其复杂程度已经达到了国家水平。但由于良渚文化尚未发现系统性文字，这又与通行的早期国家标准无法完全吻合，于是造成学术界在判断良渚文化是否已经进入国家阶段的问题上存在较大分歧。所以，伦福儒认为，要更好地理解良渚文化在世界文明史中的地位，就需要用新的术语来讨论良渚社会的问题。[210]2019 年 7 月 6 日，"良渚古城遗址"成功列入《世界遗产名录》。这说明，在世界范围内，对良渚古城的文化性质已经达成普遍共识。根据国家文物局 2019 年 7 月 6 日在其官方网站上的相关报道，世遗组织将良渚古城遗址列入《世界遗产名录》的原因在于，该组织认为5000年前良渚古城存在一个具有“社会分化和统一信仰体系的早期区域性国家”，而且良渚古城的存在“揭示了从小规模新石器时代社会向具有等级制度、礼仪制度和玉器制作工艺的大型综合政治单元的过渡”。[211]

三、良渚文化祭坛

良渚文化祭坛与高等级墓葬的关系极为紧密，因此有必要介绍良渚文化高台墓地，以增加对良渚文化祭坛的理解。

良渚文化祭坛往往先于高等级墓葬而存在，高等级墓葬又往往环绕祭坛而存在，甚至晚期墓葬还存在部分叠压打破祭坛的情况。这说明，祭坛是作为圣地而被用作权贵阶层的专用墓地。那些埋在祭坛上的大墓主人，应该就是祭坛的拥有者和使用者。这暗示了祭坛的功能可能与作为特定人群的墓地有关。这些祭坛作为祭祀场所被设计建造的时刻，就已经决定了最终将成为墓地的命运。所以当某个祭坛变为墓地时，就是另一个新的祭坛建造之时。[212]

当然，福泉山高台墓地及祭台、祭祀坑共存的现象说明祭坛与墓葬之间可能还存在其他关系。比如在祭坛举行的祭祀活动与某些特定人物的葬礼有关，或者与某一时期（某一文化层）埋入高台的全部墓葬有关，当墓葬布满祭坛周边之后，就需要重新加筑新土而掩埋原有祭坛。但从发掘情况来看，并非每一文化层都筑有祭坛，可见祭坛和墓葬之间并不绝对对应。当然还有一种可能，就是祭坛与墓葬并无直接因果关系，那些埋入高台的权贵，只是因其宗教身份而被埋在祭天的高台之上而已。

限于材料不足，目前还无法确证祭坛与墓葬之间的真实关联。但两者在良渚社会存在严重等级分化及存在远远超出社会之上的权力系统方面，又显示出高度的一致性。

（一）瑶山祭坛

瑶山祭坛遗址是良渚文化中一处极为重要的祭坛遗址。它位于余杭安溪乡的一座小山山顶，北靠天目山余脉，南面是开阔地。祭坛外围边长约20米，面积约400平方米。山顶未见文化层堆积或生活遗迹遗物。瑶山祭坛的墓葬共12座（其中M12为被盗残墓），集中分布于红土祭坛的南半部，分南北两列。两列墓排列有序，墓与墓之间间隔紧凑，整个墓地的范围基本和祭坛一致，墓葬间彼此未出现叠压打破关系，说明祭坛上的这些墓葬有极强的规划性，受到良好的管理和保护。通过对墓葬中随葬品的分析，学术界普遍认为南列诸墓的墓主为男性，北列诸墓的墓主为女性。随葬品多寡不一，以玉器为主。在紧靠红土祭台的位置上，M7、M11、M12三座墓葬出土（或发现）随葬玉器最为丰富，规格也最高。部分玉器上有阴线刻或浅浮雕、半圆凸雕、镂空透雕等技法雕琢而出的繁简不一的神人兽面图案，这受到学者的极大关注。

以随葬品最多、规格最高的 M7 与 M11 为例予以说明。M7 位于南列，是整个墓地中等级最高的。该墓随葬品共计 160 件，其中玉器 148 件（组），主要包括玉琮、玉钺、玉三叉形器、玉锥形饰、冠状饰、带钩、串饰等。三叉形器 1 件及锥形饰 1 组（共 10 件）置于头顶部，冠状玉饰在头部西侧，玉琮 2 件置于腹部，玉钺持于左手，玉镯 9 件戴于两臂，另外还有石钺 3 件，陶器组合（鼎、豆、罐、缸）4 件，鲨鱼牙 4 枚。M11 位于北列，是北列墓中随葬品最丰富的一座，共出土随葬器物 96 件（组），其中玉器 87 件（组），主要有玉璜、玉镯、玉冠状饰、玉圆牌饰、玉纺轮、玉串饰等，各类玉器的分布位置大致与 M7 相仿。

考古发掘报告认为，瑶山高台墓葬中心的红土台是以祭天礼地为主要用途的祭坛，而且土台周边的墓葬主人应属巫觋阶层。[213]安志敏不同意此种看法，他认为瑶山祭坛“作为宗教活动的遗迹，缺乏明确的考古学证据”。[214]本书认为，瑶山墓葬中心的红土台在性质上确实是祭坛无疑，是与墓葬紧密相关的某种宗教仪式的产物，也是与所葬死者有关的明确的宗教活动场所。

根据考古所见，在瑶山 12 座墓葬中，M2、M7、M12 三座墓葬打破了祭坛南部的布局。这一现象表明，祭坛的建坛时间至少要早于这三座墓葬的营建时间。至于祭坛和墓葬的关系，根据已有资料还很难做出准确判断。只能认为存在两种可能。一种可能是，瑶山高台原本就是祭坛，后来在祭坛上埋葬了特殊人物并成为特殊性质的墓地；另外一种可能是，为了埋葬特殊人物而专门营建了此处高台及高台中央的祭坛，在完成祭祀活动并确认了高台作为墓地的神圣性后，瑶山高台正式作为特定人物的墓地使用。根据全部墓葬与祭坛的空间位置可以推知，至少在最后一座墓葬的墓主被葬入瑶山高台时，高台中央的祭坛的主体部分依然存在。这暗示了其祭坛的功能依然存在，甚至还可能延续了更长的时间。

“祭坛是巫觋们表现‘神’的存在和神权的专用场所，而祭坛的主事者（祭师或巫觋）则是神的代言人，是神权的执行者。祭坛上的墓内随葬如此众多的玉质礼器，鲜明地反映了死者生前的特殊身份。我们认为这里埋葬的就是巫觋。这种现象也见于中美洲，玛雅文化的祭坛上就埋有祭师。埋葬在祭坛上的巫觋，可能也是祭祀的对象。”[213]墓葬与祭坛在空间上的关系显示出，“同列墓中随葬品的多寡，以近祭坛内重（红土台）者最丰，同列各墓的穴位序列很可能是死者生前在祭祀典礼中的地位和作用的一种反映。可以认为，巫觋当时已组成了包括不同地位的某种集团或阶层”[213]。而且由于“琮、钺、三叉形饰只见于南列诸墓，玉璜、纺轮只见于北列诸墓，当有男女之别。由此可见这是一处男觋女巫的专用墓地，反映宗教在社会生活中已进入新阶段”[206]。

（二）汇观山祭坛

汇观山位于浙江杭州市西北约 25 公里——杭宁公路（104 国道）之侧，地属余杭市瓶窑镇外窑村，是一座孤立的山丘，东与反山及良渚文化遗址中心莫角山相距约 2 公里。

祭坛平面基本为长方形，正南北向，东西长约 45 米，南北宽约 33 米，在中部偏西的位置，为祭坛中心的灰土方框，围成范围约为东西 7～7.7 米，南北 9.5 米。在祭坛东部有祭祀坑三个。发掘者判断，有迹象表明“在原祭坛的主体部分的四周，还应有一段人工修凿的平展地面，其上还可能有某些附属性的建筑设施，但由于破坏严重，现在已无法知其原貌了”[212]。汇观山遗址破坏严重，被盗掘的文物追回数量有限，且无法判断所出墓葬的位置。但依据科学发掘的四座墓葬（M1—M4）来看，此地墓葬级别较高，共出石器 54 件，且全为石钺（无使用痕迹），M1、M3 各出土 1 件，M2 出土 4 件，M4 竟然出土 48 件！可见这个墓葬的特殊性。但总体而言，玉器出土数量并不太多，其中 M2 出土 47 件（组），占随葬品 53 件（组）的 88.68%。M4 出土玉器 17 件（组），占随葬品 72 件（组）的 23.61%，其中有玉钺 1 件。发掘者认为，“汇观山祭坛的建成使用年代，约为良渚文化早期或中期偏早，墓葬的年代有一定的跨度，M1、M2 的埋葬年代约为良渚文化中期偏早阶段，而 M3、M4 的埋葬年代应该略晚”[212]。

（三）福泉山祭坛

福泉山遗址位于上海市青浦区重固镇，是一座位于水田中的大土墩，接近方形，东西长 94 米，南北宽 84 米，高 7.5 米。东、南、西三边为斜坡状，北侧则呈现二级台阶状，山顶平整，呈高台状。

该遗址于 1974 年试掘。1982 年、1983 年、1986 年先后三次发掘，发掘面积共 2335 平方米，主要集中于福泉山土墩，明确了良渚文化福泉山高台权贵墓地的堆筑方式。1986—1987 年第三次发掘证明了福泉山这一土墩是四千多年前良渚晚期堆土筑墓时形成。此次发掘在良渚文化晚期大墓的西侧，土墩偏西的中心点，首次发现良渚文化建筑遗迹。遗迹呈不规则状的圆形，有三组红烧土块堆积，这些红烧土块类似低温烧制的砖块。在附近地区还铺有红烧土屑块，上盖一层介壳屑。这一遗迹的结构以及同良渚文化晚期大墓的关系，有待整理和深入探索。在三次发掘的基础上，黄宣佩判断，福泉山是一处良渚文化时期动用上万人工专为显贵修筑的高台墓地，而且有大规模的祭祀遗迹。[215]

2007 年开始，上海博物馆考古研究部为进一步了解福泉山遗址的聚落布局和文化内涵，对整个遗址进行全面勘探和发掘。2008—2009 年在吴家场地点发现了一处新的良渚文化高台墓地，并从中发现了编号为 M204 的良渚文化大墓。2010 年 12 月—2011 年 1 月，上海博物馆考古研究部再次发掘确认了吴家场墓地是福泉山遗址良渚文化晚期人工多次堆筑而成的高台墓地，同时又发掘良渚文化墓葬 4 座。吴家场墓地表明，福泉山遗址是一个遗址集群，包含有墓地、生活区等，是个完整的系统，而吴家场墓地是福泉山遗址系统的一个组成部分。现仅以福泉山山顶的高台遗址为例予以分析。

福泉山大体是一个由人工堆筑而成的七层高台土墩。该土墩除去表土层外，其余六层为文化层，厚约 8.5 米。其中下三层是松泽文化层，上三层主体是良渚文化层。之所以这样说，是因为位于最上层的文化遗存中含有马家浜文化遗存，并且马家浜文化遗存叠压在良渚文化遗存之上呢？黄宣佩、张明华认为，这只能是良渚文化晚期人们加筑福泉山高台土墩时从他处取土而把马家浜文化层土壤挖出并堆筑到良渚文化层上的结果。[216]正确理解这一点，就能正确判断出福泉山文化堆积的上三层确实反映了良渚人自良渚文化早期至良渚文化晚期连续堆筑并使用福泉山高台土墩的完整过程。

福泉山高台土墩内部共发现31座良渚文化时期墓葬，它们均位于高台顶部，基本都是随葬品比较丰富和精美的大墓。这些大墓中的随葬品主要包括玉器、石器、陶器，部分墓葬中还发现有象牙器。值得注意的是，即便是在良渚文化早期的墓葬中，也已出现了使用人牲并举行宗教祭祀的现象，这显示出整个福泉山高台基地与周边马桥遗址、亭林遗址、广富林遗址、寺前村遗址、金山坟遗址、汤庙村遗址等位于平地或低坡上的数量众多的遗址中普遍存在的诸多低等级小墓及墓地地性质上有重大区别。结合以上情况，并考虑到高台墓地在营建上所耗庞大人工，可知福泉山高台基地应是良渚社会上层权贵人物的专有基地。这一点和良渚文化中其他几处高台基地的情况极为相似。

在考虑福泉山权力空间的布局时，重点关注因素是福泉山高台墓地与祭坛所形成的权力空间。

良渚文化祭祀遗迹最早出现在表土下第三层，也就是良渚文化早期遗存所在的黄土层。在该层文化层中的山顶平台墓群东西二侧，各见一大片经火烧烤的地面，其上有一层薄灰，并有介壳屑。在西侧的一片中间，还有数块烧红的土块和一件残陶鼎。

在表土下第一层也就是良渚文化中晚期墓葬所在灰黄土层中，位于山顶平台中心部位有人牲的墓葬上方，有一处大型的燎祭祭坛。祭坛南北长7.3米，东西最宽处5.2米，为阶梯形，自北而南，自下而上，共有三级台阶，每级升高约34~44厘米。最高一层东南角在数块土块的上面，放置一块长1米、宽0.4米、厚约0.1米上下平整的土块平台，已断折，其下有一件大口缸。整片坛面和土块都被大火烧红，每一层面都撒有介壳屑，但未见残留的草灰。这是一处举行大型燎祭活动的场所。

在福泉山的北侧第一台阶上，有一个与祭祀有关的灰坑，为不规则的长方形，长约19.25米，南北向最宽处7.5米，深0.25~1.15米，四周较浅，中间较深。坑的中心有一个不规则长方形的土台，东西长1.95米，南北宽2.1米，高约1.15米。据黄宣佩、张明华描述，“坑内充满乌黑的草灰，中间既无木炭或红烧土，也不夹杂陶片或动物骨骼。坑壁无火烤痕迹，坑底也无柱洞或其他建筑遗迹”，像是在福泉山某处祭台上大火燎祭后，将草灰清扫堆放于此的结果。而且“从方形大坑中间有土台的结构来看，似与辽宁喀左东山嘴的祭祀遗迹接近”[216]。葛治功也认为这个大坑是“祭祀坑”。在他看来，坑中心土台上的黑色草灰乃祭天遗物，并结合福泉山遗址外观与古籍所记祀天之“圆丘”类似，考虑到良渚文化上海福泉山、江苏吴县张陵山、浙江余杭反山、瑶山等遗址都是高出地面的熟土墩，推断这种熟土墩就是古人为祀天而构筑的祭坛。[217]黄宣佩认为良渚人对福泉山上的大墓有一定的祭祀仪式，“程序似为先堆置土块，然后堆草用火烧，在祭祀时撒上介壳屑，礼成后将草灰清扫，置于祭坛附近专设的灰坑之中。这类堆土燎祭，不见于平地小墓，是专为显贵举行的礼仪”[215]。

福泉山遗址吴家场墓地也是个高台墓地，其中的良渚文化晚期高等级贵族大墓 M207 非常有特点，其随葬品有玉器、陶器、象牙器、骨器等。其中玉器有玉钺、玉璧、玉琮、玉管、玉珠等。神像兽面纹象牙权杖是显示墓主身份的重要器物，人头盖骨碗则表明与祭祀的关系，与玉琮一样，暗示了墓主的巫觋身份。玉钺则又与军权相关，可见墓主拥有集军权与神权为一身的特殊身份。

需要强调的是，福泉山遗址出现高等级墓葬的时间在良渚文化晚期，当时位于良渚古城的良渚古国已经衰落，福泉山遗址与良渚古国之间是什么关系不得而知。而且，据目前考古资料来看，在良渚文化晚期才出现高等级大墓的福泉山是否已经进入国家形态，也还无法做出判断。

第五节　龙山文化权力空间

一、龙山时代的城址勃兴

史前城址是考古学上所见史前城邑所留遗址，其首要特征是筑有城垣，具有突出的防御性。如无城垣，则一般并不称为城址，而只称为聚落。目前已经确认的我国最早的城邑出现在6000年前，包括湘西北澧县城头山古城（跨大溪文化、屈家岭文化）、郑州西山仰韶文化古城、山东滕州西康留古城（大汶口文化）、山东阳谷县王家庄古城（跨大汶口及龙山文化）等。到距今5000—4000年前的龙山文化时代，全国范围内的城邑数量则呈现出爆发式增长。

恩格斯在《家庭、私有制和国家的起源》一书中指出："文明时代是社会发展的一个阶段，在这个阶段上，分工，由分工而产生的个人之间的交换，以及把这两个过程结合起来的商品生产，得到了充分的发展，完全改变了先前的整个社会。"生产力的发展是氏族社会迈向阶级社会的前提条件。没有生产力的发展就不会有剩余财产，也就不可能出现贫富分化和阶级分立，当然也就不可能出现对财富和人口的掠夺。城的出现也就更无从谈起了。原始社会末期，伴随着生产力的发展、剩余财富的出现及积累，一部分人有机会通过特殊的社会地位占有社会财富，并进一步采取不等价交换或强行掠夺的方式，促使社会贫富分化进一步加剧，氏族社会解体。当阶级产生、人与人之间的相对平等关系最终转变为依靠强制力所维系的统治与被统治关系时，国家就诞生了。

城的出现在文明发展和国家起源中占据至关重要的地位。城反映了人类社会发展进入较高阶段的历史事实。社会生产力水平、剩余财产及对剩余财产的占有、社会的分工、社会分化加剧及阶级的出现、超越在社会之上的公共权力甚至是强制性权力（暴力）等要素，都可以通过筑城现象得以窥见。无论是否已经进入国家阶段，城都是一个典型的权力空间。没有权力的运作，就不可能出现城。同时，城又是权力的象征，是维护权力的工具。所以，城与权力的关系极为紧密，城的规模与权力的大小成正相关。

张光直结合中国早期城市的考古实践，将柴尔德提出的十项从考古学上界定城市的标准修正为：夯土城墙、战车、兵器；宫殿、宗庙和陵寝；祭祀法器与祭祀遗迹；手工业作坊；聚落布局在定向与规划上的规则性。裘士京、姚义斌则认为，中国史前的城与后世的城市有明显区别，史前的城是在防御目的基础上发展而成的，具有军事和政治两方面的意义，而不具备经济意义。他们提出了一套新的认定标准：城垣、壕沟或其他防御设施以及专门化的武器；宫殿或其他大型建筑；大型祭祀场所；人口相对集中。之所以制定这样一套新的认定标准，裘士京、姚义斌解释说："一方面，中国固有的农耕文明以及由此产生的较封闭的生产方式使具有商业意义的'城市'出现较晚，而中国文明起源、国家诞生更多是与军事的政治的因素联系；另一方面，可以更准确地把握史前城址的真实面貌，能比较明确地区分具有政治意义的城和纯军事意义的城堡。"[218]虽然两人认为史前的城不具有经济意义的看法与实际考古所见情况不符，但其同时强调史前城址的军事和政治意义的看法，却无疑是正确的，因为城的出现，绝不会是为了单纯的军事守备。它是和特定社会人群的安全（包括人身安全和经济安全紧密结合在一起的），因此也是划分和维护等级差异的一种明显有效的政治手段。当然，我们在部分龙山时代的城址中也发现了手工业生产活动，说明保护手工业生产和实现手工业品的交换，也是城所应当具有的一定的经济功能。因为“定义一个城市最重要的标志应该是它的复杂性和聚合形式，城市不单单是有密集的人口，而是在于人口或职业的多样性，以体现经济和社会结构上的差异和相互依存，这是城市区别于简单聚落形态的关键所在”。[219]另外还必须注意到，由于自然环境的不一致、经济发展的不平衡、文化发展的差异化等因素，必然导致史前各政治实体对内对外所要解决的主要矛盾均有差异，因此这些政治实体通过修筑城垣所要实现的主观目的也会不同，客观上这些城垣所能实现的功能也不完全一致。所以高松凡、杨纯渊提出了划分一个早期聚落是乡村抑或城市的三个主要标准：第一是聚落职能的多样化；第二是聚落空间结构、布局和功能分区；第三是人口规模、密度和职业构成。高松凡、杨纯渊认为，城市必须具有多种职能，至少应具备两种以上职能。职能是城市在聚落群的政治、经济、文化生活中所承担的任务和发挥的作用。单一职能无法构成城市。同时，城市还是人口、手工业生产、商品交换、社会财富、房屋建筑、公共设施高度集中的场所，为适应复杂的政治、经济、文化生活的需要，必须要求有按一定功能分区进行规划、建设的结构布局，并因此形成明显有别于乡村的城市景观，否则不能构成城市。而且，城市一般人口多、密度高，居民主要从事非农业的经济、行政和文化活动。但他们同时也保守地认为早期城市“在最初时期仍然会有相当高比例的农业人口，随着生产和社会分工的发展，非农业人口比例必然随之增高”。[220]可见他们对城的出现与社会分化之间的关系关注不够，不能正确认识城是一组聚落为该组聚落中居于特殊地位的人群所专门营建的事实。竟然认为处于社会底层的普通农业人口是从城中逐渐自然退出的。这显然不符合史前时期的建城目的。至于为何在大多数史前城址的考古实践中都发现有农用工具的问题，本书认为，这些石质、骨质的工具，未必仅能用于城外的大规模农业生产，同时也应是城市日常生活的工具，甚至是随身的防卫兵器。其次，它们的出土地点和出土位置至关重要，要科学地判断它们埋藏在地下的原因。工具埋入城中地下的原因很多，不仅包括失落等无意埋藏，还有有意埋藏的情况，比如基于某种宗教目的（奠基、祭祀、随葬等）而埋藏。所以不能一见到城址中出土了类似工具，就认为必然是农用工具，就认为该城中必然生活着农业人口甚至还进一步认为存在大量农业人口。这些做法显然是错误的。

龙山文化分布范围较广，遍布山东，远及河南、陕西、山西等地。一般情况下，学者将河北、河南、山西、陕西的龙山文化称为中原龙山文化[221]，将泰山周围与渤海、黄海之间的广大区域（含山东全境、江苏北部、河北南部等）称为海岱龙山文化。[222]由于不同地域的龙山文化属不同区系类型，故又需将其命名为不同的龙山文化，如河南龙山文化、山西龙山文化等。各地龙山文化又分不同类型，如山东龙山文化分为两城镇类型、城子崖类型。关于龙山文化的分类并非本书讨论的重点，且情况较为复杂，故不赘述。但需强调的是，各地龙山文化均有其自身的文化渊源及流变轨迹，并不是完全相同的文化。比如，山东龙山文化主要从山东大汶口文化发展而来，但河南龙山文化则部分承袭自仰韶晚期文化，部分承袭自其他文化，不可一概而论。诚如赵清所言："龙山文化分布地域广阔，类型复杂，分期也不一致。"[223]安志敏甚至认为，"广阔地区内的所谓龙山文化，可能分别属于不同的文化系统，甚至具有不同的来源"，故他指出，学术界泛称的龙山文化，"应根据具体的文化特征分别命名，以便区别和研究"。[224]基于以上认识，在讨论龙山文化问题时，必须足够清醒和谨慎，而且要区别龙山文化及龙山时代两个概念。龙山时代这个概念是严文明先生 1981 年定义的，它是一个用以概括各种龙山文化的统称。这个概念的优点在于能避免将不同的龙山文化混为一谈，却又不至于抹杀各种龙山文化的共同特征及相互关联，尤其是还能从整体上体现各种龙山文化所处的这段历史时期。引入这个概念之后，就可以将各种龙山文化都纳入其中，甚至还可以指称龙山文化所代表的包括龙山文化、齐家文化、石家河文化、良渚文化在内的不同文化所处的这一相同的历史时代，也就是"龙山时代诸文化"。[225]

本书所述龙山文化城址，主要是龙山时代的山东龙山文化城址，并部分涉及中原地区的河南龙山文化城址及山西龙山文化城址。

长期以来，黄河中下游陕西、山东、河南的本土原始文化，均以陶器为其显著特征，用玉现象并不突出。这和北方的红山文化、南方的良渚文化形成鲜明对比。但是作为南北交通的交汇点，山东及河南的大汶口文化及龙山文化也都有用玉的现象。这应是受到南、北玉石文化的影响所致。尤其是江苏南部和浙江北部的良渚文化，它同山东的龙山文化存在非常密切的交流影响关系。良渚文化与山东大汶口文化后期阶段的早晚两期到龙山文化的一、二、三期的绝对年代大体相似，所以在山东大汶口文化遗址中也发现了精美的玉钺以及类似于山西陶寺龙山文化遗址中的鼍鼓，这显示出大汶口文化时代已经出现巫君合一性质的酋长。到龙山时代，中原各地多处出现金属冶炼和铜器铸造技术，部分区域应当已经进入了文明的初级阶段。

山东是龙山文化的故乡。山东、苏北及河南东部又可泛称为海岱地区。该区域内有较为统一的龙山文化特征，类型的划分也较为简单，主要包括两城镇、城子崖两个类型。根据考古学资料可知，海岱地区各地自大汶口文化中期之后，普遍进入父系氏族社会。到大汶口文化晚期时，社会分化进一步加剧，氏族制面临崩溃，甚至已经开始出现城址，比如山东阳谷县王家庄大汶口文化遗址、山东滕州市西康留大汶口文化遗址、山东五连县丹土大汶口文化遗址都发现了夯土和城垣。到龙山时代，不仅海岱地区，整个黄河中下游都普遍出现了筑城的现象，可谓是城池林立，且呈现出功能分化的趋向。这说明龙山时代黄河中下游的社会性质普遍发生了根本性变化。据不完全统计，河南龙山文化城址已发现至少13座，陕西北部龙山文化城址包括神木石峁城址在内至少5座，内蒙古龙山文化城址至少21座，山西南部龙山文化城址目前只有陶寺1座，而海岱地区则是目前国内史前城址最集中的地区之一，龙山文化城址已发现22座。[226]根据裘士京、姚义斌的统计，长江流域也发现相当于龙山时代的城址十余座，包括上游地区成都平原的新津龙马宝墩古城、郫县古城、都江堰芒城、温江鱼凫村古城，以及长江中游地区的石家河古城、城头山古城、走马岭古城、阴湘古城、马家垸古城等。[218]虽然这些长江流域的古城并不属于龙山文化，但却与中原龙山城址所处的时代基本同期，面积在10万~100万平方米之间。可见龙山时代全国范围内的筑城现象非常普遍，是这个时代考古发现的显著特征，给人留下极为深刻的印象。如果考虑到考古发现的偶然性及不完全性，有理由推测，不仅在全国范围内，即便在中原地区，也应当还有不少未发现的龙山时代城址。

到二里头文化时期，城邑数量又出现大幅下滑，尤其是中原龙山文化区内的大批古城几乎都在同一时期被废弃。可见龙山文化时期具有极其特殊的文化内涵，当时的中原大地经历过一个从激烈震荡到回复平静的过程。王立新认为："龙山晚期到二里头文化阶段，伴随着嵩山南北地区的两支考古学文化由南北对峙而走向整合，聚落形态亦由多中心、对抗式聚落布局演进到单中心、凝聚式的布局结构。这显然是统一的政治秩序得以建立以及由此所造成的的区域内背景复杂的不同人群得以整合的结果。"[227]

龙山时代各地普遍筑城的现象说明了这样几个问题。第一是劳动人口的增加尤其是能够脱离农业生产并投入到筑城活动中的劳动力的增加；第二是农业生产中出现剩余粮食能够支持庞大的劳动力从事专门筑城活动，这个在目前的聚落考古资料中难以得到反映，但生产力的提高及剩余粮食的提供，是能够从农业生产中抽调相当数量的筑城劳力的基本保障；第三是筑城工具及筑城技术的提高，这个通过夹板夯土建城技术和大型宫殿式建筑能够得到反映；第四是筑城成为当时各地普遍存在的一种功能性需求，没有需求就不会投入如此之多的人力物力去修筑城池。

而这些龙山时代的中原城池几乎在同一历史时期被废弃的事实至少能够说明，居住在城池中的特殊人群的特殊地位已经丧失，比如陶寺龙山晚期就出现了这种情况；或者是其防御的功能或区分社会阶层的功能已经丧失。城池的大量废弃无论具体原因是什么，都至少反映出一种社会的整合，这种整合打破了筑城时的社会整体格局。无论是建是废，这些城池都说明当时是一个剧烈变化的时代。

考古发掘所见龙山时代各地养殖业、手工业均出现了实质性进步，陶器和石器的制作水平得到极大提高，而且还出现了冶炼铜器的手工业活动及较为成熟的铜器合范冶炼技术；但农业的发展似乎并未出现本质性飞跃。石器、木器、骨器依然是主要的农业生产工具，这些工具的制作工艺也未见发生根本性变化。但是烧制石灰业、建筑业有了较高水平的发展，尤其是河南古城寨城址中发现的面积近400平方米带廊庑的大型宫殿建筑的建造难度，更是意味着当地建筑水平已经达到相当高度，并为二里头大型宫殿建筑集群的建设积累了技术上的经验。值得注意的是，这一时期的手工业显然受到各聚落的高度重视和专门保护，不少城址中都有专辟的手工业生产区域，说明手工业生产应当已不再是自给自足，而是作为一种独立的经济活动，甚至手工业的商品生产属性应当已经形成。因手工业品的交换所形成的商业活动，可能已经成为龙山时代各地经济文化交流活动中的一项重要内容。在龙山时代，陶寺遗址中反映出来的外来文化输入，以及中原地区龙山文化的相互影响，海岱地区与江浙地区的文化互动，都集中体现在器物类型的输入与输出上。器物上反映出来的这种文化交流，应当就是手工业品作为商品进行交换的一种形式。

栾丰实认为："龙山时期和更早的城址的发现和研究，是解决中国文明起源的关键和突破口。"[228]这样说是有道理的。因为在这个时代，中国各地事实上有一些文化显然已经进入了早期文明国家的阶段。尤其是在夏商周断代工程确定夏代的纪年之后，更是可以认定龙山文化时代中晚期中国部分地区已经进入王震中所说的"都邑邦国"阶段，即：出现了作为稳定的、超越在部落之上的、以城池为统治核心的早期原始国家阶段。严文明也曾推测说："假如历史学家们根据古本《竹书纪年》等所推定的夏朝年代（约为公元前1562—前2033年）大体可信，那么龙山时代诸文化正好都在夏朝以前，相当于古史传说中唐尧虞舜的时代。"[225]甚至还有学者直接将陶寺遗址龙山文化视为夏文化，将陶寺视为尧都平阳。因此，正确认识龙山时代龙山文化城址的功能及性质，尤其是正确认识这一历史阶段大型城址的功能及性质，对正确认识当时的社会结构及政治格局，有非常重要的价值。

学术界对龙山时代出现的这些大量城址的功能及性质有不同看法。包括都城说[229]、军事城堡说[230]、初级城市说[231]等。无论哪种观点，基本都认可城址的出现是社会结构复杂化导致史前战争加剧的结果。[232,233]梁中合等人在讨论山东茌平教场铺城址时就提出："鲁西地区是东夷和华夏两大文化集团的交界地带，文化面貌较为复杂，两个集团之间的关系也就成为应该关注的重点。史前城址的出现，往往在文化圈的边缘地带，而文明起源，也往往首先出现在不同文化集团相碰撞的地区，这些地区常常面临为争夺生存资源而发生的大规模武装冲突。因而为保护自身安全的城址便应运而生。在冲突过程中，需要强权来组织力量，王权逐步产生。随着社会组织结构、内部权力机构的不断发展变化，最终进入文明社会。”[234]而裘士京、姚义斌则认为黄河中下游地区由于其独特的自然和地理条件，以及由此导致的较为先进的文明，使得这一地区的古城具备了相对完备的功能，而非仅仅具备单一功能。[218]也就是说，部分龙山文化小城属于城堡性质，仅有单一的防卫功能，而部分则显示出具有生产、生活、宗教、政治、防御的综合职能，甚至部分城邑已经具备了典型的城市功能。情况各不相同，不宜一概而论。至于这一时期城池的防卫功能，还存在一个用以对当时社会进行定性的判断依据，那就是防卫对象究竟是谁。如果防卫对象是本聚落群所代表的都邑邦国内部的被统治者，则说明当时的社会矛盾已经发展到极为激烈的地步，是阶级斗争深化的表现。如果防卫对象是其他都邑邦国，则说明当时中原地区已经进入普遍的竞争性冲突之中，说明整个中原社会进入了整合为更大的区域性国家（也就是史料所说的夏代王国）的前夜。这一时期，不少城址的祭祀坑或奠基坑中发现的杀殉现象和武器尤其是箭镞的普遍增多，都说明存在一种相当紧张的社会关系和武力冲突。至于此种冲突究竟是来自于本政治实体还是来自于其他政治实体，或者是两者皆有，则无法通过现有的考古资料予以证明。

城邑具有区别社会成员身份及经济地位的作用，并在事实上巩固了城乡居民在身份地位上的差别。城的营建并非易事，城中居民必然有使用城予以保护的特殊地位或特殊价值。越是早期的城，越是如此。龙山时代城中存在手工业生产（包括冶炼和制陶）的专门区域，可见这一时期的城不仅保护人，还保护当时最为先进也最为重要的生产部门。相较而言，农业因城的出现显示出地位的下降。

无论对城址性质及功能持何种观点，学者一般都认为龙山时代的城址在中原文明起源进程中有不言而喻的重要性。

考古发现龙山时代的城址，主要集中于黄河中下游地区。尤其是海岱地区、河南、山西南部一带的龙山城址，在中国文明与国家起源中有非常重要的研究价值。其中反映夏人踪迹和夏王朝遗迹的山西汾浍流域和河南颖河流域的龙山时代大型城址或聚落，都与文献所载夏朝或夏人有关。“夏商周断代工程”把夏王朝建立的年代定为公元前2070年左右，而这一时期就在考古学上的龙山时代末期。这说明，这些位于山西汾浍流域和河南颖河流域反映夏人文化的城址，在中国文明与国家起源中具有极为重要的历史地位及研究价值。而海岱地区与河南地缘相邻，年代相仿，与文献所载东夷与华夏文化的区别相吻合，却反映出不同的文化特质，尤其是海岱龙山文化城呈现出并不落后于河南龙山文化的繁荣景象。海岱龙山文化城址在中国文明与国家起源中的重要性自然也不言而喻。这正是本书将海岱地区、河南、山西南部龙山时期城址作为权力空间进行重点讨论的原因。

二、龙山城址的微观权力空间

（一）山东龙山文化城址

如前所述，山东龙山文化城址所知甚多且不断有新的发现。根据张学海的研究，如果按照城池的规模划分等级的话，龙山时代的城子崖、丁公、田旺、丹土、教场铺、景阳冈等几座古城均属一级城；边线王、尚庄、乐平铺、大尉、王集、王家庄、皇姑冢等则属二级城。他认为："一级龙山城不仅具有较大的规模，更主要的是它是一个龙山聚落群的中心。这种龙山聚落群当是一个龙山古国，有的或是一个部落。因而一级龙山城是古国的政治中心，具有'都城'的性质，或是部落和部落联盟的中心。"[72]张学海所谓"龙山古国"，源于苏秉琦的"古国"概念，是指跨越原始社会而进入最早国家阶段的政治实体，相当于王震中所说的"都邑邦国"。但也有不同看法，比如刘莉就认为龙山时代的这些政治实体依然是酋邦，只不过有些酋邦已经处于复杂酋邦的阶段罢了。[235]沈长云也认为龙山时代中国各地出现的由若干聚落结成的二级或三级聚落群结构属于酋邦组织。[236]此种争论广泛存在于学术界。本书认为，龙山时代的情况确实较为复杂，故不可一概而论。各地区聚落及聚落群的发展阶段应并不完全一致，有些聚落群应当已经进入了早期文明阶段，但也有相当数量的聚落群依然处于酋邦阶段（或称原始社会末期阶段）。如何理解文明与国家的起源，尤其是如何给国家下一个能够在考古学上予以观察的定义，实在是一件难以达成共识的事情。本书对此不作过多讨论。

另外需要一提的是山东临朐县西朱封龙山文化遗址。该遗址的规格等级极高，但至今却未能发现城墙及环壕，似乎是一座对内对外均不设防的高等级聚落。该遗址面积约 10 万平方米，包含大汶口文化、龙山文化、岳石文化以及商周、秦汉时期的遗迹和遗物，龙山文化墓地是该遗址的主体部分。西朱封遗址龙山文化堆积层中发现一批墓葬。大墓、小墓分区而葬、等级有别。大墓中出土大量种类丰富、制作精美的随葬品，而小墓中几乎没有随葬品，可见社会分化已经非常严重，并不是一个均等的社会。在已经发掘的 3 座大墓中，有 2 座是重椁单棺，有 1 座是一椁一棺。这三座大墓的棺椁上均有彩绘，随葬品极为丰富，包括大量陶器、部分玉器、石器、骨器、牙器和大量的绿松石，还有大量彩绘木器（仅剩残迹）。玉器中有象征王权的玉钺，绿松石则显示了死者在颈胸部位和腰腹部位佩戴着复杂的大型串饰，因此墓主极有可能是当地统治集团中兼具神权与兵权的首脑人物。在城邑勃兴的龙山时代，如此高等级的西朱封龙山文化遗址未见城墙和环壕的原因不得而知，是西朱封聚落当时并未实际营建城墙和环壕，还是西朱封聚落的城墙和环壕已经因某种特殊的原因湮没在历史的岁月之中？目前尚无法回答。

由于山东境内的龙山文化城址较多，本书仅重点介绍具有代表性的四座，分别是城子崖、边线王、丁公、景阳冈。

1. 山东寿光边线王龙山文化城址

边线王龙山文化城位于山东寿光县孙家集镇边线王村，发现于 1984 年。该城分为前后相续的大小两个城。其中小城的绝对年代距今 3700 年前后，大城的绝对年代距今 3800 年前后。两城虽同属龙山文化时代，但因存在大城基址叠压小城基址的情况，可知大城建于小城之后。

边线王大城单面城墙边长约 240 米，总体面积近 57000 平方米。城中居民人数约为 1471 ~ 1839 人。[56] 该城四边城墙的正中各有一道宽 10 米的大门。城墙的筑法采用先挖基槽，逐层填土夯实，而后在上筑墙的方法。基槽宽 7 ~ 8 米，深 5 ~ 7 米。可以想见当时城墙的雄壮。如此雄壮的城墙反映了抵御强大外敌的功能。

边线王城周围是瀰河冲积平原。边线王城址就位于两条古河道之间的高埠上。城堡周围孙家集、胡营两个乡镇之内发现有重要遗址 50 多处，自北辛文化至大汶口文化、龙山文化、岳石文化到商周文化，历时千余年连绵不断。可见此处在龙山时期农业文化已相当繁荣。这与其所处地理位置与自然条件的优越紧密相关。龙山时代，边线王城与周边聚落之间应存在一种不平等的主从关系。该城应属调集周边数十聚落之人力修筑而成。至于边线王城的功能，是防御外敌还是隔离城堡主人与所辖周边村落之间的等级关系，或兼而有之，目前难以定论。

杜在忠对边线王城的定性是："实施此浩大工程所需人力物力也不是某个氏族或部落能解决的，它必须有一个凌驾于氏族之上的权力机构，驱使千万人群，作通力协作；城堡矗立在众村落之间，它脱胎于旧的氏族，又高居于村落之上，在政治、宗教、经济、军事等诸方面有了新的内涵。在这一历史演进过程中，氏族内部急剧变化。主要为私人财富的增加，氏族内和不同氏族、部落间进行无休止的奴役、掠夺和惨杀等。基于这一历史现实，必需把社会纳入强化秩序之中。社会上层的最高权力者成了社会意志的代表者，他与他们的上层人群首先进入高耸的城堡。"[237]他的这一观点基本反映了史学界对整个龙山时代社会状况的通常认识。根据栾丰实等人的研究，鲁北地区东起边线王，经田旺、丁公，西到城子崖，四个龙山城址分布有序，相互之间直线距离在50公里左右。每个城址控制的地盘在方圆百里上下。[238]在这样一个面积的地域范围内，在当时的生产力水平下，能够容纳的人口数量是有限的，能够调动修筑浩大城址工程的人力也是有限的。这样一项工程的实施，如无特殊的必要及强力的意志推动，怕是难以实现的。

2. 山东章丘龙山镇城子崖龙山文化城址

城子崖龙山文化遗址位于山东章丘县龙山镇东侧武源河边的一个台地上。遗址中有一座保存较好的城址，整体而言该城址呈长方形，北垣呈弧形外凸，其余三面平直。城垣南北最长处约540米，东西长约455米，面积约20余万平方米。龙山文化城位于城子崖遗址下层，该遗址的中层为岳石文化城，上层为春秋时期古城。可知城子崖古城最早建于龙山文化时期。而之后很长时间内，该地均被稳定地作为城邑所在之地使用。有专家推算，当时城内居民在5161～6451人之间。[56]如果推算合理，可知城子崖龙山古城中的居民人数相当密集。目前，城子崖龙山城址中发现存在南北两门，两门之间有道路连接，门边道路两旁有门房类建筑遗迹。东西两面临河而建，未发现城门遗迹。

城子崖遗址周边区域内仅章丘境内东西50公里、南北40公里的范围内就发现龙山文化遗址40余处，而周围则是宽阔的空白地及山地，存在明显的聚落群边界。张学海认为，城子崖一带的众多聚落遗址显示出存在聚落群关系的明显特征，其群内聚落围绕城子崖已经形成一个"都、邑、聚"三级聚落的金字塔形等级社会，城乡分离格局清晰，领土范围明确，已经达到龙山古国的标准，而城子崖龙山文化古城就是该古国的都城。[71]

种种迹象表明，城子崖龙山古城内有环城路。城垣北部外凸部分的地下有大型建筑基址，城内也多见房址和灰坑。作为一座龙山时期的古国都城，城子崖龙山古城所展现的权力空间，是以大型城址所构建的与周边分层聚落的“都、邑、聚”空间关联为外部表现形态的主体定位，以及城内统一的规划分区所显示的权力存在。至于城内权力空间的具体体现，则以大型建筑基址的存在，反映出超越在普通民居之上的空间需求。这种空间需求正是权力运作的空间需求，是权力集中展现的象征性建筑和权力实际运行的舞台。此种权力并非仅仅是权力行使者单纯对城内居民行使权力的空间，也是在“都、邑、聚”三级聚落政治格局中，体现并维护权力从属关系的核心空间。

3. 山东邹平县苑城乡丁公村龙山文化城址

丁公遗址处于鲁北平原南部的山前平原上，位于山东邹平县苑城乡丁公村，其西 800 米有孝妇河自南向北流入小清河。遗址总面积约 16 万平方米。据专家推算，龙山时代城内居民人数为 2580 ~ 3226 人。[56]其正式发掘共有五次。1985 年试掘，发现少量房址和灰坑及陶器等遗物。1987 年、1989 年的第二、第三次发掘主要在遗址西北部的Ⅱ区和东南部的Ⅳ区内进行。两次发掘共开 5 × 5 平方米探方 42 个，连同扩方，实际发掘面积近 1000 平方米。清理不同时期的房址、水井、陶窑、灰坑、墓葬等各类遗迹，获陶器、石器、骨角器、蚌器、铜器等近 3000 件，其中可复原陶器约 700 余件，可见埋藏文化遗址及遗物的丰富程度。其中龙山时期房址 20 余座，大多被打破，残损严重。房址以地面式为主，也有半地穴式，形制上绝大多数为方形或长方形，未见有大型建筑基址。龙山时期灰坑 500 余个，普遍存在于发掘区内，大多属一般性垃圾坑，也有经特殊处理的祭祀坑。灰坑中的主要内容物为陶器碎片，也有兽骨与蚌壳等物。龙山时期墓葬 20 座，大多有木质葬具，但大多无随葬品。出土龙山时代遗物均为陶器，报告中未述及存在其他器物。[239]在 1991—1992 年的第四、第五次发掘中，则发现了丁公龙山文化城址，同时也发现了著名的丁公陶文，但发掘报告未对城址情况做进一步介绍。[238]另外，参与两次发掘并作为报告人之一的许宏在讨论丁公陶文时，顺带述及丁公城址的相关情况。他说：“经勘探和发掘初步查明，丁公龙山文化城垣平面略呈方形，城内面积约 10 万平方米，城墙宽约 20 米，残高 1.5 ~ 2 米，夯土筑成。城墙外有宽 20 米的壕沟，沟底距城内地面的深度达 3 米以上。城墙经多次修补，壕沟也经清淤和加宽。联系到城内龙山文化不同阶段遗迹、遗物的大量发现，可知丁公城址的龙山文化延续时间较长，基本上涵盖了龙山文化的全过程，绝对年代约当距今 4600—4000 年之间。”[240]

除此之外，有关丁公城址内的其他详细信息依然未见公布。但仅从城墙的规模即可知道该城的雄伟宏阔，营建此类城池显然并非几个周边聚落就能完成，而是必须调动数十个聚落的大量青壮年劳动力，耗费大量时间才能完成。这也反映了规划建城的当权者拥有强大的社会调动能力及组织掌控能力，而简单的分层社会无法承担如此浩大的基建工程。所以拥有此种权力必然是在社会分层和分工已经相当成熟之后才有可能。因此丁公古城与周边聚落之间也必然存在“都、邑、聚”的金字塔形等级结构。权力场在这样一个等级结构中的运作模式涉及的因素必然也是复杂的。

另外需要一提的是，丁公遗址中出土的丁公陶文是令考古界和史学界倍感兴奋和困惑、充满争议的龙山文化遗物。发掘简报说：“龙山文化刻字陶片出自探沟 50 的 H1235 之中，是在室内整理时，由协助工作的民工发现的。随后，我们对 H1235 的层位关系，出土遗物以及相关遗迹的遗物，进行过认真、严格、仔细的核对。并在现有条件下，进行了鉴定与分析，其可靠性是可以确认的。”曹定云则认为丁公陶文不可能是龙山时代的产物，极有可能是近代或现代的产物，最乐观也是汉代之后的产物。[241]但王恩田认为丁公陶文真实可信，并认为其“似应属东夷文化系统的文字”[242]。方酉生更是认为丁公陶文真实可信，并多次撰文予以证明。[243,244]另外，下面将要介绍的景阳冈龙山文化城址和河南的部分龙山文化城址中都有零星的刻字（刻符）陶片发现。符号或文字的使用在当时的社会条件下应与一般社会成员的日常生活无关，而属特定阶层专属的社会文化现象，比如巫觋的宗教活动、商人的商业记录或税收等社会管理者的管理活动等。这一点即便到商代也表现得非常明显，龙山时代就更不用说了。因此，文字或符号的发现，可以在某种程度上作为判断社会存在分层、分工以及社会及经济管理的依据。

4. 山东景阳冈龙山文化城址

景阳冈龙山文化城址位于鲁西北黄河冲积平原阳谷县张秋镇景阳冈

村，西北距阳谷县城17公里，南距黄河约4公里。

根据发掘报告，景阳冈龙山城址平面略呈圆角长方形，长约1150米，宽300～400米，包括城墙在内，总面积约38万平方米，是山东、河南一带目前已发现的龙山城址中规模最大的一座。该城址城墙顶部宽10.5～12.5米、下部宽19～20.5米、残高2～3米。发掘有十组夯土叠压，说明城墙系多次修筑而成。城内发现大、小台基2座。大台基位于城址南部，平面略呈圆角长方形，方向与城墙一致。南北长约520米，两端宽175米，面积9万余平方米，几乎占到整个城邑内部面积的1/4。该台基的台面至台基高5米，系分层夯筑而成。小台基位于大台基北面15米远处，平面略呈方形，面积应在1万平方米以上，已发现残存三级台阶，台阶上有多处祭祀坑并内含诸多遗物。[245]据张学海推测，景阳冈龙山文化城址中的大台基是一处大型宫室类建筑基址，也就是该城的权力核心所在。小台基中部较高，建成时至少有三级以上台阶，台阶上发现的灰坑中发现有完整的羊骨架、完整的牛骨架、人头骨、器型宏大的龙山陶器等遗物，故应属祭祀活动遗迹。小台基中部未见灰坑打破，应建有大型建筑。总体而言，小台基应是一处大型宗教祭祀场所。[72]

景阳冈龙山城址城内出土遗物有陶器、石器、骨器、蚌器等。其中陶器为罐、盆、盒、甗、鬶、豆、杯、纺轮等生活生产用具，以及少量刻字陶片；另有骨、蚌、角、石器若干，以镞、锥最多，还有针、凿、刀、戈等器物。[245]总体来看，城址内出土遗物主要是生产、生活用具，兼有少量武器（或狩猎工具），暗示了城内居民已经脱离农业生产。

通过以上分析可知，景阳冈龙山城址应是一处邦国之都邑，具有非常明显的宗教、政治、文化功能。内部规划极为特殊，城址中部存在南北两个台基，大台基占据整个城址的1/4面积，是最高统治者的宫殿，是权力的中心；小台基也有1万平米之大，其上是宏大的宗教活动场所，是宗教的中心。居住在这座城址中的人，当然是该邦国最高宗教政治领袖及高等级贵族。

值得注意的是，景阳冈龙山城址周边还有两座规模相对较小的龙山城址——皇姑冢、王家庄。皇姑冢位于景阳冈西南8千米，面积6万平方米；王家庄位于景阳冈东北10千米，面积4万平方米。三座城周边各自所领数量不一的大小聚落，共同形成一种“都、邑、聚”的聚落群结构。[246]因此皇姑冢、王家庄应属景阳冈都邑所辖二级权力中心，是龙山时代景阳冈都邑控制周边地区的权力工具。

（二）河南龙山文化城址

河南省已发现的龙山城址包括安阳后岗、辉县孟庄、濮阳戚城、博爱西金城、温县徐堡、新密古城寨、新砦、登封王城岗、平顶山蒲城店、郾城郝家台、淮阳平粮台等。这些城址的兴建和废弃时间基本一致。[247]

河南龙山文化与山东龙山文化有较大差异，且至少能被划分为五种类型。当然，其遗址的分布也颇为密集。根据梁思永的描述，安阳城区四围洹河沿岸15华里的一个地段就有19个居集区[248]，可见这些空间上较为临近的村落之间存在一种较为平和的相邻关系，这与整个龙山时代城池林立、刀戈相向的印象有较大差异。可能说明在以城市为核心的国家力量的保护和管控下，相邻的村庄之间形成了较为稳定的政治秩序。战争主要不是在村庄这种级别上发生，而是在更高的政治级别上发生。这也证明了社会的整合已经发展到一定的高度。

另外值得思考的一个问题是，在河南龙山文化遗址中发现成年人墓葬极少，目前所知仅在后岗、王湾、锉李等遗址中有少量发现，且基本上都无随葬品，并未显示出明显的阶级分化和财富向少数人的高度集中。是什么原因导致此种现象的出现，需要进一步研究。与此相关的是，河南的龙山文化城址无一处在城址弃用后即聚落搬迁、文化中断。而另一方面，河南龙山文化古城多属河南龙山文化中晚期，早期和末期城址极少。而且这些曾经营建并使用的古城的使用时间又都比较短，基本上都是仅使用一期就废弃。高江涛认为，“河南龙山文化城址存在时间短，恰恰说明了河南龙山文化中晚期社会的不稳定，反映了战争的频繁和社会内部矛盾的激化”。[249]本书认为，以上现象可能与龙山时代河南地理范围在基本相同的一个时期内出现剧烈的武装冲突，并在冲突之后完成了政权的整合并实现了较为统一的统治秩序有关。也就是说，这些城址因战争而兴建，亦因战争的结束而废弃。魏兴涛进一步认为：“通过观察发现这些龙山城址营建与废弃的时间基本一致，且延用的时间比较短暂，使用期伴出有较多海岱地区典型龙山文化和江汉区石家河文化的器物。史前大的集团或文化区之间曾屡屡发生强烈的影响或碰撞。为了抵御来自其他集团尤其是东夷集团的侵袭，华夏集团的东部一带一定区域内的中心聚落或重要聚落就会筑城自卫，这可能就是中原龙山城址出现的具体背景或背景之一，而一旦威胁解除，这些城址就无存在必要，很快又弃之不用了。”[247]但包括赵辉、许宏在内的更多学者则认为，城址产生的主要原因是聚落群之间的紧张关系。许宏认为“这一时期在整个中原地区并没有发现超大规模的、具有跨区域影响力的中心聚落，没有显著的区域整合的迹象。由是，也就难以想象整个中原集团在其东部边境会组织起统一有效的防御系统”。[250]赵辉和魏峻则认为：“危险首先出现在规模和城址相当乃至更大且内部结构大致相同却无城垣建筑的附近村落之间的可能性甚大，而未必从一开始就来自距离更远的集团。只是随着在一系列冲突中某个聚落，譬如平粮台或古城寨最终取得了在整个聚落群中的支配地位后，越来越多的紧张关系才逐渐转移到更大的群体之间来了。这似乎是目前资料所见有关中原早期国家形成的方式。”[251]

本书重点分析王城岗、平粮台、古城寨、新砦四处龙山城址。

1. 河南登封王城岗龙山文化城址

河南登封王城岗龙山文化城址位于河南省嵩山南麓登封市告成镇西部，在颖河与五渡河交汇处的一处高岗台地上，分为大城和小城两部分。[252]

小城的年代上限不早于公元前2200—前2130年，下限不晚于公元前2100—前2055年。大城城墙的年代，上限不晚于公元前2100—前2055年或公元前2110—前2045年，下限不晚于公元前2070—前2030年或公元前2100—前2020年。由于发现大城城壕打破小城西侧城墙的地层关系，可知大城和小城并非同时建成，小城废弃后营建大城。小城始建于龙山一期偏晚，到龙山二期废弃。大城始建于龙山二期，使用至龙山三期偏早，到龙山三期偏晚时衰落。目前大城的北侧城壕保存较好，长约620米，北侧城墙则残长约350米，复原后长600米；西侧城壕及城墙均遭破坏，其中城壕残长约135米，复原后长600米，西侧城墙复原后长580米；东、南两侧利用自然河道作为城壕，东侧城墙复原后长580米，南侧城墙复原后长600米。复原后的城内总面积达34.8万平方米。

大城北部偏东处发现一处龙山文化晚期祭祀坑。坑内有一具儿童遗骨，人骨仰身躺在一堆陶器碎片及石器、骨器之上（以陶器为主）。但该骨骸的头骨颜面朝下，似与颈部脱离，左小腿腿骨与股骨脱离，右腿膝部外折，似在埋入祭祀坑时遭受严重的暴力击打。其身下所铺陶器碎片部分可以复原，证明是在埋入祭祀坑时被打碎。而小城内的祭祀坑更加密集，共计发现13个，每个坑内都有人类遗骸，最少的1具，最多的7具。人骨上下叠压，姿态各异，或俯身或仰身，有极为明显的因活埋而挣扎痕迹，甚至有的四肢分离、身首异处，显属非正常死亡。根据祭祀坑之间存在地层打破关系，可知这些祭祀行为存在时间上的明显差异。可以排除坑中死者是小城在遭遇屠城毁灭事件中被杀的可能。这也就意味着大城和小城的关系应是当地文化自然发展的结果。也有学者认为，大城对小城部分城墙的打破并不意味着两者之间存在先后关系，并提出两者是同期建筑的观点，认为小城是大城的一个组成部分，是大城的宗庙祭祀区。[253]

另外，小城中西部和西北部发现多处大型夯土基址，可能是小城时期的重要建筑区；大城中也发现有几块面积大小不一的夯土基址，均位于大城中轴线上（分别是北部正中、正中和南部偏中位置），推测可能是公共活动中心或宫殿、宗庙类礼制建筑的基址。其中位于大城北部正中位置的一块夯土基址的面积最大，南北长50米，东西宽30米，应属与该城最高权力相关的重要建筑基址。至于城内居住区、墓葬区、作坊区等的分布情况，目前尚不清楚。

王城岗古城出土遗物中包含有在中原地区龙山时代较为罕见的玉琮、绿松石器和白陶等高等级器物，说明王城岗并非普通城邑。方燕明更是认为王城岗龙山文化晚期大城的性质应判定为国家雏形的政治实体之中心所在。[254]尤其是考虑到在距离王城岗遗址38公里左右的颍河下游，还有一个与王城岗规模不相上下的禹州瓦店遗址，而且两者所代表的聚落群之间的文化类型存在明显差异，再加之两个聚落群之间存在明显的边界空白区域，似可判断王城岗与瓦店分属两个不同的政治实体，且两者之间存在一定的紧张关系。其中王城岗聚落群的文化类型显示出强烈的本地特征，而瓦店则显示出受到东方海岱龙山文化和南方石家河文化的强烈影响。这说明王城岗在中原龙山古国中有着比瓦店更加稳定的地缘政治地位。这在某种程度上也许与其拥有城墙的保护有关。

2. 河南淮阳县平粮台龙山文化城址

平粮台古称宛丘，在今淮阳县城东南4公里处的大连乡大朱村南。许宏将其形象地称为“贵族社区”。[255]

平粮台古城城址平面呈正方形，面积 5 万多平方米。其长、宽均为 185 米，城址虽然不大，但是城墙顶部宽 8 ~ 10 米，底部宽约 13 米，残高 3 米多，气势相当雄伟。在南城墙和北城墙的中部，发现有城门缺口和路土。南城门东西两侧有门卫房，门道路土下铺设有陶水管道组成的排水系统，可见该城邑应有较高等级的居住要求，非一般意义上的防卫性城堡或普通的居住聚落。城中功能分区极为明显。在城内西南角、东北角、东部偏南三处远离居住区的城墙脚下，各发现一座陶窑。城中遗物中还发现有铜渣。从发现陶窑和铜渣来看，城内有制陶和冶铜的作坊，可知制陶业及冶铜业应是受到平粮台古城保护的重点产业。另外，在平粮台龙山文化城址中多处发现祭祀现象。其中平粮台 1 号房基下的灰坑底部有陶器和小孩骨骼，20 号房基外的西南角埋有 1 人、室内东北角埋有 3 人，城西南拐角处内侧一个灰坑中有一大一小共两具完整的牛骨架。[253] 以上情况说明，平粮台应是一处享有较高特权的地方。

由于平粮台城址规模相对较小，所能容纳人口有限，专家推测当时平粮台城内的居民可能在 800 ~ 2000 人。[56] 据此，美国加州大学洛杉矶分校的罗泰教授推测，营建平粮台龙山古城是贵族阶层将自身及其活动从与大众的冲突中分离出来的方法，而供养着这些贵族的大多数低等级人口应另有居住之所。[256] 这就意味着平粮台必然要和周边一定范围内的聚落之间构成一个等级分明的聚落群，并居于这个聚落群的顶端。

平粮台城内发掘房基 10 多座，多为长方形排房，有的是平地起建，有的是夯土高台建筑。其中的一座房基 F（4）有高 0. 72 米的夯土台基，房基东西残长 15 米多，南北宽 5. 7 米，中间有三道土坯隔墙，构成四间一组的建筑，现存面积达 85. 5 平方米。罗泰认为："这样的建筑尽管以现代的标准来看较为普通，但是与当时占主流的半地下式房屋相比，它们可以说相当壮观。以这样的方式建造的建筑可能是贵族的住所，或者是祭祀祖先的宗教活动场所，也可能二者兼而有之。"[256] 确实如此，这处台基房址在面积只有 5 万多平方米的古城中，已经显得格外宽大。郑清森则认定此处高台建筑是城址中的宫殿建筑，"它的居住者不是一般的城中居民，而应是该城中享受最高权力的部落首领或统治者"。[257] 高台建筑的营建确非偶然，它与周边平地起建或半地穴起建的小型建筑之间存在的这种明显的空间差异，不仅是经济实力的体现，更是地位和权力的象征。

以上情况表明，平粮台龙山古城是一个典型意义上的城市，是社会严重分化的结果，城中保护的不仅是社会上层权贵，而且还包括当时最为重要的垄断性生产部门。也就是说，该城应是当地政权的政治、宗教中心，并可能有专门服务于城中贵族的陶器和铜器制作工业，当然也不排除其手工业生产具有垄断性经济及商业功能。

3. 河南新密市古城寨龙山文化城址

古城寨遗址位于河南省新密市与新郑市交界处，在新密市东南35千米的曲梁乡大樊庄村古城寨村民组周围。遗址规模宏大，城墙高大雄伟。城内地面高于溱水河床10米，高于周围地面2~5米。

河南新密市古城寨龙山文化城址位于古城寨遗址的中心区，平面呈长方形。其南墙西临溱水，向东与东墙南端相连。北墙西临溱水，东接东城墙北段。在南北两城墙的中部，有相对的城门缺口。东城墙是三面墙中保存最好的，无一处断缺。根据报告者提供数据可知，该城址“北墙地下基础长500米，基础宽42.6~53.4米；地上墙底宽12~22米，顶宽1~5米，墙长460米，墙高7~16.5米。南墙地下基础长500米，基础宽42.6~62.6米；地上墙底宽9.4~40米，顶宽1~7米，墙长460米，墙高5~15米。东墙地下基础长353米，基础宽85.4~102米；地上墙底宽36~40米，墙长345米，墙高13.8~15米。西墙的复原长度370米”。[258]城内面积17.65万平方米，城内外新石器时代遗址总面积27.65万平方米。

城址中所见文化内涵表明，该城址自龙山文化时期开始使用，延续到汉代。城址内发掘有龙山文化大型夯土建筑基址F1及同时的大型廊庑建筑F4和其他建筑的部分墙基、磉墩、柱础石和柱洞等，属一处完整的大型夯土建筑基址，总面积应在2000平方米以上，其中主要建筑基址F1为南北长方形夯筑高台建筑，坐西朝东，内径南北长28.4米，东西宽13.5米，面积383.4平方米。其南、北、东三面皆有回廊，保存基本完整。此处夯土建筑基址上南北排着六排柱洞或磉墩。根据蔡全法等人判断，夯土建筑基址F1当为古城寨龙山文化城址中的宫殿建筑，而廊庑基址F4亦当为古城寨龙山文化城址中宫殿建筑的一部分。[258]杜金鹏更是进一步认为：“F1的体量十分庞大，现有遗迹说明其室内空间相当空旷，并无堂室分割现象，因此基本具备了主体殿堂的要素，应该是一座以适合举行重要集体活动为目的的公共建筑，更进一步说，可能是该城最高统治者的施政场所，是龙山时代的原始宫殿。”[259]而 F4 则因过于狭长，且开口朝外，杜金鹏判断是对 F1 的屏蔽设施，与夏商宫殿建筑中的廊庑性质相同。对于这处被认为是宫殿性质的大型建筑，杜金鹏认为可以作为判断古城寨时期已经进入文明阶段的标志。他说：“宫殿建筑的出现，应该作为人类社会的文明标志之一。因此，古城寨原始宫殿建筑的出现，标志着当地居民已经迈入文明社会的门槛。或说，坐在这个殿堂里的人们，已经沐浴在文明的曙光中。”[259]

总体而言，此城墙高池深，有显著的封闭性，具有强烈的军事色彩。城内大型宫殿建筑和作为宫殿配套部分的廊庑建筑方向与城墙十分一致，夯层与夯窝非常统一，显示出该城在修筑时是经过统一规划、精心设计、严格监督施工完成的。尤其是其整体的宫殿建筑群，显然是二里头文化宫殿基址和廊庑基址的源头，也是郑州商城宫殿布局的先河。这样一座城邑以及城内建筑，只有以财富的高度集中而形成的雄厚的生产生活资料为基础，在绝对权威的行政管理集团统一指挥调度下，采用极为严密的组织方式，执行极为严苛的纪律要求，并自由调配大批可供驱使的剩余劳动力，才有可能建成。因此，它是财富与权力的象征，也是维护财富与权力的手段。

另外，古城寨龙山文化城址中还发现有做工精细、世所罕见的施釉陶器，以及卜骨、玉环、刻符陶器等珍贵文物。施釉陶器残片的发现，反映出当地制陶技术已经超越了普通制陶业所处的历史水平，进入了向陶瓷迈进的阶段。而出土特殊形制的厚胎陶缸残片，则被专家认为是熔铜炉的残片，并证明古城寨存在较为发达的熔铜业。而直接用火施灼的卜骨主要是羊肩胛骨，说明当地存在与殷商占卜文化同源的上层宗教活动。[260]先进的陶瓷技术及当时应属新兴产业的熔铜冶铜业的存在，说明古城寨在技术及经济领域的特殊地位。总之，古城寨发现的这些重要遗物，都在一定程度上反映出古城寨拥有超出周边城邑及聚落的地位等级。古城寨城址之外也发现有龙山时代遗址，其中城北不远处的龙山文化遗址面积达 30 余万平方米，而东护城河以东鲍家村以西的台地上也是龙山文化遗址，但是由于早年平整土地，其中心区仅存 14000 平方米，导致目前无法评估遗址详情。

另外需要指出的是，古城寨龙山文化中出土石器极少，生产工具更是罕见。对此，蔡全法认为：“古城寨城址中生产工具极为稀少，可能与这里所居住的大部分人都不是一般的劳动者有关。”[260]这说明，城市的出现绝非聚落自然演化的结果，而是当存在相互关联的一批聚落均发生了阶层分化之后，这些聚落中的贵族为确保自身人身及财产安全、保护为之提供服务的特殊经济部门及经济利益，而共同规划、营建的结果。而非当一个聚落自然发展为城邑之后，再将其中的农业人口逐渐排除出去或改变其经济地位及身份。在商周之后，城邑，尤其是都城中存在不同阶层的情况，在龙山时代的邦国都邑中，或二级城邑中，应当都是不存在的。但是城址周围至今没有发现墓地。那么城中这些高等级社会成员的墓葬都去哪里了？这依然是一个谜。

同样令人费解的是，虽然古城寨龙山文化城址拥有如此高的等级和如此重要的地位，但它却在使用不久之后即遭废毁。因无文字记载，废毁的原因不得而知。距其仅有 7.5 千米左右的新砦，却同时兴起了一座史无前例的大邑。这就是我们下面要介绍的新砦文化城址。之所以将其称为新砦文化城址而不称为新砦龙山文化城址，是因为这座城址崛起于龙山文化晚期，并一直沿用到二里头文化一期时代，是我国夏代早期的一座具有都城性质的大邑。

4. 河南省新密市新砦文化城址（龙山文化至二里头文化）

河南省新密市新砦遗址位于河南省新密市（原密县）东南刘寨乡新砦村西北台地上。该城址横跨龙山文化晚期和二里头文化一期，时间较长，与当时中原地区各城址均短期普遍衰落或废毁的局面形成鲜明对照。

据马世之介绍，该城址由外壕、城垣、内壕三部分组成。城址现仅存东、西、北三面城垣，其中东城垣南北残存 160 米，西城垣南北残存 470 米，北城垣现存 924 米。城垣之外有城壕环绕。[261]城址发掘人认为：“按照复原面积计算新砦城墙内面积约为 70 万平方米。如果将外壕与城墙之间的占地面积也计算在内，新砦城址的总面积将达到 100 万平方米左右。”[262]显然这是一处规模庞大、史无前例的史前城址。但对城址中所谓的“城垣”，有不同观点存在。比如许宏就坚信“迄今为止，还没有证据证明新砦遗址有高出地面的城墙存在。就现有材料看，当时的新砦遗址应是一处大型环壕聚落”。[250]在他看来，位于外壕和中壕之间断断续续的带状夯土遗存并非城垣，它们位于壕沟之内，远低于当时的地面，且夯层多向外倾斜，不是营造城墙的夯筑方式，因此推测其是防止壕沟壁坍塌所实施的加固处理措施。但无论是有壕有垣，还是有壕无垣，都不影响我们将新砦视为一座史前大型设防聚落，本质上，它还是具有城邑的功能和性质，称其为城，亦无不可。

新砦古城在中国史前社会进化历程中具有里程碑性质。许宏指出："新砦大邑走向兴盛时，其他龙山城邑已经衰落甚至废弃；至其全盛时，后者已全部退出历史舞台。可以说，新砦大型设防聚落的出现，给数百年来中原地区城邑林立的斗争史画上了一个句号，表明较大范围内社会集团间的整合历程已拉开序幕。"[263]要理解新砦古城缺乏城墙保护的现象，可以从它之后的二里头都邑同样无城墙的现象去理解。二里头时代，较为独立的社会实体在空间上也不再像龙山时代那样密集，而是出现了一些动辄就高达100万~300万平方米面积的大型聚落，各地普遍筑城的现象早已被摒弃。这说明，二里头时期与龙山时期相比，整个中原地区的政治格局发生了根本性变化，广域王权国家已经诞生。因此反观二里头之前至龙山时代早、中期各地普遍筑城的现象，可以看到，新砦古城的兴盛时间，恰恰是从城邦林立向万邦归一迈进的最后阶段，因此可以认为，新砦古城的时代，周边较大范围内曾经存在的较小政治实体之间的地缘冲突已经基本结束，经过震荡整合之后，取而代之的是在较大区域内形成了比较稳定的更大的政治实体，新砦作为这种政治实体的中心，已经不存在龙山时代那种高度紧张的设防需要，不再需要通过城池防御地缘之间的军事冲突。也就是说，广域王权国家二里头的"大都无城"现象，在新砦古城中已经初步显现。

新砦古城的中心区还有一个内城，被西、北、东三面内壕环绕围护。该内城的北内壕东西长约300米；东、西内壕南部均遭破坏，长度不明；西内壕中部发现有缺口，应为出入门道。保守估计，该内城面积当在6万平方米以上。它不仅在空间上因占据整个古城的核心而显示出不同寻常的重要地位，而且在新砦古城中发掘的高规格遗物也都是出自这片核心区内。所以新砦古城内壕之内这6万平方米的空间很有可能就是该城高级贵族的居住区，甚至就是当时的宫殿区。也就是说，新砦古城内壕，其功能就是为了在空间上区别城内高等级贵族与其他居民，所以具有如二里头遗址宫城一样的性质。而这一区域内发现的高等级建筑基址，就位于内壕中心区稍偏北的位置，现存东西长99.2米，南北宽14.5米，总面积达1000

多平方米。[264]关于这个建筑基址的性质，可能是大型祭祀场所。因为在基址的边缘部位没有发现大型建筑通常都有的柱洞，在基址的主体范围之内也没有发现柱洞，内部未发现存在隔墙之类的遗迹，可见在这么大面积的建筑中并无承重结构，说明很有可能是一处大型的浅穴式露天活动场所。发掘报告说："2002 年发现的位于遗址中心区的大型建筑，经 2003、2004 年的持续发掘和 2005 年春季的解剖，目前已基本可以肯定这是一处新砦期晚段的多次使用的大型浅穴式露天活动场所。其规模宏大，居于同时期同类建筑之首。它的发现对于探索新砦城址中心区的建筑布局、判定新砦遗址的性质、研究华夏文明的起源均具有十分重要的意义。"至于该露天活动场所的性质，报告人推测是与祭祀活动有关，并进一步猜测可能是"坎""墠"等祭祀场所[265]周书灿也认为该大型祭祀场所的功能是祭祀，并认可该场所承载着"坎"的祭祀功能，但不认可该场所具有"墠"的祭祀功能。[266]此种分歧并不影响我们对该露天活动场所是祭祀场所的基本判断。另外，在该浅穴式露天祭祀活动场所的南北两侧，尤其是南侧，已经发现有大量红烧土和多层垫土层等建筑遗迹，并已发掘出一座面积较大的地面建筑，说明此处可能是大型的宗教活动中心或者集宫殿及宗庙为一体的权力中心。由此可知，新砦遗址拥有大型宫殿式建筑和高等级宗教活动空间，是一处典型的宗教、政治中心。

另外，在新砦内城发现的高规格遗物，包括青铜容器残片、刻有龙首纹样的陶器器盖、刻有龙身纹的陶器圈足等，对我们认识新砦古城的性质及地位也有重要价值。如 1999 年新砦内壕以内台基上出土新砦期两块陶器残片。其中一块属器物圈足的陶片，绘有连续卷曲的龙身纹样。另一块属黑色器盖的陶片，上刻兽面纹样，与二里头出土的大型绿松石龙形摆塑的头部几乎完全一致，故李丽娜判断其应是一龙形的头部[267]。龙是中国文化中的至尊象征，从其形象诞生之日起，就与某种至上的权力紧密相联。无论是在红山文化中、良渚文化中还是在二里头文化中，皆为如此。新砦陶器上刻绘龙首、龙身，意味着使用这种器物的人拥有神权与君权兼而有之的至上地位。又如 2000 年新砦内壕以内出土的一件残长 8 厘米多的铜片，经分析测定，该铜片乃红铜铸造而成。[268]据许宏猜测，该铜片是酒器铜鬶或铜盉的流部。[250]如果这一猜测成立，则在新砦不仅出现了铜器，还是以酒器的形式出现，则说明其拥有礼器性质。结合以上情况，考虑到新砦城址在与周边城乡分化明显的聚落群中明显居于最高等级的核心地位，社会经济高度发展，手工业发达，其自身又拥有外壕、城壕、内壕三重防御设施，城内布局科学合理，中心区域大型夯土建筑类似宗庙建筑，四周有居民区、手工业作坊区，这一切都说明新砦当具有上承龙山时代晚期下启二里头文化早期在中原出现的雏形阶段的广域王权国家的都邑地位。

（三）山西陶寺都邑

陶寺龙山文化城址位于山西南部襄汾盆地，是重要的龙山文化晚期遗址，存在于距今4600—4000年前。该遗址主要包括早期小城和中期大城。早期小城的城址位于陶寺遗址东北部，中梁沟以东、南河以西、小南沟沟头以北范围内。南北长约1000米，东西宽约560米，周长约3600米，面积约56万平方米。中期城址套建在早期城址之外，城墙周长约7公里，墙体宽度应在8米左右，城墙圈围起的面积高达280万平方米。[269]这是目前所知中国史前城址中面积最大的超大型城址。这么大一座城，仅城墙营建所动用的人力、物力等资源就已经达到难以想象的程度。如此强大的社会动员能力和管理能力，以及如此庞大的城市所能容纳的人口数量，显示出这里存在着一个高度集权和富有的史前城邦国家。有学者据古史传说及《尧典》《史记》等文献，认为其为尧都平阳。[270]何驽更是认为，根据陶寺都城遗址的考古证据及考古指证的证据链，不仅可从多角度证明陶寺乃“尧都平阳”，还可证明陶寺就是最初的中国，而且尧舜禹传说时代是真实存在的信史，中国最早的国家社会不是夏朝，而是“帝尧邦国”，甚至更早。[108]王震中不仅认为陶寺是中国早期国家的典型，而且认可陶寺为尧都的观点。甚至认为尧不仅是邦国的邦君，还是族邦联盟或邦国联盟的盟主，是夏商周三代之王天下共主地位的前身。[106]但在无直接文字证明的情况下，将其与古史传说相比照，并从先秦“两汉”传世文献中搜寻证据去证明陶寺古城是某某古史传说中的人物所建某某国家的说法，均不能得到有效采信。故本书采取保守观点，仅就考古学所见事实，认为这里存在一个超大型的区域性权力中心，而不将其与任何古史传说与先秦文献材料相勾连。

陶寺遗址的权力空间除发现存在超大型城址外，还发现在城中存在象征权力的重要建筑，包括大型宫殿建筑及大型宗教建筑。下面予以简要介绍。

1. 高等级墓葬

陶寺城址早期墓地在遗址宫城以南600米，约占4万平方米，钻探估计墓葬近万座，实际发掘4926.76平方米，在发掘区内发现墓葬1379座，清理1309座。这些墓葬的等级分化极为严重。小型墓葬占绝大多数，墓坑仅能容身，墓中基本空无一物。[271]而已知高等级大墓发现9座，仅占总墓数的1.3%，而其墓主均为男性，可知陶寺社会已经是典型的男权社会。高等级大墓分为甲乙两种。其中甲种大墓5座，以M3015、M3016为代表，使用木棺，随葬品数量极多，可达一二百件，种类极为丰富，重要的如龙盘、鼍鼓、特磬、土鼓、彩绘陶器、玉（石）钺、成套石斧、石锛、石镞以及整猪骨架等，极为豪华奢侈。乙种大墓则以M2001为代表，与甲种大墓的主要区别在于随葬品中没有鼍鼓、特磬和土鼓。大型墓两侧往往分布有同时期的甲种中型墓，说明存在亲属关系。比如分布于M3002、M3016、M2001等大型墓左、右两侧的中型墓的墓主均为女性，应是大墓的妻妾。以M2001两侧的中型墓为例，死者分别是25岁和30~40岁的女性，应是大墓墓主的妻、妾。这种一夫多妻的并穴埋葬，说明最高等级的权贵人物拥有多妻特权。[272]

陶寺中期大城外侧东南部有一座由两道南城墙围成的小城，面积约10万平方米，城内主要遗迹为一处陶寺文化中期王族贵族墓地和观象祭祀台。2002年，中期王族墓地中清理了一座王级大墓IIM22。[273]该墓随葬品分为三个部分：第一部分是棺内随葬品，包括绿松石饰件、玉钺碎块、小玉璜、木柄、子安贝等46件随葬品；第二部分是打破IIM22的扰坑IIH16中扰出来的棺内随葬品，包括玉钺、玉钺残块、绿松石等20件；第三部分是放置在墓室中未扰动的随葬品，共有72件（套），包括彩绘陶器8件、玉石器18件套、骨镞8组、漆木器25件（不包括6件玉石钺的漆木柄）、红彩草编物2件及对剖的猪10头、公猪下颌1件。其中石器中有大厨刀4柄、木器中有素面木案板7块；兵器有玉钺5件、玉戚1件、骨镞7组，木弓2张。

无论是早期大墓还是中期大墓，随葬品均极为丰富，礼器组合种类齐全，食器、酒器、乐器等各类随葬品都是成套出现，有非常严格的体制。随葬品主要由彩绘陶器、彩绘木器、成组的玉器和石器，以及鼍鼓、特磬和专门用于祭祀的彩绘大龙盘等组成。以鼍鼓、特磬为例，它们在陶寺大墓中的配置规格一般是每墓配鼍鼓 2 件、特磬 1 件。这两种特殊的乐器即便在商代也是王室庙堂使用的礼制重器，是王权的象征，而非一般贵族可用。安阳殷墟王墓中曾有出土。[274] 另外，《诗经·大雅》中有“鼍鼓逢逢”之句，《诗经·商颂》中有“依我磬声”之句，也是这两种乐器乃庙堂重器的佐证。陶寺出土鼍鼓与特磬，说明商周时期的庙堂重器，与龙山时代的陶寺有直接的渊源。而出土于陶寺几座大型高等级墓葬中的龙盘，更是特定身份的象征，因为即便是在这几座出土龙盘的高等级墓葬中，也不过是每座墓葬仅配 1 件龙盘，可见其有特殊内涵。

2. 陶寺的宫殿建筑群

陶寺宫城遗址是目前考古发现的中国最早的宫城遗址，呈长方形，东西长约 470 米，南北宽约 270 米，面积约 13 万平方米，建筑走向与陶寺大城基本一致。[275]

陶寺宫城的东南端编号为 I FJT3 的大型夯土基址，是一个超大型殿堂式建筑的遗迹。它的存在时间应为陶寺文化中期。但该建筑原地表以上部分的夯土皆于陶寺文化晚期夷平。根据报告者的描述，该建筑基址的“基坑形状大致呈正方形，边长约 100 米，总面积约 1 万余平方米”。[276] 由于在该主体殿堂柱网遗迹北侧约 16 米处的探方里还发现两个柱坑以及柱础石，可以肯定与本次完整揭露出的殿堂柱网不属于同一个系统，这预示着 I FJT3 基址之上可能不只一个殿堂建筑单元，也许应有成组的建筑。何驽判断：“陶寺城址内大型夯土基址 I FJT3 及其上主体殿堂柱网遗迹的发现，以其一万余平方米宏大的台基基础、直径达 0.5 米的粗大柱洞，确证了陶寺城址宫殿区以及宫殿建筑的存在。”[276] 另外，在 I FJT3 基址的东南侧、西侧还各有一片夯土基址，面积 1000 ~ 2000 平方米，也属陶寺文化中期。I FJT3 西北部还有一片陶寺文化晚期的夯土基址，面积 2000 余平方米。I FJT3 东南边缘上，又有一道陶寺文化晚期的夯土墙基，墙宽 1.5 米。而且在该宫殿核心建筑区北口，又发掘了夯土台阶 I FJT2，台阶面宽 7.9 米，纵深 7.5 米，南高 5.8 米，北高 0.6 米，台阶顶部用 12 块大小不等的夯土版块垒筑建成，长 0.75 ~ 1.35 米，宽 0.5 ~ 1 米，高 0.7 ~ 0.8 米，气势恢弘，直通宫殿区，属宫殿区出入口配套建筑设施。[277] 2018 年，又发现在宫殿主殿 I FJT3 东侧有 2 座大型房址。[275] 这一切都说明，在陶寺都邑中存在被城墙围绕的宫城，而宫城中存在大型宫殿建筑群。

3. 陶寺的祭祀区夯土台基建筑

台基建筑ⅡFJT1位于中期城址南边的中期小城内祭祀区，在中期大城中心点以东625米，以南622米，北依陶寺中期城址内城墙南墙，平面呈大半圆形。该台基建筑外圈半径22～25米，总面积1400平方米左右。据报告者判断："此处原应有三层台基，并附有路沟、东阶、东南角门、梯形遗迹以及生土半月台等，尤其是第三层台基上的半环形夯土柱列，十分罕见。这些都是陶寺文化前所未见的，也是迄今发现的中国史前文化中绝无仅有的一例。"[278]其规模宏大、形制奇特、结构复杂，可能是集观象授时与宗教祭祀等多种功能于一体的宗教建筑，重要性不言而喻。毫无疑问，这个台基建筑作为陶寺城址的宗教中心，是陶寺社会的重要权力空间。

三、龙山城址权力空间的性质及功能

从某种角度而言，史前城址是会说话的，很多重要信息就埋藏在那些历经数千年历史沧桑的城址之下。城的存在，人为地造成了一种物理空间上的隔离，这是确保人群之间保持一定安全距离的物理方法。对内是社会分化的产物，对外是防御侵掠的手段。所以城的出现是古代人类社会发展到一定阶段的产物，是与财富的增加、阶级的出现、国家的诞生有关的，是对外的防御工事和对内的统治设施。没有防御和统治的需求，就不可能出现城。城的这种物理隔绝功能同时也造成了社会心理空间的进一步分化，体现在意识形态上就是这些城墙、沟堑成为维护社会等级差异的重要象征，是横亘在不同阶级之间无法突破的屏障。此种心理意识及所呈现的意识形态，使中国史前社会的权力运作被逐渐神秘化。无论是宗教活动还是政治活动，都被深墙大院重重遮掩，它们从外部形态上表现为高高在上、无法窥破、神秘莫测的坚强实体，而从内部形态上则表现为层峦叠嶂、曲径通幽、重重围困。有机会进入这个空间的外人，尤其是那些作为王国属邦的方国，在因朝贡、助祭而有机会进入这个权力空间时，应会伴随着兴奋、好奇，被复杂仪式及曲折的路径所造成的迷茫、无措、屈从心理，并在抵达核心之后产生一种深深的无力感。整个过程中的意识状态类似于被催眠。城墙及城墙内的建筑对人产生的这种心理作用，不仅对维护国内统治秩序有极为重要的作用，而且对维护夏商周这种王国内服与方国外服的复合型统治秩序也有莫大的好处。[1]

同时，“城”还是一个历史的概念。在考古学上，所谓城，应主要是指城垣，从其功能上看应具有明显的防御性。进入文明时代的城堡和都邑，正是因其首先具备了防御性而成其为城。在这些所谓的城中，无论是包含宫殿建筑群的大城，还是不具备宫殿建筑群的小城，均为城。城的发展，应有一个从小到大的历史进程，其作为统治设施的功能，也是随着防御性的基本功能而逐渐出现的。比如龙山时代的早期城址山东寿光边线王龙山文化城址，就经历过在100余年的时间里从小城扩建为大城的发展轨迹。

城所具有的统治功能，立足于确保居于统治地位的社会成员的人身财产安全，并在此基础上形成对周边农村聚落的控制。在考古实践中，极少看到农村聚落建有城墙的情况。这说明，对安全的需求，以及有能力有必要实现此种需求的，只是社会中的特定少数人。这就显示出城市人群与农村人群在安全性的需求及实现能力上的巨大差异。

龙山时代的古城普遍存在高台建筑。此类建筑的存在一方面是为了满足防潮、防水和通风的实际生活需求，另一方面也是为了居高临下，便于瞭望和防守。建筑物在空间上向高处提升所获得的心理优势，加强了统治阶级对高台建筑的需求。中国古代土地稀缺性的矛盾并不突出，统治阶级营建层峦叠嶂的高台建筑，其原因并不在于最大限度地利用空间获得居住面积，而在于获得一种因空间位置带来的心理优势，并凸显地位的尊贵。

随着史前政治格局的变化，以及城的规模的扩大，城的功能和营建方式也在发生分化。有的城防御需求反而下降了，此种情况应不是随着城市扩大使建城难度增加而导致的。比如二里头时期的二里头都城，就没有城墙。拱卫在它周边广阔地域内的二级、三级聚落，就是它与周边邦国（或王国）之间的城墙和沟堑，说明在它周边的广阔区域均已成为它所控制的实际领土。但二里头国家都城没有城墙并不意味着最高统治者的宫室没有得到物理的保障。考古证实，在二里头宫殿区周围筑有宫城城墙。宫城内

---

[1] 夏、商、周这种朝贡制国家存在内服和外服两种基本服制，简称内外服制度。以商朝为例，在王畿内，也就是商邦内部，商族子弟对商王内服；在王畿之外，各方国对商王外服。

宫室林立，甚至还有自带围墙的庭院式宫殿（如面积高达10000平方米的1号宫殿）。这说明在二里头国家都城中，墙的主要功能不再是防御外敌，而是对内拱卫统治阶级，维护统治秩序。这也就意味着，都城的形成可能有两种路径，一种是宫城先于都城而出现，一种是都城先于宫城而出现，甚至都城也不一定要有城墙。到商代之后，城的规模迅速扩大，功能也更加复杂化。偃师尸乡沟商城、郑州商城、垣曲古城、黄陂盘龙城等商代城址即为其中的典型。如堰师尸乡沟商城除大城之外，城内同样存在宫城等3座小城。大城之中套建小城的做法显然是二里头城建方法的延续，显示出社会的复杂化程度。甚至城中最高统治者与其他较高社会成员之间也出现了空间上的隔离，即统治阶级内部的分化。另外，自二里头之后，城的功能分区也逐渐清晰。比如二里头城区中轴线上就存在被杜金鹏称为“工城”的专门区域，也就是重要的手工业区域。这个区域内有进一步的专业分工，比如专门从事绿松石器加工生产的区域。又比如郑州商城就同期存在内城和外城，以陶器制作为主的手工业作坊，就分布在内外城墙之间。自龙山时代起，部分城邑就已经把手工业作为服务于城市的重要产业纳入城的保护之内，而且此种现象在夏商两代甚至以后的周代继续发展，说明手工业者的技能具有很高的不可替代性，这种技能优势使手工业拥有了超出于农业之上的地位。至少在龙山时代，这种现象就已经出现了。但需要强调的是，纳入城邑的手工业并非一般意义上的手工业。郑龙龙在其博士论文中就曾通过统计分析夏商城邑内石器制作的相关遗存，结合周边遗址石器的生产情况，得出夏商城邑内不存在大规模石器生产作坊的结论。他认为，石器在礼器、兵器以及日用器等领域的应用较少，夏商时期统治者重视青铜器、玉器、骨器的制造，而忽视对石器的生产与改进，不在城邑内设置制作石器的大型作坊。[279]此种现象在营建城邑更加困难、城邑规模并不庞大的龙山时代只会更为明显。

在已经发掘的龙山时代聚落遗址（包括城址）中，绝大多数房址依然处于半地下状态，房屋面积较小。这与那些位于城址核心位置的高台建筑及大型建筑基址形成极为鲜明的对照。另外与城址形成鲜明对照的是，龙山时代的大多数聚落遗址均为最低等级的村落遗址。多数遗址没有大型建筑，已经发掘的遗物也主要是一般生产、生活用具，基本没有见到明显的社会分化和财富的集中。这说明它们基本上都属于村落一级的低等级遗址。比如河南汤阴白营遗址中的河南龙山晚期文化层中，就揭露出房基46座，而且这仅是当时整个村落遗址的一部分。也就是说，在龙山文化晚期时，这里是一个大型村落。小型村落的数量更是占绝大多数。根据遗物情况分析，这些村落中的社会分化并不严重，甚至很难发现权力空间存在的迹象。[280]也就是说，龙山时代，广大村落一级的聚落遗址中，社会分化的情况不太明显，甚至难以辨认，而聚落间的分化则较为明显，尤其是中心聚落与小型聚落之间的差异，不仅体现在规模上，也体现在建筑遗迹的等级、墓葬的规模及等级、各类遗物的数量及等级方面。也就是说，越是高等级聚落，其中的社会分化就越是明显；越是低等级聚落，其中的社会分化就越是难以辨识。

这就是考古学上见到的龙山时代的社会特征。阶级的分立，以及因分工带来的人群的分化，已经达到很高水平。权力的重心已经从聚落内部分化转变为聚落与聚落之间等级分化。仰韶时期那种围绕中心广场向心分布的聚落房址格局已经不复存在。尤其是那些超越在普通聚落之上的高等级聚落——城的出现，正是权力空间上移的反映。至于生活在城中拥有大型宫室建筑的最高权力拥有者，则已经坐在金字塔等级制社会的顶端，拥有对区域内各聚落的强制性权力。此种权力，绝非聚落中的部落首领及酋邦中那些仅仅拥有非强制性权力的酋长所能比拟。这种权力是那些已经进入早期国家的众多聚落群中的最高统治权，也就是一个个“都邑邦国”的君权。

在这些聚落群中，权力空间的特征非常明显。首先是群中聚落之间的关系，体现了权力的存在。中心聚落的城，就是以超越周边聚落之上的权力统一调配人力物力修筑而成，它不仅作为聚落群的核心拱卫着本聚落群中那些有资格被置于城中加以保护的重要社会成员，更重要的是，它还通过保卫手工业的方式垄断了整个聚落群中最为先进的生产部门，并由此巩固了这些重要社会成员的经济地位。所以生活在城中的人，是从周边聚落中产生出来的特权阶层。城邑，并非是从一个农业聚落自然发展为城邑，而是一群农业聚落经社会分化到一定阶段之后的产物；生活在城邑中的人，也不是一个农业聚落中的人口自然转移为城市人口，而是有选择、有规划的。这可以从龙山时代的城邑中均明显存在规划和分区的事实中清晰地反映出来。

城邑是聚落群中的高等级聚落，最高等级的城邑是“都邑”，次一等级的城邑为“城镇”或防御中心城堡。考古所见属一级中心聚落的都邑明显具有宗教中心、权力中心、经济中心的地位。它对所辖二级聚落、三级聚落甚至四级聚落的控制是以何种方式实现的呢？这应从都邑性质的聚落的形成进行反推。原始社会的社会关系属性及其逐渐复杂化的历史进程，决定了聚落与聚落之间的关系应首先从底层自发形成，并逐渐向上演化。一个聚落，可能是一个氏族，也可能是一个胞族，甚至还可能更加复杂，是一个部落。“就聚落形态而言，部落社会因其经济上自给自足和政治上自治的性质，使得地域上的聚落布局呈均匀的分布，大小基本相差不大，没有起主导作用的政治或经济中心。到了酋邦阶段，由于部落的聚合使得一些起管辖和再分配作用的聚落成为重要的政治和经济中心，因此聚落形态至少出现两个层次的等级。此外，酋邦在聚落形态上还表现为出现了大型的建筑物，特别是那些从事宗教活动的祭祀中心，其数量一般少于聚落的数量，而劳力投入则需要多聚落之间的合作。”[219] 如果发现一个聚落群的聚落之间存在某种等级差异，并存在一种围绕一个主要城市展现出来的网格状分布的空间关系，那就意味着这个聚落群应是一个早期国家。中国龙山时代的聚落考古实践反映出黄河中下游地区的很多聚落群都已经呈现出“都、邑、聚”的等级结构，也就是说符合成为早期国家的聚落层次结构。

都邑的选址与营建可能存在两种模式。一种是在原有中心聚落的基础上自然发展而成，在漫长的发展历程中逐步实现了聚落的都邑化。居住在都邑中的社会成员，也是经过历史的汰选，逐渐将农业人口排除出去，最终形成以占据统治地位的权贵阶层为主导，以服务于权贵阶层的仆从、军队、手工业者为辅从的人口格局。另一种方式是在国家权力形成的过程中，占据主导地位的权贵阶层放弃了自己原有的居住地，离开了那些分化为社会底层的聚落居民，并以拥有最高权力的权贵阶层为主体，结合从属聚落或聚落群中的次级权贵阶层，共同构建一个护卫权贵阶层的高等级聚落，并因此形成新的都邑。通过此种方式兴建都邑，可以非常从容地规划都邑的规格及功能，并人为选定可以进入都邑生活并受到都邑保护的社会成员。这种兴建都邑的模式可以解释聚落群中的阶级分化为何并未造成分散的统治阶级，而是形成了统治阶级的聚集现象，也就是在考古学上反映出那些生活在有限的都邑空间内的居民为何在整体上拥有较高社会地位的现象。以上两种模式可以在聚落考古学中分辨出来。分辨的方法就是看作为都邑的城址之下，是否存在更早的聚落遗存。诚如何驽所说："国家是文明形成的核心指徵，而都城则是国家出现的核心物化标志，中国文明核心形成的考古学探索浓缩出的一个最核心的课题就是中国早期国家的都城或都邑聚落的发掘、探索与研究。"[281]

即便如此，都邑也并不是突然出现的。都邑是与国家同步从原始社会末期的中心聚落演化而来。中心聚落发展为都邑，在形态上的重大变化就是出现了城墙。人类进入阶级社会之后，绝大多数的财富都被以国王为首的统治阶级所垄断并集中于统治阶级所在的都邑。这就带来了两个危险，一是国内阶级矛盾的爆发对统治阶级造成的危险，二是国家间的战争掠夺对统治阶级造成的危险。两种危险都将矛头指向都邑。所以都邑需要设防。这就是原始社会迈进国家阶段后，都邑普遍出现城墙围护的原因。

设防的都邑表明存在集中的财富和权力。都邑的兴建需要调动大量的人力物力，成本高昂。它的功能自然不是为了不分贵贱地保护全体社会成员，而是为了保护以国王为首的统治阶级，以及那些为统治者提供各类服务的辅从人员和高级产品的手工业从业者。普通劳动者是没有必要使用城邑加以保护的。这不仅在于成本及收益的考虑，也在于对战争本质的考虑。因为战争并不以消灭普通劳动者为目的，而是以消灭统治者并占有劳动者为目的。劳动者的价值就是在劳动中为统治者提供剩余价值。这对任何统治者来说都是一样的。因此，都邑的防卫功能是为了实现对统治阶级的保护，而不是对全民的保护。居住在都邑内的社会成员被设防的城墙所围护，造成鲜明的阶级区格和城乡差别。

都邑的防卫功能要求都邑的统治者有能力供养一支军队。它是暴力统治的重要力量，是确保以国王为首的整个权贵阶层的人身、财产安全的重要依靠。这里所说的国王及权贵阶层的人身及财产安全也包括垄断在他们手中并服务于他们的手工业生产的安全。此种安全一方面表现为都邑不受外敌入侵，另一方面表现为国家内部的既有政治格局和统治秩序得到维护。

通过城邑将社会的顶层统治者与底层劳动者彻底隔绝的做法，降低了底层劳动者对统治者奢靡生活的了解，降低了阶级的仇恨。而且在意识形态上，国王的权威也必须通过神秘化手段予以维持和强化。赋予国王以神性是全世界范围内早期国家的普遍现象。将国王与普通社会成员相隔绝的做法，强化了国王的神秘性，增强了他的权威性。

中国史前最早出现的都邑是宗邑邦国的邦都。

仰韶文化晚期，社会复杂化进程明显加快。聚落群的出现，是从母聚落向外分化并形成具有血缘关系纽带的小型聚落群的阶段开始的。因分化而构建的聚落群之间出现了不平等的地缘关系。这一点我们在原始社会复杂化进程中已经说明。这种不平等不仅是经济地位的不平等，也包含宗教地位的不平等。无论是图腾崇拜的对象还是祖神崇拜的对象，都不可能被分化出去的子聚落所掌控，母聚落必然牢牢地控制着宗教祭祀权，并以此形成对分化出去的子聚落拥有权力优势，迫使子聚落客观上接受母聚落在宗教、社会事务、经济活动、军事行动上的领导。母聚落也因此在聚落群中获得掌控祖神祭祀权的宗邑地位，并成为政治与军事的决策中心和经济调控中心，此种优势最终使其成为聚落群中的中心聚落。随着聚落群不断整合并形成区域性国家，主导性聚落群的中心聚落（也就是超大型聚落或者大型聚落）最终演变为国家的都邑，而从属性聚落群中的中心聚落（也就是整合为大群之后的那些次级聚落），就演化为构成国家的二级政治中心，也就是国家的地方权力中心。在二级政治中心之下，还有为数较多的普通聚落。这些普通聚落就是社会最底层的村落，以农耕生产和养殖家畜为生业形态。这就是聚落在聚落群形成过程中逐渐分化为“都—邑—聚”三级结构的基本情况。由此可见，并非所有的城邑都可称为都邑。那些在聚落群中处于第二等级的聚落也有可能发展出城邑的形态，但却并不能称为都邑。所谓都邑，必须是在已经进入国家阶段的聚落群中处于“都—邑—聚”三级金字塔型等级结构顶端的城邑。

都邑是国家的产物，没有国家就没有都邑，而没有都邑就没有王权。王权的形成有其渐进的发展历程。它的形成，实际上是指原始社会晚期，在社会复杂化进程中，原本由聚落首领所拥有的权威，包括宗教祭祀权、社会内部事务管理权、军事指挥权等，这些权威逐渐集中、逐渐强化，在聚落群的地缘整合中不断上升，最终伴随着金字塔型等级结构的形成，演化为一种超越于社会之上的强制性权力的过程。国王的权力是处于国家形态的独立的政治实体的内部权力。有多少国家就有多少国王。无论国家的大小强弱，只要处于相似的历史阶段，其国王在国家内部拥有的权力，本质上都是相似的。所以都邑的各项功能依其形成的历史而言，最早具备的功能应是国家宗教祭祀中心，在此基础上才衍生出国家政治中心、军事指挥中心、手工业生产和交易中心、税收中心（粮食可能是最重要的税收来源）以及权贵阶层居住中心等一系列复合性功能。而所有这些功能，都要求必须得到武装力量的保护。坚固的城池不仅可以防范来自周边的外敌入侵及掠夺，也可以防范国内其他政治力量对现有政治秩序的颠覆。陶寺邦都的衰落就似乎经历了一次大的颠覆性事件。高等级墓葬被破坏，但却并非基于盗掘，而是基于泄愤的毁墓辱尸，宫殿也被毁坏并废弃。这种颠覆性事件究竟来自邦国内部的反叛还是来自神木石峁的外敌入侵，考古学界虽有不少分析，但实际上很难给出确切答案。总之，基于安全性考虑，居住在都邑中的居民必须是对现有统治秩序抱有高度忠诚的群体，也就是既得利益者群体。

另外需要指出的是，在聚落群形成的过程中，因为宗教祭祀权依然掌控在宗邑的宗族长手中，故在国家出现之后，王国的都邑也正是聚落群中占据主导地位的宗族宗庙的所在。王权与宗教祭祀权之间的关系，并不简单是世俗权力和神权的关系，两者事实上密不可分，是同一事物的不同侧面。

当然，在都邑使用过程中，也常常存在都邑衰落后沦为一般聚落的现象。这说明都邑在空间位置上可能经历兴衰变迁的动态发展。这与原始社会末期邦国林立、战争频仍的社会整合运动有关。国家的兴衰以及执掌国家权力的特定的宗族的兴衰，都会影响到一座城池的兴衰和存废。

第六节　二里头都邑的权力空间

一、二里头遗址的整体情况

二里头遗址所在的洛阳盆地是一个史前聚落较为密集、社会发展水平较高的区域。这一区域内，裴李岗文化遗址尚呈零星分布状态，数量也比较稀少。仰韶文化时期的遗址数量则急剧上升，经调查共发现 105 处。龙山文化时期的遗址数量目前所知为95处。而至二里头文化时期，遗址数量增加到125处。这一区域内的大型遗址主要是在仰韶文化晚期才开始出现的，说明这里在仰韶文化晚期已经进入中心聚落阶段。至二里头文化时期，聚落群与群内聚落之间均呈现出极为严重的分化现象。韩建业认为，二里头遗址作为最高等级的特大型中心聚落，表明以其为都邑的二里头文化已经进入成熟的文明社会。[282]所谓成熟的文明社会，在中国考古学界一般被界定为超越于宗邑邦国之上的广域王权国家所代表的社会。

根据考古资料，自龙山时代起，郑洛地区聚落分布状况及其群化关系就已经表明，这里存在数个以城邑为中心的政治集团，如王城岗聚落群、古城寨聚落群、禹州瓦店聚落群、新砦聚落群等所代表的政治集团。这些政治集团都是宗邑邦国形态的早期区域性国家。以古城寨和新砦为例，两者聚落面积都比较大，后者围护的城内面积更是高达70万平方米。而且两处聚落中都有与二里头宫殿相仿的大型宫殿基址。古城寨是城墙及环壕双重围护的城邑，其城墙至今依然残高16米有余，城墙外还有宽34～90米、深4.5米的大型环壕。这显然不是原始社会的一般设防聚落。新砦虽未发现城墙，但却存在内外三层环壕，是以环壕围护的都邑型聚落。其内壕宽5米左右，围护着聚落内部的一个特殊核心区。这个核心区建有大型建筑，且整个聚落中发现的高等级遗物也都出自该核心区。这一现象说明，新砦的权贵阶层及礼仪性活动已经与聚落中其他区域及居民相隔绝。可见城墙的有无并不是判断都城的绝对指标。因为是否营建城墙“取决于当时的政治、军事形势，战争的规模与性质乃至地理条件等多重要素”。[283]二里头遗址与新砦遗址极为相似，也是以环壕围护的设防聚落，但其显然是在周边邦国已经衰落的基础上出现的，无论从规模上还是内部格局上，它都显示出与普通宗邑邦国之都邑完全不同的等级地位。它不仅拥有超越于这些地域性国家之上的力量，而且还控制了整个郑洛地区的聚落分布格局。

二里头都邑的出现在考古学上似乎是突然发生的。该地濒临伊洛河故道，自仰韶文化晚期至龙山时代早期，此地仅有数个小型农耕聚落，并不存在大型聚落的踪影。到王湾三期文化时，甚至连小型农耕聚落也不见了，仅有零星的人类活动遗存。这种现象可能与伊洛河故道常有水患而不宜居住有关。直到距今3800年前后，二里头才作为一个面积超过100万平方米规模的超大型聚落首次登上历史舞台，并成为嵩山南北广大区域内最高等级的中心聚落。随后，该聚落面积急剧扩大，总人口至少应在20000人以上，面积高达300万平方米以上，与周边一百余处同时期聚落形成鲜明对比。毕竟自仰韶文化至龙山文化时期，这一区域内存在过的最大聚落遗址面积也仅有60万~70万平方米左右而已。

二里头遗址东西最长约2400米，南北最宽约1900米，整体上呈现长方轮廓。整个遗址可以分为中心区和一般居住活动区两大部分。中心区由宫殿区、作坊区、祭祀活动区和贵族聚居区组成；一般居住活动区则主要以小型地面式和半地穴式房址、小型墓葬等组成。[284]宫殿建筑和普通建筑在规模及建筑方式上呈现出来的巨大差异是二里头遗址存在突出阶级差异的集中反映。如果不以历史的演变详细描述宫城各部分建筑的兴废过程，仅就二里头遗址所呈现的总体考古样貌而言，该遗址存在极强的规划性，营建如此庞大规模的聚落尤其是聚落的核心区，需要调动远远超出本地聚落群所能贡献的人财物等资源。

二里头聚落核心区的宫殿区是居于整个二里头遗址东部偏南位置的一个10万多平方米的封闭区域，这个区域可以被称为宫城。宫城位于井字形大路的中心，四周有宫墙环护，宫城内是数十处排列有序的建筑群，包括宫殿建筑和宗庙建筑两大类别，分属二里头文化的不同历史时期。[285]在这个区域内，每组相对独立的建筑群均以一座大殿为核心，并各自以围墙构成具有中轴线的独立的封闭式院落，面积400~10000平方米不等。考古资料显示，宫城城墙及宫城内各建筑群的形成时间多不相同。但整个宫殿区的总体格局是以1号、2号两座宫殿基址为中心，形成两组沿中轴线分布的大型建筑遗址群。

聚落中的祭祀活动区则位于宫城北部、西北部不远之处，主要包括圆形的地面建筑和长方形半地穴建筑，周边分布有墓葬。这些圆形的地面建筑直径一般在5米以内，似是在地表所建具有祭祀功能的土坛，坛上分布着一圈或两圈大小相近的圆坑，坑内填土与坛体不同。坛的旁边有成组墓葬。而长方形半地穴式建筑则可能是“墠”，其使用功能不详。由于这些长方形半地穴式建筑的基土上并未发现柱洞，推测应是露天宗教祭祀场所。

贵族聚居区则环绕在宫城之外，以宫城东部墙外和东北部墙外的分布较为密集。之所以判断这些区域是贵族聚居区，原因在于这些区域存在中小型夯土基址。它们与聚落中常见的半地下式房屋和普通民居有明显差异。这些贵族在聚落中的地位等级应稍低于宫城内的统治者。结合二里头发现的较高等级墓葬中存在头向的南北差异，可知在二里头都邑可能存在不同文化的族群。甚至宫城外居住的贵族与宫城内居住的贵族可能属于不同族群。宫殿区外沿着井字形道路建起宫墙的行为，也有可能是宫城内的最高统治者为了与宫城外的其他贵族聚居区相隔离的结果，目的是为王室制造更为独立的空间。郜向平、覃覃提出一种观点认为，3 号、5 号宫殿内的墓葬应是在王权逐渐稳固的过程中出现的，其位置的选择很可能与提升王室地位的努力有关。[286]

二里头宫城南部的手工业区同样带有强烈的权力属性。手工业区被夯土墙所围护，包括铸铜作坊和绿松石器（玉器）作坊。其中最接近宫城南墙的区域是绿松石器制作区，稍远处是青铜冶炼及青铜器制作区。这个区域的存在显示出二里头政权对手工业尤其是高级手工业的严格管理和保护，目的可能是为了保证国家权力以垄断的方式占有高级手工业的生产及使用。

二里头是否还存在其他类别的手工业作坊，目前尚不明确。但根据宫城西北方发现有陶窑的现象，判断可能存在制陶作坊；而宫城北面及东侧发现有散落的大量骨料等情况，又判断这些区域可能存在骨器作坊。以上情况说明，一般传统手工业在聚落中也有相应布局，但受权力的控制程度相对下降。

二里头遗址经历无上繁荣之后，神秘地在二里冈文化晚期沦为了一般聚落。考古所见二里冈时期的地层资料显示，这时的二里头仅存在小型房址、灰坑和一般墓葬等遗存，而且它们是以叠压、打破二里头文化宫殿基址的形式存在。可知二里头宫殿区在二里冈时期已经悉数被毁，整个聚落曾有的都邑性质彻底消失。

二、二里头都邑的宫城

宫城是将原本开放在都邑中的宫殿建筑再行造墙围护的结果。如果说都邑中高度戒备的城墙是维护国王的安全屏障、巩固国王神性及威权的视觉屏障及心理屏障，那么，此种功能在都邑内的宫城城墙上同样能够得到体现。

考古发现的具有都邑性质的史前城址分为两类。一类是尚未出现宫城的都邑，一类是出现了宫城的都邑。前者在都邑中仅有建于大型台基之上的宫殿建筑或宫殿建筑群，而后者则出现了都邑中嵌套宫城的现象，也就是在都邑中出现了将大型宫殿建筑群围合在封闭式宫墙之内的现象。两者之间的差别可能显示了王权发展阶段的差异。如果说宫殿的出现意味着“王权”的形成，反映出以王权为代表的上层统治集团已初步脱离社会并高踞于社会之上成为国家统治者的事实，那么宫城的出现则反映出王权及其所属统治集团进一步脱离社会的事实，意味着国家形态已经走向成熟。周代各诸侯国都城的营建方式，都采用了都城中嵌套宫城的做法。可见宫城的出现是邦国君权成熟化的反映。如果说都邑的出现是为了维护统治阶级的人身、财产安全并巩固和维护其神权地位和威权属性，那么宫城的出现就是为了进一步将国王与居住在都邑中的贵族区分开来。这是权力在空间上的进一步分化，也是等级化社会秩序得到进一步强化的反映。考古学上目前可以确证的最早的宫城就是二里头都邑中的宫城。说明二里头国家已经进入成熟阶段，在国家形态上与龙山时代的宗邑邦国有了本质上的区别。

宫城的出现不仅反映出国家形态的成熟，还在客观上促成了宗教上的变化。宫城城墙造成宫殿区内外空间上的隔绝，使王权的神秘性大为增强。宗邑邦国时代，国家内部的社会等级差异主要存在于都邑内外。都邑中的居民整体地位较高，社会成分并不复杂，甚至多数还与作为最高统治者的邦君家族之间存在不同程度的亲缘关系。那时，坐落在高台之上的宫殿，并不需要另行设置宫墙围护。邦君与都邑中的居民之间至少在空间视觉上并未彻底隔离。但是当都邑中出现宫城之后，情况就不一样了。国家内部不仅存在都邑内外的差异，而且还存在宫城内外的差异，金字塔型等级结构持续上升，这显然是王权进一步强化的表现。此种将王与王所掌控的宗教祭祀权与都邑中的居民（主要指人数日益增加、社会成分日益复杂的普通居民）和统治集团中的其他贵族成员相隔离的做法，大大增强了王权的权威性和神秘感。宫墙的围护，使得王权从过去那种虽然需要仰视但依然可见的对象，转化为现今对普通居民的“不可见”，以及对统治集团内部其他贵族成员的“难以见”，王权进一步拉开与整个社会的距离（空间距离与心理距离）。文献中商王自称“余一人”，春秋战国时期诸侯自称

“寡人”，都反映出空间上的隔绝所形成的社会心理效应。正是因为如此，商王才能作为商代复合制国家最大的巫师——宗教教主，将沟通天地及祖先的宗教大权完全掌控在自己手中，并以此为基础，对整个国家实施“神权—王权”类型的暴力统治。

二里头都邑核心区的布局，尤其是宫城及宫城周边道路的格局、受保护的手工业作坊区及祭祀区的分布，以及其历史演变的路径，对研究中国早期都城制度的起源与发展以及权力的空间分布都有极为重要的价值。下面以宫城为核心对二里头遗址的权力空间及其历史演变做一简要介绍。

（一）宫城的前身

1. 二里头文化一期的权力核心区

二里头文化一期的碳－14测定年代为公元前1920年上下浮动115年和公元前1900年上下浮动130年。[287]二里头遗址在二里头文化一期时的规模已经达到惊人的100万平方米以上。在目前所知宫城的位置已经出现了大型建筑群和井字形道路网。这些道路宽10～20米，其中北侧的东西大道已知长度近700米，宽大平直、纵横有序。[288]井字形路网及位于路网中部的大型建筑群共同构成二里头聚落的核心区。这说明，在这个超大规模聚落形成之初，就以井字形道路网的核心构建整个聚落的中心区域，这是聚落建设存在规划性的重要特征。其空间布局，在二里头遗址的整个发展历程中都一直保持稳定性。但由于当时还没有构建宫城城墙，所以这个核心区还不能被称为宫城。

2. 权力核心区在二里头文化二期演化为宫殿区

二里头文化二期的碳－14测定年代为公元前1765年上下浮动100年。[287]这时的二里头遗址规模爆发式地扩大，人口也急剧膨胀，遗址面积目前实测应在300万平方米以上。考虑到该遗址部分区域在历史上曾被河道破坏，其原有面积估计应当会超过400万平方米。[289]这一时期，井字形道路网围护的中心部位出现了一批大型多进院落式宫殿，可知井字形路网中的聚落核心区已经演变为明确的宫殿区，权力空间的属性进一步加强。考古发现的5号基址，就是一处多进院落式大型宫殿。其修建、使用和废弃的年代均为二里头文化二期（约公元前1680—前1610年）。另外，在宫殿区之外，基于井字形道路对空间的分割功能，宫殿区以北是祭祀区，宫殿区以南是手工业作坊区，三个区域以宫殿区为核心，形成南北相对的分布格局。而且绿松石作坊和青铜器作坊此时已用土墙围护，显然是聚落中受到重点保护的区域，可见其与宫殿区中存在的权力有极为紧密的关联。以青铜器为例，已经发掘的500余座二里头文化墓葬中，青铜器基本上仅见于二里头遗址高等级墓葬，可见二里头遗址作为二里头国家的都邑，确实在其形成之初就已垄断了青铜器的生产和使用。

（二）宫城的出现

自二里头文化二期之末，位于井字形路网中部的宫殿区发生了实质性变化。最大的变化就是沿着四周道路的内缘，构筑了2米宽的宫墙。宫墙的出现将宫殿区彻底围护起来，形成一个封闭管理的宫城。宫城内的空间面积在10万平方米以上。宫城呈长方形，东西墙复原长度分别约378米、359米，南北墙的复原长度分别约295米、292米。[285]7号基址位于宫城南墙之上，且坐落在1号宫殿的正前方，其基址面积约340平方米，从基址上的柱础残迹判断，其上应有7间宏伟建筑，可能是宫城的正门。东城墙上还存在两个偏门建筑基址。考古资料反映出宫城内的结构极为复杂。考古所称1号大型宫殿基址、2号大型宫殿基址的两个庭院式宫殿，均在二里头文化二期之末、三期之始兴建完成，显示出这一时期是二里头文化的全盛时期。这时，宫城之南受到特殊保护的作坊区依然沿用，生产包括圭、璋等玉器以及绿松石器、青铜爵在内的高级手工业品。

（三）宫城的变化

到二里头文化四期，规模宏大的一号宫殿被废弃。但宫殿区的东部则增建了以围墙围护的6号宫殿。宫城外的作坊区则在原有围墙的基础上又增建了更高质量的大型围墙，显示出对高等级手工业生产的保护性空前加强，加强的原因尚不清楚。但在严密保护之下，二里头都邑所使用的高等级青铜器和玉器种类均已非常丰富，显示出手工业水平的重大发展。二里头文化四期之后，这一繁盛一时的大型都邑迅速衰败和瓦解，二里岗时期的文化遗存极为稀少。这可能和商王朝的崛起有关。

三、二里头都邑的宫殿

（一）二里头二期营建的宫殿

二里头文化二期，位于井字形路网中部的权力核心区出现了以3号基址、5号基址为基础的两座大型庭院式宫殿。5号基址位于3号基址西侧，与3号基址同时存在，两座庭院式宫殿东西并列。当时宫殿之外并无城墙环绕的宫城。宫殿与聚落内其他区域的区隔设施就是围在宫殿区四周的宽阔的井字形路网。

1. 3号庭院式宫殿

3号基址是二里头遗址中最早的宫殿。它营建于二里头文化早期。在其建成并使用时，整个宫殿区还没有出现城墙。该庭院式宫殿至少有三进院落，结构复杂，规模巨大。其基址长150米以上，宽50米左右。主殿位于中院，台基宽6米多，上有连间房屋和前廊遗迹。三进式院落的复杂性暗示了早期宫殿拥有综合性功能，前院、中院、后院及前后两组宫殿可能都有功能方面的差异。尤其是考虑到中院和南院有成组分布的贵族墓葬而后院则无的事实，这种差异就更为明显。中院的墓葬主要是东西并列的2001ⅤM1、2001ⅤM2两座，均属二里头文化二期早段墓葬；南院的墓葬主要是东西并列的2002ⅤM3、2002ⅤM4、2002ⅤM5三座，均属二里头文化二期晚段墓葬。这五座位于庭院式宫殿内部的主要墓葬是二里头文化墓葬中已知等级最高的墓葬。在随葬品方面，M2因被扰严重，未出土随葬物品，M1、M3、M4、M5则均出土大量陶器、漆器（以及作为漆器配件的圆陶器）、玉器等。随葬陶器包括鼎、平底盆、豆、尊、盉等，每墓基本都在10件以上，而且酒器的地位较为突出。有学者认为二里头遗址高等级墓葬有以陶器匹配的变化来显示死者地位的倾向。[286]随葬漆器数量也比较多，包括觚、豆、匣、勺以及圈足器、圆底器等。仅M4一墓就出土7件，M5更是多达11件。漆器在当时属于一种高等级器物，墓葬中极为罕见，显示了二里头权贵人物的权力及地位。玉器在二里头高等级墓葬中也占据极为显著的地位。M1、M5各出土一件可能是用来标明神主地位的玉柄形器，M3则出土一件玉鸟形器。M3的特殊性不仅表现在其随葬品多达上百件，更重要的是，该墓出土了总长70厘米的大型绿松石龙形器。该器由2000余片艳丽的绿松石组成，摆放在墓主的骨架之上。在下葬时，这些绿松石片应是粘贴在木质材料之上的，发掘时这些材料已经腐烂不存。龙身部分长65厘米，体态扭动，造型生动，龙头上用青、白两色的圆柱形玉石拼接为鼻梁，龙眼用圆形白玉制成，位于鼻梁两侧。该龙形器与铜铃、龙牌（以青铜牌上镶嵌绿松石龙纹构成）并出，显示出它与宗教神权具有极为紧密的内在关联。

总体而言，二里头文化二期的 3 号宫殿庭院中发现的贵族墓葬，汇聚了不同地区的资源，并在此基础上，结合本地文化传统，创造出拥有自身特色的葬俗和礼仪。[286]这些葬俗和礼仪明显不同于其他文化，也不同于当地文化的一般现象，反映出二里头都邑中的权力在葬俗上彰显了自身的与众不同，这可能暗示了存在一种不同于一般邦君的权力和意识。本书推测，3 号庭院式宫殿是二里头文化早期政权的主要承载空间，可能集居住、祭祀、施政等多项综合功能于一体。

2. 5 号庭院式宫殿

5 号基址由 4 进院落以上的建筑群构成。从中国古代宫殿式建筑的演变历史来看，多进院落是宫室建筑的主流模式。二里头 5 号基址显然是中国古代宫殿建筑模式的源头。5 号基址总面积超过 2700 平方米，而且每进院落均有主殿，这显得极不寻常。甚至在每个院落的中庭都发现有高等级墓葬。令人困惑的是，5 号基址并未显示出院落的外围存在统一的围墙，所以它应当是一个开放式多进院落。

（二）二里头三期营建的宫殿

二里头三期时，在宫殿区四周（也就是沿着井字形路网的内缘）修建了墙基 2 ~3 米宽的宫墙，从而形成了封闭式管理的宫城。这说明二里头的王权得到了进一步加强。这一时期，宫城内以 1 号、2 号基址为核心，出现了以中轴线为对称的南北纵向分布的两组宫殿建筑群，两组建筑群各自以庑廊与围墙形成封闭式院落，可称其为 1 号、2 号庭院式宫殿。两个宫殿绵延长度都近 200 米，可见规模极为宏大。

1. 1 号庭院式宫殿

1 号基址约建于二里头文化二、三期之际，废弃时间约在二里头文化四期偏晚阶段。该庭院式宫殿由主殿、廊庑、围墙、门塾以及庭院组成，坐落在东西长 107 米、南北宽 99 米、面积为 10000 平方米的夯土台基之上。主殿位于该台基的北部正中位置，其地基凸出于台基平面之上，方位坐北面南，面积 900 平方米，是一座规模宏大的敞开式高台建筑。主殿前是中庭院落，面积 5000 平方米，可以组织大型集体活动。主殿东侧紧靠东墙偏南的位置设有东厨一间。整个院落的四墙内外均设有廊庑。院落的南门有三条宽大的门道，正对主殿，门道上有四道远宽于围墙的建筑遗迹，应为复杂的宫门守卫用房。宫殿庭院内发现若干个埋葬兽牲和非正常死亡人牲的祭祀坑。以上情况表明，1 号庭院式宫殿是举行大型公众性祭祀活动和发布政令的最高等级的礼仪性建筑，应是二里头国家施政的朝堂及组织最高等级大型宗教祭祀活动的场所。

2. 2 号庭院式宫殿

2 号基址与 1 号基址同时存在，废弃时间约在二里头文化四期。该庭院式宫殿也由主殿、廊庑、围墙、门塾以及庭院组成。主殿是建于高台之上的以木骨墙围合而成的三个高大房间。南北长 73 米，东西宽 58 米，面积在 4000 平方米左右。主殿前的庭院面积近 2000 平方米。庭院正中靠近主殿的位置有一个烧土坑，应是祭祀所用。主殿后方的庭院紧邻北墙，空间十分局促，但却建有一段孤立的北庑，功能不详。北庑旁的西侧有一个小型烧土坑，东侧有一座竖穴式深坑。该深坑一般被认为是盗空的墓穴，但杜金鹏认为是祭祀坑，[290]许宏认为是水井。[291]庭院内的东墙下还发现两段通向墙外的排水设施，由陶水管和石板排水沟组成。庭院内的东西墙均有面向庭院的庑廊，紧靠东墙设有东厨一间。大门在庭院的南墙上开设，正对主殿，大门设有两条门道，东西两侧各有一间门塾，应为警卫或管理用房。与 1 号宫殿不同的是，宫殿围墙之外没有设置外庑。与 1 号庭院式宫殿相比，2 号庭院式宫殿的主殿规模和庭院面积都比较小，不适宜举办大规模群体性活动，其他差异也显示出其在功能上与 1 号庭院式宫殿不同，可能是宗庙，也可能是最高统治者的寝宫。

（三）二里头四期的宫殿变化

1. 4 号庭院式宫殿

4 号基址位于宫城东部，在 2 号宫殿基址以南的正前方，该基址可复原为一座由主殿、东西庑廊及庭院组成的宽逾 50 米的大型建筑。其主殿台基北距 2 号宫殿基址的南庑和南大门约 12 ~ 14 米，东庑东距宫城东墙约 3 米。建筑方式采用了中国传统宫殿建筑的坐北朝南的形制，东庑为该宫殿的附属建筑，位于主殿东侧，方位是坐东面西。主殿夯土台基平面呈长方形，东西长约 36. 4 米，南北宽约 12. 6 ~ 13. 1 米，基址面积共 460 余平方米。4 号宫殿与 2 号宫殿属于同一建筑群。[292]4 号基址可能是承担祭祖典礼功能的特殊场所，与宗庙的功能有所差异。

2. 6 号庭院式宫殿

6 号基址是在二里头文化末期增建的庭院式宫殿。[285]基址位于 2 号基址以北，由主殿、西房、围墙及庭院组成，整个基址略呈横长方形，规模略小，总面积在 2500 多平方米左右。

第六章　社会复杂化进程与史前权力的发展

第一节　史前社会复杂化的内涵

中国古代国家起源的过程也就是史前社会的复杂化过程。

国家是随着社会不平等的加深、社会分层以及剥削的出现而诞生的，因此国家的诞生有着财富积累与集中的物质基础。根据马克思唯物主义史观，人类社会是从平等的原始共产主义社会发展到阶级社会，而阶级社会则包含奴隶社会、封建社会、资本主义社会等阶段，其内在发展动力是生产力。生产力的发展是决定性的，为了适应生产力的发展，人类社会不断调整生产关系，并形成不同的组织方式。但马克思主义史观并未能很好地解释原始共产主义社会何以会突变为阶级社会，也就是说平等的原始社会何以突变为不平等的阶级社会。在量变到质变的过程中，需要对其间的过渡阶段给予充分的重视。塞维斯、弗里德、厄尔等文化人类学家在这一领域做出了重要贡献。比如弗里德的社会分层理论揭示了血缘身份地位的不平等与含有经济意义上的不平等之间的逻辑次序，而塞维斯等人共同完善的酋邦理论则为原始氏族社会向国家的演进填补了具体的过渡性社会形态。[6]这些理论都是试图建立一个社会历史演进的普适性发展模型。但实际上，社会的发展既有其一般性规律，也有其因特殊的地理生态环境等因素造成的文化发展的独特性。一般性与特殊性的辩证关系在人类不同文明的发展进程中表现得极为明显。观察中国原始社会向国家演进的历程，无论是通过文献资料还是考古资料，都显示出中国古代文明与国家起源进程具有不同于西方理论模型的强烈的特殊性。针对中国实际情况而提出的具有中国特色的国家起源理论主要有两种，一种是苏秉琦先生提出的，一种是王震中先生提出的。中国的史前社会由部落发展到国家，就是从“平等的农耕聚落形态社会”发展到“宗邑邦国”的过程。所以，我们要辩证地认识中国问题，既要看到世界范围内各早期文明与国家起源过程中的一般性规律，也要充分尊重中国早期文明与国家起源过程中的特殊现象，既要尊重理论，也要尊重事实，尤其要充分重视考古发掘的物质证据以及科学地使用这些证据所还原的历史事实。

复杂化包含社会分化与社会整合两个方面。其中社会分化是原始平等社会向阶级社会迈进的第一步，没有社会分化就没有阶级，也就没有国家。但国家的形成并不能仅仅通过社会分化而实现。相反，它是在社会分化的基础上，通过社会整合实现的。没有社会整合就无法形成超越血缘族群之上的地域性社会组织，也就无法形成国家。

第二节　史前社会分化与权力的起源

社会分化是社会生产力发展到一定程度的产物，包括身份（职业）的分化、阶层（阶级）的分化以及经济地位和政治地位的分化。促成社会分化的直接原因，是部分社会成员对公共财产的占有和分配拥有特殊优势，并在此基础上进一步巩固、强化此种优势（包括将此种优势传递给子女），由此造成社会等级分化和社会贫富分化。

根据聚落考古学资料，社会分化现象在新石器时代晚期之前的漫长原始社会中并不存在。社会分化的起点是大致平等的农耕聚落社会。农耕定居聚落的出现使人类社会发生了重大变化，并启动了社会分化的进程。到仰韶文化中期之后，也就是庙底沟时代，中国各地原始文化均较为普遍地、不同程度地出现了社会分化。随即，此种分化就从聚落内部社会成员之间的分化扩展到聚落与聚落之间的分化。到龙山文化时代，各地更是先后进入社会分化极为严重的阶级社会阶段，无论是山西襄汾盆地陶寺，还是河南、山东纷纷出现的一系列宗邑邦国，或者长江下游太湖流域的良渚古国，都显示出当时的中国已经普遍进入社会分化极为严重的阶级社会。

社会分化所造成的阶级对立正是国家与文明诞生的充要条件之一。

分析社会分化的考古学观测点，主要是聚落形态中的分化以及墓地和墓葬中的分化两大方面。本节的重点是立足于国家起源三阶段理论，分析和讨论原始社会发展到早期国家的进程中，聚落形态中的社会分化现象（包括聚落内部形态差异及聚落间的形态差异）、墓地与墓葬中出现的社会分化现象。

一、史前社会分化进程

总体而言，人类进入新石器时代之后，生活形态及生活方式逐渐从"采集—渔猎"的游团社会发展到定居的聚落社会，并最终发展为定居的农耕聚落社会。

在依靠采集和狩猎为生的游团社会，其人口规模受限于物质水平及生活方式，长期处于较低水平。当时中国境内的原始社会人口总量及单个游团的人口数量都相当有限。即便到了定居聚落形成之初，人口的增长也依然十分缓慢。美国学者马文·哈里斯估计，在全世界范围之内，新石器时代的年均人口增长率仅为0.1%。[293]考虑到新石器时代晚期物质生产的进步带来的人口明显增长因素，可知新石器时代早期原始农业刚刚发展起来的时代，人口增长率应当更低。可能半数以上的社会成员都无法活到30岁。以陕西华县元君庙墓地仰韶文化人口结构为例，经估算，在约100年间该墓地对应的聚落中死亡人数共约320人，其中超过40岁的人口仅26人，占全部死亡人数的12.9%，说明极少有人能够活过40岁。而30岁以前死亡的人口占全部死者的52.2%，35岁以前死亡的人口占67.7%。死于21~30岁之间的人口占总死亡人数的27.4%。日常生活中的人口估计为64人，平均年龄不到19.2岁。妇女几乎无一例外地在性成熟后就立刻不停地怀孕和生育，才勉强维持人口数量的动态平衡。[294]学者通过对仰韶文化早期龙岗寺墓地和元君庙墓地的比较分析，了解到当时大多数人活不过40岁。在仰韶文化早期，元君庙聚落的年均总人口仅约60人左右，龙岗寺则为55人左右。[295]可知仰韶文化早期聚落时期，当地社会生活条件依然极端恶劣，生存极端艰难，死亡率高，平均寿命低，人口增长极为缓慢，社群规模也比较小。正是在这种条件下，从考古学视角来看，原始农耕聚落形成之前，漫长的原始社会几乎没有任何社会分化的影子。即便到了农耕聚落形成早期，这种分化也依然十分微弱。这是生产力条件极端低下的结果。

原始农耕聚落的形成是原始社会发展的标志性阶段。它大致发生在距今 9000—7000 年前。农耕聚落的形成标志着人类社会从移动迁徙的采集和狩猎生活形态进入了以农业生产和养殖业为主的定居生活形态。但农耕聚落是从定居聚落演化而来，其中决定性因素是农业的发展从生业之一逐渐演化为主导性产业。定居生活是以定居聚落为判断依据的，具体包括以下七个方面的指标：第一，高投入的建筑设施，尤其是大型建筑以及经过精加工的墙面或地面；第二，数量较多用于贮藏食物和器物的窖穴；第三，有规划的聚落空间布局和功能分区，尤其是公共墓地、房址和环壕等防卫设施；第四，考古堆积的厚度及密度的增加；第五，频繁出现的驯化动物及植物，尤其是猪和谷物；第六，不易于携带的功能特殊的器物的增加；第七，为保持生活区的可居住性而出现的专门用以堆放垃圾的垃圾坑、垃圾场以及堆放在此类场所的次生废弃物。这七个指标是综合判断一个聚落是否是定居聚落的有效依据。[296]

定居聚落的起源早于农耕聚落。距今 9000—7000 年的裴李岗文化、距今 8500—7500 年的后李文化、距今 8200—7200 年之前的兴隆洼文化、距今 8500—7000 年前的磁山—北福地文化、距今 8000—7000 年的白家—大地湾文化，都是早期定居文化的代表。其中兴隆洼文化遗址中发现大量碾磨谷物的石器，人骨同位素分析表明，食物中有 85% 来自于植物，尤其是橡子等坚果和粟黍等，这些粟黍很有可能是驯化的作物。[297]磁山—北福地文化中，野生及驯化动植物在考古记录中均有出现，石磨盘和石磨棒的制作更加精细，其中，仅磁山遗址中就发现石磨盘、石磨棒 110 件。[298]但加工食物的种类同时包括坚果和谷物。可知采集与种植在当时是并存的。后李文化小荆山遗址中碾磨器占石器的比例更是高达 57%[299]，而月庄遗址中则浮选出 7 种植物的种子和果实，其中栽培植物约占 31%，种类包括稻谷、黍、粟等。[300]贾湖遗址虽然没有浮选出粟黍，但浮选出了水稻，并出土了大量的菱角碎块和莲藕块[301]，可知稻米及水生植物在贾湖人食谱中占有一定比例。另外，大地湾一期（距今约 7800—7350 年）发现黍作，大地湾二期（距今约 6000 年左右）发现粟[302]。以上这些遗址都处于由狩猎—采集的生活方式向密集型农业过渡的早期定居阶段，而不是成熟的农耕定居聚落。

农耕定居聚落的出现启动了原始社会走向社会分化的历史征程，并为此种分化提供了坚实的物质基础。正是在农耕定居聚落阶段，人类生活方式开始发生实质性转折。这时，人类与土地逐渐建立了密切关联。不断成熟的农业生产活动为聚落中的人口提供了稳定的、主要的食物来源，养殖业也随着种植业的发展而进入新的历史阶段，作为稳定的肉类食物来源，以养猪为代表的养殖业逐渐取代了狩猎。不仅如此，人类社会也正是在农耕定居生活之后才在各方面都获得了飞跃性发展，并形成了与之相适应的生活方式、社会组织模式及社会意识形态。所以说农耕定居聚落的形成是社会分化的物质基础。正如苏秉琦指出的："在以农业为基础经济的史前社会，手工业发展规模和程度，最终取决于农业为其可能提供的剩余劳动的状况，同时，它在规模和速度两方面增强了人类聚集财富的能力。除了由于它的存在直接产生的社会分工与分化外，还要求产生管理人员和沟通社会各部门生产的交换人员。然而，史前社会分工与分化并未仅在生产领域中停步，基本上与上述社会生产领域分工与分化同时，又产生了巫师与军事领袖。"[30]但这并不意味着农耕聚落一旦形成社会就进入了分化的阶段。这个分化是渐进实现的，有一个量变到质变的过程。在农耕聚落真正形成之后的一段较长时间里，社会形态依然处于基本平等的状态之中。王震中把"基本平等的农耕聚落形态社会"作为社会分化的起点，其原因即在于此。

当然，我们说在"基本平等的农耕聚落形态社会"之前没有社会分化的迹象，并不是说当时的人与人之间存在绝对的平等。自然赋予人类的各种差异在任何时候都是无可避免的，比如性别差异、能力差异、年龄差异等，这些差异与定居生活和农耕生产方式都没有直接关系。因为这些差异不是社会差异，而是自然差异，不是社会不平等的起源。

因社会分化而造成的不平等是社会的等级化。最早出现的等级化应是社会身份的等级化。此种身份的等级化，又促进了经济地位的不平等，最终使社会分化为不同的阶级。这个分化的过程，形象而言就是扁平的社会逐渐分层并最终形成金字塔形等级结构的过程。这一过程在考古学上能够清晰辨识。但如果社会分化仅仅停留在聚落社会的内部，就不能形成真正意义上的金字塔等级结构。社会分化是从聚落内部人和人之间的等级分化开始，伴随着聚落与聚落之间的等级分化，最终实现超越在聚落之上的阶级与阶级的分化。所以，聚落群层面的社会分化是在此种分化的力量实现对聚落的突破后，在构建聚落群关系的过程中完成的，其结果就是实现了聚落之间的等级分化。这个过程如果离开了社会整合是没有办法加以解释的。因为聚落群中各聚落的等级分化其实是从另一角度描述聚落群的整合。所以在聚落群的层面上，社会分化就是社会整合，整合和分化共同构建起立体的金字塔型社会结构。为便于描述，我们把社会整合作为一个相对独立的问题在第二节中讨论，本节仅述及社会分化问题。

聚落的等级化形成之后，中心聚落的农耕属性逐渐消亡，政治、宗教功能和高等级手工业生产及商品交换的功能逐渐加强。中心聚落对周边从属聚落的管控也体现在中心聚落的居民普遍较从属聚落的居民更加富裕。中心聚落中的礼仪性建筑已经不仅体现为大房子，而是出现了更高规格的具有政治、宗教综合功能的宫殿式建筑和专业的宗教祭祀中心，体现出复杂的权力属性。

二、聚落内建筑等级的分化

聚落内部的社会分化通过两个指标予以判断。居址之间的关系尤其是居址的规模差异，以及墓地与墓地之间的等级差异、墓葬规模的差异，随葬品的数量、品种和质量等的差异，是判断聚落中是否出现某种社会分化的依据。而在聚落群中观察社会分化时，则更加注重从聚落与聚落之间的关系尤其是规模差异、等级差异和整体上的贫富差异来判断是否出现了聚落间的等级分化。

在聚落内部，聚落形态中的分化主要看聚落中的居址是否出现分化现象。此种分化往往是以一组小房子对应一处大房子的形式反映出来。

在原始社会，大房子的出现有其深刻的社会历史原因。如果某一聚落中存在多组小房子，且每组小房子对应一处大房子，则这个聚落就可以被认为是存在多个家族，因此也存在多个相对独立的权力中心。如果再进一步，整个聚落存在一处居于核心位置的大房子，在其周边分布着若干组小房子，每组小房子中又各自存在一处中型房子，则说明这个存在若干家族的聚落已经形成了超越在各家族之上的公共权力。大房子从小房子中分化出来，无论怎么去解释这种现象，都说明社会已经出现了分化。

兴隆洼遗址的年代大约距今8200—7200年左右。该遗址属东北地区的环壕聚落，聚落中发现房址188座，可以分为三期。早期遗址面积近2.4万平方米，房址集中在一个类似于圆形的区域，周围被长度5万米左右的一道椭圆形环壕卫护，东北至西南最大径183米，西北至东南最小径166米，壕宽1.5～2米，壕深0.55米，聚落内有8排整齐有序的房址，每排大约有10个房间，均为半地穴单室格局，共同形成一个单向多排平行横列的布局。房子面积大多在50～80平方米之间。遗址中部有两间大房子，面积在140平方米以上，应当分别属于两个血缘关系较为紧密的大家庭的公共活动场所，也可能是该聚落中两个不同首领的居所，兼公众议事及原始宗教活动使用。中期房址是在早期房址的基础上重新挖掘建设的，这一时期的聚落面积略有缩小，可以看到历史的变迁。导致聚落面积缩小的原因可能和人口的缩减有关。但是到了该聚落的晚期，聚落规模又明显扩大，超出原址面积一倍以上，达到6万平方米左右。此时，房屋不再局限于环壕之内，而是大量越出环壕，房址面积也普遍缩小到15～30平方米。这一现象说明，兴隆洼聚落晚期人口大量增加，原有聚落空间已经无法容纳增加的人口，因此出现了居住区外溢的现象，而且为了确保居住，房间面积普遍缩小。这正是人口增加导致空间资源紧张的反映。导致人口增加的原因不外乎自身生产力的提高促进了人口的增长。这里重点要说的是在该遗址的早期就已经出现了两座位于遗址中部的大房子，兼两个大家族首领的居所及各自公共活动的室内场所。

考古发现，姜寨仰韶早期聚落中的小型房址中有火塘、生活用具、生产工具以及储放少量粮食的陶罐。这说明，仰韶早期姜寨聚落可能已经出现了小家庭。但这个小家庭并不意味着私有制的出现。小家庭可能是一夫一妻婚姻制度的结果，也可能是自然气候等原因造成社会成员的分组居住。比如在较为寒冷的北方地区，因建造房屋的技术水平较低，为解决冬季御寒问题而将社会成员编组分配到不同的房屋居住，从而出现了并非基于私有制或一夫一妻制父权家庭的组合式家庭。所以在考古中发现小房址里有灶址、火塘或生产生活用具并不能得出必然存在私有制小家庭的结论。虽然如此，我们还是可以判断这时的姜寨聚落已经有了较大的人口规模，而且已经以居址为形式造就出小家庭，并通过居址的分组体现了较大规模的单一血缘大家族的存在。数个大家族构成整个聚落。克里斯琴·彼得森更是从社会空间和社会经济的多重视角重新分析了姜寨的数据，认为聚落居民存在5个相对独立的族群，并否定了5座大房子是公共建筑的说法，认为它们可能是每个族群的头人和他们各自家庭的住宅，当然也是所在族群室内聚会的场所。而整个聚落中的群体活动则在中心广场的室外举行。在其看来，广场作为建筑环境中最明显的特征之一，表明存在一种超越居住区层面的同质性结构，也就是一种统一的社会结构。但是从居住区与个户来研究生产、消费及食物和手工艺品的交换时，也会发现存在资源私有化和家户间经济不平衡性等情况。[303]此种情形在多数早期仰韶文化聚落中均有体现。总体而言，早期仰韶文化聚落依然是大致平等的农耕聚落，即便存在些许社会分化迹象，但社会分化并不明显。这从仰韶文化早期社区布局和丧葬活动中几乎看不到社会分化的迹象也可以判断出来。这一时期的成人墓葬里随葬品种类不仅很少，而且只有少量实用品，没有出现明显的分化现象。

但是仰韶文化发展到中期庙底沟时代时，社会分化就非常明显了。这一时期被视为中国原始社会开始明确走向分化的时代。正是在这个意义上，苏秉琦才指出半坡、姜寨聚落是氏族制度发展的繁荣顶点，并认为在此之后氏族制度就开启了走向衰落和解体的历史进程。[29]这是非常有道理的。

仰韶文化中期的庙底沟时代，不仅各地聚落数量大量增加，而且聚落规模也急剧扩大，大型聚落的规模甚至常常达到百万平方米以上。典型的例子包括陕西高陵杨官寨遗址（总面积超100万平方米）、潼关南寨子遗址（总面积150万平方米左右）、咸阳尹家村遗址（总面积130万平方米左右）。而且那些在仰韶文化早期就早已存在并连续发展的聚落，到庙底沟时代时，不仅规模进一步扩大，而且内部结构也更加复杂化，防卫功能也得到进一步增强。比如半坡聚落遗址、姜寨聚落遗址都是如此。这说明庙底沟时代这些聚落的社会经济发展水平有了极大提高，人口有了显著增长，各聚落族群对土地、资源的相互争夺也就变得日益激烈，故此以环壕为形式的聚落防御功能就会显著增强。在此种历史背景下，各聚落内部房址群中的大房子，在规模及结构上也都出现了进一步发展的现象。比如秦安大地湾、河南灵宝西坡、陕西白水下河、陕西华县泉护遗址，都出现了面积高达200~500平方米的大型“宫殿式”建筑。这些大型建筑显然不是为了提供给聚落居民群居的公共房舍，而是兼具公共议事中心及聚落首领居所的双重功能。大多数此类大型建筑的内部结构都有复杂化倾向，在当时的生产力水平之下，营建此类豪华建筑所耗费的人力、物力及时间，都是不可想象的，故具有象征权力的礼仪功能及宗教祭祀功能。最典型的例证就是仰韶文化庙底沟后期的秦安大地湾聚落遗址中存在的超大型房址F400、F405、F901。它们的单体面积均超过200平方米，而且都位于聚落核心区域及聚落的中轴线上。但它们彼此之间并不同时存在，而是每个时期只有一座，其中尤以F901最为宏伟壮观。它占地420平方米，有主室、东西侧室、后室和门前附属建筑，是一座多间复合式建筑。这意味着社会已经明确处于复杂化进程之中。值得一提的是，秦安大地湾超大型房址F901的复杂结构还明确显示出它不是生活用房的属性。在它周围近千平方米范围内也未见同期房址，说明它是建筑于一个相当空旷的中央广场之中。而且该房址内出土的陶器主要是四足鼎、条形盘、带环形把手的大型异形器，应是专用的成组礼器。[139]王震中甚至将之认定为“从行政角度讲，它是当时酋长首领们集会议事、布政之宫；从祭祀角度论，它是人们举行祭祀活动的中心庙堂——太庙大室或宗庙大室，是祭政合一、权力中心所在”。[61]灵宝西坡遗址中存在的房址面积和等级规模的分化与大地湾类似。与大地湾F901一样，灵宝西坡遗址中不同时期的大房子也都不是普通生活居住用房，而是具有原始殿堂性质的公共活动场所。[144]详情不再赘述。

有学者认为，造成仰韶文化中期庙底沟时代出现大型公共议事中心的现象说明首领地位加强，其背后的原因是聚落之间存在日益激烈的战争，战争加强了聚落内部的管理，催生了公共议事中心建筑，并加强了领导者的权威性。[304]但这一观点值得商榷。原始共产主义社会也是社会的一种存在形式，它并非被个体的绝对自由所支配，也不是处在一种随机的无秩序状态。这种社会也存在相应的公共事务和公共秩序。由于社会不受强制性政府的控制，社会秩序完全是靠习俗的力量予以维持，而公共事务则通过社会成员的集体讨论加以处理。比如宗教、生产、分配等各类事务，凡涉及公共活动的，都构成公共事务。但公共事务的讨论是低效的，社会成员之间存在意见分歧时如何达成共识是相当困难的，这就需要有最高的决策力量承担最终的决策责任。这个最高决策者是个人还是一个群体，是临时还是固定，我们无法确知。但从逻辑上来说，这样的最终决策一定是存在的。公共议事中心的出现，并不一定和外部战争的压力成绝对的因果关系。从其内部寻找原因可能更加符合社会发展的规律。原本较为平等的原始社会，会随着社会生产力的提高出现社会成员的增加，社会成员之间的关系随着人口的增加而更加复杂，导致社会内部的分工协作、物资分配、人际协调的难度都增加了，以集体议事为基本形式的社会管理遭遇越来越严重的挑战，一方面表现为社会成员在同一时间和地点聚集起来的难度增加，另一方面表现为众多的社会成员在同一事务上达成共识的难度增加。为了应对这种难度的增加，就需要固定一种议事制度，也就是由被社会推选出来的代表，在固定的时间和地点，对特定社会事务进行商议和决策。这就是聚落中出现大房间的原因。大房间的出现意味着议事决策机制的变化，它是人口规模扩大化和社会复杂化的结果，是聚落议事活动对公共事务复杂化的一种回应。在考古学上，大房子被普遍认定为聚落首领的居址兼公共议事中心，因此它也被认定为首领地位加强的表现形式。结合公共墓地中出现超出一般墓葬的等级规格的现象，因此有理由认为当时的聚落首领地位得到了强化，社会出现了分化。在这种背景下，我们知道，战争只是当时社会内部需要决策和应对的公共事务的一个方面。战争固然需要汇集整个社会的力量，调动整个社会的资源，凝聚整个社会的智慧，并在统一指挥之下才能取得胜利，从而确保族群的生死存亡，但它并非促成聚落内公共议事中心的出现及聚落首领权力加强的唯一的甚至直接的原因。甚至我们有理由相信，在大房子刚出现时，可能并不是为了体现聚落首领的特权，而是将其作为室内公共活动空间使用，与聚落房址所环绕的中心广场的功能相似。至于首领是否居住在大房子里，并不是决定因素。在母系氏族社会，生产力水平低下，几乎不存在剩余财产，或者极少有剩余财产，私有制和小家庭都还没有产生，在这种情况下，大房子对个人而言并不具有更高的使用价值。考古中发掘的原始社会的居址，尤其是母系氏族社会时期的居址，一般都为半地下式，面积也比较小。当时并不存在居住用地紧缺的情况，可是却把居址建得如此狭小，此种现象只能说明，在当时的历史条件下，大房子并不符合居住的实际需要。人们对更大居住面积的需求是和生产力水平的提高以及居民实际生活水平的提高紧密相关的。在平等的母系氏族社会，聚落居民并没有什么私有财产需要放置在产权归属于个人的私人房间里，人们的主要活动空间也不是室内，所以大房子并不是个人居住条件得到改善的结果。相反，大房子可能会因冬季取暖困难而更不适宜个人居住。

但随着社会的进一步发展，当大房子与聚落首领的身份结合在一起，慢慢地就衍生出了大房子与特权相关联的象征性功能。尤其是伴随着私有制的产生，私有财产的放置和管理需要属于个人的私有空间，居址的扩大能够在某种程度上反映出私有财产数量的增加。贫富的分化与社会影响力的关系非常复杂。一方面社会影响力是造成贫富分化的原因，至少是原因之一；而另一方面，贫富的分化也在事实上促成了不同社会成员在社会影响力上的进一步扩大。聚落首领的个人住房如何与公共议事中心用房合为一体的，我们并不是非常清楚；但是，两者在原始社会即已合为一体的事实，是可以通过史前考古学和历史时期中国殿堂式建筑的历史演变轨迹推演而知的。权力与大房子的结合，也在某种程度上回应和确保了权力运作的实际需要。在少数人掌握决策权的社会，无论是原始社会还是随后的阶级社会，都必然要求权力一方面要通过各种手段令人震撼地展示出来，另一方面权力的运作行为及权力的拥有者又要被高墙深院地遮蔽起来，否则就不能凸显其神秘性和权威感，也就无法确保权力受到普遍地信奉和遵从。

在生产力极为低下的原始社会，财富的拥有和使用受到储存条件的限制。当时的财富主要是生活必需品，比如食物。食物的囤积并不代表着财富的绝对增加，因为食物并不易于保存，如果不能在一定时间内兑现食物的食用价值，可能就会因腐烂等原因发生价值灭失。食物作为一种消费品，在考古实践中很难被发现。即便偶有发现史前灰坑中埋藏的大量谷物，但也无法说明其作为一种财富的归属。肉类食物显然拥有更高的食用价值和交换价值，尤其是在史前养殖业并不发达的情况下，拥有猪的数量更能反映出贫富的差异。在墓葬中放置整猪作为陪葬，或者放置猪头作为陪葬的墓主，显然拥有更高的社会地位或更多财富，属上层社会成员。陶器也是如此，占有更多的陶器并不意味着获得更多的财富使用价值。财产的积累，在实现了自身消费需求之后，只能通过交换的方式，实现交换价值。否则，单纯的财产数量增加并不能给财产占有者带来超出自身需要的额外价值。这时，稀有物品的社会价值就凸显出来了。稀有物品的价值首先是一种社会价值，能够满足特定的社会需求，比如象征着特定的身份，带来某种特定的心理满足；其次是因具有此种社会价值而使其具备了一种交换的价值。稀有的贝壳、乌龟壳、玉石等，都是如此。陶器器型的复杂化，显示了其使用功能的多样化，在这些实用器物上添附特殊的艺术价值，令其具有观赏性，也是使产品变得稀有从而增加其价值的方法。此种价值一方面用于欣赏，另一方面用于实现器物的交换。在考古上见到的稀有物品的远距离传输，其实就是实现此种价值的结果。因此，在房址规模之外，稀有物品的拥有与否就成为了衡量社会分化的另一个重要指标。考古资料显示，稀有物品主要存在于墓葬之中。

三、群内聚落间建筑等级的分化

仰韶文化庙底沟时期其实正是中国原始社会先后进入中心聚落阶段的起点。正是由此时起，各区系考古学文化纷纷进入考古学界所说的中心聚落时期。所谓中心聚落，其实是在聚落群中构建聚落与聚落之间的关系而衍生出来的概念。考古学依照地缘关系将一群不同大小及等级的聚落归为一组存在内部关联（尤其是隶属关联）的聚落群。群中聚落之间因规模、位置、客观物质遗存的等级等各种相关因素，被划分为不同的等级。位于此聚落群中最高等级的聚落就是该聚落群中的中心聚落。聚落群中的聚落之间等级越多，中心聚落与其他聚落之间的落差越大，说明聚落群中的权力越集中于中心聚落，社会的分化情况也就越严重，社会的复杂化程度也就越高。

仰韶文化后期、红山文化后期、大汶口文化后期、屈家岭文化早期、崧泽文化及良渚文化早期等各区系考古学文化都在这一时期先后进入社会分化加剧的中心聚落阶段。考古学资料显示，中心聚落的建筑物等级尤其是象征权力的大型礼仪性建筑的出现，以及高等级建筑与普通建筑及普通聚落中的建筑之间等级距离的拉大，反映出中心聚落已经成为统辖周边从属聚落的权力中心，也反映出以中心聚落为核心，形成了一个立足于神权并与世俗管理权合二为一的等级制权力系统。所以，我们在分析中心聚落时期的社会分化时，不仅要注意聚落内部的分化，还要注意聚落与聚落之间的分化。此种分化导致的一个显著结果就是聚落之间形成不平等的关系，这种不平等最终也必将发展出聚落之间以等级分化为特征的隶属关系。

原始社会步入中心聚落形态之后，虽然社会分化进程有所加快，但依然要经历从量变到质变的发展过程，而不是一蹴而就地形成了以中心聚落为核心的聚落群关系，也不是在此种关系形成之后就长期保持停滞不前的稳定状态。我们应当辩证地、动态地看待这一历史阶段的社会发展。中心聚落的基本特征是规模的扩大。这是社会生产力提高的结果，也是人口增长的结果。这一时期的大地湾聚落遗址面积高达36万平方米，大汶口聚落遗址更是超过80万平方米，陕西高陵杨官寨遗址总面积超过100万平方米，陕西潼关南寨子遗址总面积达到150万平方米左右，陕西咸阳尹家村遗址总面积也有130万平方米左右，而考古所见这一时期一般聚落的规模则大多都在几千平方米至数万平方米之间，这些聚落因面积有限，能够容纳的人口也不多。可见这一历史时期，聚落与聚落之间的等级差异仅仅在规模上就已经呈现出极为明显的区别。

总体而言，到仰韶文化晚期（距今5500—5000年左右），黄河流域普遍出现了地域性的复杂社会系统。秦安大地湾遗址、高头寺遗址、陕西案板遗址、山东泰安大汶口遗址都属于这一时期典型的中心聚落遗址，每处中心聚落遗址几乎都能发现一处大型公共建筑位于聚落中心地带。黄河下游地区的河南西山遗址还出现了最早出现的夯土城墙环绕的城址，为河南、山东区域内龙山时代的普遍筑城现象开辟了先例。红山文化虽然没有发现中心聚落，但东山嘴大型祭坛遗址和牛河梁的女神庙、积石冢群显然是周围较大范围内的宗教祭祀中心，如此高等级的大规模宗教建筑群的存在，说明在当地必然存在一个大型的区域性复杂社会。因为若非社会分化到一定程度并出现强有力的社会组织及相应的分层的集团化管理体系，是无法出现这些建筑的。平等、分散、孤立、自我封闭、自给自足的原始聚落社会，是不需要这些建筑的，也无法在人力、物力以及管理上完成这些宏大建筑的设计、建设，甚至无法有效使用和维护这样的建筑物。

龙山时期的社会分化现象已经不仅仅体现在聚落中的普通建筑与聚落中心的大型礼仪性建筑的等级差异上，而是更多地体现在中心聚落与周边聚落之间的等级差异上。城址在其防卫性功能上、对手工业的特殊保护功能上、对周边农业生产型聚落的隔离功能上，都显示出它不仅拥有更高的政治、经济及宗教地位，并在防卫外敌入侵方面拥有更强的能力，也反映出它与所统辖的周边低等级聚落之间存在的矛盾性，是维护社会分化所带来的社会对立的工具。聚落群的形成及城址的出现，不仅是社会分化的结果，也是社会整合的结果。

以河南王城岗为例加以说明。该聚落是颍河上游22个龙山文化遗址的中心聚落，存在时间距今4500—3835年。最早是两座小城，各1万平方米。小城始建于龙山一期偏晚，到龙山二期废弃。大城始建于龙山二期，使用至龙山三期偏早，到龙山三期偏晚时衰落。因为小城内可以容纳的人口极为有限，而建城成本却极为高昂。如无特殊需要，原始社会一般不会筑城。筑城的基本功能是为了保卫城中居民的人身、财产安全，说明社会进入冲突加剧的阶段。但显然并非聚落群中所有聚落的全体居民都有此种需要或得到了此种保护，因为王城岗周边22个聚落均未建城防守，可见居住在王城岗这个中心聚落（城址）内的居民对人身、财产的安全有特殊需要。此种特殊需要与其能够调动周边20余个聚落的劳动力为其筑城的力量，显示出居住在城址中的居民是聚落群中拥有权力和财产的权贵阶层。城址内部出现的夯土台基一般被视为存在承载世俗统治权和宗教祭祀权的高等级礼仪性建筑的证据。王城岗小城中西部和西北部存在多处大型夯土基址，应是小城时期的高等级礼仪性建筑所在；大城中也发现有几块面积大小不一的夯土基址，而且都位于大城中轴线上，可能是公共活动中心或宫殿、宗庙类礼制建筑的基址。尤其是位于大城北部正中位置的一块夯土基址的面积最大，南北长50米，东西宽30米，应是反映该城最高权力的建筑基址。聚落群中的中心聚落与群内其他聚落在这方面的突出落差显示出，社会的分化在聚落群中已经达到了极为严重的程度。

陶寺是另一个可为佐证的龙山文化晚期重要遗址。该遗址存在于距今4600—4000年前，是史前黄河中游地区出现过的最复杂的区域中心，备受考古学界关注。陶寺遗址的形成有一个历史发展过程。其小城建于遗址早期，面积56万平方米，大城建于遗址中期，面积扩大到289万平方米。营建如此规模的城邑（即便是早期小城），需要调动的人力、物力和财力，在龙山时代是难以想象的。城内的各种大型建筑基址，都说明规模庞大的宫殿建筑和宗教建筑的存在。比如，城址核心区建于陶寺文化中期的大型夯土基址ⅠFJT3及其周边夯土基址群就是一个超大型殿堂式建筑及其配套建筑群的遗址，其中仅主体殿堂的面积就高达10000平方米以上，支撑屋顶结构的柱洞，直径竟然粗至0.5米以上，可见规模之宏大。[276]与此形成鲜明对比的是，无论是城内还是城外周边区域，陶寺遗址中的绝大多数房址尚处于简陋的小型半地穴式居址形态。可见陶寺建筑等级的分化已经大到令人叹为观止的程度。故此不少学者甚至认为龙山时代的陶寺已经进入了国家阶段。而从聚落群的角度来看，以陶寺为中心的群内聚落之间，也出现了极为明显的等级分化现象。陶寺遗址的周围环绕着大量规模不同的中小型遗址，按照聚落考古学的分类，可知当时的陶寺及周边区域内已经形成了至少三级的聚落群等级结构。可见社会的分化在城内及城外都普遍存在。另外，考古资料显示，陶寺晚期曾经历过一次严重的暴力事件。大城及宫殿区均被毁坏，甚至沦为手工业区，主要制作骨镞等兵器；一批贵族墓葬被人为破坏，尸骨被毁甚至扔出墓坑，其目的更像是泄愤而非盗墓，这一时期的遗址中，非正常死亡的人骨也大量出现，甚至还出现了用牛角捅进女性阴道致死的现象。这些随处可见的暴力现象可能是不同族群发生冲突所致，也可能是陶寺内部阶级矛盾激化出现政权颠覆。陶寺晚期虽然人口依然较多，但高等级区域的被毁，以及再未出现大型贵族墓葬的现象，说明整个社会未能再恢复昔日的繁盛，尤其是最高权贵阶层地位已经明显陨落，这只能证明原有社会结构及社会秩序均已崩溃。其后不久，这座曾经辉煌一时的大型政治、经济、文化、宗教中心就彻底废弃在历史的尘埃之中。但无论怎样，它的存在都绝对向我们展现了龙山时代襄汾盆地曾经存在过一个高度分化、高度复杂的史前社会。

四、墓地与墓葬中的分化

墓地及墓葬中的等级分化是从墓地的分区、墓坑的规模及形制、随葬品的数量、类别、等级等方面的因素加以评判的。

距今约7100—5600年的北首岭遗址中发现有墓葬451座，距今约6700—5600年的半坡遗址中发现有墓葬250座，距今约6700—5000年的姜寨遗址中发现有墓葬600余座。这些墓葬除少数瓮棺葬葬于居室内部或周边外，绝大多数墓葬都葬于公共墓地，墓葬中的随葬品基本全是生活用品和生产工具，贫富分化和身份分化都不明显。

在距今约8120—4900年的秦安大地湾遗址中发现的79座墓葬，随葬品也都是普通的石质、陶质生活、生产用品，贫富分化不明显，未见拥有特殊随葬品的墓主，不仅无等级的差异，也无身份的差异。元君庙墓地也是如此。它是一个以合葬墓为代表的、包含若干家族并以墓区为形式包含若干氏族的部落社会。在这个部落社会中，各墓区墓葬中发现的随葬品都是实用器物，看不出明显的贫富分化和身份差异。[305]这一时期，姜寨聚落墓葬也出现了埋葬于聚落中央广场和埋葬于聚落外围公共墓地的差异，暗示了埋葬在两个空间中的死者有一种身份差异，但依然并未显示出明显的贫富差别。

以上情况说明，至少在中原地区的仰韶文化中期之前，墓葬中尚未显示出社会分化的明显迹象。但必须指出的是，这并不能说明在中原地区仰韶文化时期甚至在更早的历史阶段就不存在身份的差异。

目前能够观测到的早于仰韶文化时期的墓地及墓葬中已经出现分化现象的例证是河南舞阳贾湖遗址裴李岗文化墓葬、兴隆洼遗址兴隆洼文化墓葬、龙岗寺遗址仰韶早期文化墓葬。

贾湖遗址位于河南舞阳县，存在于距今约9000—7500年前，是一处典型的裴李岗时期遗址。该遗址出土了我国最早的骨笛和刻写在龟甲上的原始眼形文字。该遗址中清理发掘的墓葬数量有349座之多，这个数量是非常惊人的。在这些墓葬中，存在极少数墓葬墓主尸骨上覆盖绿松石串饰的情况，比如M55、M56、M58、M62、M65、M73、M75、M81、M90等墓葬，而且此种串饰的数量非常大，主要是用于颈部、腰部、腿部三个部位。由于并无迹象表明此时的社会已经存在贫富分化的现象，那么，在这些少数墓葬中使用的数量庞大、做工精致的绿松石串饰就并非为了表明死者生前拥有财富，而是反映出死者拥有某种特殊的宗教身份。也就是说，它们可能是巫师的法器或巫师身份的象征物。而且，舞阳贾湖的这种宗教人物，其身份可能存在世袭，因为在M55墓穴中，是一具6岁幼童的尸骨，其颈部、腰部、腿部竟然也覆盖有绿松石串饰，而且头骨下还枕着象牙雕板，脚上覆盖着4个龟甲，甲内还有双色石子。一个孩子拥有如此重要而特殊的象征宗教身份的随葬品，显然是世袭了此种身份及地位。另外，这些出土绿松石串饰的墓葬主要集中在整个遗址的西北部，暗示着舞阳贾湖先民已经有了墓葬的分区。也就是说，宗教人物被集中安葬在特定区域，与氏族其他成员相区隔，这当然也是社会分化的一种表现形式。

兴隆洼遗址位于内蒙古赤峰市敖汉旗宝国吐乡兴隆洼村，距今大约

8200—7200 年左右。该遗址在年代上要早于仰韶文化，属兴隆洼文化遗址。在兴隆洼遗址中已经发现的墓葬，有 10 座为居室葬，这种葬法在东北地区并非偶然，查海遗址中也有发现，被认为有很强的宗教内涵。但无论是兴隆洼遗址还是查海遗址，都显示出一种分化的现象，即并非全体社会成员均能采用居室葬。相反，这些聚落中都仅有少数人能在死后葬于室内。另外必须指出的是，兴隆洼遗址的出土玉器也主要来自居室葬，可见其用玉制度与居室葬密切相关。在有居室葬的房址中，通常也仅埋葬一位死者，说明居室葬不是随意发生的。在兴隆洼二期聚落中心房址中的 M118 居室葬是已知兴隆洼遗址的居室葬中规格最高的一座。其死者是一位 50 岁左右的老年男性。在当时的社会条件下，能够活到这个岁数的人极为罕见。在该死者的尸骨右侧，随葬有一雌一雄两头整猪，均呈仰卧状，有捆绑痕迹。这是其他墓葬中从未发生过的现象，应具有特殊重大的宗教意义，可能是图腾崇拜的结果[306]。结合兴隆洼遗址中多数房屋在室内埋葬死者后继续长期居住的事实，可知该聚落内的特殊人物因其生前拥有特殊地位或身份，死后被埋在居室内成为家庭或家族的守护神。除此之外，在该墓葬中还出土了数量惊人的 715 件随葬品，说明该墓主人在整个兴隆洼聚落中都拥有史无前例的崇高地位。这表明，兴隆洼遗址中已经出现某种意义上的分化，但此种分化应和特殊的宗教信仰有关，并非阶级分化的开始。

龙岗寺遗址位于陕西省南郑县境内，属仰韶文化半坡类型早期遗址。这是一处长期使用不断叠压的母系氏族公共墓地。墓葬中已显示出社会成员的身份差异。该遗址从墓葬中共发现 24 件玉器，分别出于 18 个墓葬，墓主均为男性。这些玉器的器形是锛、铲、斧、镞，玉锛最多。出土玉器的墓葬除 M373 靠近墓区中部外，其余都环绕墓区周围。[307] 这说明随葬玉器的墓主人在身份上可能拥有守护墓区的功能及职责，由于随葬玉器是实用工具的礼器化，是武力的象征，而非宗教的象征，也就意味着他们生前可能拥有某种程度的军事指挥权或受到公认的超强战斗力，在聚落的安全或生产中发挥过重要作用，因此死后也要以此种特殊方式拱卫氏族墓地。但整个墓地中的墓葬在随葬品方面却并未显示出明显的贫富差异，玉器的出现和陶器数量的差异也并不呈现明确的相关性。

综合以上三处遗址的墓葬情况可知，墓葬中的分化现象在仰韶文化之前即已出现，但这些社会分化现象应是原始宗教所造成的巫师相对于一般社会成员的身份差异，而非以经济地位为主导的社会分化。因此，仰韶文化早期总的情况是氏族成员在墓葬中显示出明显的平等性，即便有偶尔分化的迹象，也主要是体现了原始的身份差异，而且非常微弱，并未达到社会分化的程度。

真正的社会分化出现在仰韶文化庙底沟时代。这一时期的墓葬中，出现了明确的等级分化现象，具体表现就是墓葬的规格以及随葬品的数量、质量及品类都出现了非常明显的等级差异。过去多数学者倾向于认为红山文化所在的北方地区最早进入文明，随后大汶口文化所在的山东地区以及良渚文化所在的环太湖地区，被认为相继迈入文明的门槛。而中原地区（以关中、晋南、豫西为中心的广大区域）迈入文明的步伐被认为较晚。但灵宝西坡遗址仰韶文化庙底沟类型大墓的发现，以及东山村崧泽文化高等级墓地的发现，为学术界重新认识中国文明发展的多元一体格局及区系发展的不平衡进程，提供了新的证据。

河南灵宝西坡遗址距今约6000—5300年，是诸多庙底沟类型聚落遗址中保存最为完好的一个。西坡遗址的仰韶文化中期庙底沟时代大墓，反映出明确的社会分化现象。灵宝地区位于河南西部，南部为秦岭山区，北部为黄土原，是庙底沟类型的中心地带。西坡遗址的大型中心性聚落和特大型公共房址等遗迹已经显示出仰韶文化中期复杂社会的显著特点。其墓地和墓葬的相关信息同样显示出社会分化的明显特征。在该遗址的居住区南部，发掘出墓葬34座，有明确的大小等级差别。以M8、M27、M29为代表的大墓，墓口均超过12米；以M1为代表的小墓，墓口只有2米左右。大墓的随葬品多达10件左右，小墓则一无所有。以墓葬M27为例，它是一座长方形竖穴土坑墓，长约5米，宽约3.4米，墓室位于墓圹正中，底部距墓葬开口较深，约1.5米。墓室两侧为生土二层台，宽约1.3～1.4米，高约0.5米。墓室的东部（墓主脚下位置），挖有一个近圆角方形的脚坑，边长约1.6米，深约0.5米，乃放置随葬品的场所。墓圹内全以青灰色草拌泥封填，随葬品共10件，基本都是炊饮器和盛具，但有一件格外醒目的玉钺。玉钺是军事指挥权的象征，说明社会成员之间已经出现了等级差异。另一座大型墓葬M11更是说明权力的代际继承。该墓墓主是一个4岁的孩子，随葬品竟然多达12件，其中仅玉钺就有3件。这是非同寻常的现象。玉钺，无论是原材料的获取难度还是制作过程的繁难，都远远超出石钺，但玉钺的硬度却较低，显然并不作为真实的战斗工具和生产工具使用，而是身份与地位的象征。以上种种迹象表明，西坡社会重视墓葬规模和丧葬仪式，但却并不强调随葬品的奢侈性，此种社会风尚与其他文化墓葬中的情况有较大差异。高等级墓穴和一般的小型低等级墓穴在墓葬规模和随葬品数量、品类等方面都有明显差异，应是墓主社会等级及贫富差距的再现。这意味着西坡聚落遗址中的社会分化已经十分明显。

崧泽文化东山村遗址大约距今5800年，其墓葬反映的社会分化现象极为突出。东山村遗址发现的崧泽文化高等级大墓，为重新认识环太湖流域崧泽文化整体面貌和社会发展水平提供了新的考古资料。遗址中崧泽文化早中期大墓与小墓的分区埋葬，说明在距今5800年前后的环太湖一带，社会已出现了明显的贫富分化现象。小型墓均在遗址Ⅰ区，目前共清理了27座。墓葬的长宽基本一致，长约2.2米，宽约0.8米。随葬品多在10件以上，较少的仅2~3件，以陶器为主，也有少量石器或玉器。高等级墓葬位于遗址Ⅲ区，目前发掘9座。长宽基本一致，长约3米，宽约1.7米。M95和M98墓葬还发现有葬具的痕迹，如M98的葬具为长方形木棺，长2.25米，宽1.05~1.15米。大墓随葬品明显较多，每墓基本都在30件以上，最多的有67件。9座高等级大墓的随葬品总数为385件，包含陶器、石器、玉器等，其中玉器总数100件，有璜、瑗、钺、镯、玦、环、管、珠、坠、凿等。值得注意的是，这9座高等级墓葬的时间前后跨越300年左右，但墓葬之间没有任何叠压打破关系，说明在如此漫长的时间里，这个高等级墓地的管理极为有序。因此林留根认为，该墓地应有明确的规划和专门的管理，墓上甚至还可能有明确的标志物，否则在后人不清楚前人墓位的情况下，数百年间墓与墓之间不发生叠压打破的关系几乎是不可能的，这也说明该墓地是聚落中至尊者的专用墓地。[308]针对东山村崧泽文化墓地中宗教色彩较为淡薄而世俗王权较为突出的这种情况，李伯谦认为，当社会刚刚开始出现转型时，最早产生的“公共权力”可能并不都是神权，也可能是以军权为支撑的王权。其理由是东山村崧泽文化大墓中出土的玉石器，并无象征神权的琮、璧，除装饰品和生产工具外，最引人注目的便是作为军权和王权象征的石钺。这些石钺形体硕大、制作精良，有的还有朱痕彩绘，且均无使用痕迹，给人留下深刻印象。[309]

安徽含山凌家滩遗址距今5800—5300年左右，总面积高达160万平方米，是长江下游巢湖流域迄今发现面积最大、保存最完整的新石器时代聚落遗址。从该遗址中部已经发掘的50余座墓葬中，已经显示出明显的社会分化现象。比如，墓葬可以分为三类，其中大墓随葬品以玉器为主，石器和陶器次之；中小型墓随葬品以石器为主，玉器和陶器次之。打破祭坛的墓葬，随葬品绝大多数以陶器为主，玉器和石器甚少，随葬品数量也远不如其他墓葬。[310]从整个墓地墓葬出土遗物可以看出，墓主人身份有显著差别。比如07M12是等级最低的墓葬，全部随葬品只有1件陶碗，而07M19、07M20的随葬品却以玉器为主，陶器较少。07M23更是凌家滩遗址历次发掘所见规模最大、随葬品最丰富的墓葬。其墓坑长3.45米，宽2.1米，深0.3米，墓底至地表深0.55米，面积约7平方米。墓坑内似有棺椁的痕迹，但因土壤呈酸性，未发现有机物。墓中出土的遗物极为丰富，共计330件，玉器就有200件，石器97件。玉石器以钺、环、镯、璜、玦、璧、锛、凿等器形为主，在墓坑中密集摆放，局部层层叠压。无论是玉器还是石器，都极为精美，器型较大。玉钺和石钺形体较大，无使用痕迹，说明并非实用工具，而属礼仪用品。该墓随葬陶器较少，但也多达31件。总体而言，07M23墓葬不仅是该遗址墓地中等级最高的一座，而且也是周边已知史前文化墓葬中等级最高的一座。[311]总体来说，凌家滩墓地中多数墓葬的随葬品都还比较丰富，尤其是用玉随葬的现象极为突出，石器也主要以磨制精美的石质礼器为主，反映出凌家滩居民总体上较为富裕的整体情况，这可能和玉石加工的经济形态有关。从出土玉器和石器的加工技术来看，确实凌家滩在玉石加工上拥有极高的专业化水平，但可惜的是并未发现有专门的玉石加工场所。另外还需注意的是，凌家滩墓地中显示出来的社会分化，还表现在不同等级的墓葬所处的位置差异。出土随葬品最精、最多的墓葬集中位于墓地南部，出土玉器废料的墓葬则集中位于墓地西北部，随葬品极少的墓葬则主要位于墓地北部。这可能和不同家族拥有不同墓区有关。毕竟当时的凌家滩还未发展出真正意义上的私有制，在这样一个大型原始聚落中，财产家族共有和死后葬入家族墓地当是社会基本传统，不可能仅因经济上的差异就打乱这些传统。另外，凌家滩聚落遗址面积如此之大，而已经发掘的墓葬却都集中在祭坛区域，而且墓葬数量与聚落面积严重不符，说明尚有大量墓葬可能已经消亡在历史的岁月之中或尚未发现。如能在该遗址其他区域发现更多墓葬，就能更清晰地反映出当时的社会分化情况。

大汶口遗址中也存在明显的等级分化现象。该遗址中已经发现的133座墓葬可以依照大小分为三个等级。其中大墓存在相当隆重的厚葬现象。这些高等级墓葬一般都有木制葬具，随葬品高达五六十件，最多的墓葬竟然能够随葬180余件，种类较多，质量较高。在所有发现的陶器中，最精致的黑陶、白陶和彩陶均出自于这些高等级大墓，玉器、象牙器等高等级器物也基本上都出土于这些大墓。中等墓有些有木制葬具，有些没有，随葬品一二十件至二三十件不等，质量略差，种类较少。小墓墓坑很小，仅能容身，无木制葬具，随葬品极少或者没有。[312]其他大汶口文化遗址也存在类似情况。比如山东莒县陵阳河、大朱村、茌平尚庄、邹县野店、临沂大范庄、江苏新沂花厅等，都属大汶口文化聚落遗址。这些聚落的墓葬中也都存在类似于大汶口遗址的社会分化现象，而且普遍进入父系氏族社会。其中最为突出的是陵阳河遗址45座大汶口晚期墓葬，这些墓葬可划分为四个墓区，第一墓区位于遗址北部陵阳河南岸，第二墓区与第一墓区相隔约50米位于第一墓区西北，第三墓区与第一墓区相隔约60米位于遗址的东北角，第四墓区与第一墓区相隔约150米位于遗址东南角。其中19座中型以上墓葬全部集中于第一墓区，低等级小墓则全部位于第二、第三、第四墓区。而且第一墓区的大墓墓室巨大，墓坑往往达到4~5米长、2~4米宽的规模，随葬品也极为丰富，尤以陶制酒器和猪下颌骨居多。随葬器物更是多在50件以上，特大型墓葬中甚至可以达到近200件之多，M6、M17是其中的代表。与大墓形成鲜明对比的是，那些仅能容身的小墓，仅仅只是随葬数件、质量低下的陶器，最多者也不超过10件。可见大汶口文化时期的陵阳河聚落中社会分化现象是极为严重的。这种分化不仅体现出聚落内部成员之间存在地位差异及贫富差距，也体现出聚落内部不同家族之间存在地位与贫富差异，这从第一墓区所代表的家族在地位及经济实力都远超其他三个墓区所代表的家族的事实反映出来。这种现象提示我们，某些聚落内部的贫富分化可能并不表现为个体之间的分化，而可能是家族与家族之间的分化。这种情况在那些中心聚落中可能更为明显。在较为复杂的由多个家族构成的部落中，贫富的分化途径可能并非仅仅是个体差异造成的，而可能更主要是家族整体实力之间的博弈造成的。到大汶口文化晚期时，社会分化进一步加剧，氏族制面临崩溃，甚至已经开始出现城址。

另外必须一提的是，大汶口聚落遗址还有一个特点值得注意。那就是，在已经发掘出的墓葬中，显示出这个聚落的社会存在橄榄型结构，大型墓葬和小型墓葬均占少数，而中型墓葬占多数。这和同时期周边大汶口文化类型的其他聚落有相当大的差异。这可能反映出大汶口文化具有中心聚落的地位。也就是说该聚落地位高于周边其他聚落，其居民在经济上也普遍优越于周边其他聚落。[313]由此也更加佐证了在中心聚落时期，不仅存在聚落内部居民之间的等级与贫富分化，而且还存在普通聚落与中心聚落之间的等级与贫富分化。

龙山时代是中国史前社会发展的分水岭。由此，各区系考古学文化先后进入阶级社会，聚落内、聚落外均存在极为显著的社会分化现象。社会矛盾激化，战争普遍发生，全国范围内出现了众多早期地域性国家。

分析龙山时代此种社会分化的原因必须从聚落数量的激增说起。

龙山时代大致处于距今5000—4000年前。这一时期，各考古学文化区域内的聚落数量和人口数量均有所增长。河南区域内从800处仰韶文化遗址发展到1000处龙山文化遗址，山西区域内从716处仰韶文化遗址发展到1102处龙山文化遗址，陕西区域内从2040处仰韶文化遗址发展到2200处龙山文化遗址。山东区域内的发展情况更显得具有爆发性，大汶口文化遗址约有547个，而龙山文化遗址则暴增到1492个。如果再缩小范围到鲁东南地区，更显得这种增长具有不可思议的膨胀性，该区域北辛文化遗址仅发现2处，大汶口文化晚期遗址则增加到27处，到龙山时期，几何级地暴增到463处。可见社会生产力的发展有非常大的飞跃，人类的生活状况也相应有了巨大进步。

这一时期，墓葬中的分化现象最典型的就是山西襄汾盆地的陶寺遗址以及山东两城镇、尧王城、尹家城、西朱封等遗址，再有就是河南王城岗等遗址。

以陶寺为例。陶寺遗址中已经发掘的墓葬有将近1000座，这些墓葬在规模上明显可以区分为大、中、小三个等级。其中大型墓葬占全部墓葬的比例小于1%，但随葬品却极为丰富，不仅种类繁多，而且数量惊人。尤其是大墓中出土的龙盘、鼍鼓、石磬及远距离输入的玉器等随葬品，更是象征着至上的权力和财富。小墓则基本上没有随葬品，即便有随葬品，也仅有少量几件陶器或石器。大墓和小墓之间的差距极为鲜明。这一现象说明，龙山时代的陶寺社会已经分化出高高在上的权贵阶层，权力和财富已经被高度集中到少数统治者手中，而数量众多的底层民众，其生活水平与前代相比并无本质性提高。可知社会的分化是以权力和财富向少数人集中并拉开彼此之间的差距的形式实现的。

山东龙山文化墓葬共计发现近千座[314]，绝大多数为中小型墓，而位于泗水尹家城和临朐西朱封的 8 座大墓则可以被认为是山东区域内最高等级大墓，可见这两个龙山文化城址是山东境内龙山文化时期的两大中心聚落。这几座大墓无一例外都有木质棺椁，随葬品也都比较丰富。与同时期的其他中小型墓葬很少有随葬品或仅有数件陶器或石器随葬的情形相比，差异相当显著。[315]

尹家城大墓中的随葬品以陶器和猪下颌骨为主，尤其是随葬猪下颌骨的数量非常惊人。尹家城 M4、M15、M126、M134、M138 五座大墓中，共计随葬猪下颌骨 102 个，除 M4 仅随葬 6 个猪下颌骨外，其他均在 20 个以上，尤其 M138 数量最多，共随葬猪下颌骨 32 个。以猪下颌骨随葬的现象在农耕聚落时期的黄河中下游地区较为常见，但尹家城大墓的随葬数量却达到令人惊叹的地步。以猪下颌骨随葬应是拥有财富的象征。

西朱封大墓共有 3 座，无论是墓圹的大小还是木制棺椁的大小，均远超尹家城大墓。其中规模最大的西朱封大墓 M202 的墓圹东西长达 6.68 米，南北现存宽度 2.2～3.15 米，依照现状分析，原宽度应为 4.5 米左右，规模极为惊人，显然并非一般人所能拥有。但西朱封大墓中的随葬文化明显不同于尹家城。西朱封不以猪下颌骨为主要随葬品，而以象征身份和权力的玉器为主。以 M202 为例，该墓随葬品中陶器数量不足 20 件，但象征身份的饰物数量庞大，包括绿松石 980 件、牙饰 1 件、玉冠 1 件、玉簪 1 件、玉坠 4 件、玉串饰 18 件，另外还有象征武力及军权的随葬品包括石镞 6 件、骨镞 2 件、玉钺 2 件、玉刀 1 件。M203 则是使用椁内重棺的高等级墓葬，除随葬 20 余件陶器外，还包括象征武力及军事指挥权的石镞 13 件、骨镞 5 件、玉钺 3 件，以及象征身份的饰物玉环 1 件、玉坠 5 件、绿松石 95 件。[316]

尹家城和西朱封最高等级龙山文化墓葬不仅在本地显示出与最低等级

墓葬（面积仅能容身、没有葬具和任何随葬品的狭小型墓葬）的差异，而且还表现出对整个山东境内的龙山文化墓葬的等级差异。

如果以整个山东区域为观察对象则可以发现，龙山时期山东境内的墓葬可以分为四个等级，尹家城和西朱封大墓属于第一等级，其下还包括中型墓葬、小型墓葬和狭小型墓葬。小型墓葬在各地龙山文化墓葬中均最为常见，所占比例也较大，墓室长度一般为 2 米左右，绝大多数无棺，随葬品一般为 5 件左右，所葬应是当时社会最为普通的社会成员。[314] 观察这个阶层的社会成员与最高等级社会成员的分化情况，最能说明社会分化的程度。其中权贵阶层所拥有的权力和财富，均远远超越一般社会成员，社会分化情况极为严重。

另外，在山东诸城呈子遗址也发现原始社会晚期墓葬 99 座。从这些墓葬中也能看出社会分化的线索。该遗址中的一期墓葬共发现 12 座，属大汶口文化晚期氏族公共墓地。各墓葬之间分布稀疏，没有相互叠压打破关系，墓葬规模、形制、随葬陶器情况均未显示出明显差异，使用葬具的情况和合葬现象均较为普遍，因采用合葬，随葬品的隶属关系并不容易判断。二期墓葬集中分布，属龙山文化时期，共有墓葬 87 座，皆单人葬。从大汶口时期的合葬到龙山时期的单人葬，这种巨大的差异，说明社会意识形态发生了重大改变。这是社会结构发生重大变化的反映。该龙山文化时期墓地分为明显的三个独立区域，三区之间有自然分界。使用葬具的情况不普遍，有木制葬具痕迹的共 10 例。墓葬中也出现了大墓和小墓的明显差异。较大型墓葬普遍随葬猪下颌骨，小型墓则没有，显示出墓主人生前拥有财富的分化。随葬陶器也因大墓和小墓而存在明显差异。此种差异不仅表现在数量上，也表现在质量上，薄胎高柄蛋壳杯是一种典型的高等级随葬器物，仅在 10 座墓葬中有所发现，共 11 件。大量的小墓并无随葬品，少数有随葬品的小墓也只是两三件粗劣的生活必备食具。发掘者依照墓圹大小及随葬品情况，将这 87 座墓葬划分为四个等级，最高等级墓葬 5 座，中等墓葬 11 座（随葬品较为丰富），小型墓葬 17 座（有较少随葬品），狭小型墓葬 54 座（最低等级仅能容身且无随葬品）。而且大型墓越到后期数量越少，与贫者差别越大。三个相对独立的墓区内均有墓葬的等级差异，但北区明显大墓所占比例更高，富有者更为集中，东区虽然墓葬最多（共 48 座），但 70% 都是没有随葬品的贫寒小墓，而且该区没有出现大墓。此种墓区间的不平衡现象，说明诸城呈子聚落的社会分化同时存在于家族之间和家族内部成员之间。[317]

二里头遗址中的墓葬已经发现400余座。墓葬规格及随葬品质量及数量都存在严重的分化现象。此种分化并不令人惊讶，因为墓葬中的分化程度并不能反映出当时社会分化的真实程度。这也是令史学界倍感困惑的地方。最大的疑问是，在幅员辽阔的二里头文化范围内已经发现的400余处遗址中，累计发现墓葬总数却仅有500余座，这500余座墓葬真的能够反映出当时的社会分化情况吗？考虑到二里头文化墓葬绝大多数存在于二里头聚落遗址，其余一百余座二里头文化墓葬也仅见于二里头聚落之下的大型区域性中心聚落，比如稍柴、伊川南寨、大师姑、东下冯等聚落遗址等，而那些数量众多的低等级聚落（村落级的遗址），几乎不见墓葬的存在。这说明两个问题：其一，在已经确定为二里头文化的400多处遗址中，等级越高的聚落越有可能发现墓葬，而且使用墓葬形式的死者数量越多，说明土葬与聚落等级相关；其二，二里头遗址300余万平方米的规模，作为广域王权国家的都邑，人口规模可能维持在两三万人之间，在其400年的历史之中，死亡人数至少应有数十万以上。但经充分挖掘后也仅发现区区400余座墓葬，这说明二里头都邑中的绝大多数居民在死后并未以墓葬形式安葬。因此，二里头文化中可能存在一种特殊的丧葬习俗——并非当时的全体社会成员均有机会在死后以土葬形式安葬。至于这种现象究竟是经济实力导致的，还是社会管控导致的，尚难以确定。不过张莉、秦帅帅推测，在二里头文化中应是存在一种选择性下葬的丧葬制度。在他们看来，二里头社会的土葬应是一种特权。二里头的最高统治集团通过限定土葬资格的方式，垄断了通过土葬成为祖先神的资格，从而也垄断了整个社会的政治资源和社会财富。所以，二里头文化墓葬中随葬品的价值差异及墓室等级规格的差异并不反映全体社会成员的等级差异，而是反映出拥有土葬特权的上层贵族内部的等级差异。[318]如果这一观点成立，那么，二里头都邑中呈现出来的墓葬等级差异，已经反映出即便在同为统治阶级的权贵阶层内部，也已经出现了巨大的等级差异，说明二里头文化时期社会复杂化程度有了更大的发展。

五、微观例证——河南淅川下王岗聚落分化历程

河南淅川下王岗是一处非常特殊的聚落遗址，它是一个包含了完整分

化历程的典型聚落，能够看到它在原始社会的整个分化历程。对我们深刻认识权力在社会分化中的起源有极大的帮助。

淅川下王岗遗址作为人类的一处生活聚落，持续存在了4000年左右，文化堆积层自下至上包含了仰韶文化、屈家岭文化、河南龙山文化、二里头文化、西周文化等6个时期共9个文化发展阶段的物质遗存（不包含商文化），几乎可以清晰地看到中原地区从史前到文明的整个发展进程。[319]

（一）仰韶文化早期阶段

该阶段出土物中包括石斧、石铲、石耜、石刀、石镰等73件农具及渔具石网坠、猎具骨镞，以及墓葬中有9座随葬猎狗、龟或骨镞的现象，可知当时的社会是农耕、渔猎的复合型经济。农业和制陶业尚没有分工的迹象，而且从男女墓葬中都随葬农具的现象，可知男女都从事农业生产。该期聚落中有一座面积50.38平方米的大房子（编号F28），应是当时的公共活动中心。而且该期地层中发现一处公共墓地，有121座墓葬，均为一次葬，葬式规格相同，随葬品数量差异不明显，大多为1～2件陶器，最多者也只有5件，反映出社会成员之间没有出现明显分化，地位较为平等。这些随葬的陶器制作精良，显然是死者生前曾经使用过的实用器，反映出当时事死如生的朴素观念。

（二）仰韶文化二期阶段

该阶段石质工具的质量明显提升，有贮粮功能的大型窖穴的出现，以及较大贮粮容器陶瓮、缸、罐的出现，说明粮食产量有较大增长，农业有了较大发展。以此为物质基础，制陶业也有了较大发展，器型增多，质量提高，并出现各种精美图案，很可能制陶业已从农业中分离出来，墓葬中随葬陶器的现象也较为普遍。这时的下王岗社会发生了较大变化。聚落中的公共墓地有四处，位置区分明显，最大的一个墓地有墓葬335座，其他三处分别有墓葬67座、28座、13座。但各墓地年代基本相同，墓葬葬式和随葬品也未见明显差异，可知墓地应分属地位平等的四个氏族，但每个氏族的人口比例不同，其中一个氏族人口较多，居于核心地位。这一时期的葬式发生了较大变化，60%以上采用二次葬，尤其是二次多人合葬。比如位于东北部最大墓地中央的M198墓葬，是一座16人的二次合葬墓，人骨分三列，头一列仅一老年男性，并有8件随葬品，另两列共15人，男女老少均有，每人两三件随葬品。此种情形显示出这是一个血缘家庭的合葬墓，领头的老年男性地位最高。这也反映出男性已经占据了社会主导地位。此种情况在M300、M177、M605等大中型二次合葬墓中，也很清晰体现。M239二次合葬两名中年男子，墓中发现有玉石铲、绿松石坠饰、彩绘陶器和成束骨链等17件随葬品。尤其是玉器和绿松石坠饰，在其他墓中均未发现，表明这两名男性有较为特殊的身份和地位，极有可能是聚落中的专职神职人员巫觋。另外，聚落成员的贫富分化也已经出现。即便是同一家族（氏族）的成员，在墓葬中也反映出明显的贫富差异。在所有该期墓葬中，竟然有128座无任何随葬品，几乎占到全部墓葬的30%，而有随葬品的323座该期墓葬中，绝大多数也只有数件随葬陶器。与之形成鲜明对比的是，少数墓葬中的随葬品极为丰富，如采用单人二次葬的M633老年男性墓主，其随葬品数量就多达45件，显示出不同寻常的社会地位。二次葬大多位于该层上部，一次葬位于该层下部，反映出二次葬晚于一次葬。根据随葬陶器来看，这一时期二次葬的陶器应是专门为了随葬而制作的专用明器❶。[320]而且，种种迹象表明，此时的下王岗聚落，已经出现了一夫一妻制婚姻形式和父系小家庭。比如M89墓葬中合葬的是一对壮年男女，M170墓葬中合葬了一个男子和一个孩子，M97墓葬合葬一名老年男子、两名中年女子、一名青年男子和一个孩子。此类情况还见于M168、M328、M360、M666等墓葬，它们也都应是个体小家庭成员的合葬墓。因限于篇幅，本书不一一赘述。至于此类墓葬的比例所反映出来的婚制变化在当时社会是否居于主导地位，由于人骨腐朽等原因，导致部分墓葬中的骨骸无法鉴定性别及年龄，故无法准确推算。总之，此时的下王岗聚落已经进入了一个社会分化较为明显的阶段。随着社会生产力的大幅提高，手工业与农业分化，社会剩余财产增加，男性地位上升，一夫一妻制父系小家庭出现，社会成员人数增加，出现了数个家族或氏族共同构成的部落型聚落，出现了明显的贫富分化，可能还出现了专职巫觋，社会意识形态也发生了重大变化。

（三）从仰韶文化三期到龙山文化时期

这一时期，下王岗聚落持续稳定发展，到龙山文化时期的部分大型窖

---

❶ 明器也称冥器，是中国古代专门模仿各种礼器、工具、兵器、日用器皿的形状制作的用于随葬的物品。先秦两汉文献中写作“明器”，后世沿用。近代以后多写作“冥器”，但考古学界一般沿用“明器”写法。

藏坑内壁抹有粘土并用火烧烤，可以贮藏大量粮食，而且陶器中出现了较多可以贮装百斤粮食的大型陶瓮、陶缸。另外还发现有酒器的存在。可见生产力的发展不仅增加了粮食生产，还出现了剩余零食可用来酿酒。

该遗址的仰韶文化三期聚落中没有发现氏族公共墓地，墓葬也仅发现1座，但发现了32间东西横列的套间排屋基址和一间单独的圆形房屋基址。其中29间是成东西横列的连间排屋，屋内由隔墙分为独立的双间套房和单间，共有20个门可各自出入。这座排屋中有1/3房间内有灶址，有的1间1灶，有的1间2灶，最多的竟然一间房屋中有6灶，如F13、F32房间。资料显示这些灶的主要功能是长期做饭，而非冬天取暖。这一现象表明，一夫一妻制父系小家庭已经发展到非常高的水平，部分房间中有灶址，部分没有，而且有些房间中竟有多个灶址，甚至多达6个灶址，这说明当时在做饭问题上存在小家庭自行做饭和大家族公共做饭两种形式并存的现象，也说明当时私有制和公有制同时并存。

屈家岭文化层的物质遗存较少，难以看出当时的社会情况。

到河南龙山文化层，则发现有墓葬53座，但散布在聚落各处，不再存在以往那种氏族公共墓地集中埋葬的情况。而且各个墓葬的葬式和墓向也都不一样，既看不出统一的规划，也看不到相同的文化，说明社会分化非常严重。编号M159的墓葬中埋葬了两个身首异处的女性，无随葬品，属一次葬，应是被砍头后予以埋葬。M222、M494、M551埋葬的则是无头尸首，也是一次葬，无随葬品。此期灰坑中埋葬的动物及人的骨骼显示出以动物和人为牺牲的宗教活动的存在。比如H98灰坑中埋有一条狗，H144灰坑中埋有一口猪，H8、H131、H287、H338、H339等灰坑中则活埋了1个壮年女子和5个少男少女。其中H339活埋的是一对少男少女，像是某种特定宗教活动的结果。从骨骼状态可以看出，这些人在被处死时的惨不忍睹。到二里头文化一期时的H41灰坑中，也发现一具老年女性骨架，从骨骼位置看，是被捆绑活埋的，以致头部栽倒在坑底，双手交于腹部，两腿并列弯曲，双脚置于坑口，小腿部以大石压住。H91灰坑则埋着一口无头的猪。这些现象反映出使用动物或人牲献祭的宗教仪式已经出现，或者是对罪犯施以死刑的暴力统治已经出现。因为无论是砍头后随意掩埋还是捆绑着活埋，都不可能是在战争中被敌人杀害，因为杀死或活埋敌人不会费力地采用一人一坑的掩埋方式。如果这些人不是像灰坑中的猪一样被用作祭祀中的人牲，那就是被处死的罪犯。这就更说明当时的社会已经存在严重的阶级对立，而且已经发展到必须通过刑罚的方式维护统治秩序的地步。总之，这些现象无论如何解释，都反映出河南淅川下王岗社会在发展到仰韶文化三期之后，出现了严重的社会分化，阶级矛盾日益激化，统治者必须采用暴力手段维持既有的社会秩序，并在宗教领域推行恐怖的意识形态控制。

第三节　史前社会整合与权力的发展

国家是一种权力结构，对内能有效分配权力并控制分配机制，对外能通过武力确保自身结构的存在以及自身整体利益的实现。国家不仅是社会分化的产物，也是社会整合的产物。没有社会整合同样不会产生国家。社会整合是与社会分化一起构成原始社会向国家演进过程中对立统一的力量，它们共同促进了人类社会的复杂化。如果说社会分化是产生阶级分化的过程，那么社会整合就是原始社会在封闭的血缘聚落的基础上，构建起超血缘聚落的地缘政治集团，并最终形成民族、领土和统治秩序的过程。

有学者认为，社会分化是社会整合的原因和前提条件，为满足人们的不同利益需求，人类社会发展出了分工，社会分工导致社会分化，社会分化导致社会冲突，为解决社会冲突，人类社会进入整合。社会整合与社会分化具有相同的目标，它不仅是社会分化的结果，同时也与社会分化一样，是为了实现人们根本利益诉求的社会行为策略。因此，没有社会分化就无需社会整合。[321]但事实上，社会分化并非社会整合的原因，也不是社会整合的前提条件。塞维斯甚至认为，人类从平等社会演化为强权国家的内在动力其实就是社会整合。[6]本书认为，社会整合的历史早于社会分化，没有整合就没有分化，社会整合是人类历史发展的主线。

一、整合机制

人类社会以聚落为基础，以聚落群为载体，从分散的小型血缘组织最终联合为超血缘的、依靠暴力支撑的拥有严格内部等级秩序的区域性政治集团，其原因何在？学术界提出了战争理论、贸易理论、农业灌溉理论等各种理论予以解释。

战争理论认为，资源的稀缺性导致人类群团之间为满足自身需要而在彼此之间展开激烈的资源争夺。战争首先是加强了社会内部的控制，其次是因征服与被征服形成更大也更复杂的政治格局。内部控制的加强表现在权力的集中及权力范围的扩大，军事首领经由对战斗人员的管控及战斗物资的支配，最终发展为对群团内部人员及财产的全面支配与调配，在内部形成绝对的权力拥有者。另外，战争也会导致群团之间以武力征服为手段，形成一方对另一方的暴力统治。此种暴力统治必须建立在社会生产力已经发展到允许剥削存在的客观物质基础之上，如果被统治者仅能生产维持自身生存需要的劳动产品，对它的统治就变得既无意义也无必要。

贸易理论假定在地缘相近的人类群团之间存在资源及劳动产品的差异性和互补性，并能通过交换满足彼此需要。最早的物物交换是以彼此之间既存在相互需要的现实又存在相互满足的可能为条件。货币作为等价物的出现，极大地降低了贸易的条件限制。贸易将不同的人类群团联系在一起，加强了彼此之间的沟通与协作，使地缘相近的不同人类群团之间彼此依存，具有了共同的利益，并因分工协作、公平贸易的需要而催生出统一的管理体系，最终导致国家的诞生。

灌溉理论认为，沿江河分布的人类群团主要以农耕为经济基础，彼此之间因共用灌溉资源而产生利益冲突，为实现彼此利益的最大化，各群团之间以合作共赢为原则共同组建起一个超越在单一部族之上的地域性协调机构，通过协商机制，建立公共规则，使彼此能够和平共用水资源。此种机制形成之后，为维持它的良性运转，协调机构的权力逐渐加强，并从治水领域扩大到社会生活的其他方面，导致本流域内统一的地缘性政治实体的出现，并最终演变为国家。

这些理论均是从人类群团之间如何发生关联的角度，思考复杂社会组织结构的形成及地域性人类群团为何会走向统一管理的原因及途径。

考虑到原始社会的整合包括血缘的整合、地缘的整合、宗教的整合、文化的整合、经济的整合、政治的整合、职业的整合甚至武力的整合等，各种整合的要素其实都可能存在，在不同的文化类型中，不同的因素起主导作用，各因素互为因果，难分高下。但在原始社会发展为国家的历程中，最显著的整合是地缘整合。在原始社会的整合进程中，原本分离的小型人们共同体层级地结合成更大的、拥有更加复杂结构和广阔地域的人们共同体的社会发展进程。

本质上，社会整合与社会分化都是利益驱动的结果，其背后是生产力发展的要求。无论是原始社会早期阶段的游团，还是随后相继出现的原始氏族、原始部落、私有制小家庭，这些社会组织和社会个体成员的利益诉求，必然促使他们在不断解决自身利益和共同利益的矛盾中，推进社会整合，从而创造出原始社会各历史阶段的社会组织结构及相应的社会意识形态，最终促成国家的出现。

整合机制是推动整合进程的内在力量。关于社会整合的过程，有结构功能主义学派和社会冲突学派两种倾向。前者以美国社会学家帕森斯为代表，对整合过程的研究基于社会系统处于均衡的假设，认为社会生活体现了系统特征，社会整合是社会系统的功能需要；[322]后者以美国社会学家科塞为代表，对整合过程的研究基于这样的假设：社会冲突无时不有、无处不在，利益的不平等分配是冲突现象存在的内在根源。[323]结构功能主义学派的不足之处在于过于强调社会均衡，而忽视了社会整合过程是一个充满矛盾和冲突的动态过程；社会冲突学派的不足在于过于强调社会冲突在社会整合过程中的功能，而忽视了共同利益在整合过程中发生的作用。实际上，社会整合应是一个包含了各种因素的复杂过程。

人类社会在不同的历史阶段都有不同的社会整合力量。在原始社会，社会整合主要是建立在血缘关系的基础上。根据恩格斯《家庭、私有制和国家的起源》，最早的血缘团体是建立在家庭基础上的家族、氏族、部落和部落联盟。

家庭是组成社会的基本细胞，家庭成员之间有直系亲属关系。原始社会人的寿命普遍较低，儿童夭折的情况也比较常见，所以家庭成员可能仅维持在数人的水平，即便三代同居的大家庭，人数也不会太多。

家族是由多个具有近亲关系的家庭组成，在人口规模上大于家庭。家族是中国传统社会中超越于家庭之上的基本社会单位。基于对彼此之间近亲关系的认同，家族具有较强的内部凝聚力。中国的宗法制和社会基本治理结构，就是建立在家族组织和相应的族权控制之上。不仅是先秦社会，秦汉以降的封建制中央集权社会在基本的社会组织关系上也严重依赖宗法制实现对社会的整合和治理。

但需要指出的是，社会整合的起点并不是一夫一妻制的私有制小家庭，而是原始群婚制家庭。一夫一妻制私有制小家庭是社会整合到一定程度之后再行分化的产物。

至于氏族，则是社会整合中出现的超越家庭及家族的具有血缘和地缘双重特征的社会组织。氏族的形成在性质上与自然形成的血缘家族有较大差异。氏族是社会整合的产物。它的出现较晚，是在新石器时代晚期农耕聚落中出现的。其主要特征是依靠血缘纽带维系社会的向心凝聚力，内部实行原始公有制，包括生产资料公有、氏族成员共同劳动、共享劳动成果、存在某种形式的氏族长选举制度等特征。但原始公有制下的氏族长和氏族成员在公共事务的集体决策过程中彼此是何种关系，以及氏族长的职权范围及行使职权的具体方式是什么，这些问题尚不十分清楚。一般认为，氏族主要是依靠习俗的力量维持内部管理秩序。在共同生活的基础上，氏族有自己的语言、习俗、宗教。氏族有两种形式，一种是母系氏族，一种是父系氏族。母系氏族的群婚制适应了生产力水平较低的历史发展阶段。随着农耕定居生活的出现以及生产力水平的提高，母系氏族社会逐渐演化为父系氏族社会。但这一演化的进程并不均衡，存在地区差异，是各区系考古学文化独立演化且相互影响的结果。随着原始社会生活水平的提高和家族成员的增多，氏族组织内部的大家族就会分化，衍生出新的小家族。这些彼此存在血缘关系的家族天然结成某种形式的人类集团，这就是宗族。它们可能共同生活于同一聚落，也可能跨越不同聚落并形成超聚落的血缘关联。这就使聚落与聚落之间的关系变得复杂起来。但宗族主要是父权社会的产物。

胞族是氏族分裂的产物。它是由几个存在共祖关系的氏族组成的。当然，这种共祖关系并不一定必须是真实的，也可能是为了某种特定的目的而彼此认可的拟制的共祖关系。胞族是氏族与部落的中间环节，数个胞族共同构成一个部落。

部落是一个更大的社会组织，它是一个带有种族特征的人类集团，集团内的胞族、氏族、家族等，不仅拥有共同的远祖（有时可能是名义上的远祖，或者多数成员聚落在主流上拥有共同远祖），而且拥有共同的方言、文化、宗教、历史、习俗，居住在同一个相对独立的地理区域之内，是以血缘为基本纽带的地缘性组织。至于部落产生的原因，张学海认为是一种整合。他认为，协调各氏族的关系，例如确定和调整氏族（聚落）的土地界限以维护各氏族的基本生活资源（耕种、采集、狩猎范围），共同防御灾害和维护共同生存空间等的需要，可能导致高于氏族组织的部落的产生。[57]

超越部落的社会组织则被认为是部落联盟。民族就是在这种联盟的基础上出现的人类集团。它们是那些原本各自据有领土并相互分离的血缘组织的融合体，也即血缘组织的整合形成了超越血缘关系的非血缘族群，形成了超越血缘的地缘关联。国家之所以区别于原始社会，超越血缘的以相同或相似的地缘文化为特征的民族的存在则是重要特征之一。从历史的角度来说，原始社会以原始血缘游团为起点，逐渐整合，从而出现与特定地域相关联的家族、氏族、胞族、部落等血缘团体，这些血缘团体的继续整合，就是超越血缘关系和地域限制的民族国家。

聚落与部落是两个完全不同的概念。聚落是氏族的载体，而氏族是我国新石器时代基本的社会组织。部落是人类社会学概念，强调的是社会的内在组织结构。而聚落是一个考古学概念，强调的是人类社会定居（或半定居）的生存空间，是能够观察到的客观存在，具有明确的物质属性。聚落可以视为一个人类定居点，是一个地理空间概念，一个聚落就是一个相对独立而集中的人群聚居点，在规模上聚落可大可小，其所承载的人口可多可少，既可以是一个小村落，也可以是一个大的史前城邑甚至是王国的国都。

农耕聚落的结构较为简单和清晰，所以是观察原始社会基本组织结构的好样本。聚落内的“家族—氏族”结构可以通过聚落居址布局和墓地布局予以推断。大汶口文化中期的江苏那县刘林遗址墓地已经反映出存在一个包含数个家族在内的氏族社会。泰安大汶口墓地的布局同样显示出“家庭—家族—氏族”社会结构的存在。

从人类学角度而言，人类社会的整合比人类社会的分化要早得多。整合的起点是作为原始群的游团因各自的利益需求而共同组建聚落。人类社会的起源就是从这种聚落的形成开始的。社会整合的原因多种多样。但本书所讲的社会整合，主要是指在国家起源背景下人类群体突破聚落限制而实现的区域化整合，此种整合是以政治整合为核心，以形成更加复杂的社会组织结构为结果。这种整合并非人类群体在空间上的数量叠加，而是以聚落为基本单位，以聚落群形成空间分布的等级制结构为特征完成的结构性整合。

当然，在以地缘政治为核心的整合进程中，文化的、宗教的、经济的整合同样以适应外部环境及内部需求的特定方式出现。

原始社会内部维持社会秩序的方式非以暴力为基础，家族与氏族的整合也不以暴力胁迫为前提，而是以彼此间的利益为条件。但在原始社会向宗邑邦国演进的过程中，由于社会的分层和私有制的产生，聚落之间的整合尤其是聚落群之间的整合，则要复杂得多。跨聚落的区域整合也许是存在血缘关系的聚落之间的亲缘整合，也许是基于贸易的分工式整合，当然也存在以战争为手段、以攫取社会财富为目的的暴力式整合。原始社会并非和平的无暴力社会。恰恰相反，暴力在原始社会后期是极为普遍的现象。即便在平等的农耕聚落时期，所谓的平等也更多是指聚落内部社会成员的平等，聚落与聚落之间，如不存在血缘关联，则往往会因争夺土地等自然资源而发生暴力冲突。当然，发生暴力的频繁度和烈度与自然资源的稀缺性成正比。在人口及聚落数量较少的历史时期，或者在人口及聚落分布较稀的地域，就较少发生聚落间的暴力事件。这时，社会的整合就主要是为了实现利益的共赢，也就是聚落之间结成一种互惠互利的同盟关系。但当原始社会发展到出现剩余财产的阶段时，掠夺财富就成为可能。当劳动力已经能够创造剩余价值尤其是社会分工导致专业人员成为稀缺资源时，掠夺人口就成为可能。当战争的成本小于可能掠夺到的财富时，战争就有了充足的动力。因此，以战争为手段实现的社会整合，必然要晚于以结盟为手段实现的社会整合。

战争是从对财产及人口的直接掠夺发展起来的。但最终，战争将不以直接掠夺为目标，而以能够形成长期持续稳定的不平等关系为目标，也就是以形成被征服对象定期纳贡的剥削关系为目标。这是战争实现成本最小化和利益最大化的有效途径。但聚落间或聚落群之间以战争手段，以形成不平等关系为目标的社会整合，同样要以实现双方的利益共赢为基本考量，否则这种不平等关系就无法构建及延续。这就意味着，任何形式的社会整合，都需要参与整合的各方主体在新的社会体系中能够实现自己的利益最大化，达到各自成本与收益的平衡状态。另外，社会整合所构建的新的社会体系，要建立新的社会秩序，就必须在意识形态方面强化整合后的社会结构的合理性，尽可能避免形成离异或冲突的文化模式。也就是说，社会整合发生的充分条件是人们的共同利益以及在广义上人们发挥控制、制约作用的制度、各种社会规范、文化和价值观念等，是这些条件导致了社会整合的发生。[321]即便是通过武力征服实现的社会整合，也必须在意识形态领域完成精神的征服。所以，社会整合的发生与社会秩序的形成及社会意识形态的形成有极其紧密的内在关联。这就是原始宗教在史前社会整合中发生重要作用的原因。

结盟式整合在定居聚落尤其是农耕聚落形成时普遍出现于各考古学文化区域之内。无论是血缘家族整合为氏族，还是氏族整合为部落，在聚落关系上均有相应反映。聚落整合为聚落组或聚落群时，参与整合的主体之间，除要建立共同利益之外，彼此间还需要构建共同的意识形态以强化彼此间的内在关联，从而实现关系体系的持续稳定发展。宗教是此种意识形态的最佳载体。共同的仪式性活动、共奉的神灵和共同的祖先是此种意识形态的核心，也是构建彼此间长久紧密和谐关系的纽带。尤其是在构建聚落群的过程中，因地域性特征的强化和血缘关系的淡化，以及群内各聚落之间形成等级关系的情况下，更是需要通过意识形态来加强彼此之间的精神与情感关联，更好地维护既有政治格局。

而以战争为手段促成的社会整合则发生在社会已经进入明显分化之后。在此之前，因社会生产力低下，劳动力并不能创造剩余价值，或者创造的剩余价值不足以抵消使用武力的成本，或者不足以抵消征服者维持对被征服者进行长期管理的成本，这种情况下，通过武力实现社会整合并无实际价值。所以早期聚落群的形成极有可能不以武力征服为手段，而是通过结盟的形式实现的。通过武力征服形成聚落与聚落之间的等级关系应当是发生在聚落群不断扩大的进程之中。到聚落群与聚落群之间发生冲突并实现整合时，社会就已经启动了进入国家的进程。这一阶段的整合，更需要在武力征服之外采取意识形态的征服。在宗教领域，地方性神灵被纳入到更大的区域性神灵体系之内去发生整合意识形态的功能。

此种整合的历史进程一旦启动就不会终止。

聚落间的整合形成聚落群。聚落群是具有同一考古学文化、同一历史时期两个要素的聚落形成的群化关系。对聚落群的研究，以及以此为基础对同一文化的不同时期、不同文化的同一时期和不同文化的不同时期的聚落即聚落群变异情况的研究，可以求证社会群体的演变和社会的历史变迁。[314]从考古资料上看，聚落群有大有小，一般有5处以下遗址的聚落群被称为聚落组，有5~10处（含10处）遗址的聚落群被称为小型聚落群，有11~20处（含20处）遗址的聚落群被称为中型聚落群，有20处以上遗址的聚落群称为大型聚落群，更大的聚落群可以称为特大型聚落群。故群中聚落的等级一般包含一级、二级、三级和特级。等级的划分并不十分严格，主要是以聚落规模以及在群中所处位置划分，并不准确对应其在群中的社会等级地位，但一般而言，规模和地位有很强的相关性。在聚落群中，各聚落之间存在不同程度的内在关联，这是社会整合的结果。随着历史的发展，聚落群中会出现明显的等级结构。聚落群与聚落群的整合是更加复杂的群化整合，会形成更加复杂的等级结构。当一个较大的聚落群内部围绕中心聚落出现三个以上的聚落等级时，就认为这个聚落群已经进入了国家阶段。王震中认为中心聚落形态继续发展的结果就是形成都邑国家。[324]这种以中心聚落为核心发展起来的都邑国家，也被称为宗邑邦国，它是中国古代最早的国家形态，是小国寡民式的初始国家。[75]宗邑邦国是氏族社会解体和阶级社会形成的结果，但此种阶级社会还带有浓厚的血缘关系，在意识形态上也还依靠血缘关系予以维系，在权力体系上形成自下而上的“家族长—宗族长—邦君”的层级关系，在国家领土上则形成“都—邑—聚”的层级关系。实际发生的情形当十分复杂，而且可能存在极大的地区性差异。但无论怎样，通过这种方式形成的国家，一般是通过神灵崇拜（尤其是祖先崇拜和地方性神灵的崇拜）来强化既有政治秩序的宗族属性和血缘纽带，通过祭祀先祖以继承祖先的权威，通过孝亲手段巩固统治者的现实形象，从而维护既有的等级秩序，造成统治者在血缘上为宗、在地缘上为君，通过族权、政权的合一性，形成“神权—君权—族权—夫权”的复合型权威结构。因此，在中国古代国家演进进程的三个发展阶段中，邦国是最具血缘特征的地方性政治实体。在邦国内部，完全可以依靠血缘纽带和与此相关的意识形态实现内部秩序的稳定。此种国家也可称为宗邑邦国，即以中心聚落为宗邑而形成的早期地方性宗教—政治集团。

进一步的整合发生在邦国基础之上，这就是广域王权国家的形成。广域王权国家是以地缘关系为根本特征建立起来的复合制国家，依靠血缘纽带及相关意识形态维持王国与邦国的不平等政治结构就会比较困难。但实际的困难是，王国层面上用以巩固和维持复合制国家政治秩序的手段确实是有限的。因此王国必然会依据惯性，在某种程度上复制宗邑邦国内部的政治结构及意识形态，并将其运用到王国与邦国的治理结构之中。这样做的好处是最大限度地延续了宗邑邦国的既有传统，最大限度地保持了王国、邦国及邦国内部治理模式及意识形态的统一性。以武力征伐和推行以祖神崇拜为核心的宗教祭祀活动为手段，建立起以纳贡称臣为模式的外服政治秩序。邦国作为王国的属国（诸侯国），其内部拥有相对独立的主权，这种结构松散的王国体制，能够最大限度地实现彼此之间的政治整合，能针对性地解决当时社会的稳定和发展问题，也能在意识形态领域有效防止离心因素的出现。中国古代社会的王国阶段历经了夏商周三代，这三代在形式上并无明显差异，但在细节上却反映出对社会整合模式的不同探索。

社会的分化最终促使王国的政治结构、政治秩序和相应的意识形态随着历史的发展逐渐崩溃。社会的整合需要重新找到自己的方向，促成此种复合制国家结构的离散。历史证明，中国上古王权国家必然被集权政治主导的帝国所取代。这是历史的进步，也是历史的必然。

所以说，中国上古社会整合的起点是农耕聚落，终点是统一的集权帝国。[325]从氏族到部族，到早期国家到复合制王权国家，再到统一的集权制帝国，整个演化的过程正是社会逐步整合的结果。整合中的血缘关系随地域性组织在政治层级上的提高而逐渐淡化，在形成邦国和王国的社会发展阶段，真实的血缘纽带已经无法全面维系地缘政治的内在向心力，因此以血缘文化为基础的更加宽泛的宗教认同就为此种地缘意义上的族群整合提供了一种拟制的血缘纽带，商周社会意识形态中的宗教性以及由此形成的礼制文化，都是用以维系当时复合制王权政体的重要工具。但随着社会的进一步发展，这条纽带的作用日渐式微并最终丧失。集权帝国的出现就是为了解决这一问题而出现的历史性选择。秦帝国的崛起以法制为基础，抛弃血缘—宗教文化，试图建立一个严格依照规则运行的集权制国家。整个过程不仅是跨区域人类群团在地缘上逐级整合为等级化政治集团的过程，也是具有中国特色的以血缘为基础的上古宗教文化发生、发展及崩溃的过程。

二、家庭的整合与农耕聚落的形成

旧石器时代的人类主要生活在以血缘关系为纽带的小群体游团社会之

中，过着相互独立、分离而平等的流动式采集与渔猎生活。受此种生活方式的限制，每一原始群内能够容纳的人口数量是有限的，一般不会超过十人，否则无法保障足够的食物来源。在这种游团内部，社会成员之间拥有紧密的血缘关联，彼此信任、相互依赖，客观上并无与其他游团进行整合的必要，处于自给自足的封闭状态。因为游团社会的流动式生活方式，能够比较容易地和其他游团发生接触并解决群内近亲繁殖的问题，从而维持种群的良性繁衍。

原始游团之间彼此很少发生交集，也并无实质冲突，文化发展极为缓慢。

但随着定居聚落的出现，情况发生了根本性变化。定居生活改变了人类的生存方式。农业的出现至关重要，它促使人类从迁徙式的“采集—渔猎”生活过渡为“采集—渔猎—种植—养殖”的半定居式生活，再过渡为以“农耕—养殖”为主的定居式生活。农耕聚落就是在农业的发生和发展过程中出现的。农耕聚落的特征是以土地为依托建立起人类与土地的紧密关联，它不仅改变了人类的财产形态，也改变了人类的社会组织结构。土地及土地上的自然资源，是农耕定居聚落存在的前提，也是农耕定居聚落所能拥有的全部财富来源。人类的领土意识就是在农耕定居聚落形成的过程中形成的。在农耕定居生活形态下，养殖动物或者种植作物可以按照预期的时间和数量获得稳定的食物来源，尤其是能够通过贮藏食物的方式应对季节性变化带来的食物短缺问题，甚至农产品在满足自身需要的情况下还能有所剩余，这就极大地降低了人类的生存风险，并为改善人类生活提供了物质条件，促进了人口的增长，在此基础上，较大的地域集团开始形成，社会生产分工、财富积累成为现实，战争和贸易出现，社会组织形成并逐渐复杂化，不平等的社会关系以及分层的社会结构（阶等社会和阶级社会）才能得以形成，强制性的权力机构才会应运而生。与此相关，在意识形态领域，农耕文化、宗教祭祀（尤其是以祖神崇拜为核心的宗教体系）才能发展起来。人类社会也正是以农耕聚落为起点，同时经历了社会的分化和整合，最终走向文明。

考古学上可以判断是否存在农耕定居生活的依据是石质或骨质的耕作农具和收割工具（尤其是成套农具）、人工驯化植物、用以加工食物的石质研磨工具、不方便携带的陶器、用以长期居住的建筑居址以及储藏食物的窖穴等相关生活遗迹。据此可以判断，中国的农耕聚落大约在距今8000—7000年前已经初步形成。通过考古资料可知，中原地区的磁山—裴李岗文化、陕西的老官台文化、山东的北辛文化、辽河流域的兴隆洼文化、浙江北部的河姆渡文化等各种类型的新石器时代中期文化，都应当先后进入了某种形式的农耕聚落阶段。当然其中部分聚落可能只是发展出了初步的农耕活动或仅仅处于半定居的以农耕为辅助性食物来源的定居聚落形态。但河北武安磁山遗址和河姆渡遗址显然已经处于发达的农耕聚落阶段。前者的两个时期窖穴中均发现粮食遗迹，据估算应在13.82万斤以上，后者也发现了大量的稻谷、稻壳遗存，据估算稻谷储量也应在10万公斤以上。[313]

农耕定居生活给当时的原始人带来新的问题和挑战。比如农耕生产从播种到收获再到贮存，中间环节较多，周期较长，需要有较强的计划性，需要实现统一的组织管理和农时安排，这对社会成员之间的分工协作也有较高要求。人数较少的社群无法顺利开展这些复杂工作。而且，防护暴露在野外的农作物不被鸟类、野猪等野生动物盗食及毁损，或者防范其他毫无领土观念和产权意识的人类群团盗取或抢夺，都需要更多的防护性人员。如果聚落内人口不足，很难支撑农耕定居生活。另外，定居的农耕生活降低了与其他血缘人群的两性接触机会，这可能导致聚落内部长期处于近亲繁殖状态，以至于残疾现象增加、先天性疾病增多、人口质量下降，进而出现人口萎缩或族群灭绝。为了更好地抵御生存风险，避免出现过渡近亲繁殖，在定居的农耕聚落中，出现了不同血缘家庭的联合。此种联合是以数个家庭共同构建一个聚落并彼此通婚、合作生产、共同防卫的方式实现的。

在仰韶文化早期聚落中，可以看到围绕中心广场的数组相对独立的房屋群，以及保持一定独立性的数组家族墓地，储藏坑与房屋的位置也能显示出此种差异性。农耕聚落中普遍存在的不同血缘家庭之间的联合现象，说明农耕定居生活所代表的生产力的发展是促成社会整合的内在动力。

仰韶文化姜寨聚落一期遗存已经存在非常典型的家庭整合现象。考古资料显示，该聚落同时存在100座左右的房屋，被明显分成五个群组环绕在中心广场周边。每个群组中都同时期存在一个大房屋、一个中型房屋和若干小房屋，一期土坑墓葬174座（不含墓地内和居住区内的206个儿童瓮棺葬以及位于中央广场的后期特殊墓葬），这些墓葬同样按五组分布于居住区外。学者推测，姜寨聚落年均人口约为 202 ~ 181 人左右。[326]这在当时是相当庞大的人群。从姜寨聚落中最早营建的房屋即已分成五组并围绕中心广场向心分布的情况，以及墓地分组与房屋分组相对应的情况来看，姜寨聚落存在一个相当严密的有管理的三级社会组织，其中最低一级是单个居址代表的家庭，高一级社会组织是每组居址所代表的高于家庭的家族，而由各组居址共同构成的整个聚落则代表着最高一级社会组织——氏族。整个聚落实际是一个三级所有制的原始共产制公社，其在建立之初就已经过统一规划，是共同营建的结果。[96]这说明，姜寨是不同血缘家族有意识开展社会整合的结果。

秦安大地湾遗址仰韶文化聚落也呈现出多个相对独立的血缘族群围绕中心广场分布的现象，说明这是一个超越在血缘家庭之上的复杂的部落社会。[138]河南灵宝西坡遗址也类似，在其中心广场的四角各有一座方形半地下大型殿堂式房址，面积最大者 240 余平方米，学者认为它也是不同血缘家庭整合的结果，是四个不同族群共居的聚落。[140]

内蒙古敖汉旗兴隆洼遗址也存在这种现象。兴隆洼文化距今 8000 年左右，是目前确认的东北亚地区最早的农业文化遗存。[326]农业经济的形成，使兴隆洼为代表的辽西成为东北亚原始文化发展最快的区域。兴隆洼遗址分三期。第一期在最初营建时就已经有周密规划、统一营建的特征。这时的房址共有 8 排，每排超过 10 座，沿西北—东南方向成排分布，极为齐整。此期房屋的室内面积一般都比较大，每间约在 50 ~ 80 平方米左右。聚落中心还有两座同期规划、并排建设的大房子，分别是 F220 和 F171，面积均达 140 平方米左右。第二期聚落格局与第一期相似，部分房屋是在一期房屋的基址上修建而成，房屋面积有所缩小，大多在 30 ~ 50 平方米左右。第三期时，聚落突破原有布局，房址变得密集起来，排列也不齐整，一般房屋的室内面积明显缩小，每间大约在 15 ~ 30 平方米左右。[306]这说明兴隆洼遗址也是由若干血缘家庭（分属两个氏族）经过平等协商和统一规划，共同营建起来的。

根据考古发现，河南舞阳贾湖遗址中所见早期的房址多与墓地杂处，没有单独的公共墓地，中晚期房址则与墓地分离，形成单独的氏族公共墓地，大墓地内还分为数个小墓群，当为家庭墓区。可见这个连绵上千年的贾湖聚落，出现过外来家族与本地家族的整合。

到仰韶文化时期，各地聚落普遍出现墓地、墓组的分化情况。

濮阳西水坡仰韶文化遗址是一个墓地遗址。虽不能直接从聚落的居址布局观察社会结构，但墓地同样可以看到社会结构。该遗址分为南北两区墓地，北区墓地至少有三个独立的墓群，南区则至少有四个独立墓群。考虑到原始社会的丧葬观念，可知每个墓群其实都代表一个独立的血缘家族，而墓区则构成比家族更高一级的氏族。因此，濮阳西水坡仰韶文化遗址的整个墓地显示出它所对应的社会存在两个氏族，而每个氏族均包含若干个血缘家族。[137]

陕西南郑县龙岗寺遗址也是一个完整的、长期使用的、集中分层堆叠埋葬的氏族公共墓地，其中以仰韶文化半坡类型的墓葬为主体，属半坡类型较早阶段，共423座[327]。位于最底层的一期墓葬分为随葬有平底瓶和尖底瓶两组，埋葬在同一墓地的人群，由不同水器来区分，反映葬俗及生活方式的差别与联系。在一期墓葬之上的二期墓葬在墓地中按照固有文化因素和新兴文化因素相区分。这时的墓葬中出现了新的陶器器形，且随葬新器型陶器的墓葬相对集中一处，反映出某种新的拥有独立性地位的文化人群的加入。相应地，这一时期的墓地中，埋葬规律有所改变。[328]因此推测龙岗寺可能也是一个由不同血缘家庭共同组成的两级制氏族社会。这个两级制氏族社会显然是氏族之间在聚落层面上的整合结果。

陕西华县泉护村元君庙仰韶文化半坡类型墓地有若干墓组，其中完整的墓组有五个，大体是同时形成，延续时间大约在100～120年，整个墓地所代表的社会是一个三级社会组织，性质为部落，且该部落由两个氏族构成，每个氏族又都包含若干血缘家庭[305]。虽然学术界对元君庙墓地及所对应的社会结构有不同看法，[329-331]但本书认为，《元君庙仰韶墓地》一书的观点足以采信。

可见，无论是龙岗寺、元君庙，从其墓地分析可以看出在这些独立的社会组织中存在不同层级。这些层级是社会整合的结果。类似情况在新石器时代的早期定居聚落（尤其是农耕聚落）中非常普遍，说明在定居聚落形成之后，人们很快发现，若干个存在婚姻关系的血缘家族共同经营一个聚落是对自身发展最为有利的安排。这就是最初的社会整合。所以从根本上说，社会整合的客体是人们的利益需求，没有对利益的需求就没有社会整合。其他的整合对象都是由人们的利益需求衍生出来的。利益是社会整合的基本对象，是人与人之间一切社会关系的基础。对利益的追求是人类一切活动的动因，也是人们相互结合的纽带。[321]

由此我们可以得出一个初步的结论：以不同血缘家庭共同组成聚落为形式的社会整合，适应了原始定居农耕生活形成初期的社会生产力发展水平，适应了原始社会发展的实际需要。社会的整合造成了人际关系和群体利益关系的复杂化，尤其是血缘家庭因社会整合而逐渐融合，客观上形成了聚落内部的多重协调管理机制。这种机制在家庭的层面、家族的层面、氏族的层面或者说整个聚落的层面都发挥了相应的功能。社会也因此进入了一种有组织有管理的有序状态，并以习俗的形式成为聚落内部的自然法。人类的社会属性在这种初步的整合过程中得到极大发展。

三、聚落群的形成与群中聚落的权力结构

聚落与聚落的整合形成聚落群。聚落群是原始社会在地缘上整合的结果。在考古学上观察聚落群的形成就是聚落的群化现象。

（一）聚落群化现象

农耕聚落早期，聚落与聚落之间彼此分离，各自独立发展，既不存在紧密的经济关联，也不存在紧密的血缘关联，故聚落之外无需出现也确未出现更高一级的社会组织。从文物普查提供的史前聚落时空关系中可以看到，即便是到了距今7000年前的新石器时代中期，聚落间依然呈现零散分布的状态，并未出现聚落的群化现象。

聚落的群化现象首先体现为同一种考古学文化在同一时期内聚落数量和聚落分布密度的增加。它是生产力发展和人口增加的结果。新石器时代晚期各地聚落数量的增加和聚落密集度的增加，在考古学上有非常清晰的反映。这些存在集群关系的聚落，就被称为聚落群。聚落群在聚落考古学上有相应的判断依据。目前能够观察到的最早的聚落群化现象出现在陕西户县、渭南东南部、礼泉北侧的泾河支流下游、淳化县、白水县洛河支流与县北境、合阳西侧黄河小支流等地。[57]到公元前3500年左右，中国境内各区系考古文化大约分别处于仰韶文化晚期、大汶口文化时期、红山文化后期、大溪文化晚期、屈家岭文化时期、崧泽文化时期以及良渚文化早期的阶段，这时，各地聚落形态普遍进入一个新的发展阶段，聚落与聚落间

明显群化。

以海岱文化区域为例，该区域内的聚落群在大汶口文化早期即已产生，到其中期（距今5700年前后）迅速发展，晚期时竟然出现了40个左右的聚落群。在这些聚落群中，小群一般有聚落5～10处，面积一般在100平方公里以下；中等群一般有聚落11～25处左右，面积一般在200平方公里以上；大群有聚落30～40处左右，面积数百平方公里，最大者可达700平方公里左右。发展到龙山文化时期，该区域内的聚落群数量并未发生明显变化，但聚落总量急剧增多，这就意味着每个聚落群内的聚落数量都普遍增多。这时的小群一般有聚落5～25处，中型群一般有聚落30～60处，大群一般有聚落60～90处，小群面积一般在100～800平方公里之间，中型群、大型群面积一般在800～2500平方公里之间，个别超大型群的面积甚至可以超过5000平方公里。

下面以教来河流域红山文化聚落群及河南郑洛盆地伊洛河南侧聚落群的形成情况为例予以说明。

1. 红山文化聚落群中的等级关系及群群地缘关系

红山文化遗址数量较多，以兴隆洼文化遗址较为密集的区域而言，红山文化遗址的分布密度明显大于在它之前的兴隆洼文化和赵宝沟文化，说明红山文化时期，我国东北地区西辽河流域一带进入了一个明显的繁荣兴盛阶段。限于篇幅，本书无法对红山文化遗址间的关系做全面梳理及分析，现仅以西辽河水系的主要源头教来河流域为例予以简单讨论。

教来河发源于敖汉旗金厂沟梁镇的努鲁尔虎山，流经敖汉旗、奈曼旗、库伦旗、开鲁县、科尔沁区，在科尔沁左翼中旗姜家窝堡附近汇入辽河，全长482公里，流域面积18306平方公里。该流域内已发现有红山文化因素遗址127处，密集分布于河道两岸。由于破坏较为严重，这一区域内的大多数遗址发掘都很不充分，遗迹较为模糊，遗物主要是采集，数量也不多。仅能勉强对聚落大小做出并不准确的判断。在现有资料的支持下，依照聚落规模的大小，这些聚落似可以划分为若干等级，其中绝大多数聚落为小型普通聚落，共96处，可见当时聚落间等级分化的特点是：绝大多数聚落依然停留在小型普通聚落阶段，只有少数聚落成长为大、中型聚落。此种分化已经显示出大、中型聚落拥有对周边普通聚落的规模优势。另外，刘国祥以空间分布状况为依据，将教来河流域的这些红山文化聚落遗址划分为相对独立的5个组群。他根据各组群中大型、中型聚落的数量及组群中聚落数量等因素，认为教来河上游中段的第二组团在教来河流域的聚落群中拥有最为强大的实力。[332]

以教来河流域的这些聚落之间的关系可知，红山文化聚落存在较大等级差异，反映出红山文化时期社会组织管理结构的分层状态，即红山文化的聚落之间存在系统的等级秩序。此种秩序所依存的自然条件将这些地缘相近且存在竞争关系的聚落紧密融合在一起，因此这种秩序应是地缘关系的产物。

2. 郑洛盆地聚落群的形成情况

伊洛河流域东部嵩山以北、邙山以南以坞罗河、干沟河为核心的200余平方公里范围内，自裴李岗文化时期至二里头文化时期，社会复杂化进程表现为聚落数量增加的同时形成中心聚落，而中心聚落的严重人地矛盾，需要通过剥夺周边下属聚落的领地生产力予以缓解。

该流域内仰韶时代早期聚落遗址只有2个，均位于伊洛河东部支流坞罗河流域。推测这两个聚落的领地生产力足以养活全体居民，并不存在人地矛盾。到仰韶时代中期，该流域内的聚落数量增加到10个，其中坞罗河流域从早期的2个聚落增加到5个，而西部支流干沟河流域则从没有聚落增加到5个。在这些聚落中，干沟河流域的赵城遗址面积达到20万平方米的规模，远超其他聚落，显然是当时伊洛河流域内的中心聚落。也就是说，仰韶文化中期的伊洛河流域已经出现了以赵城遗址为核心的两级聚落等级。根据乔玉的测算，当时赵城聚落人口数量约为1140人，占流域内推测总人口的43%，土地利用率高达193%，领地生产力只能满足一半聚落人口的需求。但考虑到整个流域内10个聚落遗址的总土地利用率为24%，可知赵城聚落的环境压力被周边聚落所承担。到仰韶文化晚期，该流域内的聚落数量增加到33个，人口总数则增加到4446人，赵城依然是其中最大的聚落，由于总人口的增加，赵城的人口占比下降为约占流域内总人口的25.6%，但土地利用率依然高达188%，领地生产力依然只能满足半数人口的需要。[333]而赵城周边聚落密集，临近的几个聚落也出现了领地生产力不足的现象，土地利用率急剧攀升，说明赵城所在的干沟河流域人口密度过大。与此同时，越是远离赵城的周边区域，土地利用率越低，领地生产力越是能够满足人口需求，人地矛盾也越小。这时，流域内各聚落总体上虽然并不存在农业用地无法承担聚落内人口实际需要的问题，但中心聚落及其周边地区显然存在更加突出的人地矛盾。缓解这一矛盾的唯一方法就是以某种形式占有其他聚落的领地生产力。

进入龙山文化时代之后，这里发生了较为重大的变故，聚落遗址数量大幅下降。整个区域内总共发现9处聚落遗址，聚落分布极为稀疏，面积普遍偏小，没有发现存在中心聚落的现象。造成人口数量、聚落数量及面积大幅锐减的原因，可能是自然灾害，也可能是战争，或者是人口的大规模外迁。而至龙山时代晚期，整个区域内再次繁荣起来。赵城所在的干沟河流域竟然出现了25处聚落。这些聚落面积都比较小，可能存在若干个小群，人地矛盾极为突出。虽然这一时期的坞罗河流域聚落也增长到13处之多，但聚落数量、分布密度及人口总量都远低于干沟河流域。然而，这时整个区域内的中心聚落，竟然并不位于干沟河流域，而是位于坞罗河流域——罗口东北遗址。该遗址面积高达20万平方米，远超流域内其他聚落。与之形成鲜明对比的是，曾经出现中心聚落——赵城聚落的干沟河流域，此时虽然聚落数量多、密度大，但聚落规模却都比较小，那座曾经雄踞一方的中新聚落赵城，也早已不复存在。

到二里头文化一期时，这一区域内的聚落数量再次锐减。坞罗河流域仅发现6处聚落遗址，干沟河流域发现3处聚落遗址。造成聚落数量急剧下降的原因尚不清楚，但单个聚落面积的急剧膨胀却非常惊人，并且形成了等级非常清晰的三级聚落等级体系。稍柴是大型中心聚落，面积高达60万平方米，罗口东北则是二级聚落，面积18万平方米，其他聚落则为三级聚落，面积都比较小。二里头二期、三期时，整个区域内的聚落数量维持在20个左右，总人口在5000余人至7000余人之间浮动。位于坞罗河北端的稍柴遗址为整个区域的一级中心聚落，位于坞罗河中段的罗口东北遗址是坞罗河流域的二级地方中心聚落，干沟河流域无明显的二级地方聚落且遗址分布极为密集，规模均较小。相应地，坞罗河流域的人口数量随着聚落数量的持续减少而迅速增长。同时，原本属二级聚落的罗口东北遗址在这一时期竟然完全消失了。人口的这种变化，以及二级中心聚落的消失，说明存在行政强制力对人口和土地资源的调配行为。结合二里头遗址在二里头文化四个时期的发展情况，可以认为，以稍柴为核心的这个分布于坞罗河、干沟河流域的聚落群，是被二里头都邑所控制的地方政权。这说明聚落群与聚落群之间还能向上继续构建更大的聚落群团。这就是聚落间不断以地缘关系构建更加复杂的多级群团结构的具体表现。

基于以上情况，我们可以得出以下四个初步结论：

第一，仰韶时代中期，该区域内已经围绕着坞罗河和干沟河形成了两个可能拥有不同血缘关系的聚落小群，这种族群结构一直延续到二里头文化时期。

第二，坞罗河聚落群和干沟河聚落群均是本地聚落沿河向周边自然扩展的结果。

第三，在坞罗河聚落群和干沟河聚落群各自形成的过程中，干沟河流域率先发展出现了中心聚落。该中心聚落造成的人地矛盾，需要通过占有两个聚落群的领地生产力才能得以平抑，因此，坞罗河聚落群应在干沟河聚落群的控制之下，两个聚落群以干沟河的赵城为中心共同构成一个聚落大群。

第四，自仰韶文化中期以来，至二里头文化时期，该区域内虽然出现过三级聚落的等级结构，但主要还是以数十个小型聚落围绕一个中心聚落而形成的两级聚落等级结构。

（二）聚落群化的原因及方式

聚落的群化首先体现在聚落数量和密度的增加上。农耕聚落形成初期，人口总量极低，聚落分布稀疏，各聚落相对远离、自给自足，自然不会出现聚落间的群化现象。但随着生产力的提高和人口的增加，聚落间的群化现象就越来越明显。虽然不能绝对排除外来人口进入本地建立聚落从而导致聚落群化（尤其是考古资料显示出现文化杂糅的现象更应视为此种情况的结果），但导致聚落群化的主要原因还是聚落内部的人口增加导致聚落不断向外分化的结果。

人口的增加使聚落内部出现资源紧张和人地矛盾，向周边就近拓展更多的耕地是最可能采取的解决方案。基于原始氏族社会公有制经济方式，此种拓垦活动必然是由聚落通过内部决策机制有组织实施的集体行动。这种由垦荒行为衍生出来的新的聚落是渐进式完成的。最初可能仅仅是远距离劳作，随着拓垦的新地越来越远离聚落，或者因其他不得已的原因只能到更远的地方拓垦新地，就可能在所拓垦的新地就近建立临时居住点。但随着时间的推移，新垦土地与聚落的距离越来越远，耕种这些土地所付出的时间成本、守护成本、运输成本等都会越来越高，最终必然导致临时居住点演变成永久性聚落，从而完成母聚落向周边的分化。但此种分化并不是建立在个体意愿的基础之上。因限于当时生存条件及相应的社会意识形态，社会个体成员无法脱离集体而存在，所以聚落的分化应是母聚落集体决策并有组织实施的结果。分化过程中应存在某种形式的互利互助机制。考虑到母聚落派出部分成员向周边相邻区域拓展新垦土地时，新垦土地及地上收成是作为母聚落的共有财产调配和使用。在新垦土地上建立的临时居住点逐渐转化为定居聚落的过程中，母聚落向新聚落派出的分流人员并不理所当然地成为新聚落的主人。伴随着聚落的分化，分离出去的土地及地上收入可能会在母聚落和子聚落之间进行分配改革。最初的改革可能是通过子聚落留够自身所需之后，将剩余部分上交母聚落的形式实现的，但随后就可能逐渐调整为上交一定比例的方式。这就是最初的纳贡制度。由于母聚落与子聚落之间存在紧密的亲缘关系，且当时的原始社会以公有制为基础，尚未发展出私有制观念，所以此种形式的纳贡本质上是出于无私的公心。

但我们必须要认识到，原始社会的这种聚落的向外分化，其过程是复杂的。我们无法回溯历史还原它的全貌，更无法通过证据证明这个分化过程中发生的细节，但根据人类学资料，我们可以合理地假设，这个过程不仅体现为母聚落分化为子聚落的过程，同时也体现为子聚落继续向外分化出孙聚落的过程，而且新的子聚落和新的孙聚落甚至同时出现，造成整个区域内最终存在一群拥有复杂亲缘关系的聚落群。在这种聚落群中，彼此如何确立相互的亲缘关系，随着时间的推移难度会越来越大。当时的原始人是否需要处理这种聚落与聚落之间的亲缘关系？又如何处理这种血缘关系？我们现在无法得知。但有一点可以肯定，此种性质的聚落群是最早出现的聚落群，也是聚落群形成的基本路径。所以最早形成的超越在聚落之上的社会结构就是建立在血缘关系之上的聚落群。[334]

基于发展空间的有限性，聚落的分化不可能向外无限推移，尤其是居于地理核心地位的母聚落，因缺少继续向外分化的空间，最终会遭遇人地矛盾对生存空间的限制，不仅难以向外分化不断增长的人口，还可能失去在农业上自给自足的必要空间。这就使母聚落与周边聚落之间的利益冲突不断增加。所以在聚落群关系中不仅存在着因亲缘关联而出现的向心凝聚力，同时也存在着因资源紧张而带来的内在离心力。如何缓解这种内在矛盾是当时社会需要解决的重大问题。正是因为受到此种限制，母聚落才发展出对内转变生业模式的发展道路，以向周边子聚落甚至孙聚落提供凝聚更高劳动价值和使用价值的产品为手段，增强母聚落自身的经济能力。比如在某种程度上改变以种植业为主的生业模式，转变为以手工业生产和商业交换为主的生业模式。考古资料显示，在中心聚落中手工业是受到特殊保护的产业，这足以说明手工业在中心聚落的经济活动中居于极为重要的地位。对外，母聚落则发展出以制度化手段确保周边子聚落甚至孙聚落向母聚落持续、稳定贡献农产品的纳贡体制。为有效维系母聚落与周边子聚落之间的紧密关联，母聚落也会在意识形态上采取有效措施。在大致平等的原始社会，最有效、最切实可行的方法就是通过宗教手段强化血缘关联，通过垄断对神灵的祭祀权，尤其是祖神的祭祀权，并以血缘关系为核心建立聚落之间的等级关系或从属关系，实现对子聚落的精神控制。通过以上对内、对外两种方式，母聚落克服了生存空间受到挤压的障碍，有效维持了自身的生存和发展。通过这些方法，母聚落在聚落分化的进程中主导了聚落的整合，并因此形成具有中国特色的原始社会聚落群和群内中心聚落。

（三）聚落群中的等级分化

聚落的群化使群中聚落出现等级分化现象。聚落的等级分化是考古学家判定社会分化和更高级的社会组织出现的一个重要证据。[335]

所谓聚落间的等级化，是指群内聚落之间的等级分化，其前提是具有地缘关系的若干聚落已经形成聚落群关系。所以，聚落的等级分化是社会整合的结果，即在同一个聚落群内出现的各聚落之间的等级关系，并最终演化出“都—邑—聚”[57]的金字塔型等级结构。

但群中聚落的等级分化并不是突然出现的，而是有一个渐进的过程。最初可能并不存在明显等级，彼此之间构成一种相对平等的关系。但随着社会的发展，等级化越来越明显，直至中心聚落的出现。所谓中心聚落，是指新石器时代晚期在具有亲缘关系的聚落群中占据主导地位的某个权力相对较为集中的聚落，在考古学上一般是通过观察聚落在聚落群中的大小以及是否存在集中的手工业生产、是否存在贵族阶层和礼仪性建筑、是否对周边其他聚落有政治或宗教上的影响力等因素予以判定。有些聚落群甚至还发展出了专门的宗教中心，比如红山文化聚落群。中心聚落在聚落群中往往处于地理上的核心位置，规模相对周边聚落明显增大，其内部布局也明显不同于周边其他聚落，常见大型房址、大型墓葬、高等级随葬品，不仅高等级墓葬的随葬品数量及质量在群内各聚落中均处于最高等级，而且整体上各类墓葬的随葬品在数量、质量上都明显超出周边其他聚落。这些现象说明，在中心聚落中不仅生活着整个聚落群中的最高权贵人物，而且还生活着一个整体上超越于周边聚落的权贵阶层。中心聚落在具有亲缘关系的聚落群之中往往承担着政治、文化、宗教、军事甚至经济中心的作用，它一般被认为是聚落群中全体贵族的聚集地，当然也可能并非如此，之所以中心聚落普遍显得更加富有的原因在于中心聚落对周边从属聚落而言，其成员整体上拥有更大的政治和经济优势，甚至有的中心聚落本就是以垄断某种重要的经济产业（如手工业，尤其是玉器加工或者承担着贸易中心的功能）而成为中心聚落的。在从属性聚落中，同样存在贵族人物或贵族阶层，但由于此类聚落整体上处于政治、经济的劣势地位，因此聚落中的贵族与基层社会成员之间的贫富差距并不十分明显。最低等级的聚落是农业村落。它与早期农耕聚落并无实质性差别。在这样的村落之中，居民从事最基本的农业生产，无论是政治上还是经济上都毫无优势可言。

聚落间的等级分化并不是单纯的社会分化的结果，而是群内聚落在整合为聚落群的过程中发生分化的结果。因为聚落群的出现首先是建立在相对独立的地理区域内聚落数量和聚落密度增加的基础之上。仰韶文化晚期的陕西、河南，大汶口文化时期的山东、江苏，红山文化后期的内蒙古、辽宁，湖北的大溪文化晚期、屈家岭文化，崧泽文化时期以及良渚文化早期的浙江、江苏等地，均出现了区域内聚落数量和聚落密度大幅增加的现象。

聚落群内各聚落之间的文化关系、地缘关系、等级关系以及中心聚落拥有的政治、经济、宗教、文化核心地位，都是在这种聚落的分化与整合进程中实现的。但这并不是聚落群形成的唯一途径。考古所见聚落分布较为密集的区域一般有两种地理特征，一种是山地，一种是河流两岸，河流两岸最为常见，聚落较为密集，而且发展得也较为充分。这说明适合农业生产的优越地理自然条件总是具有稀缺性，即便在原始时代也是人类争夺的对象。所以，自然条件优越的土地上出现的聚落群，并不一定是由一个母聚落向周边自然分化的结果。更合理的情况应当是既包含了单一母聚落的向外分化，也包含了不同母聚落所代表的血缘族群间的竞争与合作。假定在同一自然区域内存在若干不同的血缘族群，各族群在地理上的分布较为紧密，接触也较为频繁。这种情况下，可能出现下述三种聚落群关系：

（1）和平与联姻。相邻地域内不同血缘关系的聚落虽然接触紧密，但因自然资源相对充足，较少发生大规模冲突，甚至可能遵循一定的交往规则，形成友好、稳定的相邻关系，在经济上互通往来，乃至互相通婚。聚落内血缘关系的重要性也随之逐渐下降，这样一群具有地缘关系的聚落，在经历漫长的历史演进之后，最终形成混杂着宗族关系和政治关系的原始村落群关系。这样一个聚落群的关系体系主要是一种因地缘而形成的较为平等的关系体系。在必要时可以形成联盟。如果在遭遇地域外族群的武力攻击时，联盟关系会变得更加紧密，甚至出现共同议事机构。但在外部压力消失时，联盟议事机构可能仅维持一种形式上的存在。

（2）奴役与掠夺。这种模式发生在地域内自然资源相对匮乏的情况下。由于地域内各族群均缺乏足够广阔的领地，可以支配的自然资源也相对短缺。随着聚落内人口的增加以及对自然资源的需求的增加，族群间的冲突变得越来越频繁。自然资源紧张程度的不同导致不同的冲突方式。最激烈的冲突就是基于掠夺对方资源的目的而发生的族群屠杀或领土兼并。掠夺不能建立聚落群，只能形成对抗关系，直到双方形成利益上的平衡并建立不平等关系为止。种族灭绝和领土兼并可以建立聚落群关系，是以在军事上占据绝对优势的聚落通过派出人员的方式在兼并的聚落中建立子聚落的形式形成聚落群。但以武装暴力为基础形成的聚落群，即便是以领土兼并为形式，也依然带有强烈的等级特征。最终占据优势地位的母聚落将会奴役和压迫周边子聚落。这种政治关系也往往会体现在地理关系上。比如居于中心地理位置的聚落，是否对周边聚落更具控制性？但中心聚落在地域上的相对封闭性，受到周边的压力较大，也无法向外扩张，只能通过兼并和掠夺周边聚落的领土来扩大领地。一旦周边聚落形成联盟，中心聚落将承受巨大风险。所以控制力如何强化是一个严重的问题。基于奴役和掠夺而形成的聚落群，群内各聚落的功能将发生极大变化，人口结构及血缘关系均有可能被大规模破坏。最极端的情况是一个聚落完全消灭了地域内其他聚落，因此完全占有了地域内的广阔领地，从而获得充足的自然资源，这意味着一定地域范围内人口的大规模减少。但随即将发生另一种模式的演进，那就是，在强势聚落消灭其他聚落后，可以支配的自然资源变得充足起来，外部威胁急剧降低，这促使该聚落人口得以快速增长，聚落规模也越来越大，当这个聚落的规模不断扩大后，就出现了母聚落的对外分化，从而在区域内演化出一个拥有相同血缘关系的聚落群。这也就意味着，原来在该区域内存在的多血缘聚落群被单血缘聚落群所代替。当然也有另外一种可能，当这个超级聚落的规模扩大到一定程度后，内部的矛盾及分化导致复杂社会的出现，管理模式相应发生变化。当然这只是一种假定的可能性。这种可能性的背后还有一个需要解释的问题，就是这个强势聚落在消灭了周边其他聚落后，占有了数量远远超过自身能够直接支配的领地和自然资源，而且为了行使占有权并实际开发、利用这些远离该聚落中心区域的土地，在行动上也变得非常困难。如何实际占有并利用这些领地和自然资源是一个需要解决的大问题，否则就有可能出现势力不达的真空地带。如何解决这一问题？聚落分化是一个办法，即委派本聚落部分成员驻扎于各个占领区。但这会削弱自身实力，使本聚落核心地域的人口被大幅稀释。而且分出的成员直接从事被占领地区的生产，将导致人均劳动强度的大幅增加，势必不符合占领者自身发展的需要。因此最大可能是这些被派驻在占领地的成员，在被占领地从事管理工作，而被占领的聚落的成员则沦为被强迫劳动的奴隶。剥削奴隶的剩余劳动，是占有这些资源的重要目的。它的前提条件是奴隶的个人劳动生产力已经发展到出现剩余产品的阶段。但是对奴隶的管理是有风险的，如果不能出现镇压奴隶的暴力机关，这种存在压迫与被压迫的极端对立的族群关系，就必定不能长久维持。

（3）结盟共生。在资源紧张但还不至于紧张到你死我活的地步时，冲突与合作交替发生。尤其是当各个聚落实力相对持衡时，大规模军事冲突的后果各方均无法承受，于是形成一种相互妥协的联盟政治。所谓联盟，其实也分为实力较为均衡的民主联盟和围绕霸主的专制联盟。后者是典型的朝贡关系。较为均衡的民主联盟是一种特殊情况，应当并不常见，而且随着历史的演进，即便暂时的均衡，也会随着各聚落的发展最终将出现差异，均衡即被打破。与你死我活的争夺相比，屈从于实力较大的聚落，并向其纳贡，对实力较小的聚落而言，也不失为一种好的选择。中心聚落也就是实力较强的聚落，对整个聚落群都有控制力，从而形成一群存在政治关系的聚落群。这种聚落群就会有为中心聚落所掌控的暴力组织。

因地理条件的不同，各地聚落群发展的路径有较大差异。有些聚落群带有更强的血缘性，内聚力更高，侧重于通过宗教的方式形成酋邦，并经酋邦演化为较为和平的宗邑邦国。有些聚落群则可能并不具有清晰的内在血缘关联，从而体现为包含宗族关系、宗教关系和经济关系的混合型特征。部分聚落群以结盟形式形成民主政体，而有些聚落群则因过于民主（也就是过于松散）而无法演进为国家，还有些聚落群则因存在激烈的暴力整合而发展为具有鲜明军事特征的暴力国家。因此古代国家的起源并非仅有一种模式，也不是任何聚落群都能顺利演化为国家，甚至可能多种倾向共存。

以仰韶文化庙底沟时期的阎村为例，可以清晰地看到复杂的社会整合现象。

阎村遗址位于河南中部偏西的伊洛—郑州地区。该地区是仰韶文化庙底沟期庙底沟类型的地方变体，学术界将其归入仰韶文化庙底沟期的阎村类型。一种被称作伊川缸的陶器在该文化类型中被普遍用作二次葬葬具。比如偃师苗湾、巩县赵城、禹县谷水河、鲁山邱公城、南召二郎岗、密县马鞍河和汝州洪山庙等十余处地点都发现有此种葬具的存在。说明在仰韶文化庙底沟期阎村类型区域内，各史前聚落之间存在明显的文化相关性。考虑到在上述地点发掘的这些伊川缸皆素朴无彩，更无彩绘，只有阎村出土了三件施有彩绘的伊川缸。可知阎村在整个伊洛—郑州仰韶文化区域内具有明显的特殊地位，结合阎村遗址位于这一区域的核心位置，或可判断其为整个区域内的中心聚落。尤其是绘有鹳鱼石斧图的彩陶伊川缸，作为二次捡骨葬的葬具，所葬之人应不同寻常。严文明认为，该人应是伊洛—郑州区域内中心聚落军事首领兼地区部落联盟军事首领。[336]这一判断极有见地。至于这件用作瓮棺的伊川缸上所绘鹳鱼石斧图的内涵，专家们有不同理解。有学者认为，它的意思是“死者的亡灵携带着自己的工具或武器安全回归于本氏族图腾神的故地”。[337]也有学者认为，瓮棺上所绘两种动物应该都是氏族图腾，而且存在征服与被征服关系，其中体型硕大的鹳应是死者所属氏族的图腾，鱼则是被征服氏族的图腾，表现的是死者生前的军事功绩。[336]邱东联更是认为，鹳鱼石斧图反映的历史事实是，公元前

4000—3500 年间，以庙底沟文化为代表的黄帝部落集团以鸟为图腾，武力征服并兼融了以半坡文化为代表的以鱼为图腾的炎帝部落集团。[338]这些观点本质上都是以图腾解释彩绘中的鱼鸟关系，并得出了图腾集团之间存在征服与被征服的政治关系。也有学者认为，鸟衔鱼图案在瓮棺上的出现，不是图腾崇拜的产物，而是以鸟所代表的男性生殖器和以鱼为代表的传统转生功能相结合，是以性交隐喻地表达转生愿望，是男性生殖崇拜的起点。包括仰韶早期的北首岭瓮棺鸟衔鱼图案、阎村瓮棺鸟衔鱼图案以及春秋至东汉我国各地墓葬中出土的鸟衔鱼图案，均是如此。[339]

无论阎村瓮棺上的鹳鱼石斧图是对死者生前军功的追挽，还是祈求死者转世重生并重掌军权，图中仪式性石斧所代表的权力（以军事指挥权为核心），被绝大多数学者所认可。这说明，伊洛—郑州地区在仰韶文化庙底沟时期聚落军事首领所掌握的军事指挥权已经出现，而且由于这一区域内已经发现各聚落之间存在明显的文化融合现象和以阎村为核心的聚落分级现象，这就意味着战争在促进区域文化融合的过程中发挥着重要作用。这种作用可能体现为战争的压力导致具有地缘关系的各个聚落之间出现了以阎村为主导的较为平等的聚落联盟，也可能体现为阎村以武力征服为手段，将其影响力逐渐辐射到整个区域内的其他聚落，从而形成一种以阎村为领导的、不平等的区域性聚落联盟。总之，整个伊洛—郑州地区的聚落群，在仰韶文化庙底沟时期，出现了以阎村为核心、以军权为主导同时又存在氏族血缘宗教色彩的复合型聚落群整合现象。

中国原始社会在进入聚落群和中心聚落的发展阶段之后，社会生产力进一步提高，原始社会已经从过去相对较为平等的农耕社会向不平等的阶级社会过渡，社会开始整合，权力开始出现并启动了权力集中的历史进程，平等而分散的氏族聚落开始汇集，并向金字塔型的等级制社会上升，政治、经济、文化、宗教都有了极大发展。正是在这一发展进程中，私有制诞生，阶级出现，人类社会的金字塔形等级结构开始形成。在这一历史进程中，中心聚落对周边聚落的影响力（或控制力）逐渐加强。聚落群与聚落群之间的竞争也逐渐加剧，甚至出现了各种不同形式的聚落群整合现象。这种外部的压力也迫使拥有地缘关系的聚落之间加速建立紧密的内部关联，聚落群最终演变为国家。完全由单一母聚落分化而成的拥有强烈血缘纽带的聚落群，在整合过程中往往形成宗邑邦国。复合型聚落群则因群中轴心聚落以血缘纽带构建核心关联并作为整合其他聚落的基础，故以祖先崇拜为核心的宗教也往往被作为聚落群普遍推行的意识形态策略，由此形成的国家也往往带有宗邑邦国的性质和特征。也就是说，聚落群如果在整合过程中形成国家，无论是何种类型，均在某种程度上带有宗邑邦国的特点。中心聚落，无论是聚落群的宗教中心，还是经济中心或者武装力量指挥中心，最终均演化为邦国的邦都，那些垄断了祖神祭祀权力及军事权力的宗族领袖则演化为邦国邦君，这就是中国早期国家往往在不同程度上显示出族权与君权合一特征的原因。

四、邦国与王国的权力结构

考古学上的龙山时代被认为已经进入了最早的国家社会形态。

王震中认为，中国最早的国家形态是龙山时代的宗邑邦国。宗邑邦国是以“都—邑—聚”形式构建等级制统治结构、以血缘纽带联结的宗族共同体构建社会政治集团、以宗族共同体控制的农耕聚落集群构建领土范围、兼具血缘性宗族组织和地缘性政治组织双重特点的早期国家。虽然对此类国家的性质及产生的路径存在不同看法，但学术界普遍认为此类国家是从聚落群发展而来。也就是说，聚落群的早期发展阶段是部落，晚期发展阶段是国家，聚落群经历了从部落到国家的发展过程。[57]

对国家的判断在考古学上主要是看是否存在含有都邑性质的城址以及该城址在聚落群中的等级地位。

城址与一般聚落的差别在于，从其内部结构与布局来看，是否有夯土城墙、战车、兵器；是否存在宫殿、宗庙和陵寝等礼仪性高等级建筑；是否存在祭祀法器或祭祀遗迹；是否存在手工业作坊；聚落布局是否存在规划性。[340]在考古学上判断某一城址是否具有国家都邑性质，除了要考虑该城址内部构成要素是否能够满足都邑的功能之外，还应考虑该城址在整个聚落群中所处的等级位置。较低等级的聚落在国家社会诞生之前即已出现，层级越高的聚落出现得越晚，以聚落群为对象判断国家与前国家社会的差异，主要就是看是否已经出现了位于金字塔型社会结构顶部、能够承担国家政治—宗教功能的都邑。[287]

中国最早的城邑是作为政治权力的工具与象征而存在的。[341]龙山时代之前，城址在各地考古学文化中零星出现。但到龙山时代，城址大量出现，城址中兵器的增多以及非正常死亡现象的增多，都暗示着这是一个矛盾爆发、战争频仍的时代。山东、河南、内蒙古、湖北、湖南、浙江等地的龙山文化中，城址多有发现。城址规模与之前相比也急剧扩大，数十万平方米的大城时有发现，甚至还有达到或超过百万平方米的超级大城。这些城址的功能有的比较单一，似仅有防御功能；有的则较为复杂，内涵较为丰富，应是等级化聚落群中的中心聚落，同时包含政治功能或宗教功能和手工业生产中心的功能；但也有一些城邑显然已经具备了国家都城的性质和功能，尤其是那些发现宫殿、宗庙、陵寝等高等级礼仪建筑遗迹的大型城邑。之所以做出这样的判断，是因为这些城邑中显示出阶级对立和城乡对立的特征，而且如此规模和格局的城邑的营建和维护所需调动的人口和物资，需要整个聚落群必须存在拥有聚合力的金字塔型等级结构，也就是在社会的顶端必须出现凌驾于整个社会之上的强制性权力。

其中龙山时代的陶寺文化遗址被认为是最早出现的国家的典型例证。[106]2015 年 6 月 18 日，中国社会科学院在北京举行“山西・陶寺遗址考古成果新闻发布会”，会上发布的一系列证据表明，陶寺不仅是一个早期国家的都城，而且就是文献所载的尧都。[342]

但龙山时代的国家显然还不是成熟国家，基于历史条件的限制，这些刚刚迈进国家阶段的最初的国家普遍处于小国寡民的宗邑邦国形态。文献所称尧舜禹之时“执玉帛者万国”的情况，说的就是这种数量众多的区域性小国（以及部分尚未进入国家阶段的酋邦或部落）交相杂处的状态。由于在宗邑邦国中已经存在隶属于统治阶级的武装力量和阶级压迫现象，在利益驱动下，这些区域性国家经常发生武装冲突。国家内部的阶级斗争可能也时有激化。这时的社会已经完成基层整合，进一步整合的层面上升到国家级别。战争也已经成为推动邦国整合的重要力量。与邦国之间的整合同时出现的，是普遍意义上的跨地域的阶级整合、职业整合、宗教整合和文化整合。这就是广域王权国家的诞生。而王权恰恰正是邦国中强制性权力进一步集中的体现。王权的出现使得中国古代的权力系统真正开始呈现出完整的金字塔式结构。[75]

从宗邑邦国形态整合为广域王权国家形态，整个过程是以暴力为基础、以宗教意识形态为辅助手段推进的具有中国古代特色的复合制国家的形成过程。“国家大事，在祀与戎”的记载，正是周代文献对王国统治模式的高度凝练。

多数学者相信龙山时代末期崛起的二里头文化，是中原地区迈入真正国家阶段的标志。

二里头遗址是二里头时代东亚地区最大的聚落遗址，它所显现出的作为国家权力中心的都邑特征极为鲜明。规模庞大的都邑、高度集中的人口、规划严密的城市布局、大型礼仪建筑的存在、青铜器和玉礼器的独占，社会的高度分化、行政机构的专业分工，都表现出高度的集权属性，而这些正是国家所应具有的特征。[289]

虽然二里头遗址不是中国最早的都邑，但却是在考古学上可以确认的中国最早具有明确规划的都邑。它的这种规划性开创了中国古代都城规划的先河。[74]二里头遗址没有发现城墙，但从其内部井字形道路网、区格宫城、手工业区、祭祀区的布局及大规模、高等级、宫殿式建筑以及其他种种迹象，表明其所代表的社会是一个拥有高度集权的组织管理体系，而且存在一个内部专业分工极为明确的行政管理机构。[289]学术界普遍认为二里头应当是一个王权国家的都城。有不少学者甚至主张它就是古史传说中的夏都。本书认为，二里头确实是国家社会的都城，它不是那种小型的地方性宗邑邦国的邦都，而是王权国家的国都。这也就意味着，二里头国家已经是一个进入王国阶段的复合制国家。

有不少学者将二里头与夏文化和夏王朝联系起来。在缺少文字资料的情况下，对二里头国家是否就是夏王朝都邑的问题，其实不便做过多推测。

下面以商代王权的特征为例，对宗邑邦国整合为王权国家的国家权力结构——中国古代国家形态演进到王国阶段时的复合制国家形态——略作概括性说明。

商代是一个明确的复合制王权国家。商王是居于这个国家顶层政治集团——商邦（大邑商）——的邦君，同时也是整个商王国（商王朝）的王国之君。但商王并不直接统治臣服于他的属邦，既不干涉属邦的内部事务，也不干涉属邦与属邦之间的交往。在此种复合制王权国家体制中，作为商王属邦的方国在本国内拥有高度自治权，它们仅通过向商王臣服纳贡的形式接受商王的间接统治。我们通过甲骨卜辞可以看到，商邦与属邦之间的外服关系其实极不稳定，有些属邦与商邦存在极为稳定的臣服关系，有些则时服时叛，有些主要是敌对关系，是商邦屡次征讨的对象。三种关系大致以相距商邦的地理远近分布。这种极不稳定的外服关系导致有些学者并不认可商代已经进入国家形态。周书灿就认为，商代外服制是一种藩属体制，在此种体制之下，商王朝四土政治疆域极其模糊而且经常处于变动之中，能够直接或间接行使主权的地域颇为有限。直至晚商时期才逐步强化控制力并成为真正意义上拥有一定领土主权的早期国家。[343]这一观点过分以领土主权作为判断国家的标准，而未能注意到商代王国是具有中国特色的复合制国家的事实。正如王冠英所说："殷商时代国家的领土观念是很模糊的。在邦和族统一的情况下，所谓内外之分，主要是邦族种姓之分。即使有服属关系，也是大国和小国的关系，不是畿内和畿外的关系。"所谓的商代外服，实际上就是商邦的邦外服属国。[344]而内服则是在商邦内部由商王直辖的京畿之外，由商王的子姓、子妇、亲族、百姓等贵族掌控四土的邦内管理体系。商代的内服与外服共同构成商王国的复合制国家结构。所以，本质上讲，商王朝实际上就是以商邦为中心并由其主导的一个不平等的方国联盟。但此种不平等性并不仅仅表现在属邦需要向商王臣服纳贡、来王来享，而且还表现在商王有权征用属邦的军队参加商王发动的征伐战争，甚至商王还可以直接派人到属邦境内去开田耕种，以缓解商邦内部人地矛盾并实施对属邦的经济掠夺。[345]此种关系即便到了春秋战国时代也依然没有本质性变化。

夏代因无文字流传下来，其相关信息仅存在于周代文献（包括青铜器金文文献）和古史传说之中。但考古资料显示出，从龙山时代的邦国林立演进到二里头时代出现广域王权国家的都城，再到殷商时代偃师商城和安阳殷墟，佐以甲骨文、金文及周代文献，可以梳理出中国社会从宗邑邦国发展到殷商王国的发展历程。考虑到被认为是中国历史上第一个广域王权国家的夏代，是被其属国商邦所取代的，正如孔子所言，"殷因于夏礼，所损益可知也"。在王国政体上，夏王朝自然应与商王朝无根本性差别，当然也是复合制王权国家。周代同样如此，春秋战国时代尤为明显。

复合制王权国家与大一统的集权制帝国在治理方式上有本质差异。复合制王权国家作为分散的宗邑邦国向大一统集权帝国的过渡形态，不可能实行一种从中央贯彻到村落的治理体系。其所能采用的治理技术依然十分有限。回顾最早出现的宗邑邦国，可知当时的国家治理手段仅能维持一个较小的国土面积和较为有限的国家人口数量。复合制王权国家虽然在治理手段上有所提高，但依然十分有限。其要想实现大面积国土范围内的政局稳定，可用的手段除了武装征伐之外，就是宗教压制。宗教的力量是通过以祖神为核心的神灵体系实现对属邦的精神控制。但由于王邦与属邦之间并不存在真实的血缘关联，故此类精神控制对属邦内部的社会成员毫无影响力，而仅仅是在属邦内部最高统治集团的层面发挥象征性作用，亦即一种带有政治色彩和宗教色彩的礼制规范，通过这些规范，确立了双方之间的政治关联及所扮演的政治角色。

五、社会整合进程中权力的空间性与宗教的社会性

为解释史前社会权力系统的演进机制，弄清原始宗教是如何使权力突破其空间限制的问题，王震中提出了“权力的空间性与宗教的社会性”问题。他认为聚落首领个人权力的扩大是权力系统演进的基本驱动力，认为在国家与文明起源路径的三个演进形态中，权力逐渐从聚落内部的控制权上升为国家意义上的王权。也就是说，从仰韶文化早期开始，原始宗教和军事战争就成为聚落首领权力突破自身聚落空间限制的两大机制。[346]

王震中分析仰韶文化半坡类型的鱼纹、人面鱼纹、蛙纹等彩陶纹样横跨陕、甘、豫诸省的现象，认为原始宗教的图腾崇拜及其转型对突破权力在聚落空间上的限制发挥了作用。他认为这些器物上的纹样是图腾文化的产物，它们在多地出现说明特定的图腾已经不再为特定的氏族所专有，原始宗教以图腾为手段突破了氏族聚落并在大范围内发生影响。这就意味着，随着原始社会的整合，图腾在某种程度上失去了最初的宗教内涵，从单一氏族的图腾转化为由该氏族所主导的整个部族集团的保护神，并因此被集团中的其他氏族自觉引用为本氏族的崇拜物。正是因为图腾作为保护神的功能获得了独立发展，在其内涵和作用上突破了与图腾祖先及特定氏族之间的对应关系，它才获得了一种超越于具体聚落、部落和氏族、氏族集团之上的独立的保护神象征性功能，并被其他氏族部落或部落集团作为一种时代风尚自觉引用为具有保护神内涵的崇拜物。

本书认为，原始宗教确实具有突破聚落界限的功能，聚落首领在跨聚落的宗教活动中也确实将自己的影响力拓展到聚落群的层面，但这种影响力的扩大可能还与祖神崇拜的发展有关。

在农耕聚落的发展阶段，聚落数量和聚落密度不断上升，主要是本地聚落向外分化的结果。聚落的分化形成了母聚落与子聚落之间地位和功能的分化，并在此基础上形成与之相适应的以祖神崇拜为核心的宗教意识形态，以此作为维系双方关系稳定发展的精神纽带，贯彻母聚落在经济上对子聚落的持续优势（包括对手工业的垄断和强化交易中心的地位，以及迫使子聚落向母聚落执行某种形式的纳贡义务，并以宗教手段维持这种纳贡义务)。因此，在此种类型的聚落间发生的整合，并不是基于聚落首领的个人权力或权威，而是基于现实的利益关系和氏族（部落）文化传统，最终体现为宗教神权对带有亲缘关系的聚落间的整合。也就是说，跨聚落的权力是在聚落群形成的过程中出现的，而不是从单个聚落内部发展起来后随着聚落群的形成而延伸到其他聚落中去的。恰恰是这种超越在单个聚落之上的权力的出现反过来加强了母聚落的内部权力，并促成母聚落内部社会分化的加剧，使聚落内部权威人物所拥有的权威最终演变为权力。在聚落内部的权威向权力转化的过程中，家族首领、氏族首领所拥有的权威也包括其所拥有的宗教身份。而且极有可能此种身份带来的权威是首领权威的最主要的表现形式。原始宗教是通过神秘化手段实现与神灵的沟通，并通过垄断与神灵沟通的方式垄断了向族群传递神意的资格。这在客观上排除了导致族群因意见分歧造成内部离散的可能，实现了族群的向心凝聚力。因此，宗教不仅是原始社会的意识形态，更是原始社会实现社会管控的有效手段，承载着社会管理的职能。

原始社会的管理以生产管理和族群管理为主要内容。宗教在生产管理领域发挥作用的方式是自然神崇拜，在族群管理领域发挥作用的方式是图腾崇拜以及由此衍生而出的祖神崇拜。族群管理是族群复杂化的结果。在农耕聚落向外分化的进程中，如果不能建立一种有效的管理手段，必然会造成族群的分化。而族群的分化在聚落分化中的一个结果就是母聚落与子聚落的利益分化。由于子聚落是母聚落向周边分化的结果，最终必然造成对母聚落进一步生存发展空间的挤压。因此，在母聚落向外分化的进程中，必然会采取一定措施加强对子聚落的控制，以确保子聚落能够持续稳定地向母聚落贡献经济利益。在宗教上强化以血缘关系为纽带的祖神崇拜，并通过垄断祖神崇拜，强化子聚落对母聚落的精神依附和情感依附，这就是母聚落对子聚落实施管控的有效方法。虽然这种推测在考古学上难以证明，但却是一种较为合理的假设。下面就沿着这一思路继续分析。

图腾是氏族产生和存在的原因和氏族力量的源泉。图腾崇拜是氏族公社的意识形态，反映的是氏族成员对氏族集体的认同和依附。全体氏族成员都来自于图腾，死后也会返回图腾。因此氏族成员之间存在平等的一体化关系。但随着聚落分化的出现，图腾崇拜的意识形态必然受到冲击。如前所述，在聚落分化的早期阶段，母聚落与子聚落拥有共同的血缘关系并信奉同一个图腾，两种聚落中的社会成员理应彼此平等地归属于同一个集体。但事实上，一方面，母聚落与子聚落因在空间上相互分离、经济上相对独立且面临不同的社会问题和生存问题，因而也存在各自不同的利益诉求，彼此间有一种离散的现实倾向。另一方面，母聚落向周边分立子聚落的行为在客观上必然会限制母聚落在物理空间上的长远发展，随着母聚落人口的再度增长，母聚落向外分立新的人口的困难就会大大增加，甚至可能需要越过已有子聚落，实现更远距离的殖民拓垦。这就造成母聚落必须在向外分化中采取一定措施平衡双边关系，避免将来出现对自身无可逆转的人地矛盾，比如，在母聚落和子聚落之间执行统一调配资源和统一平抑人口的措施。虽然这些推测也无法在考古学上予以证明，但在聚落分化的过程中需要一种能够适应聚落间复杂关系和促进长远发展的社会管理机制则是必然的和客观的。图腾虽能提供血缘认同并增加氏族成员的凝聚力，却无法为身处不同聚落的氏族成员提供可供辨识的独立性，也无法赋予子聚落拥有自身利益的合法性。因此在形成聚落群的过程中，也就是在博弈过程中，宗教领域就发展出一种新的形式——祖神崇拜。祖神崇拜的优点不仅在于能够为社会成员提供血缘认同并实现聚落与聚落之间、胞族与胞族之间跨区域的一体化关联，而且能在血缘体系中确认血缘等级次序及亲疏远近关系，并通过辨认各自与祖先世系的距离及关系，确立聚落与聚落之间、胞族与胞族之间、宗族与宗族之间、家族与家族之间彼此的独立属性和等级关联，能够很好地理顺社会分化与整合过程中出现的各种问题。在形成聚落群的过程中，适应了聚落之间的等级分化和社会成员之间的等级分化对宗教意识形态的实际需要。

如果说图腾崇拜是原始家庭构建聚落并形成氏族聚落社会的产物，那么祖神崇拜就是氏族聚落通过向外分化并构建胞族聚落群社会的产物。在聚落群形成过程中，图腾崇拜开始衰落并逐渐转型，与此同时，祖神崇拜则逐渐走上历史的舞台中心，成为促成社会整合的主要政治工具。原始宗教进入以祖神崇拜为核心的阶段后，不仅超越在胞族聚落之上，还在聚落群的进一步整合中突破以胞族聚落群为载体的部落界限，并与转化了的后期图腾崇拜一起，在地缘政治和族群整合中不断扩大自己在空间上和族群集团中的影响力，最终演化为国家权力的一个组成部分。

所以，在中国原始社会中出现的最早的权力是宗教神权。它是聚落分化的产物，也可以视为分化后的聚落之间构建新型关系的产物。其最早的表现形式就是祖神崇拜。没有以祖神崇拜为核心的宗教神权的存在，就无法构建起早期的聚落群关系。所谓聚落首领拥有的权力（而非权威），其实就是在宗教上居于首领地位的聚落，在聚落群化的过程中获得的在宗教上的优势地位，即通过垄断沟通祖神的权力而形成的由祖神赋予的对整个聚落群的控制权。这种控制权本质上是母聚落或中心聚落对子聚落或从属聚落的权力，但随着社会的分化，最终转移为母聚落首领或中心聚落首领的个人权力。随着聚落群的进一步整合，这种权力才从胞族聚落群向周边其他聚落或聚落群扩展，成为控制着更大地域空间内更大政治集团的政治力量。

但有一点必须指出，那就是在原始社会形成胞族聚落群之后，如果再继续向周边聚落或聚落群扩展影响力，就会遭遇彼此间可能缺乏明晰的血缘关系甚至可能完全没有血缘关系的困难。这时，祖神崇拜的宗教意识形态就无法发挥出聚落整合的功能。这时的聚落整合或聚落集群整合就只能采取其他途径。比如通过资源控制的方式推进整合，或者通过武力征服的方式推进整合，或者在面对共同的灾难或者外部挑战中推进合作式整合，或者因存在自然资源的共享而在博弈中推进整合，由此形成贸易理论、战争理论、灌溉理论及其他各种理论。当然，因地理环境的不同、自然条件的差异，以及社会发展阶段的差别、发展水平的不平衡等各种因素，各人类集群在进一步整合中采取的路径可能存在较大差异，有些人类集群的整合甚至可能是多种因素共同作用的结果。于是产生了以征服为主导的控制模式、以联盟为主导的合作模式等各种模式。

以联盟形式开展合作不仅需要建立合作机制并选举盟主，还需要确立宗教纽带实施神权控制。神权控制可能为了配合盟主制的执行，将各自的祖神纳入以盟主的祖神为核心的一个整合的祖神体系之内，而这个整合的祖神体系客观上反映了联盟成员在联盟体系中的实力和地位。这个新的整合的祖神体系，以及相应的宗教活动，仅在联盟的层面执行，而并不贯彻到联盟成员的内部。以武力胁迫或武力征服为手段推进的社会整合，征服方或强势一方也不能仅靠武力实现对对方的政治控制，它也同样需要通过宗教神权的形式，在精神上控制对方并实现双边关系的持续稳定。可行的方案就是通过构建以征服方或强势方的祖神为核心的祖神体系，并将被征服方或弱势一方的祖神以不平等的方式纳入其中。这个祖神体系也反映了彼此之间存在的真实的政治格局。

最初的聚落首领所拥有的权力，也是在图腾崇拜和祖神崇拜的宗教活动中形成并体现出来的。至于在聚落群中设立最高军事首领从而使权力溢出个体聚落的事实，并不是军事指挥权自身所追求的目标，甚至也不是军事指挥权自身发展的结果。形成此种凌驾于个体聚落之上的军事指挥权的内在原因是宗教。当宗教权力溢出个体聚落并覆盖到聚落群后，在群中聚落间形成共同的精神纽带，强化了彼此之间的内在关联。这就必然要求群中聚落各自拥有的军事指挥权也被相应地纳入一个跨聚落的统一协调机制之中。所以，在大体平等的农耕聚落阶段，聚落首领可以因军事需要在所组成的部落联盟中设立最高军事首领将自己的权力（准确说是权威）拓展到其他聚落，但却可能不是社会主流。因为在基本平等的农耕聚落阶段，偶然发生的聚落冲突并不导致聚落中出现专职的军事指挥权。专职的军事指挥权应出现在战争已经成为常态的社会阶段，也就是原始农业经济发展到一定阶段后，聚落间启动大规模整合的阶段。而在此之前的平等的原始共产主义社会，并不存在阶级社会的那种世俗权力。有能力者并非通过权力控制社会，而是通过自己的能力为具有亲缘关系的社会成员最大限度地带来生存的安全、稳定与发展，这其实更多地体现为一种个人对集体的责任和义务，是权威而不是权力。权力出现在社会不平等关系之中，也就是出现在社会分化之中。最早的实质性分化应是聚落分化后形成的聚落间的等级分化。因此最先出现的权力不是个人权力，而是聚落群化中出现的聚落对聚落的权力，是一种集体行使的权力。

在聚落群化过程中出现的中心聚落，在仰韶文化中期（准确来说就是从仰韶文化庙底沟期）即已出现，红山文化后期、大汶口文化中后期、屈家岭文化、崧泽文化、良渚文化早期等也都属于考古学上的中心聚落形成与发展阶段。总的来说，这一阶段的年代大约距今6000—5000年。考虑到中国史前社会发展的文化多元化及区域不平衡性，部分区域进入中心聚落阶段的时间应该还要更晚一些。

原始社会发展到中心聚落阶段，意味着社会整合已经跨越了血缘胞族聚落的整合，而发展到存在地缘关系的聚落或聚落群之间的整合。这一阶段的社会不平等体现在两个方面，一方面是单一聚落内部社会成员之间的不平等，另一方面是聚落与聚落之间的不平等。其中单一聚落内部社会成员之间的不平等表现为聚落内部出现了明显的贫富等级分化，出现了权贵阶层。当然，也可能因为政治上和经济上的原因，导致中心聚落周边从属性聚落中的高等级成员主动或被动迁入中心聚落生活，或者在死后脱离所属聚落单独集中埋葬并管理，以至于在考古实践中无法看到这些从属性聚落的内部存在明显的等级分化。而聚落与聚落之间的不平等则表现为群内聚落的等级分化。分化最严重的聚落群，其群内聚落的等级往往能够达到三级及以上。中心聚落对周边聚落的优势，不仅是政治优势，也包含经济优势、宗教优势，这些优势可以从中心聚落即周边聚落之间的规模、人口数量、聚落功能等各个方面显示出来。所谓中心聚落，就是在这样一群具有等级关系的聚落之中处于领导地位的那个最高等级聚落。一般而言，这样的聚落有超出群内其他聚落的较大空间规模，有超出群内其他聚落的复杂内部功能，有受到保护的、超出群内其他聚落的、发达的手工业尤其是制玉业等高级手工业，有超出周边聚落的高等级建筑及权贵阶层（可以通过高等级墓葬的数量、规模以及随葬品的数量、等级予以观察）。这些都能通过考古工作加以认识。需要指出的是，中心聚落与从属或半从属聚落相结合的形态，亦即原始宗邑与从属于它的普通村邑相结合的形态在史前的出现，既是聚落内外都发生不平等的结果，也是中国父权家族——宗族形态的产物，它是中国由史前社会走向文明社会的重要途径。[87]

当然，由于中国史前社会发展的文化多元化及区域不平衡性，进入中心聚落阶段的聚落群及中心聚落的发展程度及表现形式也有较大差异。但无论怎样，其核心样态还是较为一致的。甘肃秦安大地湾第四期遗址、山东泰安大汶口遗址、山东莒县大朱家村遗址、安徽含山凌家滩遗址、江苏张家港东山村遗址等，都是被学术界公认的新石器晚期的中心聚落。甚至有的中心聚落已经发展到需要营建城邑予以防护的阶段，如湖南澧县城头山遗址、河南郑州西山遗址等，可见这一阶段财富的积累及贫富的分化已经到了非常严重的程度，需要通过修建城邑的方式对生活在城邑中的人的财富和人身加以特殊保护。此种情况发展到龙山时代，各地的聚落群就开始先后进入到早期的区域性国家阶段，也就是邦国阶段。

权力在中心聚落出现后的发展走向，主要是神权与军权的相互配合。但随着社会的进一步分化，军权作为一种超越于社会之上的强制性力量的来源，逐渐从神权中独立出来，并最终超越神权，成为在邦国领土范围之内的君权。

六、例外的发生——社会整合中的崩溃现象

红山社会已经出现了聚落的等级分化现象，流域中心存在几个大遗址，周边环绕数量较多的小村落。这意味着红山文化已经出现了聚落群及中心聚落。但是由于考古资料较为有限，红山文化的聚落考古工作尚不能证明在辽河地区存在系统性的统一政权组织，但牛河梁、东山嘴等地大规模庙、坛、冢等系统性宗教礼仪建筑群又说明在整个辽河流域应当存在统一的宗教组织和宗教文化。毕竟牛河梁、东山嘴的庙、坛、冢建筑群周边较大范围内并未发现较大规模的聚落遗址，零星出现的小型聚落也不能显示本地有较多常住人口。而营建牛河梁、东山嘴大规模礼仪性建筑群所需耗费的人力、物力，显然不是这些本地居民所能承担的。即便是维持这样大规模礼仪性建筑群的正常运转也需要有大量人力、物力支持，这同样不是周边聚落所能实现的。最重要的是，这些礼仪性建筑群所能发挥的礼仪性功能也远远超出了本地聚落所需。而且就其所具有的统一规划和区域功能划分而言，也说明牛河梁、东山嘴拥有超越于本地聚落之上的区域性宗教中心地位，是整个辽河流域较大范围内诸多聚落共同拥有的宗教圣地。

这就意味着红山文化的宗教系统拥有超越辽河流域内诸多聚落的区域性影响力。这种影响力能够突破农耕聚落社会的领土限制，使不同聚落的不同族群能够在意识形态领域实现跨区域的大范围整合。也就是说，红山文化的宗教在红山文化社会的跨区域整合中发挥了关键作用。但此种整合并未将辽河流域的聚落群引向形成国家的道路，而是最终走向了衰亡和崩溃。具体表现就是牛河梁、东山嘴宗教中心的崩溃以及庙、坛、冢等各种宗教礼仪性设施的废弃。何种原因导致此种现象的发生目前尚不得知。仅

从本地红山文化消亡后取而代之的小河沿文化来看，当地人口锐减，社会的复杂化程度降低，手工业生产急剧衰落，甚至连生业方式也发生了改变，游牧业取代了农业，定居生活被流动生活取代。

红山文化崩溃的原因可能与当时急剧变化的气候有关。靳桂云认为，距今6000—5400年期间，燕山南北的自然环境随气候影响处于长期波动状态，红山文化早期阶段就在这种环境中得到初步发展。到距今5400—4800年期间，此地的自然环境变得相对暖湿，造成了红山文化晚期的繁盛。到距今4800—4200年期间，此地自然环境因气候原因向干冷方向发展，并在距今4600—4200年期间发展到干冷气候的顶峰，强烈的降温事件导致了红山文化的衰落以及小河沿文化的低谷式发展。[347]由于气候的急剧变化，红山文化区域内不再适宜种植粟米等作物，而橡树等食物来源也大面积消亡，致使以农业、采集、渔猎为生业形态的生活方式无以为继。可见社会的整合并不一定都能顺利发展为国家。有些整合因无法应对自然变迁而中途夭折，红山文化的繁荣及衰亡就是最为典型的例证。

但是气候变化并非打断社会整合进程的唯一决定性因素。在中国南方长江下游的良渚文化，却并不存在气候变迁带来的生存威胁，可是也在达到繁荣的顶点之后迅速衰亡。

良渚文化的延续时间也达一千年左右，即公元前3300—前2250年期间，其早期阶段要略早于河南和山东的龙山文化中后期，与河南、山东的龙山文化基本处于同一时段。[348]目前发现的良渚文化遗址有200多处，主要是墓葬和大型公共建筑。这些墓葬的等级分化非常严重，数量庞大的低等级墓葬没有随葬品或仅有极少的随葬品。而高等级墓葬中则随葬大量精美的玉器，从玉器的种类、功能以及与墓葬相伴的祭祀建筑来看，学术界认为良渚文化具有相当浓郁的宗教氛围。比如反山墓地M12及M20、瑶山祭坛M9及M11、寺墩M3等随葬玉器以单件计算都在100件以上。反山墓地M23仅玉璧一个种类就出土了54件，常州武进寺墩M3仅玉琮一个种类就出土了33件，而文家山遗址M1一座高等级墓葬就出土玉钺34件，横山遗址M2仅石钺就出土132件。整个区域内的社会权贵都流行厚葬风习，简直达到令人震惊的地步。可知居于良渚社会顶端的权贵阶层具有相当鲜明的神权特征。

以莫角山遗址群为例，这个庞大的聚落群位于天目山冲积平原，范围达到三十余平方公里，已经探明的大小遗址共计 135 处，共同构成一个复杂而庞大的聚落结构，其核心部位是一处城墙环绕、内有高等级礼仪性建筑的古城——良渚古城。莫角山遗址群中的反山、瑶山、汇观山是三处显示宗教属性的高等级墓葬区。以反山为例，该遗址是一处人工堆筑而成的权贵专属墓地，其上仅发现 11 座墓葬，却出土了数量惊人的 1100 件玉器。瑶山和汇观山的特点又有所不同，它们是祭坛和高等级墓葬共存，显示出良渚社会存在浓厚的宗教祭祀气息。另外，莫角山遗址群中发现的玉器种类、器型等，与同属良渚文化的武进寺墩遗址群、上海青浦福泉山遗址群发现的玉器也极为相似。尤其是一种被称为“神人兽面纹”的神徽图案，在多处良渚文化墓葬和不同玉器上均有发现，可知在长江下游广泛区域内存在一种跨区域性的统一的宗教文化。虽然玉钺在良渚文化墓葬中非常多见，而且常常集中出现在个别墓葬之中，如文家山遗址 M1 一座高等级墓葬中就出土了 34 件玉钺，似乎显示出军事指挥权的重要性，但总体而言，良渚文化最高等级的墓葬均不以军事指挥权为突出特征，只是反映出军事指挥权作为神权的一部分，纳入在神权体系之内。良渚文化的社会整合程度甚至可以认为已经进入了区域性国家阶段，苏秉琦、张忠培、严文明等均持此观点。但仅就良渚文化存在超越于长江下游尤其是环太湖流域之内诸多聚落群之上的统一的神权文化而论，它又和辽河流域的红山文化有异曲同工之处。两者虽然处于不同的历史发展阶段，前者可能处于酋邦阶段，后者则显然已经进入国家阶段，但两者却都显示出神权在整个社会体系中拥有无可比拟的影响力。

与红山文化的命运相似，良渚文化发展到晚期时也突发急剧衰落的现象。在考古学上的表现就是：各中心聚落的高等级建筑被普遍废弃，各地均不再出现新的人工堆筑高台，也不再出现高台祭坛及高等级墓葬，大规模随葬玉器的现象也消失了。在其之后的广富林文化、好川文化、马桥文化等再未发现重要的考古遗存，也未发现可以证明其已经演化为其他类型的更高文明的证据。这意味着良渚文化确实已经崩溃并萎缩、消失。导致良渚社会崩溃的原因，目前存在几种不同的观点。有学者认为，良渚社会的崩溃与玉器生产和权贵厚葬有关，因为这些行为会过度消耗社会资源，促使社会内部危机的出现，从而导致崩溃。[349]也有学者认为是洪水等自然灾害造成良渚社会崩溃。[350]还有学者认为良渚社会的崩溃是北方龙山文化大规模南侵的结果[351]。

洪水等自然灾害是否能够直接摧毁一个已经进入国家形态的文明社会，并使之在历史上消失得无影无踪，这是值得怀疑的。社会崩溃可能受到外因的影响，但内因才是决定文化崩溃的主导力量。李伯谦认为：“红山古国采取的是无限扩大神权的模式，良渚古国虽神权、军权、王权相结合但仍是以神权为主的模式。神权高于一切应该是两者最终均走向消亡的根本原因。”[309]神权过分发展的社会，宗教固然能够在社会整合的进程中发挥重要的主导力量，但却因宗教会带来社会内部的过度资源消耗而无法持续发展，最终无法形成政治上的内聚力，社会就会失去进一步发展的动力，尤其是神权社会的事务决策必然过分依赖巫觋的神秘决断，整个社会的治理也必然会过分依赖神意。权力及权力的运作行为都必然被高度神秘化，社会成员也必然被神秘化的意识形态所控制。此种社会在遭遇变故时，或遭遇外部挑战时，就非常容易采取非理性的应对策略。在重大事件中，如果统治者传递的神意被证明无效时，整个统治阶层的权威性就顿时瓦解，社会意识形态陷入混乱，导致社会崩溃。

通过以上分析可知，社会整合是否能够促成国家诞生及文明持续发展，或者最终形成广域王权国家，其决定性因素在于，社会在整合的过程中如何实现内部的组织化管理，推行何种社会意识形态去维持内部凝聚力，以及能够在多大程度上妥处环境变化挑战、内部冲击和外部竞争并维持自身的可持续性发展。

第四节　地缘整合中的族群与政权

一、地缘整合中的族群认同与族群结构

原始社会进入农耕聚落阶段之后，聚落领地的扩大最初是向无人区的扩展，但当领地之间的无人区逐渐消失后，生存空间的扩展就只能通过领土兼并、合作或者族群整体迁徙来实现。但族群的整体迁徙会因强占或挤压其他族群的生存空间（领地）而引发激烈的族群冲突，以农耕为主要生业方式的社会类型，不到万不得已，一般不会发生族群的整体迁移。所

以，原始聚落通过向外推移的方式拓展领地是应对人地矛盾的主要策略。

这在考古学上就表现为广阔空间中彼此分离的聚落不断向外分化，并以群团的形式联结为存在主从关系的稳定结构（通过聚落考古学观察到的聚落群化现象），当这些具有内在结构的聚落群团不断接近时，聚落群团之间的冲突与融合就是历史发展的必然现象，这不仅发生在文化层面的相互影响上（通过器物类型学予以观察），也发生在领地空间的交叠所形成的地缘政治层面。在上一节中我们分析聚落间的整合与聚落群的形成时，已经非常清晰地描述了这一过程。宗邑邦国的出现，就是这种随着生产力的提高、人口的增加、财富的增长、社会的分化而不可避免地发生的地缘整合的历史洪流中的一个历史阶段的产物。但它绝不是历史的最终产物。此种整合的历史车轮在国家及文明诞生之后，依然滚滚向前，将原本扁平的人类社会逐渐拉升为高度分化的阶级社会。王国即是邦国向帝国迈进的中间过渡阶段，它是历史的产物，是整合的力量尚不够强大阶段的特殊的国家形式。当整合的力量发展到足够强大的阶段时，王国这种脆弱的复合制国家结构就会被强大的集权制帝国所取代。

基于地缘关系而不断推进的空间整合进程实际上也是族群整合的进程。

族群的整合，并不是把不同的族群简单地汇聚在一起就能实现的。它是一个彼此融合的过程，也是一个彼此认同的过程。前面已经谈到，史前社会的融合，是基于地缘政治实体之间的联结而形成的，并不是依靠打破地缘关系而实现人群之间的杂居所形成的。因此，社会基本组织结构是稳定的，基本组织单位也是稳定的，只是在地缘整合进程中，这些基本结构、基本单位通过凌驾于它们之上的力量而形成更加复合性的社会组织结构，但彼此之间依然保持着相当的独立性。所以，中国史前社会的族群整合，并不是通过融汇这些族群而形成新的族群，而是通过彼此的认同归于同一个文化结构。不仅宗邑邦国的形成是依靠这种方式，整个华夏民族的形成也是依靠这种方式，它们都是在地缘整合进程中通过文化认同实现的族群整合，也就是族群相互认同的结果。这种认同，最初是从血缘认同开始的，随着地缘整合的推进，血缘纽带逐渐弱化，并被文化纽带所取代，族群间的认同就从血缘认同转化为文化认同，原始社会的族群就从家族迈向氏族，从氏族迈向胞族，从胞族迈向部落，又从部落迈向部族，最终形成民族。

从家族到氏族再到胞族甚至部落，都是以血缘关系为纽带形成跨空间的更大族群。而从部落向部族的演变就不可能再像之前那样通过血缘纽带形成稳定的政治关联。这时，社会整合已经突破血缘束缚，甚至突破地缘限制，扩大为由数个血缘集团共同构成的地缘集团。部族这个概念就是对应着这样一个历史现实。

不得不承认，部族是一个尚有争议的概念。关于中国原始社会向国家演进过程中是否存在部族，也就是在氏族部落和民族之间是否存在过渡性的部族，学术界存在不同看法。有学者认为在部落和民族之间存在部族。[352,353]有学者认为在部落和民族之间不存在部族。[354]而且即便认为存在部族的学者之间，对部族这个概念的内涵也有极为不同的认识。本书无意陷入这些争论之中，但却认为在我国历史研究中很有必要使用部族这一概念，因为这个概念能够描述在聚落群发展过程中，尤其是在聚落组向中心聚落整合的进程中存在的既不同于部落又不同于民族的社会集团的实际状况。

所谓部族，它与氏族和部落不同。氏族是在自然血缘基础上组织起来的小型的、稳固的人类集团，是原始社会的基层社会经济组织，也就是氏族公社。部落也是在血缘基础上形成的，它是一种比氏族更大的族社会共同体，由若干存在血缘和婚姻关系的氏族、胞族构成，是地缘意义上的氏族公社集团。而部族不再建立在血缘关系的基础之上，而是建立在地缘关系基础之上的一种以地域划分人群的人类共同体。但是在部族中，血缘关系依然存在残余影响，只不过这种影响并不占据主导地位罢了。部落是民族共同体发展中的一种历史类型。它形成于原始社会晚期，由同一血缘的两个以上氏族或胞族共同组成，有明确的势力范围，拥有相同的文化，包括方言、宗教信仰和生活习俗等。部族的出现晚于部落，它是在特定地理区域内基于不同原因而形成的超越部落的更大的人类集团，是一个从血缘关系的氏族社会向按地域联系起来的阶级社会过渡的人们共同体。部族的形成大致有两种方式，第一种是由一群起源相同、语言相近的部落因存在紧密的相互关联和影响而自然形成。第二种是因各种原因（武力征服、外部压力等）被动或主动地把一群虽然起源不同、语言相异的部落结合在一起，但随着历史的演进最终逐渐融合而成。

王雷对部族的定义是："部族是在部落联盟的基础上产生的。一方面具有血缘关系为基础的氏族社会的某些特点，另一方面又具有按照地域单位统一起来的最初的国家形式。部族的形成是以部落方言相通，地理位置相连，部落文化相近，部落间发生经济往来为前提的。部族的形成开始打破以往部落和部落联盟间的界限，但并没有使氏族制度的影响完全消除。因此还不能建立起一个真正具有公共职能的国家。"而且他认为："任何部族国家都不可能是稳定统一的，其基本原因就是建立国家的原部落联盟和部落中的上层集团的利益，因政治、经济、文化的分散状态，而不能够得到高度的集中。"[355]徐杰舜、彭英明也对部族的形成及特点发表了极有见地的看法。他们认为："部族是在氏族、部落还没有彻底分化、瓦解和崩溃的背景下，在国家还没有最后产生、血缘关系还没有完成向地缘关系的转化的历史条件下，由于战争等因素的需要，各部落联合起来而结成的较永久的联盟。"也就是说，在部族内部，"氏族、胞族及部落还完全保存着他们的独立性"。[356]本书完全同意这些看法。

部族之后，基于族群间的相互认同而形成的人们共同体就是民族。民族是在部族的基础上完成的更大地域范围内的人类融合。它是指经长期历史发展而形成的具有强烈内部认同的人类集团。这种认同是一种基于地理、历史、文化、语言、宗教、政体、习俗等各种因素的文化心理认同。正是基于这些认同而构建起一个相对独立的与其他人类集团有所区别的人类共同体。但这个共同体的产生又是同国家权力或政府职能的作用分不开的。春秋时期的华夷之辨就是中原华夏民族以文化心理认同来区别周边少数民族的做法。所谓华夏、中国，就是这种文化心理认同的结果。

从氏族到部族再到民族，其实正是人类集团从小到大、从血缘关系纽带逐渐被地缘关系纽带所取代的过程，也是在这个历史过程中不断融合形成共同文化特征的过程。此种融合，不仅是地缘相近而自然交流和相互影响的结果，同时也是地缘政治整合的结果。政治上的整合强化了彼此间的交流，促进了共同利益，推动了文化融合。没有地缘政治整合，就不可能形成部族，不可能形成中国最早的具有国家性质的政治集团——邦国，也就不可能形成民族。

宗邑邦国的社会结构，反映在考古学上，就是存在由"中心聚落—次中心聚落——一般聚落”构成的三级以上的金字塔型聚落群结构。聚落群的形成有其自身的发展历史，聚落群是否已经进入国家阶段，有其自身的判断标准。需要强调的是，在聚落群中，绝大多数聚落是低等级聚落。中心聚落在每个聚落群中仅有一个。次中心聚落可以有一个，也可能会有两到三个，但不会更多。次中心聚落周边会环绕数量不等的一般性聚落。一般性聚落中几乎看不到社会分化的影子，其本质就是单纯从事农业生产的村落。这些村落与它们所环绕的次中心聚落之间应当存在血缘关联，也就是说，一群或一组农耕聚落围绕一个次中心聚落构建成一个两级或三级的胞族聚落集团。数个这样的胞族聚落集团以一个中心聚落为核心构建起一个独立的区域性政治集团，在考古学上就是存在内部紧密关联和三级以上等级关系的聚落群。权力的分布，以宗邑为核心，以聚落等级为依托，形成金字塔型结构。

二、龙山时代的地缘政治与邦君权力

古史传说中的五帝时代是我国邦国林立的龙山文化时期。具有地缘关系的部族之间因利益的需求而相互攻伐。此种混乱的局面把维持政治平衡状态的重要性凸显出来。这就需要建立一种凌驾于各部族之上的权威的协调机制，以维护部族间的关系秩序及疆域格局。其实，此种协调机制在聚落群形成过程中已经出现并不断演进。因为部族本身就是聚落群整合的产物。这种整合机制也将复制到部族与部族之间的关系中去。强势部族对周边弱势部族的影响力，就会将这些部族共同构建起一种地域性的政治结构，也就是在这些部族共同构成的人类集团中，出现了一种以强势部族为核心的权力结构，而这个强势部族就拥有主导这个权力结构的力量。这种力量就是公共权力。随着这个部族集团内部各部族实力的此消彼长，公共权力就可能从一个部族转移到另一个部族。但此种公共权力只是维持部族之间的公共秩序，它是在部族与部族所构建的特定的公共空间中运行的权力，有明确的界限，而不进入部族内部。所谓的公共权力，是部族之间的公共权力。权力有自己的特定运行空间，有自己的舞台和界限。所以张荣明认为，“经过五帝时期形成的中国上古国家，其特征纵然是多方面的，但最重要的特征是以部族为基础，这是其全部制度的前提”。由于“每一个部族都有自己大致的势力范围，对疆域范围的认定是维护部族间秩序的需要”[357]，所以早期国家是长期冲突、妥协、合作的产物，是以部族关系为核心，强势部族对周边弱势部族的管辖为特征的地缘政治体系。强势部族因拥有超越其他部族的影响力，因此也代表着囊括了周边各部族的整个地缘部落联盟的共同利益，也因此承担着维护这个地缘联盟中公共政治秩序的责任。但各部族之间的实力差距并未达到强势部族对周边各部族拥有绝对控制力的程度，强势部族也无法直接对其他部族实施有效的内部统治，故其在联盟内的权力也不是绝对的。

所谓五帝的统治，其实并不是由具体的五个帝王先后统治整个国家，而是在同处黄河中下游地区地缘相近的若干社会发展阶段并不相同的政治实体（酋邦、邦国、部落、部落联盟等各种性质及类型的人类集团）所构成的结构复杂的区域性政治格局中，涌现出五个较为强大的族邦（即邦国）联盟，对整个区域内各种不同性质的人类政治集团实行轮流统治。古史传说认为五帝时代采取禅让制，这一说法显然是错误的。龙山时期中原各地防御性城邦林立，社会分化严重，考古所见兵器明显增多，说明当时战争频仍。禅让制所描绘的和平大同社会，在考古学上并不存在。所谓轮流统治，应不是在和平协商的氛围内出现的一种广域民主制度。真实情况应是这五个实力强大的族邦在武力征服的时代背景下，在争夺整个区域领导权的过程中相继占据优势并迫使其他政治实体居于屈从地位、承担朝贡义务。但它们中的任何一个都未能形成对竞争对手的永久性、压倒性优势，实力上的此消彼长就造成了一种事实上的轮流统治格局。也就是说，整个区域内形成了以“臣服—纳贡”为机制的政治格局，但哪个族邦能够居于霸主地位则由彼此间的实力所决定。在族邦内部，则以血缘宗族关系为基础产生执掌族邦的邦君人选。居于霸主地位的族邦的邦君，自然也就是整个区域联盟的共主。大禹大会诸侯于会稽时，防风氏因晚到而被杀的古史传说，就反映出五帝时期的区域性联盟共主在联盟中拥有无上威权的历史事实。

相对强大的族邦轮流登上区域性政治联盟霸主的地位，客观上缓解了日益激烈的地缘冲突，促进了地缘整合。经此种整合所形成的公共秩序，以及由此带来的公共权力，在当时条件下尚不能完全集中为广域王权国家的统治权。因此是社会整合中的一个暂时阶段，随着整合的不断深化，最终公权力集中为广域王权国家的统治权，中国社会就进化到了王震中所说的王国阶段。中国国家起源进程中由原始部落到酋邦到邦国到王国再到帝国的进程，就是社会不断整合、等级不断分化、权力不断集中，最终形成金字塔型权力配置的统一集权国家的过程。根据文献记载，即便到了夏代广域王权国家已经形成之后，各政治实体在王权所能覆盖的地域范围内依然有举国迁移的现象发生。比如商族在商王朝已经建立之后依然屡次迁徙就是很好的例证。

但此种联盟政治如何通过意识形态实现较为稳定的内部关联呢？是祖神崇拜发挥了重要作用。

祖神崇拜是中国原始宗教的核心，贯穿了原始宗教的各个发展阶段。在地缘整合过程中，血缘纽带逐渐弱化，文化纽带逐渐加强，为了在这一过渡阶段实现族群之间的相互认同，在意识形态领域就借用了原始宗教的重要工具——祖神崇拜，通过在文化上（意识形态上）模拟血缘关系（也就是模拟存在共祖关系）的方式，建立族群之间的政治纽带，实现族群之间的文化认同。这个现象对中国早期政治及文化的影响非常重大，意义深远。

在后文即将述及的二里头都邑中，推测甚至可能存在最高统治者通过垄断土葬的形式垄断祖神生成途径的制度。结合二里头都邑中最高等级的墓葬出现在宫城内（更准确地说是存在于作为宗庙的庭院式宫殿的中庭内），本身就说明这些死者是作为祖神被特殊对待的。二里头最高统治集团通过限定土葬资格的方式，垄断了二里头文化区域内（广域王权国家范围内）的祖先神转化资格。此种行为恰恰反映了社会整合过程中祖神的重要作用。

三、二里头遗址与夏代王权

二里头遗址地处中原腹地的洛阳盆地，所处时间约在公元前1900—前1500年之间。二里头遗址的发掘自1959年以来共历经60余年，目前尚未全部完成。但“有足够的证据表明二里头文化是代表一个国家水平的社会”。[90]考古学界现已基本摸清该遗址中各文化层的基本面貌，学术界对其作为中国已知最早的广域王权国家的性质也已基本达成共识。用许宏的话说，二里头遗址创造了多个中国之最，即：最早的城市干道网、最早的宫城、最早的中轴线布局的宫殿建筑群、最早的青铜礼乐器群、最早的青铜近战兵器、最早的青铜器铸造作坊、最早的绿松石器作坊、最早的使用双轮车的证据、公元前二千纪前半叶最大的中心性城市、最早的具有明确城市规划的大型都邑，具有划时代的历史意义。[283]

该遗址现存面积300万平方米，实际面积可能超过400万平方米。规模庞大，史无前例。在已判明属于二里头文化的400余处聚落遗址中，二里头遗址的规模及等级显然雄踞于二里头文化区域内所有聚落的顶端。二里头遗址之下，整个二里头文化区域内还存在若干个数十万乃至一百余万平方米的区域性中心聚落，如面积高达168万平方米且在同期聚落中极为罕见的河南新郑望京楼城址，从其规模、规格及在区域性聚落群中的地位而言，应是一座地方性宗邑邦国的都邑。[358]类似的都邑还有几处。在这些可能是宗邑邦国的区域性中心聚落之下，都存在面积十余万至三十余万平方米左右的次级中心聚落，次级中心聚落之下是数量众多的村落。所有这些聚落所形成的分层的聚落群团，通过中原地区的河流水系，连接并构建起一个在中原腹地以二里头为最高权力中心的庞大的四级聚落等级结构，显示出它是一个组成复杂、布局清晰、结构分明的广域王权国家，而非一个结构简单的区域性宗邑邦国。

这种等级结构也表现在不同等级的聚落对珍稀资源的使用存在等级要求。以二里头时期对羊的消费为例，在最高等级的二里头遗址及等级仅次于二里头遗址的周边大型遗址新郑望京楼遗址之间进行比较可知，二里头遗址对羊的消费数量较多，早期消费的羊基本来自外地，后期则基本来自本地。望京楼遗址出土的二里头文化时期的动物主要是猪和狗，羊的数量极少。[359]赵春燕认为，羊在二里头时期是一种重要而又有限的动物资源。[360]同一文化中最高等级聚落及次一等级聚落对同一珍稀动物资源的消费数量上的差异，应该是礼制的结果。可能与宗教祭祀活动中使用该珍稀动物资源的偏好及等级规范有关。

青铜器的消费同样存在这种情况。望京楼遗址二里头文化城址始建于二里头文化二期，废弃于二里岗下层一期，城址内出土的青铜器与二里头遗址出土的青铜器，在器型上存在重大差异。二里头的青铜器以容器为主，尤其是以酒器为主，也就是说二里头的青铜器存在高度的礼器化。而望京楼的青铜器则出自较晚底层，而且主要以小件工具为主，处于实用器阶段，即便在二里岗文化时期也并未出现礼器化特征。说明在青铜器出现和使用的早期阶段，青铜礼器只有最高等级的统治者才有资格使用。而像望京楼这样的聚落，即便在等级地位上仅次于二里头，或者说在时间上晚至二里岗文化时期，作为一座方国的都城，其邦君及相关权贵人物也依然未能随意铸造和使用青铜礼器。

二里头都邑的核心区是一座以宫墙围护的规模达到10万平方米以上的大型宫城，宫城中遍布大型庭院式宫殿，复杂程度令人叹为观止。居住在宫城中的权贵人物，显然是位于金字塔式文明社会顶端的最高统治者。他们不仅拥有最高统治权及最高的宗教祭祀权，而且还垄断了青铜器的生产与使用，控制着最高等级玉礼器的生产与使用。紧邻宫城南侧的手工业区包含大量产业，一个是高等级绿松石宗教物品生产区域，一个是代表最高科技水平的青铜器冶炼与加工区域，这两个区域被围墙围护，显然受到了国家级的重点保护和监控。宫殿中的最高统治者通过垄断这些高等级手工业及垄断高等级手工业产品的使用权的方式，彰显自己的身份和地位，并在宗教祭祀活动中和宫廷礼仪活动中使用青铜酒器、青铜乐器，以鲜明的礼乐文化维持统治阶级的内部等级秩序。

从二里头文化向周边很大范围的辐射也可以看得出，无论是陶器、玉器，无不显示出对周边广阔范围内强大的文化影响力。从各个方面而言，二里头遗址被界定为大型都邑，二里头文化被界定为广域王权国家，都是完全有事实依据的。长期工作在二里头文化考古和研究第一线的中国社科院专家许宏，对二里头的了解非常具体也非常感性。他就认为，“二里头文化与二里头都邑的出现，表明当时的社会由若干相互竞争的政治实体并存的局面，进入到广域王权国家阶段。黄河和长江流域这一东亚文明的腹心地区开始由多元化的邦国文明走向一体化的王朝文明”。[74]也就是说，公元前2000年左右，在中国自然地理版图之内的中原地区，已经进入王朝文明阶段。这一点已被考古发掘所证实，也被学术界广泛认可。

由于二里头文化处于文献中记载的夏王朝的时空范围之内，因此部分学者认定二里头遗址是夏王朝的都城，二里头文化属于夏王朝的文化。

夏王朝是否存在，过去由于史证较少，也缺乏确凿的考古资料予以证明，所以部分学者怀疑夏代的真实性。20世纪上半叶，怀疑或者否定夏代存在的观点非常流行。这种否定的倾向是随着古史辨派基于严格的证据主义重新审视中国上古历史而产生的。比如顾颉刚就对中国古代历史持极为审慎的态度和立场，他虽然并未断然否定夏代的存在，但对夏代的问题持怀疑态度。他认为："按商之于夏，时代若是其近，顾甲骨文发得若干万片，始终未见有关夏代之记载，则二先生之疑诚不为无理。惟《周书·召诰》等篇屡称'有夏'，或古代确有夏之一族……吾人虽无确据以证夏代之必有，似亦未易断言其必无也。"[361]杨宽则在这一问题上走得更远，他决然否定夏朝存在，并认为"夏史大部为周人依据东西神话辗转演述而成"。[361]陈梦家也认为并无脱离于商史之外的夏史，因为在他看来，夏史乃全从商史中分出。[362]

从文献学的角度来说，中国最早文献《尚书》《诗经》都有关于"夏"的记载。春秋战国时期诸子的作品和周代青铜器铭文也有相关记载。西汉史学家司马迁根据他所掌握的各类历史档案及相关材料写成的《史记》一书，设专章《夏本纪》，详细记载了夏朝历史及世系。甲骨文的发现，以及对甲骨文的深入研究，使中国史学界普遍认为《史记·殷本纪》的内容得到了甲骨文的完美印证。这就意味着，《史记》所载商代历史并非司马迁本人的伪造。与之同理，《史记》中有关夏代的记载也绝不会纯属向壁虚构。这就是中国史学界相信夏代真实存在的文献依据。

最早认可夏代存在的当代学者是范文澜，他据《竹书记年》中的传说和《史记》的记载，将夏代列为中国历史上第一个朝代[363]徐旭升在此基础上甚至直接进行了所谓"夏墟"的考古调查。[364]

但文献并不等同于历史。对文献不加甄别地使用，或者把文献等同于历史的做法必然是错误的。在历史研究及上古文化研究领域，对文献资料进行时代、真伪及文字训诂的处理是极有必要的，尤其不应在未对文献做以上处理的情况下就将文献作为主要证据去证明其他历史、文化问题。即便是对文献做过处理，但如仅仅依靠文献确认夏代的有无以及夏代的情况，显然也是不科学的。根据王国维提出的二重证据法，对夏代问题的研究，必须要借助考古学。当然，也要同时防止考古至上主义。考古学本身不是万能的，考古所见上古遗存，并不能给出关于上古社会的完整信息，对考古材料的使用，也需要结合文献。这在殷商考古中已经被证明了，尤其是对甲骨文的释读，如果没有文献的结合，不会取得如今这样巨大的成绩。所以，将文献与考古资料相结合，用二重证据法观察和解释夏代社会历史问题，是比较可靠的。事实上，随着考古发现及相关研究工作的不断推进，国内学术界目前已经普遍认可夏朝的存在。在考古实践中，中原地区河南境内从新石器时代中期、晚期至商代，考古所见文化类型存在完整的连续发展序列，即从仰韶文化到龙山文化到二里头文化到二里冈文化再到殷墟文化，其间没有历史缺环。这就为进一步研究夏代问题提供了坚实的分析基础。

比如考古学家邹衡早在20世纪80年代初就曾论断二里头文化是夏文化。[365]考古学家李伯谦也认为“尸乡沟商城的发现，使二里头文化即夏文化的论断具有了更坚实的基础，其正确性得到了进一步的验证，更难被否定了”。[366]此种认识在史学界较为普遍。而且均是结合文献和考古证据，使用二重证据法做出的讨论。其最强音是国家级重大科研项目“夏商周断代工程”，该项目集大批知名专家学者，运用各种研究方法和手段，对已知的相关文献和考古证据予以全面梳理和分析，最终不仅确认了夏代的存在，而且把夏王朝建立的年代定为公元前2070年左右，并列出了夏代各王的世系表。这从总体上结束了关于夏代有无的争论。但“夏商周断代工程”确认的夏代建立年代在考古学上仍属龙山时代。当时中原地区的黄河中游，可以说是邦国林立，战乱频仍，在考古学上并无统一为一个王朝的迹象。因此苏秉琦认为，相较于龙山文化而言，后起的二里头文化则更像是夏文化。他说：“从有关夏纪年的各种说法与碳－14年代的比照来看，从夏人活动区域的考订与考古学文化分布范围的比照来看，从夏的文物典章制度与考古学文化内涵的比照来看，从夷夏关系、夏商关系与考古学文化关系的比照来看，二里头文化更像是夏文化。”[30]

将二里头与夏文化联系起来并赞成夏代历史真实性的观点目前已经成为历史学界的主流认识。

但不可否认的是，反对意见依然存在。复旦大学文物与博物馆学系教授陈淳是当代中国学者中明确否定夏代存在的代表人物。陈淳从方法上直接否定了中国考古学界和史学界对夏代的认识。他认为，中国学者在包括考古学方法的应用、文献的甄别与应用、论证方法等方面都存在严重缺陷，因此得出的夏代的有无及夏代系年及世系的结论都存在严重问题。以考古学方法的应用为例，陈淳说：“在早期国家的探索中，我国学者还未充分意识到考古学研究三个难度级别的问题，这就是研究生存方式比较容易，研究社会结构比较难，研究意识形态最为困难。目前我国学者在对早期国家的问题上，采用的仍是擅长分期和观察生存方式层面的器物类型学方法，上升到社会结构层面，考古学家必须调整视野，采用不同的观察和分析方法。由于方法过于陈旧，因此在试图解决较高难度层面上的社会发展问题时，具体分析就显得不得要领。”[367]据此陈淳批评道，“中国学者在早期国家探源的研究上无论是学术规范还是研究方法都与国际同类研究存在显著的差距。究其原因既有学术传统的问题，也与长期以来缺乏国际学术交流有关”，他还说，“如果对国际学术进展一无所知，这种闭门造车、方法陈旧的研究一旦要与国际接轨就难免招来尖锐的批评和质疑。我们应当虚心聆听这一告诫：目前中国学者要在夏的问题上获得进展，并不在于寻找更多的原始材料和考古证据，而是迫切需要更新理论和方法，否则再多再好的遗址出土都是枉然”。[367]在陈淳看来，由于方法上存在缺陷，中国学者对二里头文化的考古分析以及对夏代国家与社会的研究，基本上都缺乏科学性，其结论自然也不可信。

陈淳的批评并非毫无道理，但其全面否定中国考古学界和史学界在研究夏代问题上做出的努力及结论，也并不科学。沈长云对陈淳《二里头、夏与中国早期国家研究》中否定夏代存在的观点给予了批驳。沈长云在《夏代是杜撰的吗——与陈淳先生商榷》一文中提出，研究夏代的有无，不能带着“周人杜撰夏朝历史”的先入为主成见，不能忽视甲骨卜辞中有关夏代的信息，需要客观认识夏与商、周同属“早期国家”，尤其不能否定二里头文化遗址对于研究夏朝历史及中国早期国家的意义。[368]随后，沈长云又撰写了《关于夏代国家产生的若干理论与实证问题》一文，提出了关于夏代国家产生的若干理论问题，再次重申夏代的存在。在沈长云看来，“马克思和恩格斯关于国家形成的两个标志的观点仍应是当前学界判断夏代为我国第一个早期国家的基本依据，这一观点与三代之间血缘组织普遍存在的状况并不冲突。夏代国家的产生路径符合恩格斯有关古代社会‘统治与奴役关系’产生的理论论述。尽管尚未有夏代文字的出现，但可靠文献资料以及濮阳高城遗址的发掘，为夏代并非后人杜撰的论点提供了有力的实证支持。古河济地区的考古遗址和考古发现为考察夏的疆域及其所在位置提供了证明，具有王都气象的二里头遗址是夏后期夏人的都邑，而古河济一带则是夏人自始至终居住于其上的夏的本土”。[369]

其他学者也在这个问题上发表了看法。李维明《20 世纪夏史与夏文化探索综论》一文认为，有关夏代历史的探索因关系到中国古代文明和国家起源重大问题而具有特殊学术意义。由于传世文献中有关夏的记载数量少且零碎，并多属后人追记，所以探索夏文化主要依靠考古学来进行。李维明认为，这是继王国维提出“二重证据法”之后在古史研究方法论上取得的可喜成就。[370]陈旭更是断言：“因为二里头文化具有文明时代的属性和夏族文化的属性，所以二里头文化是夏文化，基本上已获得考古界的认同。”她甚至进一步指出：“广义的河南龙山文化，并不是某一个族的文化共同体，只有王湾三期类型文化有可能是夏族的文化，但它属夏人在氏族社会晚期的文化遗存。二里头文化则具有文明时代的属性，而且亦有夏族的文化属性。”[371]所以在她看来，夏文化的本土在河南，二里头文化时期，夏族已经由氏族社会脱胎而进入文明时代。对照苏秉琦、王震中等学者关于龙山文化时代已经进入国家阶段的论述，可知夏族在河南龙山文化时期并非中国自然地理范围内最为强大的族群，它的发展要晚于山东、山西境内龙山文化的发展阶段。由此也证明了中国各大区系内文化发展的不平衡性，以及中国原始社会后期以来历史发展的不连续性。

随着夏商周断代工程在1999年完成了夏代各王世系年表的确定，中国史学界认可夏代真实存在的观点已经居于主流。

本书认为，二里头文明是否是文献所载“夏代”文明其实并不重要。因为重要的是在所谓夏代存在的历史时期和地域范围内，确实存在着一个与文献所载的夏代一般的广义王权国家。考古发掘虽没有发现文字记载这个国家的名称、历史和人物，但结合文献记载，将这个存在于殷商之前的国家称为“夏”应该没有问题。而且本书也认为，传世文献、出土文献、出土文物、遗址发掘等对研究中国早期文明与国家起源问题有极强的理论针对性和方法上的实用性。文献的价值绝对应当得到重视，关于夏代的文献非常多，比如《夏书》《夏礼》《夏时》《夏令》《禹之总德》《仲虺之告》等。这些文献被东周其他文献所引者非常普遍。仅以《夏书》为例，《左传》一书就曾引用15次，《国语》也引用3次，《吕氏春秋》引用1次，共记录夏代事迹32条。《诗经·大雅·荡》有“殷鉴不远，在夏后之世”之言，反映出殷商时代注重以史为鉴的重史主义。《尚书·多士》记录了周公在训导多士时对历史的回顾，其言曰：“惟殷先人有册有典，殷革夏命。”可见，商周时期的中国人，已经非常重视历史经验的借鉴和传承，而当时的史官制度显然也已相当完备。这种史官制度和重视历史的传统，应该是有历史文化渊源的，这个渊源当可追溯到商代之前。通过这样一个重史的机制所传承下来的关于夏代的存在，也当不虚。诚如著名历史学家唐兰所说："从启的舞九招起，太康失国，寒浞杀羿，……一直到少康归夏，这是多么长，多么有声有色的一个故事。《五子之歌》不过是这个故事里的一个序幕罢了。我疑心这个故事，原本是一篇或几篇极长的史诗。《左传》襄四年魏绛引夏训'有穷后羿'一句，下面就讲从羿到少康的故事，《夏训》恐怕就是这类史诗的一部分，魏绛因它太长，所以引了一句后，只捡节目去说。除去魏绛所引外，《左传》和《离骚》《天问》等还有很多记载，假如没有史诗流传下来，是不会知道这样详细的。"[372]与中国上古史料相得益彰的是考古证据。将两者结合起来，并参考国内外人类学、民族学的研究方法、思路、结论，对我们科学研究中国早期文明与国家起源问题有极大的帮助。所以本书认为，夏代在历史上确曾以某种形式真实存在，这一点是毋庸置疑、无需争辩的历史事实。借用杜勇的话来说就是："从史学方法论讲，记载夏朝历史的晚出文献仍有其真实成分，不可一笔抹杀其学术价值；而夏朝有无当时的文字记录，亦不成为否定夏朝存在的充分理由。夏朝是中国文明发展链条中的重要一环，对它的怀疑作为特定历史条件下的产物，今天也该成为历史了。"[373]此说甚确。

但夏代究竟是一种什么性质的国家呢？也就是说，以二里头都邑为政治中心的二里头文化国家究竟是什么性质的国家呢？

学者江林昌认为，中国社会直到商代前半期依然主要处在以商民族为共主的部落联盟阶段，到商代前期的后半段，商民族才逐步由部落联盟共主过渡为方国联盟共主，直到商代后期，整个社会性质才完全属于方国联盟，而商族也才成为这个方国联盟的共主。[62]既然商代尚且不能被认为是真正意义上的国家，那么，古史传说中的夏代就更不可能存在国家权力。本书认为，江林昌对商代社会的认识主要依靠文献分析的方法，而未结合考古学、民族学等多学科的研究成果，在方法上存在明显缺陷，故导致其论断与考古事实明显不符。

沈长云虽然承认夏代已经进入国家阶段，但他同时也认为，所谓的夏代国家应是在近亲氏族部落或酋邦联合的基础上产生的，因此血缘关系及血缘组织在夏王国社会控制体系中依然发挥着主导作用。[374]他进一步认为，整个夏、商、周三代，中国的氏族组织都没有被打破，甚至地域组织也没有真正建立起来。[236]按照这一看法，夏、商、周三代都很难认为是典型国家。西方学者也是根据中国夏商周时期的社会现实与西方的国家理论不符，故而普遍否认中国夏商周时期属于国家形态。中国学术界当然不能认同这种削足适履的机械论调。苏秉琦、王震中结合中国考古实际，提出了自己的理论体系。尤其是王震中的“邦国—王国—帝国”三阶段国家演进学说，明确指出夏代之前中国社会处于宗邑邦国社会阶段，而夏、商、周三代则均属中国古代社会的王国阶段。[375]也就是说，随着从尧舜禹时期的族邦联盟向多元一体复合制的夏王朝的转变，原来的诸部族国家就变成民族的国家。[58]在他看来，真正的王权是夏、商、西周王朝国家之王支配天下的最高统治权，而王权的国家，是多元一统的复合制国家，它的诞生正是以夏王朝的出现为标志。所以夏王朝“天下共主”的王权，源于万国时代族邦联盟的盟主权，是由盟主的霸权转化而来。[325]

对照江林昌的观点和王震中的观点，就能发现两者间的本质差异。王震中立足于考古学，有非常坚实的考古学理论和资料作为文献分析的支撑，其结论具有极强的可信性。通过对聚落形态的研究，可以看到龙山时期已经出现了严重的社会等级差异，以及聚落与聚落之间三级至四级等级差异，财富向少数人集中的现象也非常严重，宗庙宫殿的存在也显示出权力机关的诞生。也就是说，龙山时期已经有地方政权进入宗邑邦国时代是无疑的。夏代，也就是考古学上的二里头文化时代，中原地区更是在邦国联盟的基础上形成了真正意义上的广域王权国家。陶寺这个被视为夏墟的超大型聚落遗址，无论从规模、等级等各个方面展示出来的气势，以及二里头夏代晚期都城所显示的恢弘气势及规模，都明显不是一个所谓的松散酋邦联盟共主所能拥有和实现的。

所以杨升南赞成夏代是确实存在于我国历史上的一个“王朝”。他指出：“夏商周迭代的性质实际上只是最高权力的转换，体制并无大的变动，大多数方国都是通过顺从新王朝的统治而继续存在。因此文献记载，汤灭夏后有三千诸侯拥戴汤为天子，周武王伐纣时有八百诸侯国跟随。这些方国在新王朝内继续存在，方国名称和统治地域大抵都不会变动。”[376]杨升南甚至认为商代甲骨文中存在夏代诸侯的事实，也证实夏代是确实存在于我国历史上的一个王朝。[376]此种判断符合中国国家起源与文明发展的历史事实和发展规律。

另外，重视宗族传承是中国传统文化的重要内容。在先秦时期更是如此。虽然先秦时文字传播并不发达，祖先谱系等宗族历史主要靠口口相传，但亦不会在口口相传中随便杜撰。所以，中国古文化古国时期或酋邦时期、都邑邦国时期出现并一直延续的那些传统部族的后人，都会以口头或其他形式学习并保存本部族的历史传承信息。可知到战国时，夏后氏、有虞氏、陶唐氏等族氏的后人所述先祖谱系，基本上也应当是真实可信的。它们的世系延续虽然没有一手文字资料予以佐证，但并不能轻易认定当时没有一定形式的信息流传下来。而且，司马迁根据其所收集的各种上古资料和他所看到的当时的存世文献资料，在《史记·殷本纪》中列出的殷王世系顺序、名号、重臣名字等，均被甲骨文证明基本属实。这说明司马迁并未杜撰商代历史。由此可知《史记》中的《夏本纪》《五帝本纪》也当有一定的可信性，不能一概因疑古而完全否定其真实性。正是基于这一原因，王震中认为，尧、舜、禹时代的存在以及它们的谱系当具有相当之可信性。[377]尧、舜、禹时代基本对应考古文化上的龙山时期，早期国家已经形成。苏秉琦称之为古文化古城古国，王震中称其为邦国。先秦文献记载尧、舜、禹之后中国就进入了历史上第一个王国或方国时代——夏代。

山东诸城地区是中国早期文明发展较早的地区之一。在诸城前寨大汶口文化遗址发现的陶文符号广泛出现在山东、安徽、湖北、江浙等地的大汶口文化和石家河文化的陶器上以及江浙良渚文化中，具有高度的传播特征。到龙山文化时，山东诸城已经进入文明时代，也就是文献所称的“万邦”或“万国”时代。所谓的“万”，并非实指当时的邦国数量，而是表示众多邦国交错林立的一种蓬勃状态。王震中认为，尧舜禹时期的这些数量众多的“邦”或“国”，就是中国的早期国家——邦国。所谓尧舜禹部族之间的结盟，其实质则是邦国结盟。在这种结盟体系里，尧、舜、禹不仅是本邦的邦君，也先后是盟邦的“盟主”。但当时盟主的地位并不像后世王朝之王的地位那般神圣、崇高和固定，而更像是一种临时性的议事机构，而且随着盟邦中各邦国势力的此消彼长，盟主国的地位会流转、易手。至夏代成立之后，此种情况发生了根本性的变化。夏、商、周三代时期的王，作为“天下共主”，虽是从尧舜禹时期邦国“盟主”转化而来，但其身份和地位显然已经以碾压性态势远远超越于各邦国之上，王的权威性几乎上升到无以挑战的地步，可以调动从属邦国的力量，对不服从管理的个别邦国进行武力征伐。

参考文献

[1] 杨占营，黄健荣. 论权力的内涵、形式与度量 [J]. 广东行政学院学报，2011，23 (4)：35 - 41.

[2] 包心鉴. 论权力的运行轨迹及其制约机制 [J]. 求索，1988 (5)：33 - 35.

[3] 张广济，计亚萍. 社会学权力理论内在进路述评 [J]. 社会科学战线，2011 (1)：227 - 230.

[4] 米歇尔·福柯. 规训与惩罚 [M]. 刘北成，杨远婴，译. 北京：生活·读书·新知三联书店，1999.

[5] 伯特兰·罗素. 权力论：新社会分析 [M]. 吴友三，译. 北京：商务印书馆，2012.

[6] 埃尔曼·塞维斯. 国家与文明的起源：文化演进的过程 [M]. 龚辛，等译. 上海：上海古籍出版社，2019.

[7] 乔纳森·哈斯. 史前国家的演进 [M]. 罗林平，罗海钢，朱乐夫，等译. 北京：求实出版社，1988.

[8] 尼科斯·波朗查斯. 政治权力与社会阶级 [M]. 叶林，译. 北京：中国社会科学出版社，1982.

[9] 马克思，恩格斯. 德意志意识形态 [M]. 北京：人民出版社，1961.

[10] 卡尔·曼海姆. 意识形态与乌托邦 [M]. 北京：商务印书馆，1999：62.

[11] 路易·阿尔都塞. 意识形态与意识形态国家机器 [M] //斯拉沃热·齐泽克，等. 图绘意识形态. 南京：南京大学出版社，2006：97 - 133.

[12] 张一兵. 意识形态：永存的想象之境：阿尔都塞的意识形态理论评析 [J]. 学术研究，2002 (12)：54 - 61.

[13] 王凤才. 文化霸权与意识形态国家机器：葛兰西与阿尔都塞意识形态理论辨析 [J]. 马克思主义与现实，2007 (3)：34 - 42.

[14] 刘军. 从宏观统治权力到微观规训权力：马克思与福柯权力理论的当代对话 [J]. 江海学刊，2013 (1)：67 - 71.

[15] 刘清江. 马克思主义逻辑视角下的权力理论模式分析 [J]. 马克思主义与现实, 2014 (1): 42 - 48.

[16] 丹尼斯·朗. 权力论 [M]. 陆震纶, 等译. 北京: 中国社会科学出版社, 2001.

[17] 李后强, 李贤彬. 权力量化与权力规范场构建 [J]. 社会科学研究, 2018 (1): 55 - 63.

[18] 皮埃尔·布迪厄, 华康德. 实践与反思: 反思社会学导引 [M]. 李猛, 译. 北京: 中央编译出版社, 2004.

[19] JOUVENEL. On Power: The Natural History of Its Growth [M]. Liberty Fund, Inc., 2010.

[20] ALLEN J. Topologies of Power: Beyond Territory and Networks [M]. London: Routledge, 2016.

[21] 李永奎, 乐云, 何清华, 等. 基于 SNA 的复杂项目组织权力量化及实证 [J]. 系统工程理论与实践, 2012 (2): 312 - 318.

[22] 李贤彬, 李后强. 权力量化方法演进与实证运用研究 [J]. 社会科学研究, 2019 (1): 63 - 71.

[23] 叶国文. 权力合法性: 一种权力起源模式的思考 [J]. 理论与改革, 2003 (5): 15 - 17.

[24] 张光直. 论"中国文明的起源" [J]. 文物, 2004 (1): 73 - 82.

[25] 于锦绣. 原始宗教观念的发展及其表现形式 [J]. 思想战线, 1985 (5): 74 - 82.

[26] 吴晓筠. 中国的"原史时代" [J]. 华夏考古, 2005 (1): 96 - 101.

[27] 钱耀鹏. 中国原史时代论纲 [J]. 文博, 2002 (2): 12 - 16, 80.

[28] 李学勤. 东周与秦代文明 [M]. 北京: 文物出版社, 1984: 10, 376.

[29] 苏秉琦. 关于重建中国史前史的思考 [J]. 考古, 1991 (12): 1109 - 1118.

[30] 苏秉琦. 重建中国古史的远古时代:《中国通史》第二卷序言 [J]. 史学史研究, 1991 (3): 1 - 9.

[31] 李伯谦. 中国古代文明起源与形成研究的回顾与展望 [J]. 郑州大学学报, 2003 (3): 5 - 7.

[32] 张光直. 考古学 [M]. 北京: 生活·读书·新知三联书店, 2013: 33, 73, 75, 47, 117.

[33] TRIGGER B G. Settlement archaeology: its goals and promise [J]. American Antiquity, 1967, 32 (2): 149 - 159.

[34] 张忠培. 聚落考古初论 [J]. 中原文物, 1999 (1): 29 - 31.

[35] 朱凤瀚. 论中国考古学与历史学的关系 [J]. 历史研究, 2003 (1): 13 -

22，189.

［36］李民．古代文献在中国古代文明形成与发展研究中意义及其使用方法［J］．郑州大学学报，2003（3）：7－9.

［37］严文明．文明起源研究的回顾与思考［J］．文物，1999（10）：27－34.

［38］王震中．中心聚落形态、原始宗邑与酋邦社会的整合研究［J］．中原文化研究，2014，2（4）：5－14.

［39］谢维扬．古书成书的复杂情况与传说时期史料的品质［J］．学术月刊，2014（9）：127－136.

［40］卓立．论历史事实的概念及其理论误区：关于重建客观史学理论基础的反思［J］．史学月刊，2014（5）：105－118.

［41］李零．简帛古书与学术源流［M］．北京：生活·读书·新知三联书店，2008：9.

［42］王震中．从华夏民族形成于中原论“何以中国”［J］．信阳师范学院学报（哲学社会科学版），2018（2）：1－5.

［43］恩格斯．家庭、私有制和国家的起源［M］．中共中央马克思恩格斯列宁斯大林著作编译局，译．北京：人民出版社，1999.

［44］李新伟．地理信息系统支持的兴隆洼文化手工业生产专业化研究［J］．考古，2008（6）：58－68，2.

［45］许宏．“连续”中的“断裂”：关于中国文明与早期国家形成过程的思考［J］．文物，2001（2）：86－91.

［46］夏鼐．中国文明的起源［M］．北京：文物出版社，1985：96.

［47］陈星灿．文明诸因素的起源与文明时代：兼论红山文化还没有进入文明时代［J］．考古，1987（5）：458－461，437.

［48］张光直．考古学专题六讲［M］．北京：文物出版社，1986：12.

［49］田昌五．古代社会断代新论［M］．北京：人民出版社，1982：88－102.

［50］田昌五，臧知非．周秦社会结构研究［M］．西安：西北大学出版社，1996：17－38.

［51］赵伯雄．周代国家形态研究［M］．长沙：湖南教育出版社，1990：323.

［52］朱凤瀚．商周家族形态研究［M］．天津：天津古籍出版社，1990：2.

［53］赵世超．西周为早期国家说［J］．陕西师大学报，1992（4）.

［54］王震中．中国文明起源的比较研究［M］．西安：陕西人民出版社，1994：347－350，434－436，8.

［55］沈长云，张渭莲．中国古代国家起源与形成研究［M］．北京：人民出版社，2009：61，116－121，90.

[56] 江林昌. 摒弃中国古文明研究中的两种误解 [J]. 东岳论丛, 2006 (2): 40-48.
[57] 张学海. 聚落群再研究: 兼说中国有无酋邦时期 [J]. 华夏考古, 2006 (2): 102-112.
[58] 王震中. 从复合制国家结构看华夏民族的形成 [J]. 中国社会科学, 2013 (10): 182-203, 208.
[59] 易建平. 关于国家定义的重新认识 [J]. 历史研究, 2014 (2): 143-161, 192.
[60] 易建平. 再论"古代国家"、"早期国家"与"国家": 与王震中先生商榷 [J]. 世界历史, 2015 (6): 95-113, 159.
[61] 王宇信, 王震中, 杨升南, 等. 中国古代文明与国家形成研究 [M]. 北京: 中国社会科学出版社, 2007: 11, 25.
[62] 江林昌. 商代前期: 部落联盟共主向方国联盟共主的过渡 [J]. 殷都学刊, 2006b (2): 1-8.
[63] 易中天. 中华史·国家 [M]. 杭州: 浙江文艺出版社, 北京: 北京出版社, 2013: 5.
[64] 晁福林. 关于中国早期国家形成的一个理论思考 [J]. 历史研究, 2010 (5): 8-12.
[65] 易建平. 从摩尔根到塞维斯: 酋邦理论的创立 [J]. 史学理论研究, 2008 (4): 53-63, 159.
[66] 易建平. 部落联盟并非社会发展必经门槛 [N]. 中国社会科学报, 2016-12-06.
[67] 陈淳. 酋邦的考古学观察 [J]. 文物, 1998 (7): 46-52.
[68] 陈淳. 早期国家之黎明: 兼谈良渚文化社会政治演化水平 [J]. 东南文化, 1999 (6): 20-25.
[69] 谢维扬. 中国早期国家 [M]. 杭州: 浙江人民出版社, 1995: 208-210, 69-76, 165-191, 201-222, 472.
[70] 张学海. 城子崖与中国文明 [M] //张学海, 主编. 纪念城子崖遗址发掘六十周年国际学术讨论会文集. 济南: 齐鲁书社, 1993.
[71] 张学海. 东土古国探索 [J]. 华夏考古, 1997 (1): 60-72, 113.
[72] 张学海. 试论山东地区的龙山文化城 [J]. 文物, 1996 (12): 40-52, 1.
[73] 许宏. 中国考古学界国家起源探索的心路历程与相关思考 [J]. 中原文化研究, 2016, 4 (2): 13-17.
[74] 许宏. 前中国时代与"中国"的初兴 [J]. 读书, 2016 (4): 3-11.
[75] 王震中. 邦国、王国与帝国: 先秦国家形态的演进 [J]. 河南大学学报: 社会科学版, 2003 (4): 28-32.
[76] 王震中. 从邦国到王国再到帝国: 先秦国家形态的演进 [J]. 中国社会科学院古

代文明研究中心通讯，2004（7）.
［77］王震中. 夏代“复合型”国家形态简论［J］. 文史哲，2010（1）：87－91.
［78］杨升南，马季凡. 1997年的先秦史研究［J］. 中国史研究动态，1998（5）：2－12.
［79］陈麟书. 层次综合分类法：宗教分类的探讨［J］. 宗教学研究，1984（0）：83－91.
［80］于锦绣. 原始宗教的几个问题［J］. 云南社会科学，1993（5）：53－63.
［81］于锦绣. 从中国考古发现看原始宗教对中国传统文化的影响［J］. 世界宗教研究，1994（1）：48－57，155.
［82］于锦绣. 论原始宗教的基本概念［J］. 贵州民族研究，1998（1）：24－29.
［83］于锦绣. 论原始宗教的发展［J］. 贵州民族研究，1998（2）：104－111.
［84］于锦绣. 简论原始宗教的形式、内容和分类［J］. 世界宗教研究，1998（4）：17－24.
［85］许宏. 商文明：中国“原史”与“历史”时代的分界点［M］//东方考古；第4集. 北京：科学出版社，2008.
［86］吕大吉. 宗教是什么：宗教的本质、基本要素及其逻辑结构［J］. 世界宗教研究，1998（2）：6－25，160.
［87］王震中. 中国古代国家的起源与王权的形成［M］. 北京：中国社会科学出版社，2013：72，78－99，216.
［88］河南省文物考古研究所. 舞阳贾湖［M］. 北京：科学出版社，1999：966－983.
［89］汪宁生. 谈史前器物用途的研究［J］. 史前研究，1998（0）；95－106.
［90］刘莉. 中国新石器时代：迈向早期国家之路［M］. 陈星灿，等译. 北京：文物出版社，2007：60，12，207.
［91］刘赫东，田广林. 兴隆洼文化查海遗址出土玉器发微［J］. 赤峰学院学报：汉文哲学社会科学版，2014（1）：4－6.
［92］辽宁省文物考古研究所. 查海：新石器时代聚落遗址发掘报告（上）［M］. 北京：文物出版社，2012：216，330，539.
［93］邵国田. 敖汉旗南台地赵宝沟文化遗址调查［J］. 内蒙古文物考古，1991（1）：2－10.
［94］袁红，李郁宏. 北首岭仰韶聚落遗址形成过程刍议［J］. 史前研究，2013（0）：256－264.
［95］张治强. 姜寨遗址半坡文化墓葬分期试析［J］. 考古，1999（12）：61－68.
［96］严文明. 史前聚落考古的重要成果：《姜寨》评述［J］. 文物，1990（12）：22－26.

[97] 张敬国. 凌家滩文化研究 [C]. 北京：文物出版社，2006.
[98] 孙守道，郭大顺. 牛河梁红山文化女神头像的发现与研究 [J]. 文物，1986 (8)：18 -24.
[99] 郭大顺，张克举. 辽宁省喀左县东山嘴红山文化建筑群址发掘简报 [J]. 文物，1984 (11)：1 -11，98 -99.
[100] 辽宁省文物考古研究所. 牛河梁：红山文化遗址发掘报告（1983 -2003 年度）[M]. 北京：文物出版社，2012.
[101] 孙国军，叶雅慧. 赤峰市全国重点文物保护单位（第七批）之十三：敖汉旗新石器时代草帽山遗址 [J]. 赤峰学院学报：自然科学版，2014，30 (19)：277.
[102] 辽宁省文物考古研究所编. 辽宁考古年报：铁朝高速公路特刊 [R]. 沈阳：辽宁省文物考古研究所，2007：16.
[103] 朱达，王来柱，张春坤，等. 牛河梁第十六地点红山文化积石冢中心大墓发掘简报 [J]. 文物，2008 (10)：4 -14，1.
[104] 吉日嘎拉. 内蒙古赤峰市敖汉旗兴隆沟遗址挖掘报告 [J]. 赤峰学院学报：汉文哲学社会科学版，2012，33 (11)：1 -2.
[105] 李伯谦. 略论陶寺遗址在中国古代文明演进中的地位 [J]. 华夏考古，2015 (4)：17 -20.
[106] 王震中. 陶寺与尧都：中国早期国家的典型 [J]. 南方文物，2015 (3)：83 -93，98，81.
[107] 何驽. 陶寺考古：尧舜"中国"之都探微 [A] //中共临汾市委宣传部，编. 帝尧之都，中国之源：尧文化暨德廉思想研讨会文集. 北京：中国社会科学院出版社，2015：63 -12.
[108] 何驽. 尧都何在：陶寺城址发现的考古指证 [J]. 史志学刊，2015 (2)：1 -6，126.
[109] 何驽. 山西襄汾县陶寺中期城址大型建筑Ⅱ FJT1 基址 2004 -2005 年发掘简报 [J]. 考古，2007 (4)：3 -25，97，100 -101，2.
[110] 王明达. 反山良渚文化墓地初论 [J]. 文物，1989 (12)：48 -52.
[111] 福泉山考古队. 福泉山遗址吴家场墓地考古新发现专家讨论会会议纪要 [J]. 东南文化，2011 (6)：118 -122.
[112] 王明达. 浙江余杭反山良渚墓地发掘简报 [J]. 文物，1988 (1)：1 -31，97 -101.
[113] 赵辉. 良渚的国家形态 [J]. 中国文化遗产，2017 (3)：22 -28.
[114] 陈杰，周云. 上海福泉山遗址吴家场墓地 2010 年发掘简报 [J]. 考古，2015 (10)：48 -67.

[115] 张光明，徐龙国，张连利，等. 山东桓台县史家遗址岳石文化木构架祭祀器物坑的发掘［J］. 考古，1997（11）：1－18.

[116] 涂尔干. 宗教生活的基本形式［M］. 渠东，汲喆，译. 上海：上海人民出版社，1999.

[117] LEFEBVRE. The Production of Space［M］. Donald Nicholson－Smith，Trans.. Malden，Oxford，Carlton：Blackwell Publishing Ltd. 1991.

[118] 郑震. 空间：一个社会学的概念［J］. 社会学研究，2010，25（5）：167－191，245.

[119] 崔天兴. 考古学空间性研究：从文化史到聚落形态的多重空间建构［J］. 南方文物，2018（4）：211－219.

[120] WELLMAN B. Structural Analysis：From Method and Metaphor to Theory and Substance［M］//Wellman B，Berkowitz S D，eds. Social Structures：A Network Approach. Cambridge：Cambridge University Press，1988.

[121] 边燕杰. 社会网络与地位获得［M］. 北京：社会科学文献出版社，2012.

[122] GRANOVETTER M. The Strength of Weak Ties［J］. American Journal of Sociology，1973. 78（6）：1360－1380.

[123] GRANOVETTER M. The Strength of Weak Ties：A Network Theory Revisited［A］//MARSDEN P V，Lin N，eds. Social Structure and Network Analysis. Beverly Hills：SAGE，1982.

[124] FRIEDKIN N E. Theoretical Foundations for Centrality Measures［J］. American Journal of Sciology，1991（96）：1478－1504.

[125] MARSDEN P V. Restricted Access in Networks and Models of Power［J］. American Journal of Sociology，1983，88（4）：79－101.

[126] 李林艳. 社会空间的另一种想象：社会网络分析的结构视野［J］. 社会学研究，2004（3）：64－75.

[127] FREEMAN L C. Centrality in Social Networks Conceptual Clarification［J］. Social Networks，1979，1（3）：215－239.

[128] COLEMAN，J. S. Social Capital in the Creation of Human Capital［J］. American Journal of Sociology，1988（94）：95－120.

[129] 张忠培. 仰韶时代：史前社会的繁荣与向文明时代的转变［J］. 文物季刊，1997（1）：4－11，13，16－49，69.

[130] 杨利平，王炜林. 陕西高陵杨官寨仰韶时代遗址［J］. 大众考古，2014（8）：14－15.

[131] 杨利平. 庙底沟文化的崛起［J］. 大众考古，2018（10）：25－31.

[132] 毕硕本，裴安平，闾国年. 基于空间分析方法的姜寨史前聚落考古研究 [J]. 考古与文物，2008 (1)：9－17.
[133] 西安半坡博物馆，陕西省考古研究所，等. 姜寨：新石器时代遗址发掘报告 [M]. 北京：文物出版社，1988.
[134] 冯时. 河南濮阳西水坡45号墓的天文学研究 [J]. 文物，1990 (3)：52－60，69.
[135] 丁清贤，张相梅. 1988年河南濮阳西水坡遗址发掘简报 [J]. 考古，1989 (12)：1057－1066，1153－1154.
[136] 冯时. 见龙在田 天下文明：从西水坡宗教遗存论到上古时代的天文与人文 [J]. 濮阳职业技术学院学报，2012，25 (3)：1－2.
[137] 崔宗亮. 西水坡遗址仰韶时期墓葬研究 [J]. 南方文物，2018 (4)：233－239.
[138] 郎树德. 甘肃秦安县大地湾遗址聚落形态及其演变 [J]. 考古，2003 (6)：83－89.
[139] 郎树德. 甘肃秦安大地湾901号房址发掘简报 [J]. 文物，1986 (2)：1－12，97－99.
[140] 李新伟，杨海青，郭志委，等. 河南灵宝市西坡遗址庙底沟类型两座大型房址的发掘 [J]. 考古，2015 (5)：3－16，2.
[141] 魏兴涛，马萧林，李永强，等. 河南灵宝市西坡遗址2001年春发掘简报 [J]. 华夏考古，2002 (2)：31－52，92－117，0.
[142] 魏兴涛，李胜利. 河南灵宝西坡遗址105号仰韶文化房址 [J]. 文物，2003 (8)：4－17，2，1.
[143] 李新伟，马萧林，杨海青. 河南灵宝市西坡遗址发现一座仰韶文化中期特大房址 [J]. 考古，2005 (3)：3－6.
[144] 马萧林. 寻找中原文明起源的线索：灵宝西坡遗址考古发掘亲历记 [J]. 寻根，2010 (5)：114－118.
[145] 索秀芬，李少兵. 红山文化研究 [J]. 考古学报，2011 (3)：301－326.
[146] 张星德. 红山文化分期初探 [J]. 考古，1991 (8)：727－736.
[147] 郭大顺. 红山文化与中国文明起源的道路与特点 [A] //赤峰学院红山文化国际研究中心，编. 红山文化研究：2004年红山文化国际学术研讨会论文集. 北京：文物出版社，2006.
[148] 苏秉琦. 辽西古文化古城古国：兼谈当前田野考古工作的重点或大课题 [J]. 文物，1986 (8)：41－44.
[149] 苏秉琦. 中国文明起源新探 [M]. 沈阳：辽宁人民出版社，2009.
[150] 滕海键. 红山文化的聚落形态 [J]. 赤峰学院学报：汉文哲学社会科学版，

2018，39（7）：1－5.
［151］安志敏．论“文明的曙光”和牛河梁遗址的考古实证［J］．北方文物，2002（1）：9－11.
［152］安志敏．关于牛河梁遗址的重新认识：非单一的文化遗存以及“文明的曙光”之商榷［J］．考古与文物，2003（1）：17－20.
［153］李民．试论牛河梁东山嘴红山文化的归属：中国古代文明探源之一［J］．郑州大学学报：哲学社会科学版，1987（2）：8－14.
［154］严文明．中国王墓的出现［J］．考古与文物，1996（1）：24－26.
［155］张忠培．中国史前时代研究的一些认识［J］．北方文物，1999（4）：1－5.
［156］刘国祥．关于赵宝沟文化的几个问题［J］．北方文物，2000（2）：8－17.
［157］吕昕娱．试论兴隆洼文化的分布范围及发展传承［J］．赤峰学院学报：汉文哲学社会科学，2010，31（12）：1－2.
［158］杜战伟，韩斐．论兴隆洼文化的分期与年代［J］．考古，2019（3）：68－80，2.
［159］李健民．兴隆洼文化的居室葬［J］．赤峰学院学报：汉文哲学社会科学版，2008（S1）：81－82.
［160］陈苇．从居室墓和石雕像看兴隆洼文化的祖先崇拜［J］．内蒙古文物考古，2008（1）：66－74.
［161］中国社会科学院考古研究所编．敖汉赵宝沟：新石器时代聚落［M］．北京：中国大百科全书出版社，1997：127.
［162］刘晋祥，董新林．浅论赵宝沟文化的农业经济［J］．考古，1996（2）：61－65.
［163］陈国庆．试论赵宝沟文化［J］．考古学报，2008（2）：121－140.
［164］张洪亮，乌兰．赵宝沟文化陶器纹饰艺术风格演变与原始宗教的关系［J］．赤峰学院学报：汉文哲学社会科学版，2016，37（12）：1－3.
［165］马海玉．赵宝沟文化两件尊形器上的动物形图案研究［J］．辽宁师范大学学报：社会科学版，2017，40（3）：128－132.
［166］段天璟，成璟瑭，曹建恩．红山文化聚落遗址研究的重要发现：2010年赤峰魏家窝铺遗址考古发掘的收获与启示［J］．吉林大学社会科学学报，2011，51（4）：18－21.
［167］朱永刚．中国东北先史环壕聚落的演变与传播［J］．华夏考古，2003（1）：32－42.
［168］成璟瑭，塔拉，曹建恩，等．内蒙古赤峰魏家窝铺新石器时代遗址的发现与认识［J］．文物，2014（11）：47－52.
［169］杨虎，林秀贞．内蒙古敖汉旗红山文化西台类型遗址简述［J］．北方文物，

2010 (3): 13 - 17.
[170] 董文义，韩仁信. 内蒙古巴林右旗那斯台遗址调查 [J]. 考古，1987 (6): 507 - 518.
[171] 陈星灿. 红山文化彩陶筒形器是陶鼓推考 [J]. 北方文物，1990 (1): 26 - 29.
[172] 于锦绣，等. 中国各民族原始宗教资料集成：考古卷 [M]. 北京：中国社会科学出版社，1996.
[173] 郭大顺. 红山文化 [M]. 北京：文物出版社，2005.
[174] 殷志强. 也谈东山嘴红山文化神祀遗址 [J]. 北方文物，1986 (3): 16 - 18, 32.
[175] 张星德，齐伟. 无底筒形陶器与红山文化文明进程 [J]. 文物世界，2005 (6): 23 - 25.
[176] 陈国庆. 浅析红山文化筒形器 [J]. 北方文物，2003 (4): 9 - 14.
[177] 俞伟超，严文明，张忠培，等. 座谈东山嘴遗址 [J]. 文物，1984 (11): 12 - 21.
[178] 田广林. 论东山嘴祭坛与中国古代的郊社之礼 [J]. 辽宁师范大学学报：社会科学版，2008, 31 (1): 115 - 119.
[179] 王芬，栾丰实. 牛河梁红山文化积石冢的分期和年代 [J]. 中原文物，2016 (4): 27 - 33.
[180] 索秀芬，李少兵. 牛河梁遗址红山文化遗存分期初探 [J]. 考古，2007 (10): 52 - 61, 2.
[181] 赵宾福，白玉川. 从居址到墓地：红山文化牛河梁遗址的时代变迁与功能转变 [J]. 辽宁师范大学学报：社会科学版，2016, 39 (2): 132 - 139.
[182] 刘国祥. 牛河梁玉器初步研究 [J]. 文物，2000 (6): 74 - 85.
[183] 方殿春，魏凡. 辽宁牛河梁红山文化“女神庙”与积石冢群发掘简报 [J]. 文物，1986 (8): 1 - 17, 97 - 101.
[184] 孙守道，郭大顺，辛占山，等. 牛河梁红山文化第二地点一号冢石棺墓的发掘 [J]. 文物，2008 (10): 15 - 33, 1.
[185] 杨伯达. 关于牛河梁第二地点一号冢墓葬出土玉器的解读：东北古夷玉巫教探析 [J]. 故宫博物院院刊，2012 (5): 52 - 72, 160.
[186] 冯时. 红山文化三环石坛的天文学研究：兼论中国最早的圜丘与方丘 [J]. 北方文物，1993 (1): 9 - 17.
[187] 朱达，吕学明. 辽宁牛河梁第二地点四号冢筒形器墓的发掘 [J]. 文物，1997 (8): 15 - 19, 98.
[188] 田广林，梁景欣. 关于牛河梁第二地点红山文化四号冢的几个问题 [J]. 辽宁

师范大学学报（社会科学版），2018，41（6）：131-136.
[189] 甸村．辽宁牛河梁第五地点一号冢中心大墓（M1）发掘简报［J］．文物，1997（8）：4-8，97，1.
[190] 吕学明，熊增珑，郭明，等．2014年牛河梁遗址系统性区域考古调查研究［J］．华夏考古，2015（3）：3-8，62.
[191] 郭明建．良渚文化宏观聚落研究［J］．考古学报，2014（1）：1-32.
[192] 牟永抗，魏正瑾．马家浜文化和良渚文化：太湖流域原始文化的分期问题［J］．文物，1978（4）：67-73.
[193] 陈国庆．良渚文化分期及相关问题［J］．东南文化，1989（6）：78-83，120.
[194] 杨晶．论良渚文化分期［J］．东南文化，1991（6）：121-129.
[195] 黄宣佩．论良渚文化的分期［J］．上海博物馆集刊，1992（0）：370-388.
[196] 栾丰实．良渚文化的分期与年代［J］．中原文物，1992（3）：83-91.
[197] 张忠培．良渚文化的年代和其所处社会阶段：五千年前中国进入文明的一个例证［J］．文物，1995（5）：47-58，1.
[198] 李新伟．良渚文化的分期研究［J］．考古学集刊，1999（0）：223-254.
[199] 朔知．良渚文化的初步分析［J］．考古学报，2000（4）：421-450.
[200] 杜金鹏．关于大汶口文化与良渚文化的几个问题［J］．考古，1992（10）：915-923.
[201] 戴尔俭．从聚落中心到良渚酋邦［J］．东南文化，1997（3）：43-49.
[202] 张之恒．良渚文化聚落群研究［M］//徐湖平，主编．东方文明之光：良渚文化发现60周年纪念文集：1936-1996．海口：海南国际新闻出版中心，1996.
[203] 张忠培．中国古代文明之形成论纲［J］．考古与文物，1997（1）：19-21.
[204] 王宁远．良渚古城及外围水利系统的遗址调查与发掘［J］．遗产与保护研究，2016，1（5）：102-110.
[205] 赵晔．余杭莫角山遗址1992—1993年的发掘［J］．文物，2001（12）：4-19，1.
[206] 费国平．浙江余杭良渚文化遗址群考察报告［J］．东南文化，1995（2）：1-14.
[207] 韩建业．如何看待良渚文化的重要地位［N］．人民日报，2019-08-10（5）.
[208] 吴汝祚．论良渚文化与大汶口、龙山文化的关系［J］．东南文化，1989（6）：65-72，5.
[209] 科林·伦福儒，刘斌，陈明辉，等．中国复杂社会的出现：以良渚为例［J］．南方文物，2018（1）：63-68.
[210] 科林·伦福儒．世界早期复杂社会视野下的良渚古城［J］．中国文化遗产，2017（3）：39-46.

[211] 国家文物局."良渚古城遗址"成功列入《世界遗产名录》[EB/OL]. [2019-07-06] http://www.ncha.gov.cn/art/2019/7/6/art_1019_155991.html.
[212] 刘斌,蒋卫东,费国平. 浙江余杭汇观山良渚文化祭坛与墓地发掘简报 [J]. 文物,1997 (7):4-19,97,1-2.
[213] 芮国耀. 余杭瑶山良渚文化祭坛遗址发掘简报 [J]. 文物,1988 (1):32-51,102-104.
[214] 安志敏. 良渚文化及其文明诸因素的剖析:纪念良渚文化发现六十周年 [J]. 考古,1997 (9):77-81,83.
[215] 黄宣佩. 福泉山遗址发现的文明迹象 [J]. 考古,1993 (2):144-149,166.
[216] 黄宣佩,张明华. 上海青浦福泉山遗址 [J]. 东南文化,1987 (1):1-17.
[217] 葛治功. 从上海福泉山遗址的考古发现谈我国古代有关祀天活动的几个问题 [J]. 东南文化,1988 (2):72-73.
[218] 裘士京,姚义斌. 中国史前城址的分布及功能分析 [J]. 中国历史地理论丛,2003 (1):100-106.
[219] 陈淳. 聚落考古与城市起源研究 [J]. 杭州师范大学学报:社会科学版,2014,36 (1):47-57.
[220] 高松凡,杨纯渊. 关于我国早期城市起源的初步探讨 [J]. 文物季刊,1993 (3):48-54.
[221] 严文明. 中国史前文化的统一性与多样性 [J]. 文物,1987 (3):38-50.
[222] 宣兆琦,等. 海岱地区古代文明的起源与发展 [M]. 济南:齐鲁书社,2014.
[223] 赵清. 关于龙山文化的考古学思考 [J]. 中原文物,1995 (4):62-69.
[224] 安志敏. 略论我国新石器时代文化的年代问题 [J]. 考古,1972 (6):35-44,47.
[225] 严文明. 龙山文化和龙山时代 [J]. 文物,1981 (6):41-48.
[226] 郭荣臻. 简论黄河流域新石器时代的城垣建筑技术 [J]. 史志学刊,2017 (4):1-13.
[227] 王立新. 从嵩山南北的文化整合看夏王朝的出现 [M] //杜金鹏,许宏,主编. 二里头遗址与二里头文化研究. 北京:科学出版社,2006.
[228] 栾丰实. 海岱龙山文化研究综论 [J]. 东岳论丛,1995 (3):77-82.
[229] 安金槐. 试论登封王城岗龙山文化城址与夏代阳城 [M] //中国考古学会,编. 中国考古学会第四次年会论文集. 北京:文物出版社,1986.
[230] 邹衡. 中国文明的诞生 [J]. 文物,1987 (12):69-74,85.
[231] 许宏. 先秦城市考古学研究 [M]. 北京:北京燕山出版社,2000.
[232] 钱耀鹏. 中国史前城址与文明起源研究 [M]. 西安:西北大学出版社,2001.

[233] 马世之. 试论我国古城形制的基本模式 [J]. 中原文物，1984 (4)：59 –65.
[234] 梁中合，金英熙，贾笑冰，等. 山东在平教场铺遗址龙山文化城墙的发现与发掘 [J]. 考古，2005 (1)：3 –6.
[235] 刘莉. 龙山文化的酋邦与聚落形态 [J]. 陈星灿，译. 华夏考古，1998 (1)：89 –113.
[236] 沈长云. 中国古代国家起源与形成问题论纲 [J]. 河北师范大学学报（哲学社会科学版），2009，32 (5)：116 –119.
[237] 杜在忠. 边线王龙山文化城堡试析：兼述我国早期国家诞生、文化融合等有关问题 [J]. 中原文物，1995 (2)：31 –37.
[238] 栾丰实，方辉，许宏. 山东邹平丁公遗址第四、五次发掘简报 [J]. 考古，1993 (4)：295 –299，385 –386.
[239] 栾丰实，许宏，方辉，等. 山东邹平丁公遗址第二、三次发掘简报 [J]. 考古，1992 (6)：496 –504，577 –578.
[240] 许宏. 丁公龙山文化文字的发现及其意义 [J]. 传统文化与现代化，1993 (3)：82 –85，2.
[241] 曹定云. 山东邹平丁公遗址“龙山陶文”辨伪 [J]. 中原文物，1996 (2)：32 –38.
[242] 王恩田，田昌五，刘敦愿，等. 专家笔谈丁公遗址出土陶文 [J]. 考古，1993 (4)：344 –354，375.
[243] 方酉生. 试论山东龙山文化的社会性质：兼与《丁公遗址龙山陶文质疑》一文商榷 [J]. 史学月刊，1995 (2)：7 –12.
[244] 方酉生. 丁公龙山陶文真实可信：兼与《山东邹平丁公遗址“龙山陶文”辨伪》一文商榷 [J]. 江汉考古，1998 (4)：49 –55.
[245] 李繁玲，孙淮生，吴铭新. 山东阳谷县景阳岗龙山文化城址调查与试掘 [J]. 考古，1997 (5)：11 –24，97 –98.
[246] 张学海. 鲁西两组龙山文化城址的发现及对几个古史问题的思考 [J]. 华夏考古，1995 (4)：47 –58.
[247] 魏兴涛. 中原龙山城址的年代与兴废原因探讨 [J]. 华夏考古，2010 (1)：49 –60.
[248] 梁思永. 梁思永考古论文集 [C]. 北京：科学出版社，1959：146.
[249] 高江涛. 新砦遗址与中国古代文明起源问题 [J]. 中原文物，2005 (4)：22 –27.
[250] 许宏. 何以中国：公元前 2000 年的中原图景 [M]. 北京：生活 · 读书 · 新知三联书店，2016：91.

[251] 赵辉，魏峻. 中国新石器时代城址的发现与研究 [J]. 古代文明：辑刊，2002，1 (0)：1-34.
[252] 北京大学考古文博学院，河南省文物考古研究所. 登封王城岗考古发现与研究 (2002-2005) [M]. 郑州：大象出版社，2007.
[253] 杨肇清. 略论登封王城岗遗址大城与小城的关系及其性质 [J]. 中原文物，2005 (2)：33-35.
[254] 方燕明，刘绪. 河南登封市王城岗遗址 2002、2004 年发掘简报 [J]. 考古，2006 (9)：3-15，97.
[255] 中国社会科学院考古研究所，编著. 中国考古学：新石器时代卷 [M]. 北京：中国社会科学出版社，2010.
[256] 罗泰. 中国早期文明中"城市"的发展阶段 [M] // 许宏，译. 徐苹芳先生纪念文集. 上海：上海古籍出版社，2012.
[257] 郑清森. 试论豫东龙山文化时期的社会经济基础 [J]. 商丘师范学院学报，1996 (2X)：91-94.
[258] 蔡全法，马俊才. 河南新密市古城寨龙山文化城址发掘简报 [J]. 华夏考古，2002 (2)：53-82，114-116.
[259] 杜金鹏. 新密古城寨龙山文化大型建筑基址研究 [J]. 华夏考古，2010 (1)：61-69，104.
[260] 蔡全法. 古城寨龙山城址与中原文明的形成 [J]. 中原文物，2002 (6)：27-32.
[261] 马世之. 新砦遗址与夏代早期都城 [J]. 中原文物，2004 (4)：51-54.
[262] 赵春青，张松林，谢肃，等. 河南新密市新砦遗址东城墙发掘简报 [J]. 考古，2009 (2)：16-31，101-103，109.
[263] 许宏. 大都无城：中国古都的动态解读 [M]. 北京：生活·读书·新知三联书店，2016：212-213.
[264] 赵春青，张松林，谢肃，等. 河南新密市新砦遗址浅穴式大型建筑基址的发掘 [J]. 考古，2009 (2)：32-47，104-106，109.
[265] 赵春青，张松林，张家强，等. 河南新密市新砦城址中心区发现大型浅穴式建筑 [J]. 考古，2006 (1)：3-6.
[266] 周书灿. 新密新砦城址中心区大型浅穴式建筑的性质再思考 [J]. 华夏考古，2011 (1)：67-70，103.
[267] 李丽娜. 也谈新砦陶器盖上的兽面纹 [J]. 中原文物，2002 (3)：28-31，61.
[268] 北京大学震旦古代文明研究中心，郑州市文物考古研究院，编. 新密新砦：1999—2000 年田野考古发掘报告 [M]. 北京：文物出版社，2008.

[269] 严志斌，何驽．山西襄汾陶寺城址 2002 年发掘报告 [J]．考古学报，2005 (3)：307－346，381－387，390.

[270] 张德光．再论陶寺城址发现的意义 [J]．文物世界，2003 (3)：24－28.

[271] 何驽．关于陶寺早期王族墓地的几点思考 [J]．三代考古，2018 (0)：24－33.

[272] 高炜，高天麟，张岱海．关于陶寺墓地的几个问题 [J]．考古，1983 (6)：531－536.

[273] 何驽，严志斌，宋建忠．陶寺城址发现陶寺文化中期墓葬 [J]．考古，2003 (9)：771－774.

[274] 梁思永，高去寻．侯家庄：第 1217 号大墓 [M]．台北："中研院"历史语言研究所，1968.

[275] 何驽，高江涛．薪火相传探尧都：陶寺遗址发掘与研究四十年历史述略 [J]．南方文物，2018 (4)：26－40.

[276] 何驽，高江涛，王晓毅．山西襄汾县陶寺城址发现陶寺文化中期大型夯土建筑基址 [J]．考古，2008 (3)：3－6.

[277] 何驽．山西襄汾县陶寺城址发现陶寺文化大型建筑基址 [J]．考古，2004 (2)：3－6.

[278] 何驽．山西襄汾县陶寺城址祭祀区大型建筑基址 2003 年发掘简报 [J]．考古，2004 (7)：9－24，2.

[279] 郑龙龙．中原地区夏商城邑石器工业研究 [D]．郑州：郑州大学，2018.

[280] 方酉生，孙德萱，赵连生．河南汤阴白营龙山文化遗址 [J]．考古，1980 (3)：193－202，289.

[281] 何驽．都城考古的理论与实践探索：从陶寺城址和二里头遗址都城考古分析看中国早期城市化进程 [J]．三代考古，2009 (0)：3－58.

[282] 韩建业．二里头—二里冈时代文化上的早期中国 [J]．中原文化研究，2014 (6)：5－12.

[283] 许宏．二里头的"中国之最" [J]．中国文化遗产，2009 (1)：50－67，6－7.

[284] 中国社会科学院考古研究所，编著．二里头：1999－2006 [M]．北京：文物出版社，2014.

[285] 许宏，赵海涛，李志鹏，等．河南偃师市二里头遗址中心区的考古新发现 [J]．考古，2005 (7)：15－20，101－103，2.

[286] 郜向平，覃覃．二里头遗址三号建筑院内墓葬探讨 [J]．南方文物，2019 (2)：111－116.

[287] 中国社会科学院考古研究所，主编．中国考古学中碳十四年代数据集：1965－1981 [M]．北京：文物出版社，1983.

[288] 许宏，赵海涛．河南偃师市二里头遗址宫城及宫殿区外围道路的勘察与发掘［J］．考古，2004（11）：3－13.
[289] 许宏．从二里头遗址看华夏早期国家的特质［J］．中原文物，2006（3）：39－40，51.
[290] 杜金鹏．二里头遗址宫殿建筑基址初步研究［J］．考古学集刊，2006（0）：178－236.
[291] 许宏．二里头遗址“1号大墓”学案综理［J］．中原文物，2017（5）：37－43＋76.
[292] 许宏，赵海涛，陈国梁．河南偃师市二里头遗址4号夯土基址发掘简报［J］．考古，2004（11）：14－22.
[293] 马文·哈里斯．文化人类学［M］．李培茉，等译．北京：东方出版社，1988.
[294] 辛怡华．仰韶文化人口自然结构初探：从元君庙墓地看仰韶文化的人口自然结构［J］．人口研究，1990（6）：48－52.
[295] 朱乃诚．人口数量的分析与社会组织结构的复原：以龙岗寺、元君庙和姜寨三处墓地为分对象［J］．华夏考古，1994（4）：46－52.
[296] 刘莉，陈星灿．中国考古学［M］．北京：生活·读书·新知三联书店，2018.
[297] 张雪莲，王金霞，冼自强，等．古人类食物结构研究［J］．考古，2003（2）：62－75.
[298] 孙德海，刘勇，陈光唐．河北武安磁山遗址［J］．考古学报，1981（3）：303－338，407－414.
[299] 宁荫棠，王方．山东章丘县小荆山遗址调查简报［J］．考古，1994（6）：490－494.
[300] CRAWFORD，陈雪香，栾丰实，等．山东济南长清月庄遗址植物遗存的初步分析［J］．江汉考古，2013（2）：107－116.
[301] 赵志军．植物考古学：理论、方法和实践［M］．北京：科学出版社，2010：106.
[302] 刘长江，孔昭宸，朗树德．大地湾遗址农业植物遗存与人类生存的环境探讨［J］．中原文物，2004（4）：26－30.
[303] 克里斯琴·彼得森，吉迪恩·谢拉克，任晓莹，等．姜寨：中国一座新石器中期村落的社会与经济结构［J］．南方文物，2015（4）：250－265.
[304] 韩建业．最早中国：多元一体早期中国的形成［J］．中原文物，2019（5）：60－65.
[305] 北京大学历史系考古教研室．元君庙仰韶墓地［M］．北京：文物出版社，1983.
[306] 杨虎，刘国祥．内蒙古敖汉旗兴隆洼聚落遗址1992年发掘简报［J］．考古，

1997（1）：1－26，52，97－101.

［307］李英华．龙岗寺半坡文化墓葬的几个问题［J］．华夏考古，2005（3）：70－79.

［308］林留根．从东山村遗址看长江下游社会复杂化进程［J］．东南文化，2010（6）：82－86.

［309］李伯谦．中国古代文明演进的两种模式：红山、良渚、仰韶大墓随葬玉器观察随想［J］．文物，2009（3）：47－56.

［310］安徽省文物考古研究所，编．凌家滩：田野考古发掘报告之一［M］．北京：文物出版社，2006.

［311］张敬国．安徽含山县凌家滩遗址第五次发掘的新发现［J］．考古，2008（3）：7－17，97－103，2.

［312］山东省文管处，济南市博物馆，编．大汶口：新石器时代墓葬发掘报告［M］．北京：文物出版社，1974.

［313］严文明．中国新石器时代聚落形态的考察［A］//庆祝苏秉琦考古五十五年论文集．北京：文物出版社，1989.

［314］崔大庸．山东龙山文化的墓葬、城址与房屋建筑［J］．济南大学学报：社会科学版，1994（3）：11－16.

［315］于海广．山东龙山文化大型墓葬分析［J］．考古，2000（1）：61－67.

［316］韩榕．山东临朐朱封龙山文化墓葬［J］．考古，1990（7）：587－594，674－675.

［317］杜在忠．山东诸城呈子遗址发掘报告［J］．考古学报，1980（3）：329－385，413－422.

［318］张莉，秦帅帅．试论二里头选择性下葬制度与祖先信仰系统的重构［J］．南方文物，2019（2）：117－121，67.

［319］李绍连．试从淅川下王岗文化遗存考察文明起源的历史过程［J］．中原文物，1995（2）：21－26.

［320］河南省博物馆长江流域规划办公室，河南省博物馆文物考古队河南分队．河南淅川下王岗遗址的试掘［J］．文物，1972（10）：6－15，28，16－19.

［321］宁德安．社会整合初论［D］北京：中共中央党校，2013.

［322］塔尔科特．帕森斯．社会行动的结构［M］．张明德，等译．南京：译林出版社，2008.

［323］科塞．社会冲突的功能［M］．孙立平，译．北京：华夏出版社，1989.

［324］王震中．文明起源之比较（下）［J］．浙江社会科学，1994（6）：77－85.

［325］王震中．中国王权的诞生：兼论王权与夏商西周复合制国家结构之关系［J］．中国社会科学，2016（6）：186－203，208.

[326] 朱乃诚. 兴隆洼遗址发掘的重要贡献和进一步探索的两个问题 [J]. 赤峰学院学报：汉文哲学社会科学版，2008 (S1)：58 - 62.
[327] 陕西省考古研究所. 龙岗寺：新石器时代遗址发掘报告 [M]. 北京：文物出版社，1990.
[328] 陈畅，唐雪梅. 龙岗寺半坡文化墓地布局研究 [J]. 江汉考古，2013 (1)：63 - 72.
[329] 伊竺. 关于元君庙、史家村仰韶墓地的讨论 [J]. 考古，1985 (9)：813 - 819.
[330] 马洪路. 元君庙墓地的分期与布局：《元君庙仰韶墓地》商榷 [J]. 中原文物，1985 (1)：35 - 41.
[331] 张忠培. 答《（元君庙仰韶墓地）商榷》 [J]. 中原文物，1985 (4)：30 - 39，64.
[332] 刘国祥. 红山文化研究 [D]. 北京：中国社会科学院研究生院，2015.
[333] 乔玉. 伊洛地区裴李岗至二里头文化时期复杂社会的演变：地理信息系统基础上的人口和农业可耕地分析 [J]. 考古学报，2010 (4)：423 - 454.
[334] 严文明. 聚落考古与史前社会研究 [J]. 文物，1997 (6)：27 - 35，1.
[335] 李新伟. 灵宝西坡庙底沟文化时代的剖面 [J]. 大众考古，2013 (6)：29 - 38.
[336] 严文明.《鹳鱼石斧图》跋 [J]. 文物，1981 (12)：79 - 82.
[337] 郑杰祥.《鹳鱼石斧图》新论 [J]. 中原文物，1982 (2)：50 - 53.
[338] 邱东联. "鹳鱼石斧"图释 [J]. 湖南考古辑刊，1994 (0)：136 - 141.
[339] 何努. 鸟衔鱼图案的转生巫术含意探讨 [J]. 江汉考古，1997 (3)：75 - 82.
[340] 张光直. 关于中国初期"城市"这个概念 [J]. 文物，1985 (2)：61 - 67.
[341] 张光直. 中国青铜时代 [M]. 北京：生活·读书·新知三联书店，2013：32 - 33.
[342] 中国社会科学院. 陶寺遗址：尧都从传说走向信史 [J]. 文史月刊，2015 (8)：62 - 63.
[343] 周书灿. 从外服制看商代四土的藩属体制与主权形态 [J]. 中国边疆史地研究，2010，20 (3)：1 - 8，148.
[344] 王冠英. 殷周的外服及其演变 [J]. 历史研究，1984 (5)：80 - 99.
[345] 张政烺. 卜辞裒田及其相关诸问题 [J]. 考古学报，1973 (1)：93 - 120.
[346] 王震中. 中国古代国家起源、发展与王权形成论纲 [J]. 中原文化研究，2013，1 (6)：5 - 17.
[347] 靳桂云. 燕山南北长城地带中全新世气候环境的演化及影响 [J]. 考古学报，2004 (4)：485 - 505.
[348] 夏鼐. 碳 - 14 测定年代和中国史前考古学 [J]. 考古，1977 (4)：217 - 232.

[349] 赵辉. 良渚文化的若干特殊性 [M] //浙江省文物考古研究所，编著. 良渚文化研究. 北京：科学出版社，1999：104 - 119.

[350] 俞伟超. 龙山文化与良渚文化衰变的奥秘 [M] //张学海，主编. 纪念城子崖遗址发掘60周年国际学术讨论会文集. 济南：齐鲁书社，1993：9 - 11.

[351] 宋建. 从广福林遗存看环太湖地区早期文明的衰变 [A] //上海博物馆. 长江下游地区文明化进程研讨会. 上海：上海书画出版社，2004：214 - 228.

[352] 王雷. 关于“部族”问题的商榷 [J]. 云南社会科学，1983 (4)：64 - 68.

[353] 金天明. 氏族、部落、部族、民族——论民族共同体发展的历史类型 [J]. 云南社会科学，1983 (1)：58 - 64，27.

[354] 顾章义. “部族”还是“民族”：评人们共同体的“部族”说 [J]. 世界民族，1997 (2)：2 - 9.

[355] 王雷. 民族定义与汉民族的形成 [J]. 中国社会科学，1982 (5)：143 - 158.

[356] 徐杰舜，彭英明. 部族的形成及特点浅探 [J]. 云南社会科学，1983 (2)：68 - 74.

[357] 张荣明. 中国上古国家的产生及特征 [J]. 史学月刊，2001 (2)：12 - 15.

[358] 秦文生. 新郑望京楼城址性质初探 [J]. 华夏考古，2012 (4)：55 - 58.

[359] 陈相龙，尤悦，吴倩. 从家畜饲养方式看新郑望京楼遗址夏商时期农业复杂化进程 [J]. 南方文物，2018 (2)：200 - 207.

[360] 赵春燕. 嵩山地区二里头文化时期牛和羊来源蠡测——以二里头遗址与望京楼遗址为例 [J]. 华夏考古，2018 (6)：77 - 84.

[361] 顾颉刚，等. 古史辨：七上 [C]. 上海：上海古籍出版社，1982：292，281.

[362] 陈梦家. 殷虚卜辞综述 [M]. 北京：中华书局，1988.

[363] 范文澜. 中国通史 [M]. 北京：人民出版社，1978.

[364] 徐旭生. 1959年夏豫西调查“夏墟”的初步报告 [J]. 考古，1959 (11)：592 - 600.

[365] 邹衡. 试论夏文化 [A] //夏商周考古学论文集. 北京：文物出版社，1980.

[366] 李伯谦. 二里头类型的文化性质与族属问题 [J]. 文物，1986 (6)：41 - 47.

[367] 陈淳，龚辛. 二里头、夏与中国早期国家研究 [J]. 复旦学报：社会科学版，2004 (4)：82 - 91.

[368] 沈长云. 夏代是杜撰的吗：与陈淳先生商榷 [J]. 河北师范大学学报：哲学社会科学版，2005 (3)：89 - 96.

[369] 沈长云. 关于夏代国家产生的若干理论与实证问题 [J]. 中原文化研究，2015，3 (1)：5 - 13.

[370] 李维明. 20世纪夏史与夏文化探索综论 [J]. 河南大学学报：社会科学版，

2000（3）：36－41.
[371] 陈旭. 二里头一期文化是早期夏文化［J］. 中国历史文物，2009（1）：9－16.
[372] 唐兰. 卜辞时代的文学和卜辞文学［J］. 清华大学学报：自然科学版，1936（3）：657－702.
[373] 杜勇. 关于历史上是否存在夏朝的问题［J］. 天津师范大学学报：社会科学版，2006（4）：53－58.
[374] 沈长云. 从不同文明产生的路径看中国早期国家的社会形态［J］. 文史哲，2014（5）：89－94，166－167.
[375] 王震中，王祁. 从文明起源到古史重建：王震中先生访谈录［J］. 南方文物，2017（2）：35－47.
[376] 杨升南. 商代甲骨文所见夏代诸侯［J］. 四川文物，2014（3）：35－38.
[377] 王震中. 大舜文化与中华早期文明［J］. 南方文物，2011（1）：131－133，129.

后　记

八年前，为深刻认识中国古代诗歌的起源与发展问题，我决心以史前权力场的起源与发展为视角，探讨诗歌在权力场中的起源与发展问题，试图找出权力场中的诗歌在起源之初被赋予了何种特殊的社会历史文化基因，从而能更好地认识商周时期权力场中的歌唱与言说活动。

其实，诗歌在权力场中的起源与发展问题，就是诗歌如何与权力发生关联的问题，也是诗歌为何进入权力场、如何进入权力场、在权力场中发挥何种作用、如何发挥作用、如何随着权力场的变迁而变迁等一系列问题。

文学史和艺术史的研究一旦涉及起源问题，往往流于猜测、语焉不详。而且往往把焦点放在探讨诗歌的自然起源问题上。其实诗歌的自然起源是无法确知的，也没有太大的研究价值。以文字形式记载、使用并流传下来的诗歌，本质上都是权力场中的文化现象，它的形式、内容及功能，都具有明确的意识形态属性。所以，研究中国古代诗歌，尤其是中国先秦诗歌，必须将其放在权力场中予以观察，否则就不能深刻理解其作为一种文化现象的本质特征，也不能真正洞悉在它起源、发展与传播背后发生主导作用的规范性力量。

回想本书立项之初，书名原本定为《权力场中的歌唱与言说——中国古代诗歌的起源与发展》，现在看来，这是多么无知者无畏啊！因涉及跨学科知识体系的整合，包括宗教学、史学、考古学、人类学、社会学、文献学甚至甲骨学等，这个研究领域的工作是异常艰难的，工作量异常繁重。在研究过程中，题目过大的问题逐渐显现出来，最终确定，需要通过三本书来实现最初的研究目标，它们分别是《中国史前权力场的起源与发展》《史前仪式性活动与商周社会的政教文化》《诗经与诗言志问题研究》。本书即这一系列中的第一部。这就是本书出版的原因。

对史前问题的研究，主要是通过考古学和人类学相关资料展开的。但因缺乏可靠的文献资料，对考古学遗存的解读要相当谨慎，而考古学遗存的发现又是一个持续不断的过程，期间难免存在认识错误的情况，资料间也有不少矛盾和差异，所以对考古成果的掌握必须加以比较和甄别，还要时刻更新，期间的困难可想而知。面对浩如烟海的研究资料和异常复杂的研究内容，如果不是依靠学术兴趣，是根本坚持不下来的。

现在，这本书终于完成了。这就意味着整个研究计划中的第一步可以告一段落了。但我深深地知道，后面的工作才刚刚开始。道路将异常艰辛和漫长。我时刻告诫自己，既然我的处境非常宽松，现有条件足以支撑我的生活和工作，完全可以不必考虑学术研究的功利需求，那何不认认真真地做好它呢?！就像蜗牛一样，即便爬得再慢，也是爬在自己喜欢的道路之上。

著作就要面世了，激动之余，我想借此机会感谢我的父亲和妻子。我的父亲桂景辉出身名门，然而在历史大潮中遭遇人生坎坷，伏于陇亩。但他积极乐观、热爱自然，并从小培养我热爱学术、摒弃功利。今年他已经八十岁了，依然时刻关心祖国的生态环境问题，甚至废寝忘食、撰文不辍。他的这种精神深深地鼓舞着我。我的妻子陈露乐观积极，对待工作和生活的态度令我感佩至深。她在极为繁重的工作之余，竭力照顾好我和孩子，并想尽一切办法让我安心学问，确保我在伏案之际毫无后顾之忧。我的脾气不好，但她总能春风化雨，维护好这个家庭。其实我知道，她内心承担了太多的委屈和压力。在此，我对她表示深深的歉意和谢意。

最后我想说的是，著书虽然是作者个人的事情，但如果没有编辑的帮助，书中的错误就难以避免，甚至会多得吓人！在此书出版的过程中，我深刻地体会到这一点。我的责任编辑国晓健女士，以她无比专业的工作能力、敬业的工作精神和对作者、读者负责的认真态度，深深地感动了我。即便是在今年这场人类历史上突如其来的新冠肺炎疫情爆发之际，国编辑也从未中断她的工作。多少个夜深人静的时刻，她依然还在审阅这部书稿，微信上不时传来她对书稿提出的各种问题。在本书出版过程中，正是有了她的帮助，才能发现并妥善处理好书稿中存在的大量错误和疏漏。借此一隅，我对她致以发自内心的深深谢意！

至于书稿中可能依然存在的各种问题，尤其是专业问题，自然与编辑无关，而应由本人负责。对这些问题，还请各位读者多多批评指正，帮助我在学问的道路上不断进步。在此提前表示衷心感谢。

桂天寅

2020 年 9 月 18 日